新工科·普通高等教育汽车类规划教材

汽车发动机原理

主　编　刘从臻
副主编　张学义
参　编　刘瑞军　史立伟
主　审　崔胜民　刘国栋

机械工业出版社

本书主要介绍了汽车最常用的汽油和柴油发动机的工作原理，包括主要性能指标与运行特性、燃料理化特性与热化学、换气过程与进气充量、混合气的形成与燃烧过程、有害排放物的生成机理与控制、发动机与整车的匹配以及发动机的最新应用技术等内容。

本书首先介绍了汽车发动机的发展历史以及发动机的基础构造知识，简述了学习发动机原理的重要性；然后基于四冲程发动机的工作过程，介绍了发动机热功转换的原理、发动机的循环及其评价指标、废气再循环系统、发动机电子节气门技术、发动机的燃烧过程；最后对发动机的排放与噪声控制、发动机的运行特性和发动机与整车性能的匹配以及发动机新技术进行了介绍。本书删除了已经被淘汰的发动机技术和器件以及部分燃烧学知识，对发动机基础理论以及整车匹配做了更多的讲述，更加贴近当下的教学需求。

本书可作为普通高等院校车辆工程、交通运输、交通工程、汽车服务工程、汽车运用工程等专业的本科生和硕士研究生的教材，也可以作为相关专业技术人员的参考用书。

图书在版编目（CIP）数据

汽车发动机原理/刘从臻主编. —北京：机械工业出版社，2019.12
新工科·普通高等教育汽车类规划教材
ISBN 978-7-111-63721-9

Ⅰ.①汽… Ⅱ.①刘… Ⅲ.①汽车-发动机-理论-高等学校-教材 Ⅳ.①U464

中国版本图书馆 CIP 数据核字（2019）第 201011 号

机械工业出版社（北京市百万庄大街 22 号　邮政编码 100037）
策划编辑：段晓雅　责任编辑：段晓雅　任正一
责任校对：肖　琳　封面设计：张　静
责任印制：孙　炜
河北宝昌佳彩印刷有限公司印刷
2020 年 1 月第 1 版第 1 次印刷
184mm×260mm · 13.75 印张 · 337 千字
标准书号：ISBN 978-7-111-63721-9
定价：35.00 元

电话服务　　　　　　　　　　　　网络服务
客服电话：010-88361066　　　　　机 工 官 网：www.cmpbook.com
　　　　　010-88379833　　　　　机 工 官 博：weibo.com/cmp1952
　　　　　010-68326294　　　　　金　书　网：www.golden-book.com
封底无防伪标均为盗版　　　　　机工教育服务网：www.cmpedu.com

前言

尽管我国将于 2035 年全面禁售燃油汽车，但根据国际能源署（IEA）在 2016 年的预测，到 2050 年，有 49% 的车辆使用内燃机混合动力，58% 的车辆使用内燃机动力。得出类似结论的还有欧洲汽车周报（*Automobilwoche*）、博世（BOSCH）、IHS、Strategy Engineers 和 AVL 等国际知名的调研机构和企业。而根据丰田和本田的预测，2030 年搭载内燃机的车辆将达 85% 以上，到 2050 年搭载内燃机的车辆将达 70% 以上。由此可见，在未来的三四十年中，内燃机仍然是汽车最主要的动力装置。

本书是在山东理工大学"汽车发动机原理"课程组教师总结多年教学经验，改进部分传统课程的内容和讲述方式，并结合近年来汽车发动机新技术的基础上编写而成的。本书注重汽车发动机技术经典的、最基本的工作原理，同时增加当代汽车发动机技术发展的最新成果，着重介绍车用发动机工作过程的特点和控制措施以及性能分析方法。本书的特点包括：将汽油机与柴油机的对比分析贯穿全书，利于读者对内燃机的工作原理融会贯通；书中的描述语句精练准确，强调实用性，采用启发思维方式，深入浅出，利于读者加深理解；注意将基础理论知识应用于发动机实际使用过程的性能分析中，从而保证基本理论的教学需要；每一章开始都设有教学目标和教学要求，便于读者把握该章的主次内容。与此同时，为了更加适用于车辆工程等专业的学生，本书删减了部分燃料及燃烧方面的基础知识，而在部分章节中增加了当代汽车发动机科技前沿知识，以期为普通高等院校车辆工程等专业的学生提供一本及时跟进现代汽车发动机技术发展的"发动机原理"课程教材。

全书共 9 章，第 1 章为绪论，简要介绍发动机的基本构造；第 2 章讲述发动机循环及其性能评价指标；第 3 章讲述发动机换气过程；第 4 章简要介绍车用燃料；第 5、6 章分别讲述汽油机和柴油机混合气的形成及其燃烧过程；第 7 章讲述发动机的排放与噪声控制；第 8 章讲述发动机的运行特性；第 9 章简要介绍部分发动机新技术。

本书由刘从臻统稿并编写第 1、2、3、9 章，张学义编写第 5、6 章，刘瑞军、史立伟编写第 4、7、8 章。全书由崔胜民、刘国栋主审，研究生孙吉超、苑阳和李亚龙等在资料收集、图表处理、文字排版等方面做了大量工作，在此一并表示感谢。

由于发动机原理内容涉及面广，加之编者水平有限和时间仓促，书中错误和疏漏之处在所难免，欢迎广大读者批评指正。E-mail：lcz200811@163.com。

编 者

目 录

前 言
常用符号表
第1章 绪论 …………………………………… 1
　1.1 发动机的发展史 ………………………… 2
　1.2 发动机的分类及基本构造 ……………… 5
　练习与实训 ………………………………… 11
第2章 发动机的循环及其性能评价
　　　 指标 ………………………………… 13
　2.1 发动机的理论循环 ……………………… 15
　　2.1.1 示功图 ……………………………… 15
　　2.1.2 理论循环及类型 …………………… 15
　　2.1.3 理论循环的评价 …………………… 17
　　2.1.4 各种理论循环的比较 ……………… 18
　　2.1.5 理论循环的指导意义 ……………… 18
　2.2 发动机的实际循环及其评价指标 ……… 19
　　2.2.1 实际循环存在的损失形式 ………… 19
　　2.2.2 发动机的工作过程 ………………… 21
　　2.2.3 实际循环做功能力的评价指标 …… 23
　2.3 发动机的指示性能指标与有效性能
　　　 指标 ………………………………… 25
　　2.3.1 指示性能指标 ……………………… 25
　　2.3.2 有效性能指标 ……………………… 26
　2.4 机械损失与机械效率 …………………… 29
　　2.4.1 机械损失的组成及各部分所占
　　　　　份额 ………………………………… 29
　　2.4.2 机械损失的测量方法 ……………… 31
　　2.4.3 机械效率主要的影响因素与提高
　　　　　方法 ………………………………… 33
　练习与实训 ………………………………… 35
第3章 发动机的换气过程 ………………… 37
　3.1 四冲程发动机的换气过程 ……………… 39

　　3.1.1 换气过程分期 ……………………… 39
　　3.1.2 进排气相位角 ……………………… 41
　3.2 充气效率及影响因素 …………………… 43
　3.3 发动机的增压技术及其分类 …………… 48
　　3.3.1 增压器的作用 ……………………… 48
　　3.3.2 发动机的增压技术分类 …………… 49
　3.4 废气再循环系统 ………………………… 51
　　3.4.1 废气再循环系统对发动机的
　　　　　影响 ………………………………… 51
　　3.4.2 废气再循环系统的分类 …………… 52
　练习与实训 ………………………………… 53
第4章 燃料与燃烧热化学 ………………… 55
　4.1 发动机燃料 ……………………………… 55
　　4.1.1 汽油 ………………………………… 56
　　4.1.2 柴油 ………………………………… 58
　4.2 代用燃料及应用 ………………………… 60
　4.3 燃烧热化学 ……………………………… 69
　　4.3.1 燃料完全燃烧所需的空气量 ……… 69
　　4.3.2 残余废气系数与废气再循环 ……… 71
　　4.3.3 燃料燃烧的分子变化系数 ………… 72
　　4.3.4 化学反应的热效应与燃料热值 …… 72
　　4.3.5 可燃混合气热值 …………………… 73
　　4.3.6 绝热燃烧温度 ……………………… 74
　　4.3.7 化学平衡与燃烧平衡产物 ………… 75
　练习与实训 ………………………………… 76
第5章 汽油机混合气的形成和燃烧 …… 78
　5.1 汽油机的燃烧过程 ……………………… 78
　5.2 汽油机的异常燃烧 ……………………… 81
　　5.2.1 爆燃 ………………………………… 81
　　5.2.2 表面点火 …………………………… 84
　　5.2.3 循环波动 …………………………… 86
　　5.2.4 各缸工作不均匀性 ………………… 88

5.3 汽油机的混合气形成 … 89
　5.3.1 对汽油机混合气形成的基本
　　　　要求 … 89
　5.3.2 汽油机燃油雾化方式的分类 … 89
　5.3.3 进气道喷射及混合气的形成 … 91
　5.3.4 汽油机的燃烧室及其特性 … 93
5.4 汽油机的电子控制系统与控制技术 … 98
　5.4.1 汽油机电子控制系统的结构及
　　　　原理 … 98
　5.4.2 管理系统的主要控制功能 … 99
练习与实训 … 106

第6章　柴油机混合气的形成和燃烧 … 108

6.1 柴油机的燃烧过程及其特性 … 108
　6.1.1 柴油机燃烧过程 … 108
　6.1.2 合理的燃烧放热规律 … 112
　6.1.3 汽油机与柴油机燃烧特性的
　　　　比较 … 113
6.2 柴油机的燃油喷射及混合气形成 … 115
　6.2.1 喷油系统与喷油特性 … 115
　6.2.2 缸内气流运动 … 120
　6.2.3 柴油机的混合气形成方式 … 123
6.3 柴油机的燃烧室及其特性 … 126
　6.3.1 直喷式燃烧室 … 126
　6.3.2 非直喷式燃烧室 … 131
　6.3.3 不同柴油机燃烧室的对比及
　　　　选型 … 133
6.4 柴油机的电子控制燃油喷射系统 … 134
　6.4.1 燃油喷射系统的类型与特点 … 134
　6.4.2 柴油机的综合管理系统 … 138
练习与实训 … 142

第7章　发动机的排放与噪声控制 … 144

7.1 发动机有害排放物的生成及危害 … 145
　7.1.1 氮氧化物（NO_x） … 145
　7.1.2 一氧化碳（CO） … 147
　7.1.3 碳氢化合物（HC） … 147
　7.1.4 微粒及碳烟 … 150
7.2 影响汽油机有害排放物生成的主要
　　因素 … 152
　7.2.1 混合气成分 … 152
　7.2.2 点火正时 … 152
　7.2.3 负荷 … 153

　7.2.4 转速 … 153
　7.2.5 过渡工况 … 153
　7.2.6 废气再循环率 … 153
7.3 影响柴油机有害排放物生成的主要
　　因素 … 154
　7.3.1 混合气成分 … 154
　7.3.2 喷油时刻 … 154
　7.3.3 燃烧室类型 … 154
7.4 排气后处理 … 155
　7.4.1 汽油机排气后处理 … 155
　7.4.2 柴油机排气后处理 … 158
7.5 发动机的排放法规与测试 … 163
　7.5.1 排放法规 … 163
　7.5.2 排放物测试方法 … 165
7.6 发动机的噪声源与控制 … 168
　7.6.1 发动机噪声的来源 … 169
　7.6.2 噪声控制的措施 … 171
练习与实训 … 172

第8章　发动机的运行特性 … 174

8.1 发动机的工况与特性 … 174
　8.1.1 工况与功率标定 … 174
　8.1.2 发动机特性的分类 … 176
8.2 速度特性 … 178
　8.2.1 汽油机的速度特性 … 178
　8.2.2 柴油机的速度特性 … 179
　8.2.3 汽、柴油机速度特性曲线的
　　　　对比 … 180
　8.2.4 发动机外特性曲线对汽车
　　　　动力性的影响 … 180
8.3 负荷特性 … 183
　8.3.1 汽油机的负荷特性 … 183
　8.3.2 柴油机的负荷特性 … 184
　8.3.3 汽、柴油机负荷特性的区别 … 185
8.4 万有特性 … 186
8.5 提高汽车燃油经济性的措施 … 187
　8.5.1 政府的能源法规 … 187
　8.5.2 发动机与汽车传动系统的合理
　　　　匹配 … 188
　8.5.3 汽车的使用与管理对燃油
　　　　经济性的影响 … 192
练习与实训 … 192

第9章　发动机新技术 … 194

9.1 爆燃 … 194

9.2 点火 …………………… 196	9.6 多种燃料发动机 …………… 201
9.3 燃油喷射 ………………… 197	9.7 其他新技术 ………………… 203
9.4 增压 …………………… 198	**参考文献** …………………………… 206
9.5 可变气门技术 …………… 200	

常用符号表

A/F—空燃比

A_i—抗爆指数,示功图面积

A—管道截面积,导热系数

a—加速度,声速

b_{emin}—最低有效燃料(油)消耗率

b_e—有效燃料(油)消耗率

b_i—指示燃料(油)消耗率

B—整机燃料(油)消耗率

C_F—流通系数

c_f—燃油浓度

CI—十六烷指数

CN—十六烷值

c_O—氧浓度

C—排气污染物浓度

c—压力波传播速度

d_0—气门阀杆直径,喷孔直径,液滴直径

d_k—燃烧室凹坑入口直径

dm/dt—质量燃烧速率

$dp/d\varphi$—压力升高率

d_p—喷油泵柱塞直径

D_p—微粒直径

dp—压力扰动

dq_1/dt—放热速率

dq_2/dt—散热速率

$dQ_B/d\varphi$—放热速率

$dQ/d\varphi$—加热速率

$dQ_W/d\varphi$—散热速率

d_s—进气门盘直径

dv—速度扰动

d—管道直径

$d\rho$—密度扰动

D—气缸直径,管径,不均匀度

E_{100}—100℃燃料蒸发百分比

E_{140}—140℃燃料蒸发百分比

E_{70}—70℃燃料蒸发百分比

EP—终馏点,干点

f_a—进气门开启流通面积

F_k—主、副燃烧室通道截面积

F_L—层流火焰前锋面表面积

F_P—活塞面积

F_R—汽车行驶阻力

F_t—汽车驱动力

F_T—湍流火焰前锋面表面积

F/V—燃烧室面容比

F_W—燃烧室壁表面积

F—表面积

f—频率,燃油凝结系数

g_{100}—百公里行驶油耗

g_b—单缸每循环燃料消耗值,循环供油量

g_C—1kg 燃料中 C 的质量

g_H—1kg 燃料中 H 的质量

G_m—可燃混合气流量

g_O—1kg 燃料中 O 的含量

g—重力加速度

h_n—针阀升程

h_p—喷油泵柱塞行程

$(H_{um})_m$—可燃混合气摩尔热值

$(H_{um})_V$—可燃混合气体积热值

H_{um}—可燃混合气质量热值

H_u—燃料低热值

h_v—气门升程

i_0—汽车主减速器传动比

i—气缸数

K_a—混合气的空气质量比例系数

K_T—转矩适应系数

L_0—1kg 燃料完全燃烧所需要的空气的 kmol 数

l_0—化学计量空燃比,1kg 燃料完全燃烧所需空气的 kg 数

L_P—喷注贯穿距离,声压级

l—单位质量燃料实际供给的空气质量单位数,管道长度

L—进气管长

m_0—进气终了缸内工质总质量

m_1—单缸每循环新鲜混合气质量

Ma_m—平均进气马赫数

MAP—进气歧管绝对压力

m_a—单缸每循环新鲜空气质量

$m_{a'}$—进气门关闭时缸内工质质量

m_e—比质量

m_F—壁面油膜质量

m_k—单缸每循环扫气新鲜充量

MON—马达法辛烷值

m_r—单缸每循环残余废气质量

m_r'—单缸每循环废气再循环质量

$m_{r'}$—排气门关闭时缸内工质质量

M_r—相对分子质量

n_d—柴油机最高稳定转速

n_g—汽油机最高稳定转速

n_{Ma}—平均马赫数大于 0.5 对应转速

n_m—最大转矩点转速

n_n—额定转速

n_{opt}—最佳进气晚关角对应转速

n_{sw}—缸内旋流转速

n_{tq}—最大转矩转速

n—发动机转速,多变指数,物质的量

ON—辛烷值

p_0—大气压力,初始压力

p_a—环境压力,压缩起始点压力

$p_{a'}$—进气门关闭时缸内压力

p_B—曲轴箱内新鲜充量压力

p_b—压气机后压力,膨胀终点压力

p_c—压缩终点压力,缸内压力

p_d—缸内进气压力

P_{emax}—最大有效功率

P_{en}—标定功率

P_{es}—冒烟限制功率

p_e—缸内排气压力,排气门端压力

P_e—有效功率

p_f—定容绝热燃烧后混合物压力

p_H—喷油泵端压力

P_i—指示功率

p_i—喷油压力

p_k—涡轮机前压力,扫气压力

p_L—升功率

p_{max}—最大燃烧爆发压力

p_{me}—平均有效压力

p_{mi}—平均指示压力

p_{mm}—机械损失平均压力

P_m—机械损失功率

p_n—喷油器端压力,化油器喉口压力

p_{ref}—参考压力

$p_{r'}$—排气门关闭时缸内压力

P_R—汽车总阻力功率

p_s—进气状态空气压力,进气门端静压力,饱和蒸气压

p_t—平均循环压力

p_z, $p_{z'}$—缸内峰值压力

P_τ—汽车驱动功率

p—压力,气缸压力

$Q_{1\lambda}$—单缸每循环燃料定容燃烧的加热量

$Q_{1\rho}$—单缸每循环燃料定压燃烧的加热量

Q_1—单缸每循环燃料燃烧的加热量

Q_2—单缸每循环热力系统的放热量

Q_B—燃烧放热量

q_m—燃油蒸气向外对流量

q_n—喷油器循环喷油量

q_p—油泵循环供油量

Q_w—燃烧散热量

q—单位质量热量,频率比

Q—热量,工质吸热量

$R_{a'}$—进气门关闭时缸内工质气体常数

RON—研究法辛烷值

$R_{r'}$—排气门关闭时缸内工质气体常数

R_s—空气气体常数

s_c—剩余行程

s/D—行程缸径比

s_0—燃烧室余隙高度

s—比熵,活塞行程

s'—真实封闭行程

T_0—大气温度,初始温度,未燃混合气温度

T_{10}—10% 馏出温度

T_{50}—50% 馏出温度

t_{50}—催化剂起燃温度

T_{90}—90% 馏出温度

T_{95}—95% 馏出温度

T_{ad}—绝对燃烧温度

T_a—环境温度,压缩始点温度

$T_{a'}$—进气门关闭时缸内工质温度

t_b—液柱分裂时间

T_b—增压器出口温度,膨胀终点温度

T_c—压缩终点温度，着火临界温度

$T_{r'}$—排气门关闭时缸内工质温度

T_R—汽车阻力转矩

T_s—进气状态空气温度

T_{max}—最高温度

T_{tqd}—动态转矩

T_{tqmax}—最大转矩

T_{tqn}—标定转矩

T_{tq}—转矩

T_W—燃烧室壁面温度

T_z，$T_{z'}$—最高压力点温度

T—热力学温度，工质温度

t—循环时间

u_{ab}—最低车速

u_{amax}—最高车速

u_a—车速

U_{EA}—气流集总平均速度

u_{jo}—燃料喷射出口速度

u_T—气流脉动速度

u—比内能，瞬时速度

v_a—化油器喉口气流速度

$V_{a'}$—进气门关时气缸总容积

V_a—气缸总容积

V_{ci}—第 i 个微循环气缸剩余容积

V_c—气缸剩余容积

VE—气缸充气效率

V_e—比体积

v_m—活塞平均流速

$V_{r'}$—排气门关时气缸容积

v_s—进气门管端速度

V_s—气缸工作容积

$V_{s'}$—扫气容积

v_{tm}—进气门喉口平均流速

V_T—火焰传播速度

v_T—湍流火焰传播速度

V_z，$V_{z'}$—最高压力点气缸容积

v—气流速度，热力学比体积

V—体积，发动机所占体积，气缸容积

W_e—有效功

W_{in}—净指示功

W_i—指示功，总指示功

W_{me}—附件消耗功

W_{mf}—机械摩擦损失功

W_m—机械损失功

W_p—泵气损失功

W_{pr}—实际泵气功

W_{pt}—理论泵气功

W_t—动力循环功，动力过程功

W—功，容积功

X_Q—累积放热率

X—累积放热量

α—空燃比

α_t—传热系数

β—喷雾锥角，导气屏包角

$\Delta\varphi_{eo}$—排气提前角

$\Delta\varphi_{ac}$—进气晚关角

$\Delta\varphi_{ao}$—进气提前角

$\Delta\varphi_{ec}$—排气晚关角

Δt_s—气门开启时间

Δp_a—进气系统总压力损失

Δp_s—进气压力波幅值

Δp_j—局部流动阻力

Δp_{air}—空气滤清器局部流动阻力

Δp_{thr}—节气门局部流动阻力

Δp_{valve}—进气门局部流动阻力

Δp_y—沿程流动阻力

Δp_ξ—进气门晚关的压力升高值

ΔU—工质内能变化

Δu—气液两相相对速度

$\Delta\theta_{fj}$—喷油持续角

$\Delta\theta_{fs}$—供油持续角

ε—压缩比

ε_e—膨胀比

ε_i—实际压缩比

ε_m—平均压缩比

ξ—进气门晚关系数

η_c—燃烧效率

η_C—排气污染物转化效率

η_m—机械效率

η_t—循环热效率

η_T—汽车动力传动系的机械效率

η_{it}—指示热效率

η_{et}—有效热效率

η_{tV}—定容循环热效率

η_{tp}—定压循环热效率

η_{tm}—混合循环热效率

η_{rel}—相对热效率

η_{dt}—理想循环热效率

θ—气门座面锥角

θ_{fj}—喷油提前角

θ_{fs}—供油提前角

θ_{ig}—点火提前角

π_{κ}—增压比

ρ—密度

ρ_f—燃料密度

ρ_a—空气密度

ρ_s—进气状态空气密度

$\rho_{a'}$—进气门关闭时缸内空气密度

$\rho_{r'}$—排气门关闭时缸内空气密度

ρ_m—混合气密度

τ—行程数

τ_i—滞燃期（着火落后期）

ϕ—空燃比当量

ϕ_a—过量空气系数

ϕ_{an}—标定过量空气系数

ϕ_c—充量系数

ϕ_r—残余废气系数

ϕ_S—扫气系数

ϕ_b—过量扫气系数

ϕ_E—废气再循环率

φ—曲轴转角，增压度

φ_i—滞燃期转角（着火落后期转角）

φ_{PA}—油泵凸轮轴转角

φ_{ac}—进气门关闭角

ψ—排气门晚关系数

Ω—进气涡流比

Ω_c—燃烧室凹坑内涡流比

δ_p—火焰预热区厚度，循环波动率

δ—火焰前锋面厚度

λ_g—热导率

λ—压力升高比，沿程阻力系数，过量空气系数

λ_p—压力升高率

μ—分子变化系数，动力黏度

μ_f—量孔流量系数

μ_s—气门口流量系数

μ_{sm}—气门口流量系数平均值

ν—运动黏度

ξ—进气系统流动阻力系数

第 1 章

绪 论

【教学目标】
　　通过本章的学习，要求读者能够了解发动机的发展历史，掌握发动机分类和基本构造。

【教学要求】

知识要点	能力要求
发动机的发展史	了解发动机发展历程，发展现状和发展前景
发动机分类	掌握发动机的分类方式和类别
发动机基本构造	充分掌握发动机的两大机构，即机体组和曲柄连杆机构、配气机构，以及五大系统，即燃油供给系统、点火系统(汽油机)、冷却系统、润滑系统和起动系统

　　内燃机是移动机械的心脏，内燃机行业是我国机械工业的重要基础行业。改革开放以来，特别是《中国制造2025》行动纲领实施以来，全行业围绕"十三五"行业发展目标，坚持以供给侧结构性改革为主线，着力推动自主创新、智能转型、绿色发展、服务型制造，促进产业结构调整优化、产品技术提升，自主品牌建设和提质增效升级取得了重要成效。2017年，内燃机行业主营业务收入实现了两位数增长，产量突破8000万台，总功率突破26亿 kW，产品进出口总额突破240亿美元，成为支撑机械工业平稳健康发展的重要力量，也成为机械工业转型升级中的一大亮点。目前，对于内燃机匹配的汽车、工程机械、农业机械、摩托车、小型通用汽油机等产品，我国的产量均占全球总产量的30%左右，我国已连续多年成为世界内燃机生产和消费第一大国。

　　2018年1月20~21日，由中国电动汽车百人会主办、国家智能汽车重点专项总体专家组协办的"2018中国电动汽车百人会论坛"在北京市钓鱼台国宾馆召开。该届论坛主题为"把握全球变革趋势，实现高质量发展"。在本次论坛上，科学技术部部长万钢发表了主题为"新时代下新能源汽车发展的思考"的演讲，要求做好较长时期内燃机仍是主流的准备的同时，研发高效率增程式机电混合的系统，并尽快补齐纯电动汽车在续驶里程等性能方面的短板。

　　可以看出，虽然新能源是未来汽车发展的大趋势，但是未来很长一段时间内以化石燃料为动力源的内燃机仍然是汽车市场的主流,所以非常有必要继续学习发动机原理这门课程。为了更好地理解现代内燃机的特点及其技术的发展背景,重温其发展历史,具有重要的意义。

1.1 发动机的发展史

1886年,德国人卡尔·本茨(Karl Friedrich Benz)制造出了世界上第一辆以汽油为动力燃料的三轮汽车,至今,全世界机动车保有量已超过12亿辆,在短短130多年的时间里,"汽车"从西欧贵族手中的稀罕物,变成了人们日常出行最常用的交通工具。截至2018年底,中国的机动车保有量达3.27亿辆。汽车的外形由最初的古典造型逐步发展为现代美观的流线型,控制系统由原本完全由人来操作变成如今广泛使用电子以及计算机控制,传动系统由最初的简单固定传动比发展到可变传动、无级传动;图1-1所示为汽车的心脏——发动机,与汽车其他部分一样,在130多年间,发动机也得到不断的完善,向小型化、轻量化、高功率以及高效率发展,以满足日益严格的性能及排放要求。

发动机是汽车的动力源,是把某一种形式的能量转变成机械能的机器。现代汽车所使用的发动机多为往复活塞式内燃机,它是将燃料在发动机气缸内部燃烧所产生的热能转变成旋转的机械能以驱动车轮行驶。

a) b)

图1-1 汽车的心脏——发动机

a) 宝马发动机 b) 奔驰发动机

回顾发动机的发展史,会发现有许多可以借鉴的地方,更有利于理解现代发动机的特点和技术发展背景。

1858年,定居在法国巴黎的里诺发明了煤气发动机,并于1860年申请了专利。发动机用煤气和空气的混合气体取代往复式蒸汽机的蒸汽,使用电池和感应线圈产生电火花,用电火花将混合气点燃爆发。这种发动机有气缸、活塞、连杆、飞轮等结构。煤气发动机是内燃机的初级产品,因为它的压缩比为零。

1867年,德国人奥托(Nicolaus A. Otto)(图1-2)受里诺研制煤气发动机的启发,对煤气发动机进行了大量的研究,制作了一台卧式气压煤气发动机,后经过改进,于1878年在法国举办的国际展览会上展出了他制作的样品。该发动机工作效率高,引起了参观者极大的兴趣。在长期的研究过程中，奥托提出了内燃机的四冲程理论，为内燃机的发明奠定了理论基础。德国人卡尔·本茨（图1-3a）和戈特利布·戴姆勒（Gottlieb Daimler）（图1-3b）根据奥托发动机的原理，各自研制出具有现代意义的汽油发动机，为汽车的发展铺平了道路。

1881年，戈特利布·戴姆勒同威廉·迈巴赫（Wilhelm Maybach）合作开办了当时的第一家汽车工厂。1883年8月15日，戴姆勒和迈巴赫发明了汽油内燃机。1885年末，戴姆勒将马车改装，增加了转向、传动装置，安装了功率为1.1kW的内燃机，并装上四个轮子，车速达到了14.4km/h。1885年，戴姆勒发明了第一辆四轮汽车。

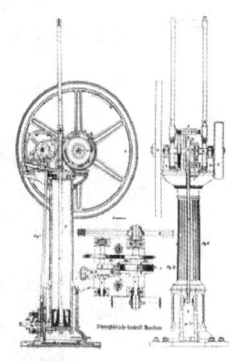

图1-2　德国发明家奥托

a) b)

图1-3　卡尔·本茨和戈特利布·戴姆勒

a）卡尔·本茨　b）戈特利布·戴姆勒

1886年，德国人卡尔·本茨制造出世界上第一辆以汽油为动力的三轮汽车。

1897年，德国人鲁道夫·狄塞尔（Rudolf Diesel）（图1-4）成功试制出第一台柴油机，柴油机从设想变为现实经历了20年的时间。柴油机是动力工程方面又一项伟大的发明，它的出现不仅为柴油找到了用武之地，而且它比汽油机省油、动力大并且污染小，是汽车又一颗良好的"心脏"。鲁道夫·狄塞尔的发明改变了整个世界，人们为了纪念他，就把柴油机称作狄塞尔柴油机。

1926年，瑞士人布希（A. Buchi）提出了废气涡轮增压理论，利用发动机排出的废气能量来驱动压气机，给发动机增压。20世纪50年代后，废气涡轮增压技术开始在车用内燃机上逐渐得到应用，使发动机性能得到很大提高，成为内燃机发展史上的重大突破。

1957年，德国人汪克尔（Felix Wankel）（图1-5）发明了转子活塞发动机，这是汽油发动机发展的一个重要分支。转子发动机的特点是利用内转子圆外旋轮线和外转子圆内旋轮线相结合的机构，无曲轴连杆和配气机构，可将三角活塞运动直接转换为旋转运动。它的零件数比往复活塞式汽油机少40%，质量轻、体积小、转速高、功率大。

1958年，汪克尔将外转子改为固定转子行星运动，制成功率为 22.79kW、转速为 5500r/min 的新型旋转活塞发动机。

图 1-4　鲁道夫·狄塞尔

图 1-5　汪克尔及其发明的转子发动机

1967年，德国博世（Bosch）公司首次推出由电子计算机控制的汽油喷射系统（Electronic Fuel Injection，EFI），开创了电控技术在汽车发动机上应用的历史。

经过30年的发展，以电子计算机为核心的发动机管理系统（Engine Management System，EMS）已逐渐成为汽车、特别是轿车发动机上的标准配置，汽车ECU（Electronic Control Unit，电子控制单元）如图1-6所示。电控技术的应用，使发动机的污染物排放、噪声和燃油消耗大幅度降低，动力性能得到改善，是发动机发展史上的重大突破。

图 1-6　汽车ECU

目前，电喷供油系统的行车计算机会随时侦测发动机温度、进气流量、转速变化及振动状况，并依照实际需求调整供油量与点火时间，因此在动力输出、燃油经济性与排污表现上可以取得相当不错的平衡。同时为了增加发动机进气量，提高燃油效率，发动机从早期的单点喷射，演化至多点喷射，气门数量从两个增加至五个。目前最先进的当属搭载VVT（可变气门技术）的电喷发动机。

总体而言，电喷供油系统的最大优点就是燃油供给控制十分精确，使发动机在任何状态下都能有正确的空燃比，不仅使发动机保持顺畅运转，其废气也符合环保法规的要求。然而，电喷供油系统并不是最科学的。由于内燃机构造的先天限制，电喷喷油器安装在气门旁，只有在气门打开时才能完成油气喷射，因此喷射会受到开合周期的影响，产生延迟，影响计算机对喷射时间的控制，不过这一问题已经被缸内直喷技术解决了，图1-7所示为缸内直喷示意图。

近两年，欧美汽车厂商意识到电喷技术的研发已经进入瓶颈

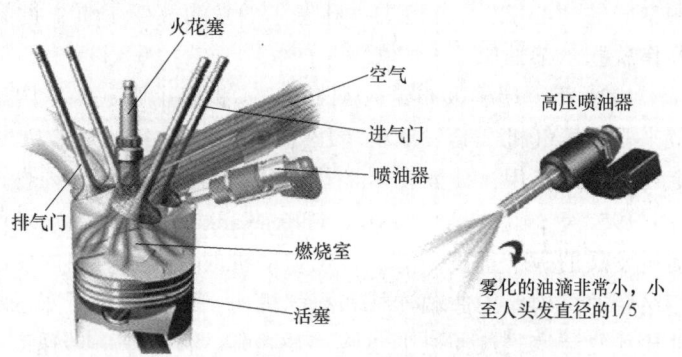

图 1-7　缸内直喷示意图

期,于是缸内直喷技术成为了各大厂商的主攻方向。目前市场上备受关注的缸内直喷发动机包括奥迪 FSI 缸内直喷发动机、凯迪拉克 SIDI 双模直喷发动机。

与电喷发动机相比,缸内直喷发动机的喷油器被移到了气缸内部,因此缸内油气的量不会受气门开合的影响,而是直接由计算机自动决定喷油时机与分量,气门只控制空气的进入时间,油和气是在进入到气缸内才进行混合。由于油、气的混合空间、时间都相当短暂,因此缸内直喷系统必须依靠高压将燃油从喷油器压入气缸,以达到高度雾化的效果,从而更好地进行油气混合。

混合油气的压缩比越高的发动机,它的动力表现就越好,相应的节能效果就越明显。奥迪 3.2 升 FSI 缸内直喷发动机的压缩比达到了 10.3∶1;凯迪拉克 3.6 升 SIDI 双模缸内直喷发动机的压缩比达到了 11.3∶1。此外,缸内直喷系统的燃烧室、活塞也大多具有特殊的导流槽,以供油气在进入燃烧室后产生气旋涡流,提高雾化效果与燃烧效率。

一般而言,应用了缸内直喷技术的发动机的峰值功率要比同排量的多点喷射发动机提升 10%~15%,而峰值转矩能提升 5%~10%。这样的提升,可谓是一种质变,而单靠增加气门数量是难以达到这一效果的。

在发动机的工作方式和喷油方式确定后,发动机的进化之路并没有终止,在发动机技术的完善上,一代代的汽车人不懈努力,有些完善甚至都没办法记录。很显然,现在的发动机运转更加平顺,抖动也不那么强烈,燃油经济性更好,动力更足,而这些都是依赖于新技术的运用。为了改善进气产生了本田 VTEC、丰田 VVT-I、现代 CVVT、通用 DVVT 等可变气门正时技术,图 1-8 所示为本田 VTEC 发动机和丰田 VVT-I 发动机;为了获得更好的空燃比产生了大众 TFSI 分层喷射技术、VIS 可变进气道技术、涡轮增压中冷技术等;为了使环境污染最

图 1-8 本田 VTEC 发动机和丰田 VVT-I 发动机

小,在排气管里又增加了氧传感器、三元催化转化器,并出现了废气再循环技术。

目前,为了更好地治理环境污染,对汽车尾气排放的要求越来越高,淘汰旧的发动机技术已经成为必然,更多充分利用能源的技术也在被不断地研发。同时,由于全球能源危机的巨大影响,更加节能的新能源技术必将在发动机技术的发展史上书写重重的一笔。

1.2 发动机的分类及基本构造

1. 发动机的分类

发动机的分类方法很多,按照不同的分类方法可以把发动机分成不同的类型。

(1) 按照所用燃料分类 发动机按照所用燃料的不同可以分为汽油机和柴油机。以汽油为燃料的发动机称为汽油机,以柴油为燃料的发动机称为柴油机。汽油机与柴油机相比各

有特点：汽油机转速高，质量小，噪声小，起动容易，制造成本低；柴油机压缩比大，热效率高，经济性能和排放性能都比汽油机好。

（2）按照冲程数分类 发动机按照完成一个工作循环所需的冲程数可分为四冲程发动机（图1-9a）和二冲程发动机（图1-9b）。曲轴转两圈（720°），活塞在气缸内上下往复运动四个行程，完成一个工作循环的发动机称为四行程发动机；而曲轴转一圈（360°），活塞在气缸内上下往复运动两个行程，完成一个工作循环的发动机称为二冲程发动机。当前汽车发动机广泛使用四冲程发动机。

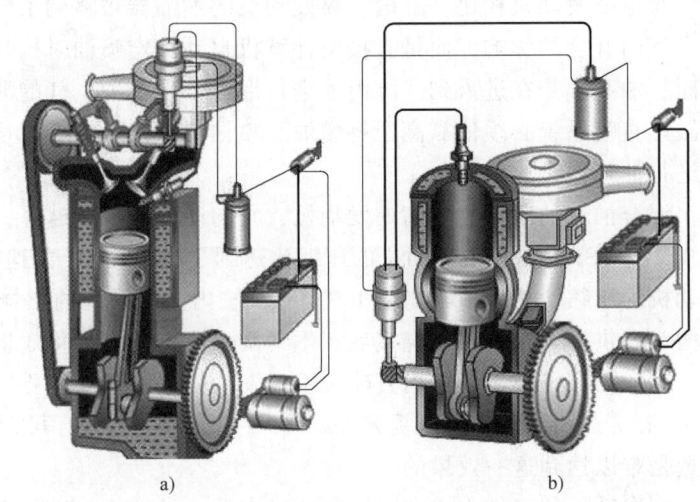

图1-9 四冲程及二冲程发动机

a）四冲程发动机 b）二冲程发动机

（3）按照冷却方式分类 发动机按照冷却方式不同可以分为水冷发动机和风冷发动机。水冷发动机是利用在气缸体和气缸盖冷却水套中进行循环的冷却液作为冷却介质进行冷却的；而风冷发动机是利用流动于气缸体与气缸盖外表面散热片之间的空气作为冷却介质进行冷却的。水冷发动机冷却均匀，工作可靠，冷却效果好，被广泛地应用于现代车用发动机。

（4）按照气缸数目分类 发动机按照气缸数目不同可以分为单缸发动机和多缸发动机，如图1-10所示。仅有一个气缸的发动机称为单缸发动机；有两个以上气缸的发动机称为多缸发动机。如双缸、三缸、四缸、五缸、六缸、八缸、十二缸等都是多缸发动机。现代车用发动机多采用四缸、六缸或者八缸发动机。

图1-10 不同种类的发动机

a）单缸发动机 b）直列四缸发动机

c)   d)

图1-10　不同种类的发动机（续）

c) 直列六缸发动机　d) V6发动机

（5）按照气缸排列方式分类　发动机按照气缸排列方式不同可以分为单列式和双列式发动机。单列式发动机的各个气缸排成一列，一般是垂直布置的，但为了降低高度，有时也把气缸布置成倾斜的甚至水平的；双列式发动机把气缸排成两列，两列之间的夹角小于180°（一般为90°）称为V型发动机，若两列之间的夹角等于180°称为对置式发动机，水平对置发动机的活塞平均分布在曲轴两侧，在水平方向上左右运动。使发动机的整体高度降低、长度缩短并降低整车的重心，车辆行驶更加平稳，发动机安装在整车的中心线上，两侧活塞产生的力矩相互抵消，大大降低车辆在行驶中的振动，使发动机转速得到很大提升，减少噪声，但同时，横向尺寸增大，布置较为困难。

（6）按照进气系统是否采用增压方式分类　发动机按照进气系统是否采用增压方式可以分为自然吸气（非增压）式发动机和强制进气（增压式）发动机（图1-11）。汽油机常采用自然吸气式，但随着汽油机技术的提高，很多汽油发动机也采用增压技术以提高发动机的动力学和经济性，柴油机增压技术的使用较为广泛。

图1-11　涡轮增压器

2. 发动机的基本构造

发动机的基本构造是学习发动机原理的基础，本节仅简要介绍发动机的基本构造及各部分功用，要详细学习该部分知识，请参考其他相关材料。

如图1-12所示，发动机是一部由许多机构和系统组成的复杂机器。现代汽车发动机的结构形式很多，即使是同一类型的发动机，其具体构造也是各种各样的。一般而言，发动机主要由两大机构和五大系统组成，分别是机体组及曲柄连杆机构、配气机构和燃油供给系统、点火系统（汽油机）、冷却系统、润滑系统以及起动系统，下面介绍各部分的具体构造及其功用。

（1）机体组及曲柄连杆机构　如图1-13所示，曲柄连杆机构包括活塞、连杆、带有飞轮的曲轴、气缸盖、气缸体及油底壳等，它是将活塞的直线往复运动变为曲轴的旋转运动并输出动力的机构。机体组包括气缸盖、气缸体及油底壳。有的发动机将气缸体分铸成上下两部分，上部称为气缸体，下部称为曲轴箱。机体组的作用是作为发动机各机构、各系统的装配基体，而且其本身的许多部分又分别是曲柄连杆机构、配气机构、供给系统、冷却系统和润滑系统的组成部分。气缸盖和气缸体的内壁共同组成燃烧室的一部分，是承受高温、高压的机件。在进行结构分析时，常把机体组列入曲柄连杆机构。

图 1-12　发动机结构

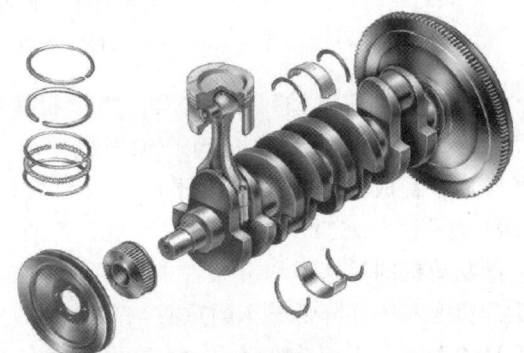

图 1-13　曲柄连杆机构

（2）配气机构　如图 1-14 所示，配气机构包括进气门、排气门、摇臂、气门间隙调节器、凸轮轴以及凸轮轴定时带轮等。其作用是按照发动机每一缸内进行的工作循环和发火次序的要求，定时开启和关闭进、排气门，使新鲜充量（汽油机为可燃混合气、柴油机为空气）及时吸入气缸而废气从气缸排出。气门顶置式是目前应用最广泛的一种配气机构形式。进气门和排气门都倒挂在气缸盖上。气门组包括气门、气门导管、气门座、弹簧座、气门弹簧、锁片等零件；气门传动组一般由摇臂、摇臂轴、推杆、挺柱、凸轮轴和正时齿轮组成。当气缸的工作循环需要将气门打开进行换气时，曲轴通过传动机构（如正时齿轮）驱动凸轮轴旋转，使凸轮轴上的凸轮凸起部分通过挺柱、推杆、调整螺钉推动摇臂摆转，摇臂的另一端便向下推开气门，同时使弹簧进一步压缩。当凸轮的凸起部分的顶点转过挺柱以后，便逐渐减小了对挺柱的推力，气门

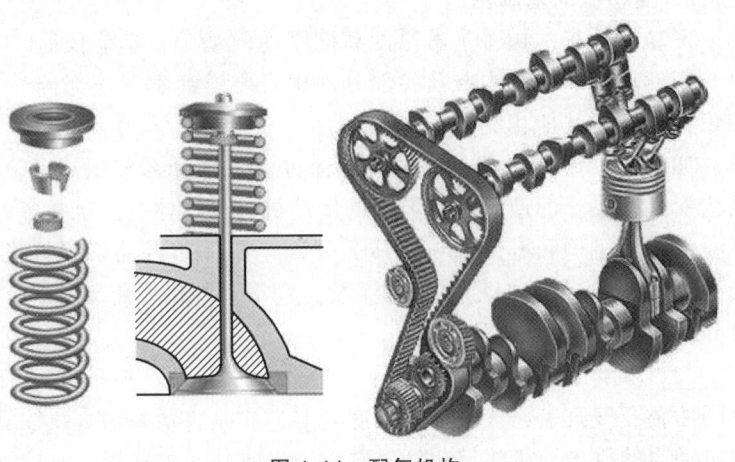

图 1-14　配气机构

在弹簧张力的作用下开度逐渐减小,直至最后关闭。压缩和做功行程中,气门在弹簧张力的作用下严密关闭。

(3) 燃油供给系统 如图 1-15 所示,汽油机燃油供给系统包括汽油箱、汽油泵、汽油滤清器、喷油器、空气滤清器、进气管、排气管等。其作用是把汽油和空气混合为成分合适的可燃混合气供入气缸,以供燃烧,并将燃烧生成的废气排出发动机。汽油机燃油供给系统的任务是将汽油雾化和蒸发(汽化)并和空气按一定比例均匀混合成可燃混合气,再根据发动机各种不同工况的要求,向发动机气缸内供给不同质(即不同浓度)和不同量的可燃混合气,以便在临近压缩终了时点火燃烧而放出热量,膨胀做功,最后将气缸内的废气排至大气中。

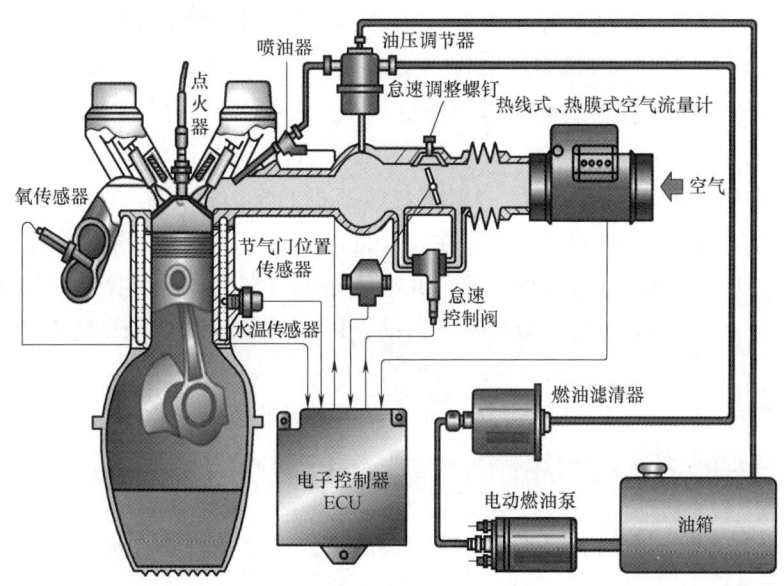

图 1-15 汽油机燃油供给系统

目前汽油机的燃油供给系统主要有缸外喷射系统和缸内直喷系统。

(4) 点火系统 如图 1-16 所示,点火系统是汽油发动机重要的组成部分,点火系统的性能对发动机的功率、油耗和排气污染等影响很大。能够在火花塞两电极间产生电火花的全部设备称为发动机"点火系统"。点火系统的功用是在压缩行程接近上止点时,火花塞点燃可燃混合气,从而燃烧并对外做功,为此,汽油机的燃烧室中都装有火花塞,按照气缸的工作顺序定时地在火花塞两电极间产生足够能量的电火花。其中包括供给低压电流的蓄电池和发电机以及分电器、点

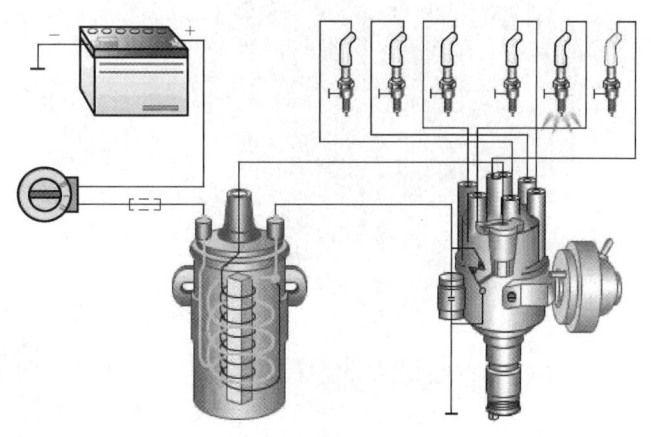

图 1-16 点火系统

火线圈与火花塞等。

(5) 冷却系统　冷却系统的功用是把受热机件的热量散到大气中去，以保证发动机正常工作。冷却系统按照冷却介质不同可以分为风冷系统和水冷系统。把发动机中高温零件的热量直接散入大气来进行冷却的装置称为风冷系统，而把这些热量先传给冷却水，然后再散入大气来进行冷却的装置称为水冷系统，水冷系统大循环如图 1-17 所示。由于水冷系统冷却均匀，效果好，而且发动机运转噪声小，目前汽车发动机上广泛采用的是水冷系统。水冷系统主要由水泵、散热器、冷却风扇、节温器、补偿水桶、发动机机体和气缸盖中的水套以及其他附属装置等组成。

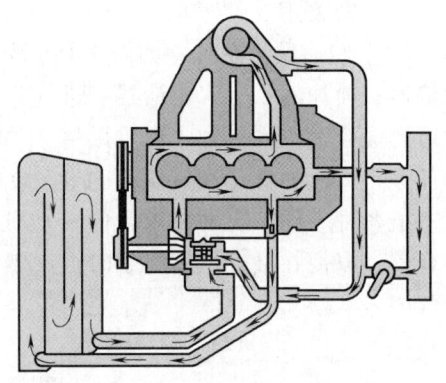

图 1-17　水冷系统大循环

(6) 润滑系统　如图 1-18 所示，润滑系统包括机油泵、机油集滤器、限压阀、润滑油道、机油滤清器等，润滑系统的功用就是在发动机工作时连续不断地把数量足够、温度适当的洁净机油输送到全部传动件的摩擦表面，并在摩擦表面之间形成油膜，实现液体摩擦，从而减小摩擦阻力、降低功率消耗、减轻机件磨损，以达到提高发动机工作可靠性和耐久性的目的。

(7) 起动系统　如图 1-19 所示，起动系统包括起动机及其附属装置，其功用是在发动机的各种工况和使用条件下，在气缸内适时、准确、可靠地产生电火花，以点燃混合气，使发动机实现做功。

汽油机一般都是由上述两大机构和五大系统组成。而柴油机没有点火系统，故由两大机构和四大系统组成。

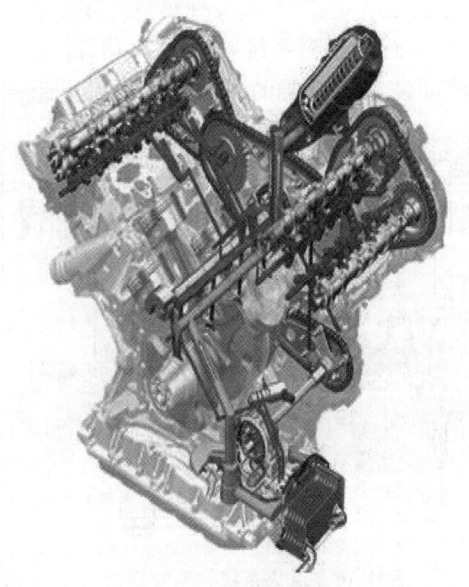

图 1-18　润滑系统

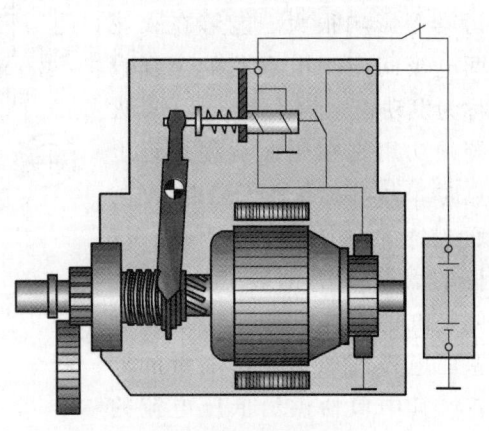

图 1-19　起动系统

练习与实训

一、解释术语

1. 发动机排量
2. 四冲程发动机
3. 压缩比
4. 配气相位
5. 过量空气系数
6. 废气再循环系统

二、选择题

1. 燃油压力调节器的作用是（   ）。
   A. 保持燃油分配管供油压力恒定　　B. 保持进气管绝对压力恒定
   C. 保持进气管真空度恒定　　　　　D. 保持供油压力与进气管压力之差恒定
2. 发动机氧传感器安装在（   ）。
   A. 进气总管　　　　　　　　　　　B. 进气歧管
   C. 排气管三元催化器前　　　　　　D. 排气管三元催化器后
3. 柴油机混合气是在（   ）内形成的。
   A. 进气管　　　　　　　　　　　　B. 燃烧室
   C. 进气歧管　　　　　　　　　　　D. 喷口内
4. 电控燃油喷射系统主要由（   ）组成。
   A. 空气供给系统、燃油供给系统和电子控制装置
   B. 空气供给系统、燃油供给系统和混合气配制系统
   C. 空气供给系统、燃油供给系统和暖气调节器
   D. 空气供给系统、燃油供给系统和燃油量分配器
5. 柴油机燃烧过程中，气缸内温度达最高是在（   ）。
   A. 后燃期　　　　　　B. 速燃期　　　　　　C. 缓燃期
6. 润滑系统中旁通阀的作用是（   ）。
   A. 保证主油道中的最小机油压力　　B. 防止机油粗滤器滤芯损坏
   C. 防止主油道过大的机油压力　　　D. 滤芯堵塞后仍能使机油进入主油道内
7. 机油泵常用的形式有（   ）。
   A. 齿轮式与膜片式　　　　　　　　B. 转子式与齿轮式
   C. 转子式与活塞式　　　　　　　　D. 柱塞式与膜片式
8. 控制冷却水大、小循环的部件是（   ）。
   A. 叶轮　　　　　　　　　　　　　B. 风扇
   C. 节温器　　　　　　　　　　　　D. 水封

三、填空题

1. 往复活塞式点燃发动机一般由_____、_____、_____、_____、_____和_____组成。

2. 曲柄连杆机构的主要零件可分为_____、_____和_____三个组。

3. 机体组包括_____、_____、_____、_____等；曲轴飞轮组包括_____、_____等，活塞连杆组包括_____、_____、_____等。

4. 根据_____不同，配气机构的布置形式分为_____和_____两种。

5. 汽油机燃油供给系统一般由_____、_____、_____、_____等装置组成。

6. 柴油机燃油供给系统由_____、_____、_____、_____四套装置组成。

7. 发动机润滑系统主要有_____、_____、_____、_____、_____、_____等作用。

8. 润滑系统一般由_____装置、_____装置、_____装置、_____装置、_____装置、_____装置、_____装置、_____装置等部分组成。

9. 发动机的冷却方式一般有_____和_____两种。

四、简答题

1. 活塞连杆的作用是什么？
2. 配气机构的作用是什么？
3. 汽油机燃油供给系统的作用是什么？
4. 简述柴油机燃油的供给路线。
5. 发动机温度过高或过低各有哪些危害？

第 2 章
发动机的循环及其性能评价指标

【教学目标】

通过本章的学习，要求读者能够掌握并理解各种循环的示功图以及它们之间的比较，掌握发动机实际循环及其评价指标，了解发动机的工作过程；掌握发动机的指示指标和有效性能指标以及它们的评价指标，如动力性指标，经济性指标；掌握指示指标和有效性能指标之间的转换关系；掌握发动机机械损失和机械效率，以及机械损失的测量方法。

【教学要求】

知识要点	能力要求
发动机的理论循环	掌握发动机理论循环的类型，三种加热循环以及它们的示功图，掌握其评价指标和三种循环的比较
发动机实际循环及其评价指标	掌握发动机实际循环存在的损失方式，掌握发动机的工作过程；掌握各指标的计算
发动机指示性能指标和有效性能指标	掌握并理解发动机指示性能指标和实际性能指标，掌握各指标的计算方式以及指示性能指标与有效性能指标之间的转换，例如动力性指标；理解指示功、净指示功、动力循环功、泵气过程功在示功图上的意义，以及它们之间的关系
机械损失和机械效率	掌握发动机机械损失的组成，掌握四种机械损失的测量方法，以及机械效率的影响因素和提高方式

发动机是汽车的动力源，是把某一种形式的能量转变成机械能的机器。现代汽车所使用的发动机多为往复活塞式内燃机，它是将燃料在发动机气缸内部燃烧所产生的热能转变成旋转的机械能以驱动车轮行驶。这种能量的转换是通过工质的热力循环完成的，根据完成一次能量转换所需行程数的不同，可以把发动机分为二冲程发动机和四冲程发动机。发动机热功转换以及能量传递过程如图2-1所示。

发动机将化学能转换为机械能需要以下三个过程。

第一个过程是将空气和燃油变成可燃混合气并导入气缸。此过程是燃料的化学能转化为热

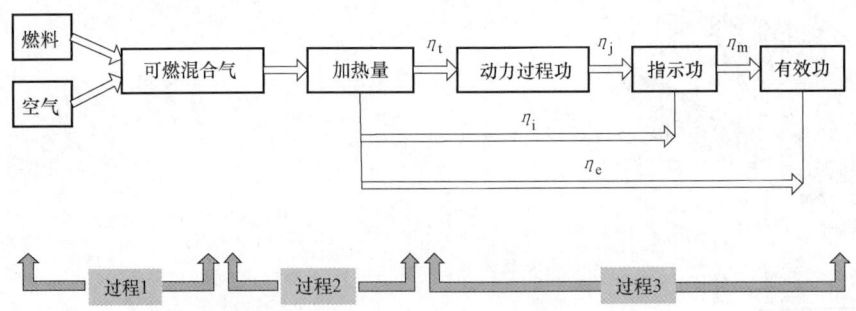

图 2-1 发动机热功转换以及能量传递过程

能的前提,也是内燃机对外输出动力的基础。在这个过程中,雾化后的燃油按一定的方式与空气混合,形成可燃混合气。此过程的实现不仅仅需要设计合理的燃油供给系统来保证良好混合气的形成,同时需要尽可能多的空气进入,以保证燃油充分燃烧,提高汽车的动力性和经济性。混合气形成的效果往往会影响其燃烧效率,混合良好的可燃混合气体可以提升燃烧速度和燃油利用率,而进气能力决定了发动机动力性。如今,越来越多的汽车生产厂家采用各种形式的增压技术(第 3 章将详细讲述),目的是提高发动机的进气能力以提高汽车的动力性。现代汽车发动机的混合气形成方式可以分为两种:一种是缸内直喷的内部混合气形成方式,另一种是进气道多点喷射的外部混合气形成方式。缸内直喷(GDI)就是直接将燃油喷入气缸内与进气混合的技术。缸内直喷汽油机,优点是油耗低、功率大,同时压缩比高达 12,与同排量的一般发动机相比功率与转矩都提高了 10%。同时,缸内直喷的喷射压力也进一步提高,使燃油雾化更加细致,真正实现了精准地按比例控制喷油并与进气混合,并且克服了缸外喷射的缺点。缸内直喷柴油机的燃烧过程可根据其燃料及混合气形成的特点,分为预混合过程和扩散燃烧过程。外部混合气的形成方式主要是在汽油机上使用,现在市场上普遍采用进气道多点喷射方式,这是目前电控汽油机的主流,其燃烧方式主要是均匀混合气的火焰传播方式。

第二个过程是燃烧放热。燃烧过程是将燃料的化学能转变为热能的过程。燃烧过程的好坏,关系到能量转换效率的高低,从而直接影响发动机的性能指标。发动机实际的燃烧过程十分复杂,涉及的方面很广,影响因素多。对燃烧过程的基本要求是:燃料的燃烧要完全,燃烧过程的进行要及时。根据内燃机实际循环中燃烧放热过程的不同,将其动力循环可抽象为定容加热循环、混合加热循环以及定压加热循环三种理论循环。在不同条件采用什么样的循环即采用什么样的加热方式(放热规律)对循环热效率的影响很大,这也是目前内燃机研究的热点之一。

第三个过程是能量传递。根据热力学第一定律,单缸每个循环燃料燃烧的加热量,即进入气缸的燃料完全燃烧所放出来的总热量 Q_1 从理论上所能转换的机械功为

$$W_t = \eta_t Q_1 \tag{2-1}$$

式中,η_t 是理论循环热效率。

在实际循环中,由于混合气混合不均匀、不完全燃烧损失和燃烧时间损失的存在,实际推动活塞所做的指示功(循环功)W_i 小于理论功 W_t,这一部分能量转换过程的损失用损失系数 η_j 表示,即

$$W_i = \eta_j W_t \tag{2-2}$$

在第二个环节中,燃烧过程组织的好坏直接影响损失系数的大小。而活塞所做的指示功经

连杆驱动曲轴旋转而对外输出有效功时，还需要克服活塞与气缸、曲轴轴颈和轴承等运动副的摩擦损失以及驱动其他附件的阻力损失等。这一部分的传递损失用机械效率 η_m 来表示，即

$$W_e = \eta_m W_i \qquad (2\text{-}3)$$

即对于一定量的指示功，应尽可能减小发动机内部的传递损失，提高机械效率以提高对外输出的有效功。

2.1 发动机的理论循环

2.1.1 示功图

如图 2-2 和图 2-3 所示，示功图为活塞式发动机在一个循环中，气缸内气体压力随活塞位移（或气缸内容积）变化而变化的循环曲线，循环曲线所包围的面积可表示为发动机所做的功或所消耗的功，故称为示功图，它可用示功器测录。示功图除了表示做功或耗功的大小以外，还用来分析研究进而改善气缸内的工作过程。

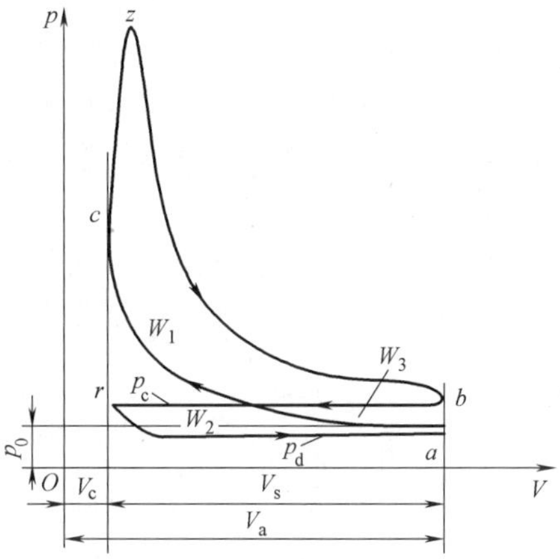

发动机气缸内实际的工作循环过程是非常复杂的，为了得到能准确反映气缸内部实际情况的数据，通常利用不同形式的示功器或内燃机数据采集系统来观察或记录相对于不同活塞位置或曲轴转角时气缸内工质压力的变化，所得的结果即为 p-V 或 p-φ 示功图。利用曲柄连杆机构的活塞位移与曲轴转角的关系，p-V 示功图和 p-φ 示功图二者可以互相转换。图 2-2 和图 2-3 分别是 p-V 示功图和 p-φ 示功图。

图 2-2 中，V_a 是气缸总容积，V_s 是气缸的工作容积，V_c 是气缸的压缩容积，p_0 为大气压力，p_d 为缸内进气压力，p_e 为缸内排气压力。

从示功图可以观察到内燃机工作循环的不同阶段，即进气、压缩、燃烧、膨胀以及排气过程中气缸压力的变化，通过数据处理，再运用热力学知识，可以对整个工作过程或工作过程的不同阶段进行的完善程度做出正确的判断。因此，示功图是研究内燃机工作过程的重要试验数据。

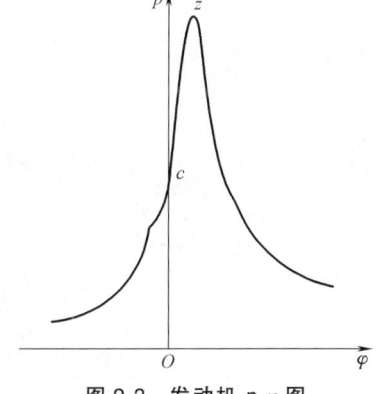

图 2-2 发动机 p-V 示功图

图 2-3 发动机 p-φ 图

2.1.2 理论循环及类型

虽然内燃机实际循环是多样的、不可逆的，而且往往还相当复杂，但通常总可以近似地用由一系列简单、典型、可逆的过程形成的理论循环来代替，对这样的理论循环就可以比较方便地进行分析和计算。

通常根据发动机所使用的燃料、混合气形成方式、缸内燃烧过程（加热方式）等特点，把火花点火发动机的实际循环简化为定容加热循环，把压燃式柴油机的实际循环简化为混合加

热循环或定压加热循环,这些循环称为内燃机的理论循环。发动机理论循环的基本假设如下。

1) 工质是一种具有与空气在标准状态时一样的相对分子质量和比热容的理想气体,故又可称之为空气循环。

2) 把气缸内部燃料燃烧加热工质的过程看成是自热源吸入同样热量的可逆定容加热过程或可逆定压加热过程;把排气放热过程看成是在定容条件下向冷源放出同样热量的可逆放热过程。

3) 既不进气也不排气,由封闭在气缸内的一定量的气体不断完成循环。

4) 略去压缩和膨胀过程中工质与气缸壁之间的热交换,近似地认为是绝热压缩和绝热膨胀,并且不考虑摩擦。

根据内燃机实际工作过程,按照不同的燃烧加热方式,一般将发动机的理论循环分为三种,即定容加热循环、定压加热循环和混合(定容定压)加热循环。汽油机燃烧均匀混合气,燃烧速度快且在活塞上止点附近进行,气缸容积变化很小,因此其工作过程近似于定容加热循环;低速柴油机为了限制最高燃烧压力,燃烧过程主要在活塞离开上止点以后进行,一边燃烧,一边膨胀,气缸压力基本保持不变,相当于定压加热循环;高速柴油机在燃烧初期,部分燃油已与空气形成可燃混合气,燃烧速度快,气缸容积变化很小,而后由于边喷油、边混合、边燃烧,燃烧速度受到限制,气缸压力变化不明显,相当于混合加热循环。

经过简化,这三种典型的理论循环的 p-V 图及 T-S 图如图2-4所示。

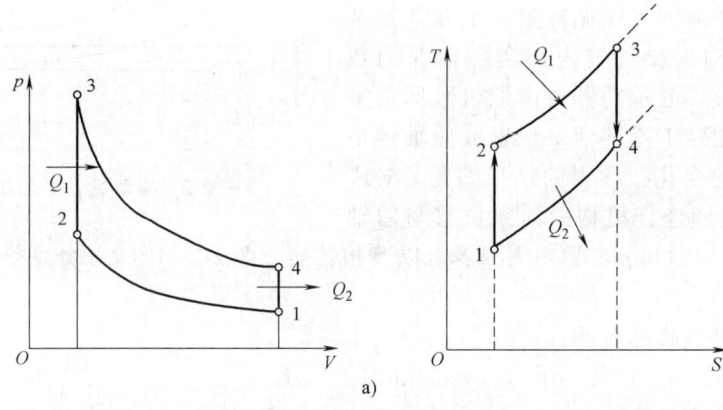

注:曲线1—2为绝热压缩过程,曲线2—3为定容加热过程,
曲线3—4为绝热膨胀过程,曲线4—1为定容放热过程。

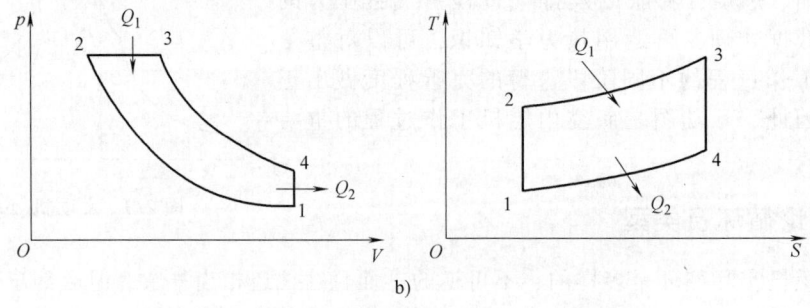

注:曲线1—2为绝热压缩过程,曲线2—3为定压加热过程,
曲线3—4为绝热膨胀过程,曲线4—1为定容放热过程。

图2-4 三种典型的理论循环

a)定容加热循环 b)定压加热循环

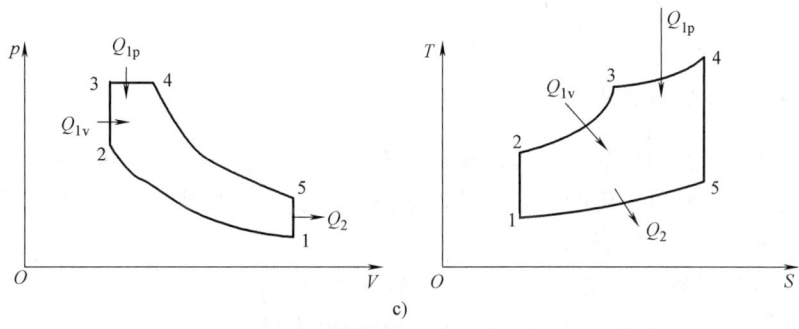

注：曲线1—2为绝热压缩过程，曲线2—3为定容加热过程，
曲线3—4为定压加热过程，曲线4—5为绝热膨胀过程，曲线5—1为定容放热过程。

图 2-4　三种典型的理论循环（续）
c）混合加热循环

2.1.3　理论循环的评价

内燃机是将热能转换为机械能的动力机械，由于所采用的循环方式不同，其能量转换效果也有所不同。常用循环热效率来评价动力机械设备在能量转换过程中所遵循的理论循环的经济性，用循环平均压力评价循环的做功能力。

（1）循环热效率 η_t　循环热效率是指热力循环所获得的理论功 W_t 与为获得该理论功所加入的总的热量 Q_1 之比，即

$$\eta_t = \frac{W_t}{Q_1} = 1 - \frac{Q_2}{Q_1} \tag{2-4}$$

（2）平均循环压力 p_t　平均循环压力是指单位气缸工作容积所做的循环功，是评价热力循环做功能力的指标，即

$$p_t = \frac{W_t}{V_s} = \frac{\eta_t Q_1}{V_s} \tag{2-5}$$

根据三种理论循环热效率的表达式，不同理论循环的平均循环压力可以分别表示为

混合加热循环

$$p_{th} = \frac{\varepsilon^k}{\varepsilon^{k-1}} \frac{p_a}{\kappa - 1} (\lambda - 1) \eta_t \tag{2-6}$$

定容加热循环

$$p_{tV} = \frac{\varepsilon^k}{\varepsilon^{k-1}} \frac{p_a}{\kappa - 1} (\lambda - 1) \eta_t \tag{2-7}$$

定压加热循环

$$p_{tp} = \frac{\varepsilon^k}{\varepsilon^{k-1}} \frac{p_a}{\kappa - 1} \kappa (\lambda - 1) \eta_t \tag{2-8}$$

综上可得，提高热循环效率 η_t 和循环起始点进气压力 p_a，都有利于提高平均循环压力 p_t。

2.1.4 各种理论循环的比较

上面分别讨论了发动机的三种理论循环，现在来比较它们的热效率。由于不同类型发动机的工作条件不同，所以采用的比较条件也不同。为了方便直观地进行比较，利用各理论循环的 T-S 图来进行分析。

现以各循环的压缩比 ε 相同为条件，比较三种理论循环的热效率 η_t。为了便于分析，设三种理论循环的压缩起始点状态相同以及吸热量相同。图 2-5 所示为三种理论循环的 T-S 图，图中 acz_1b_1a 为定容加热循环，acz_3b_3a 为定压加热循环，$acz'_2z_2b_2a$ 为混合加热循环。

根据式（2-4），三种理论循环的热效率之间有如下关系：$\eta_{tV}<\eta_{th}<\eta_{tp}$，也就是在最高压力和最高温度相同时，定压加热循环的热效率最高，混合加热循环的热效率次之，定容加热循环的热效率最低。

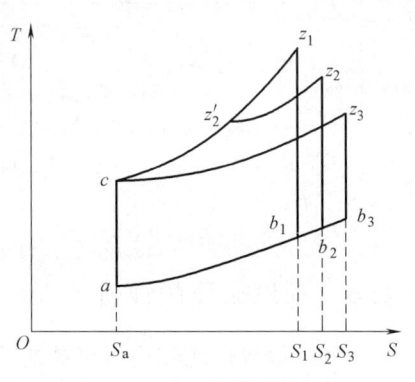

图 2-5 同一机型不同加热模式下的 T-S 图

对于高增压柴油机，由于受零部件强度的限制，必须限制其最高循环压力。因为按照上述结论，为了得到较高的热效率，宜按定压加热循环工作，又如有些汽车用高速柴油机，为了改善工作平顺性，减小噪声，把最高循环压力限制在较低的数值，在此情况下，为了得到较高的热效率，按定压加热循环工作是适宜的。

2.1.5 理论循环的指导意义

理论循环模型是发动机运行过程最本质的模型。影响理论循环热效率的主要参数，也是影响实际发动机动力性、经济性的关键参数。尽管理论循环模型过于简化而无法满足发动机定量计算的要求，但它的定性指导作用是其他模型无法取代的。理论循环的指导作用主要体现在以下两个方面。

(1) 指出了改善发动机动力性、经济性的基本原则和实施方向　从热力学的理论高度来看，改善发动机动力性、经济性的基本原则就是提高燃烧加热后的能量质量，也就是在相同加热条件下，尽可能地提高加热过程中工质的平均温度，以及尽可能地降低向环境放热过程的平均温度。在现有循环模式下，有以下三个主要的实施方向：

1) 在允许的条件下，尽可能提高发动机的压缩比。
2) 合理组织燃烧，提高循环加热的等容度，即通过减小循环的预膨胀比和合理选择燃烧起始点相位，使燃烧加热中心接近上止点。
3) 保证工质具有较高的等熵指数。

(2) 提供了发动机之间进行动力性、经济性对比的理论依据　汽、柴油机实质上都是接近混合加热循环运行的，由于两者在混合气形成方式、负荷调节方式和着火、燃烧方式上存在差异，它们的各种燃烧参数范围也有所差别。

2.2 发动机的实际循环及其评价指标

现代汽车发动机最常用的是四冲程发动机，四冲程发动机是指发动机的活塞在整个工作过程包括进气、压缩、做功以及排气四个工作过程。发动机主轴的转动是依靠气缸里的活塞带动曲轴来回运转而实现的。如图2-6所示，对四冲程发动机来说，曲轴每转两转，活塞往复运动四个行程（进气行程、压缩行程、做功行程以及排气行程），发动机完成一个工作循环。实际循环和理论循环的差别，主要体现在实际循环的每一过程中存在着不同形式的损失。所以了解和掌握实际循环的各种损失，对改善或提高发动机的性能具有重要意义。

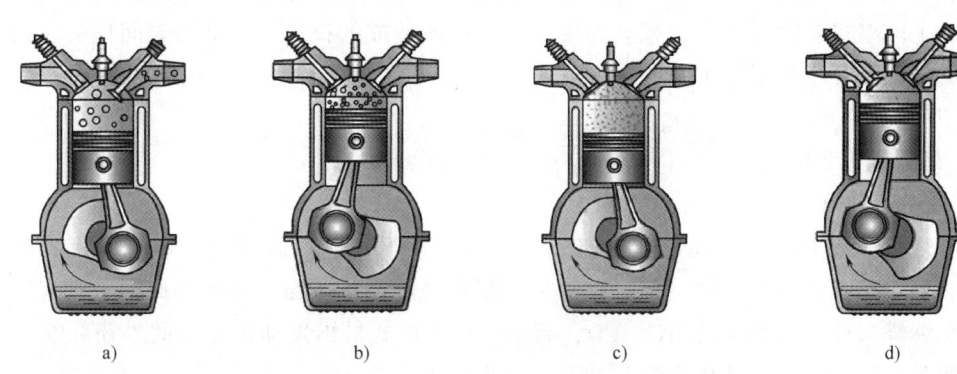

图 2-6 发动机实际循环
a) 进气行程　b) 压缩行程　c) 做功行程　d) 排气行程

2.2.1 实际循环存在的损失形式

1. 实际工质的影响

理论循环的工质是理想的双原子气体，比热容是定值，其物理化学性质在整个循环过程中是不变的。在内燃机的实际循环过程中，燃烧前的工质是由新鲜空气、燃料蒸气、上一循环残留废气等组成的混合气体。在燃烧过程中，工质的成分和质量不断变化。二氧化碳（CO_2）、水蒸气（H_2O）等三原子气体成分增加，使工质的比热容增大，且随着温度的升高而继续增大，导致实际气体温度下降。同时，燃烧产物还存在着高温分解和膨胀过程中的复合放热现象。

上述因素中，工质比热容的影响最大，其他各项的影响相对较小。这就意味着，由于工质比热容随温度升高而增大，对于相同的加热量（燃料燃烧的放热量），实际循环所能够达到的最高燃烧温度和气缸压力均小于理论循环，其结果是使循环中的有用功减少，热效率下降。例如，对于一个压缩比为18、过量空气系数为1.5、最高压力为8MPa的自然吸气混合加热循环，其理论热效率为0.63，当考虑到工质的影响时，其热效率降为0.51。

2. 换气损失

内燃机的理论循环不考虑换气过程中气体流动的阻力损失，而实际循环中，在吸入新鲜充量、排出废气的过程中，不可避免地会造成多种损失，主要有膨胀损失、活塞推出功损失和吸气功损失。

对于增压发动机，真实循环分析中应计入泵气过程功。涡轮增压发动机的泵气过程功一般会加大有效功输出,对提高循环热效率是一个有利的因素。

3. 燃烧损失

根据理论循环对燃烧过程的处理,燃烧是外界热源对工质在定容和定压条件下的加热过程。燃烧(加热)速度根据加热方式的不同而有所差异;在定容条件下加热,热源对工质的加热速度极快,可以在活塞上止点瞬时完成;在定压条件下加热,加热的速度是与活塞的运动速度相配合的,以保证缸内压力不变。实际的燃烧过程(柴油机)要经历着火准备、预混燃烧、扩散燃烧、后燃等阶段,燃烧速度受到多种因素的影响,与理论循环有较大的差异,这种差异所造成的燃烧损失体现在以下两个方面。

(1) 燃烧速度的有限性 燃料的实际燃烧速度是有限的,燃烧需要足够的时间来完成,这就造成了内燃机实际循环中由燃烧速度的有限性所造成的损失,也称为时间损失。归纳起来,它给整个循环带来了以下不利影响:

1) 压缩负功增加。
2) 最高压力下降。
3) 膨胀功减少。

(2) 不完全燃烧损失 理论上在空气充分的条件下,燃料能够完全燃烧,释放出所有化学能,但实际上仍会有很少一部分燃油由于附着到燃烧室壁面、熄火等原因,没有燃烧或没有完全燃烧,以没有燃烧的 HC、CO、碳烟颗粒等形式排出发动机外,此外还存在一定的高温分解等,所有这一切造成了燃料的不完全燃烧损失。

为了计算不完全燃烧损失的大小,引入燃烧效率的概念。燃烧效率是指燃料燃烧实际释放出的总热量与燃料所能释放的总热量随混合气当量空燃比的变化之比。燃烧效率和循环热效率是两个完全不同的概念,它主要和混合气的空燃比有关。汽油机燃烧较稀混合气时,其燃烧效率通常在 95%~98% 的范围内,当混合气加浓至当量空燃比大于 1 后,缺氧使燃料燃烧不完全,从而使燃烧效率下降,且下降幅度随混合气的变浓而增大。相对而言,柴油机由于一直运行在混合气较稀的状态,其燃烧效率很高,约为 98%。无论是汽油机还是柴油机,当混合气过稀,燃烧组织不良时,燃烧效率都会下降。

4. 传热损失

实际循环中,气缸壁(包括气缸套、气缸盖、活塞、活塞环、气门、喷油器等)和工质间自始至终存在着热交换,由此产生损失。缸内工质向外传热的部位有三个,即活塞顶面、气缸盖底面和缸套壁面。前二者面积不变,缸套壁面面积则随活塞位置而变化。工质向缸盖及活塞顶的传热主要在膨胀前期进行,而向缸套的传热则在中、后期达最高值。

5. 缸内流动损失

缸内流动损失指压缩、燃烧及膨胀过程中,由缸内气流(涡流与湍流)所形成的损失。表现为,压缩过程中,多消耗压缩功;燃烧膨胀过程中,一部分能量用于克服气流阻力,使作用于活塞上做功的压力减小。

缸内流动损失一般不会太大。除非人为设计的强涡流、湍流工作的燃烧室,如柴油机涡流室与预燃室,缸内流动损失才会有较大影响。这一设计的目的是牺牲部分动力性和经济性来换取其他性能的提高,如高速性、噪声、排放等性能。直喷式柴油机燃烧室有时也组织各种类型较强的气流来改善混合气的形成与燃烧,流动损失会因此而得到补偿。

6. 工质泄漏损失

工作过程中，工质通过活塞环向外泄漏是不可避免的。正常情况下，其量甚小，不超过排量的1%。活塞环、缸套磨损后以及低速工况下，泄漏损失会明显上升。

以上是真实循环与理想循环主要的六个方面的差异。经过多年努力，虽然每个方面的损失，在采取各种技术措施和完善的参数匹配情况下，已降到很低的程度，但集中起来，仍使热效率的降低接近或超过10%。在实际生产、使用中，未必都能达到理想的设计和匹配状况，差距更会加大。所以围绕以上各方面改善动力性、经济性的工作，仍是发动机技术人员面临的任务。

2.2.2 发动机的工作过程

1. 进气行程

实际内燃机进气行程的主要作用是：向气缸充入新鲜气体，为缸内热功转换做物质准备。对理想循环进气行程可看成是纯空气的无损失的可逆过程（或封闭循环），所以循环起始点的压力等于大气压力，即 $p_a = p_0$，但实际进气行程中，空气从大气状态经进气系统进入气缸时，存在进气流动损失，同时受到进气道、气缸壁、进排气门等高温零件及缸内高温的残余废气的加热作用，使得进气终了点的压力小于大气压力，而进气终了点温度则高于大气温度。进气流动损失为

$$\Delta p_a = p_0 - p_a = \xi \rho \frac{v^2}{2} \quad (2\text{-}9)$$

式中，ξ 是进气系统流动阻力系数；ρ 是进气密度；v 是进气气流的平均流速。

进气温升为

$$\Delta T_a = T_a - T_0 \quad (2\text{-}10)$$

汽油机

$$p_a = (0.8 \sim 0.9) p_0, T = 340 \sim 380 \text{K} \quad (2\text{-}11)$$

柴油机

$$p_a = (0.85 \sim 0.95) p_0, T = 300 \sim 340 \text{K} \quad (2\text{-}12)$$

增压发动机

$$p_a = (0.9 \sim 1.0) p_0, T = 320 \sim 380 \text{K} \quad (2\text{-}13)$$

增压压力

$$p_k = (1.3 \sim 2.0) p_0 \quad (2\text{-}14)$$

2. 压缩行程

压缩行程的主要作用是提高进入气缸的新鲜气体的压力和温度，为燃烧做准备；同时提高膨胀比，以提高循环热效率。对理想循环，压缩行程是纯空气的绝热压缩过程，而实际压缩行程中缸内非纯空气的工质（混合气或空气）与气缸壁面之间会进行热交换，并存在漏气现象，这种多变过程偏离纯空气的绝热过程的程度，常用平均多变指数 n_1 来表示，如图2-7a所示。所以，实际压缩终了的状态为

$$p_c = p_a \varepsilon^{n_1}, T_c = T_a \varepsilon^{n_1 - 1} \quad (2\text{-}15)$$

汽油机

$$n_1 = 1.32 \sim 1.38, \varepsilon = 7 \sim 12$$

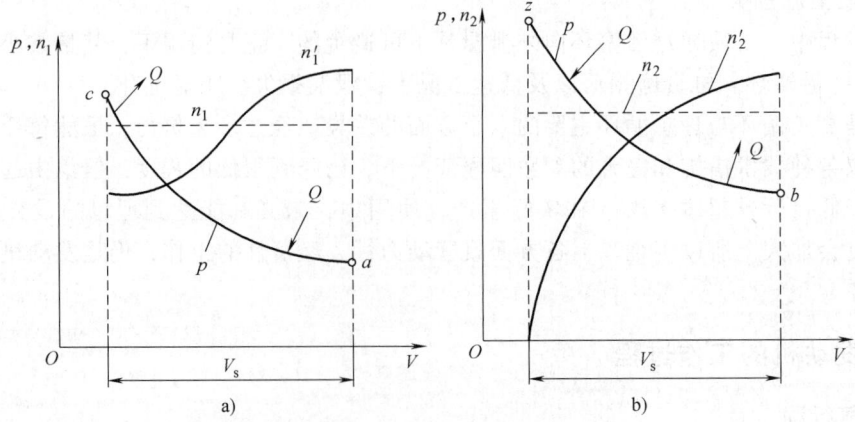

图 2-7 平均多变指数

a) 压缩行程　b) 做功行程

$$p_c = 0.8 \sim 2\text{MPa} \tag{2-16}$$
$$T_c = 600 \sim 750\text{K}$$

柴油机

$$n_1 = 1.38 \sim 1.4, \varepsilon = 14 \sim 22 \quad p_c = 3 \sim 5\text{MPa} \tag{2-17}$$
$$T_c = 750 \sim 1000\text{K}$$

3. 做功行程

实际循环的做功行程包括燃烧过程和膨胀过程。燃烧过程主要是通过燃烧将燃料的化学能转换为热能。在理想循环中所必要的加热量 Q，是按定容或定压瞬时加热的，但在实际循环中是通过混合气的燃烧过程释放出来的。由于实际燃烧过程是在活塞高速往复运动的过程中进行，燃烧过程具有非瞬时性，并且缸内存在上一个循环中留下的一定的残余废气，混合气不均匀，因而会造成燃烧过程的时间损失和不完全燃烧损失。所以实际加热量小于进入气缸的混合气完全燃烧所能放出的热量。由于在燃烧过程中会放出大量的热量，所以缸内的压力和温度迅速升高。

对汽油机，均匀混合气以火焰传播的形式燃烧，缸内峰值压力 p_z 和最高压力点温度 T_z 分别为

$$p_z = 3 \sim 6.5\text{MPa}, T_z = 2200 \sim 2800\text{K}$$

而对于采用在气缸内边混合边燃烧方式的柴油机，由于其压缩比高，但平均混合气含量相对汽油机稀薄，多余的空气对火焰具有冷却作用，使得最高燃烧温度降低。所以柴油机的缸内峰值压力 p_z 和最高压力点温度 T_z 分别为

$$p_z = 4.5 \sim 9\text{MPa}, T_z = 1800 \sim 2200\text{K}$$

对增压柴油机缸内峰值压力可达到 $p_z = 9 \sim 15\text{MPa}$。

燃烧过程瞬间改变了工质的热力学状态（p_z，T_z），即提高了工质的膨胀做功能力。

相对于纯空气绝热膨胀的理想循环，实际燃烧膨胀过程中，工质发生了变化，变成未燃气体、已燃气体等多成分共存的复杂的混合物，同时存在补燃、泄漏、与气缸壁热交换等复杂的传热现象。将这种实际多变膨胀过程偏离理想绝热膨胀过程的程度，用平均多变指数 n_2 来表示，如图 2-7b 所示。

一般，汽油机取 $n_2 = 1.23 \sim 1.28$，柴油机取 $n_2 = 1.15 \sim 1.28$。所以，膨胀终了的参数为

汽油机

$$p_b = p_z/\varepsilon^{n_2} = 0.3 \sim 0.6 \text{MPa}$$
$$T_b = T_z/\varepsilon^{n_2-1} = 1200 \sim 1500 \text{K} \tag{2-18}$$

柴油机

$$p_b = p_z/\varepsilon^{n_2} = 0.2 \sim 0.5 \text{MPa}$$
$$T_b = T_z/\varepsilon^{n_2-1} = 1000 \sim 1200 \text{K} \tag{2-19}$$

4. 排气行程

实际循环中排气过程的作用，是尽可能排净缸内的废气，为下一循环多进气提供条件。实际排气过程中废气流经排气门和较长的排气管以及消声器等，因此存在排气流动损失（$\Delta p_r = p_r - p_0$），同时在排气过程中废气与排气管系有传热现象，是有阻力的不可逆过程。

所以排气终了的参数为

汽油机

$$p_r = (1.05 \sim 1.2) p_0, T_r = 900 \sim 1100 \text{K} \tag{2-20}$$

柴油机

$$p_r = (1.05 \sim 1.2) p_0, T_r = 700 \sim 900 \text{K} \tag{2-21}$$

由于排气温度直接与燃烧温度有关，燃烧滞后或后燃增加，排气温度就高，所以可以常通过排气温度来判断发动机燃烧过程的好坏。

排气终了后，由于在结构上有余隙容积的存在，气缸内的废气不能排净而会保留一部分，这一部分被保留在气缸内的废气称为残余废气。残余废气量 m_r 与新鲜进气量 m_1 之比叫作残余废气系数 ϕ_r，即

$$\phi_r = \frac{m_r}{m_1} \tag{2-22}$$

用残余废气系数的大小，可以表示气缸内换气过程进行的完善程度。近来，作为 NO_x 排放控制的措施有意进行废气再循环，以保证气缸内保留一定量的废气。这里需要指出的是，再循环废气只改变进入气缸的新鲜充量 m_1 的成分而已。

2.2.3 实际循环做功能力的评价指标

1. 评价实际循环做功能力的主要指标有平均指示压力和指示功率

平均指示压力 p_{mi}（MPa），定义为单位气缸工作容积所做的指示功，即

$$p_{mi} = \frac{W_i}{V_s} \tag{2-23}$$

式中，W_i 是实际循环指示功，单位为 kJ，常通过示功图求得，即 $W_i = A_i a b$，其中，A_i 为示功图面积，a、b 分别为示功图纵坐标和横坐标的比例尺；V_s 为气缸工作容积或单缸排量，单位为 L。

虽然平均指示压力的单位是压力单位，但其物理意义是单位气缸所做的功，表示气缸工作容积的利用程度，由此衡量发动机实际循环的做功能力。设气缸直径为 D（mm），活塞行程为 s（mm），则指示功 W_i（kJ）表示为

$$W_i = p_{mi}V_s = p_{mi}\frac{\pi D^2}{4}s \times 10^{-3} \quad (2\text{-}24)$$

指示功率 P_i 为

$$P_i = \frac{W_i}{\Delta t} = W_i \frac{n}{60}\frac{2}{\tau}i = \frac{p_{mi}V_s in}{30\tau} \quad (2\text{-}25)$$

式中，i 是气缸数；n 是发动机转速，单位为 r/min；τ 是行程数。

其中，对四冲程发动机

$$P_i = \frac{p_{mi}V_s in}{120} \quad (2\text{-}26)$$

对二冲程发动机

$$P_i = \frac{p_{mi}V_s in}{60} \quad (2\text{-}27)$$

2. 实际循环的经济性指标

评价内燃机实际循环热功转换的经济性指标有指示热效率和指示燃油消耗率。

指示热效率是指发动机实际循环指示功 W_i 和所消耗的燃料完全燃烧时释放的热量 Q_1 之比，即

$$\eta_{it} = \frac{W_i}{Q_1} \quad (2\text{-}28)$$

当实际测得发动机的指示功率 p_i（kW）和每小时燃油消耗量 B（kg/h）时，由定义可求得指示热效率，即

$$\eta_{it} = \frac{3.6 \times 10^3 P_i}{BH_u} \quad (2\text{-}29)$$

式中，H_u 是燃料的低热值，单位为 kJ/kg。

指示燃料消耗率是指单位指示功率所消耗的燃油量，用单位千瓦小时指示功消耗的燃油量克数 [g/(kW·h)] 来表示，即

$$b_i = \frac{B}{P_i} \times 10^3 \quad (2\text{-}30)$$

将式（2-30）代入式（2-29），得表示实际循环经济性指标的 η_{it} 和 b_i 之间的内在关系，即

$$\eta_{it} = \frac{3.6}{b_i H_u} \times 10^6 \quad (2\text{-}31)$$

一般，对四冲程汽油机

$$\eta_{it} = 0.3 \sim 0.4$$
$$b_i = 205 \sim 320 \text{g/(kW·h)}$$

对四冲程柴油机

$$\eta_{it} = 0.4 \sim 0.5$$
$$b_i = 170 \sim 205 \text{g/(kW·h)}$$

2.3 发动机的指示性能指标与有效性能指标

内燃机性能评价指标有两大类,即以活塞做功为基础评价气缸内热功转换的完善程度的指示性能指标,和以曲轴飞轮端对外输出的有效功为基础,从实用角度评价对外做功能力的有效性能指标。

2.3.1 指示性能指标

内燃机实际循环的能量转换效果常用指示性能指标评价,即主要从工质对活塞做功的能力和所消耗能源多少的经济性角度来评价实际循环热功的转换效果。

1. 指示功率 P_i

内燃机单位时间内所做的指示功称为指示功率 P_i。若一台内燃机的气缸数为 i,每缸的工作容积为 V_s (m³),平均指标压力为 p_{mi} (N/m²),转速为 n (r/s),根据 p_{mi} 的定义,循环气体所做的指示功 W_i (J) 为

$$W_i = p_{mi} V_s$$

具有 i 个气缸的发动机的指示功率 (W) 为

$$P_i = 2 p_{mi} V_s \frac{n}{\tau} i \tag{2-32}$$

式中,τ 是行程数。对四冲程内燃机:$\tau = 4$;对二冲程内燃机:$\tau = 2$。

在实际应用时,一般采用 p_{mi} (MPa),V_s (L),n (r/min),P_i (kW) 代入可得

$$10^3 P_i = 2 \times 10^6 p_{mi} \frac{i V_s n}{10^3 \times 60 \tau}$$

$$P_i = \frac{p_{mi} V_s n i}{30 \tau} \tag{2-33}$$

对四冲程发动机

$$P_i = \frac{p_{mi} V_s n i}{120 \tau}$$

对二冲程发动机

$$P_i = \frac{p_{mi} V_s n i}{60 \tau}$$

2. 指示热效率和指示燃油消耗率

指示热效率是发动机实际循环指示功与所消耗的燃料热量的比值,即

$$\eta_{it} = \frac{W_i}{Q_I} \tag{2-34}$$

式中,η_{it} 是指示热效率;Q_I 是为了得到指示功 W_i 所消耗的热量,单位为 J。

对于一台发动机,当测得其指示功率 P_i (kW) 和每小时燃油消耗量 B (kg/h) 时,根据 η_{it} 的定义,可得

$$\eta_{it} = \frac{3.6 \times 10^3 P_i}{B H_u} \tag{2-35}$$

式中，H_u 是所用燃料的低热值，单位为 kJ/kg。

指示燃油消耗率是指单位指示功的耗油量，通常用单位千瓦小时指示功的耗油量克数 [g/(kW·h)] 来表示，即

$$b_i = \frac{B}{P_i} \times 10^3 \tag{2-36}$$

因此，表示实际循环的经济性指标 η_{it} 和 b_i 之间存在着以下关系，即

$$\eta_{it} = \frac{3.6 \times 10^3}{H_u b_i} \tag{2-37}$$

一般内燃机的 η_{it} 和 b_i 的统计范围如下：

	η_{it}	b_i/[g/(kW·h)]
四冲程柴油机	0.41~0.50	170~210
二冲程柴油机	0.40~0.50	170~215
四冲程汽油机	0.25~0.40	215~340
二冲程汽油机	0.20~0.28	300~430

从统计范围可以看出：柴油机的指示热效率高于汽油机，四冲程发动机的指示热效率高于二冲程发动机。

2.3.2 有效性能指标

指示性能指标只能评价发动机气缸内热功转换的工作循环的好坏，却不能评价指示功经内部传递途径对外输出功的过程中，所要克服的内部摩擦损失功率以及驱动附件所消耗的功率损失大小等。而内燃机作为动力机械，其价值主要体现在对外输出的具体效果，所以常用内燃机有效性能指标来衡量发动机热功转换对外界的影响。其中以曲轴对外输出的功率为基础，评价发动机的动力性和经济性，以通过排气管排出的废气成分和排量为基础，评价这种热功转换过程对环境的污染程度。所以车用发动机的实际性能，主要从动力性、经济性和排放性三个方面的性能指标进行评价。

1. 动力性指标

动力性指标是表征发动机做功能力大小的指标，一般用发动机的平均有效功率、有效压力、升功率等作为评价指标。

（1）有效功率 P_e　有效功率是指指示功率克服运动件的摩擦损失功率以及驱动冷却风扇、机油泵等附件所消耗的功率损失后，经曲轴对外输出的有用功率。指示功率在传递过程中所有内部消耗功率的总和称为机械损失功率 P_m，则在气缸内功率传递过程中，有效功率 P_e 为

$$P_e = P_i - P_m \tag{2-38}$$

式中，P_m 是机械损失功率，主要包括发动机内部的摩擦损失、驱动附件损失和泵气损失（进排气过程中的损失）三大部分。

有效功率和指示功率的比值称为机械效率，即

$$\eta_m = \frac{P_e}{P_i} = \frac{W_e}{W_i} = 1 - \frac{p_{mm}}{p_{mi}} \tag{2-39}$$

式中，p_{mm} 是平均机械损失压力；p_{mi} 是平均指示压力。

机械效率表示内燃机热功转换后,在内部动力传递过程中动力损失的大小。

发动机实际工作时,通过试验手段直接测量曲轴输出的有效转矩 T_{tq}(N·m)和发动机转速 n(r/min),则有效功率 P_e(kW)可按下式求得:

$$P_e = \frac{2\pi n T_{tq}}{60\times 1000} = \frac{T_{tq} n}{9550} \tag{2-40}$$

(2)平均有效压力 p_{me}　平均有效压力是指单位气缸工作容积输出的有效功,是衡量发动机动力性的重要参数之一。与平均指示压力的表达式类似,根据式(2-34),p_{me}(MPa)为

$$p_{me} = \frac{W_e}{V_s} = \frac{30\tau p_e}{V_s i n} = 3.14 \frac{T_{tq}\tau}{i V_s}\times 10^{-3} \propto T_{tq} \tag{2-41}$$

或

$$p_e = \frac{p_{me} V_s i n}{30\tau} \tag{2-42}$$

对于结构一定的发动机,其平均有效压力直接反映发动机输出转矩的大小。可以这样假设,在活塞顶上作用一个大小不变的平均有效压力,则平均有效压力推动活塞移动一个行程所做的功就等于每循环所做的有效功,即 $W_e = p_e V_s$,一般

汽油机

$$p_{me} = 0.7 \sim 1.3 \text{MPa}$$

柴油机

$$p_{me} = 0.6 \sim 1.0 \text{MPa}$$

增压柴油机

$$p_{me} = 0.9 \sim 2.9 \text{MPa}$$

(3)升功率 P_L　升功率是指单位气缸工作容积所输出的额定功率,即

$$P_L = \frac{P_e}{i V_s} \tag{2-43}$$

由式(2-34)及式(2-35)可得

$$P_L = \frac{p_{me} n}{30\tau} \tag{2-44}$$

式中,p_{me} 是标定工况下的平均有效压力,单位为 MPa;n 是标定转速,单位为 r/min。

由定义,升功率是从发动机有效功率的角度,评价气缸工作容积利用效率的一种动力性指标。P_L 值越大,气缸工作容积的利用效率越好,发动机强化程度越高,输出一定有效功率的发动机尺寸就越小。P_L 与平均有效压力和发动机转速的乘积 $p_{me}n$ 成正比。所以,将 $p_{me}n$ 称为发动机强化程度的评价指标。一直以来,发动机不断提高 p_{me} 和 n 的水平,以获得更强化、更轻巧和更紧凑的发动机。但 n 的提高受到活塞平均速度 c_m 的限制。令活塞行程为 s 时,活塞的平均速度为

$$c_m = \frac{sn}{30} \tag{2-45}$$

由此可知,n 的提高,可增加发动机单位时间内做功的次数,提高有效功率 P_e。但同时活塞的平均速度 c_m 也增加,使活塞的热负荷及惯性力增加,磨损加剧,寿命减小。所以,

为了限制 c_m，可适当减小活塞的行程 s，以减小行程与缸径比 s/D，当 $s/D<1$ 时称为短行程。但是如果 s/D 过小，影响燃烧室结构，使其高度降低，将直接影响混合气的形成和燃烧过程。

一般，汽油机
$$n = 3600 \sim 8000 \text{r/min}, c_m = 10 \sim 24 \text{m/s}$$

柴油机
$$n = 2000 \sim 5000 \text{r/min}, c_m = 9 \sim 18 \text{m/s}$$

增压柴油机
$$n = 1500 \sim 4000 \text{r/min}, c_m = 8 \sim 12 \text{m/s}$$

随着发动机强化程度的提高，活塞的平均速度有明显提高的趋势，方程式赛车发动机的曲轴转速可达上万转每分钟。

2. 经济性指标

经济性指标是从发动机对外做功的角度，衡量发动机输出一定的有用功所消耗的能源的代价。常用有效热效率和有效燃油消耗率来评价车用发动机的经济性。

有效热效率 η_{et} 是指实际循环对外输出的有效功与为获得此有效功所消耗的热量之比，即

$$\eta_{et} = \frac{W_e}{Q_1} \qquad (2\text{-}46)$$

经过代换得到

$$\eta_{et} = \eta_{it} \eta_m \qquad (2\text{-}47)$$

由此可见，通过有效热效率 η_{et}，可以评价发动机热功转换以及动力传递的实际循环过程中的一切损失。

设每小时燃油消耗量为 $B(\text{kg/h})$，此时，有效功率为 P_e 时，有效热效率可以表示为

$$\eta_{et} = \frac{3.6 \times 10^3 P_e}{BH_u} \qquad (2\text{-}48)$$

有效燃油消耗率是指在单位时间内为了获得单位有效功率所消耗的燃油量，常用每千瓦小时有效功所消耗的燃料克数 b_e [g/(kW·h)] 来表示，即

$$b_e = \frac{B}{P_e} \times 10^3 \qquad (2\text{-}49)$$

由上式，整理可得

$$b_e = \frac{3.6}{\eta_{et} H_u} \times 10^6 \qquad (2\text{-}50)$$

式（2-50）说明，有效燃油消耗率与有效热效率成反比。因此，尽可能减小实际循环动力传递过程中的损失，就可以改善燃油经济性。

汽油机
$$\eta_e = 0.25 \sim 0.3, b_e = 270 \sim 325 \text{g/(kW·h)}$$

柴油机
$$\eta_e = 0.3 \sim 0.45, b_e = 200 \sim 285 \text{g/(kW·h)}$$

随着节能技术的不断发展，发动机的燃油消耗率有进一步降低的趋势。

3. 排放指标

排放指标是在发动机热功转换过程中，燃烧产生的有害排放物向环境直接排出的允许排放量的限制指标。发动机的有害排放物是指由发动机表面对外辐射的噪声，以及由发动机排气管向环境排出的有害物质，简称尾气排放。对于汽油机，尾气主要有 CO、HC 和 NO_x，而柴油机除了 CO、HC 和 NO_x 以外还有碳烟（或微粒）。有害排放物的生成机理及控制方法将在后续章节中分别介绍。

2.4 机械损失与机械效率

发动机的有效指标是衡量发动机性能的重要指标，即从指示指标中扣除机械损失后的净指标。因此，在致力于提高发动机性能指标的同时，应尽可能减少机械损失。机械损失是发动机能量转换中不可避免的环节，对整机动力性、经济性有不可忽视的影响。若不注意这一点，在改善气缸内部指示指标的同时，会不自觉地增加机械损失，则无法获得预期的改进效果。

机械损失功 W_m 由机械摩擦损失功 W_{mf}、附件消耗功 W_{me} 和泵气损失功 W_p 三部分组成。机械效率则被定义为

$$\eta_m = \frac{W_e}{W_i} = 1 - \frac{W}{W_i} = \frac{P_e}{P_i} = 1 - \frac{p_{mm}}{p_{mi}} \tag{2-51}$$

定义机械效率的主要目的是正确评价缸内指示功在对外传递过程中的内部损失程度，以便寻求改善发动机性能的有效途径。为此，需要详细分析发动机机械损失的组成部分及其对机械损失的贡献程度。

2.4.1 机械损失的组成及各部分所占份额

机械损失的组成及所占份额如图 2-8 所示。

1. 机械摩擦损失

机械摩擦损失指主要运动件的机械摩擦、搅油及空气动力损失，它主要包括以下部分。

（1）活塞组件的摩擦　如图 2-9 所示，活塞组件的摩擦占摩擦损失中的最大份额，主要由活塞环面、活塞裙面以及活塞销三部分的摩擦损失组成。

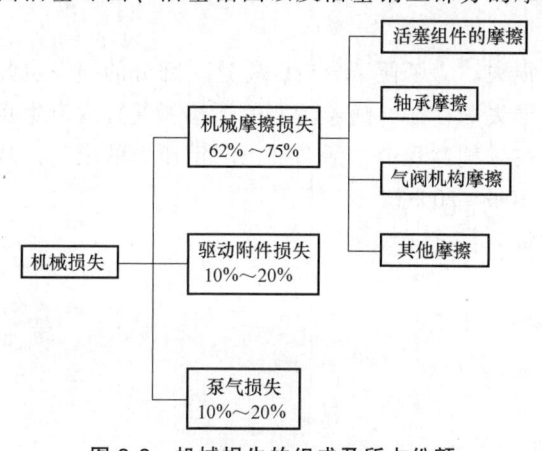

图 2-8　机械损失的组成及所占份额

图 2-9　活塞组件

这一部分损失是整个摩擦损失的主要部分。这是由于它们的滑动面大、相对速度高和润滑不充分等原因造成的。它与活塞的长度、活塞间隙以及活塞环的数目和环的张力等结构因素有关，它还随气缸压力、活塞速度以及润滑油黏度的升高而增加。

（2）轴承摩擦　轴承摩擦损失主要包括曲轴主轴承、凸轮轴轴承、连杆轴承以及前后主轴承密封装置的摩擦。其数值受缸内压力影响较小，主要取决于轴颈直径、转速、材质和润滑条件。

（3）气阀机构摩擦　气阀机构摩擦包括凸轮与挺柱（或摇臂）、摇臂与气门杆、摇臂轴承等部位的滑动摩擦。其中凸轮与挺柱（或摇臂）和摇臂、气门杆的接触面，由于载荷高、面积小，摩擦损失最大。气阀机构摩擦所占总损失的比例，随转速而有较大变化。低速时明显上升，有时可达全部摩擦损失的20%以上。在标定工况时，所占比例则一般不超过7%。

（4）其他摩擦　除以上三项主要的摩擦损失，复杂的发动机内还有许多其他部分的摩擦损失，如图2-10所示，包括齿轮、链轮、带轮传动损失，连杆大头搅机油的损失以及曲轴箱内空气压缩、通风和各机件运动的空气动力损失等，但是所占比例均较小。

图 2-10　其他摩擦损失
a）齿轮传动摩擦损失　b）带传动摩擦损失

2. 驱动附属机构的损失

为了保证发动机正常工作，除曲柄连杆机构及配气机构以外，还需要冷却系统、润滑系统、燃料供给系统等。这些系统是内燃机连续可靠工作所必不可缺少的辅助系统，辅助系统的正常工作是发动机可靠运行的重要保证。所有发动机工作时，都需要消耗一定的功率去驱动辅助系统中的各工作附件，几种主要的驱动附件如图2-11所示。随发动机转速的升高和润滑油黏度的增加，发动机驱动附件所消耗的功率增大，这一部分的功率损失约占整个机械损失的10%～20%。

3. 泵气损失

泵气损失是发动机换气过程中产生的能量损失。为了便于分析，将这一部分的损失也归入到机械损失之中。由于进气过程中进气流动损失的存在，随着活塞的下移，气缸内产生真空，由此吸入新鲜气体的同时产生进气损失。在排气过程中，活塞推出一定压力的废气，从而产生排气损失。泵气损失占整个机械损失的10%～20%。

据统计，一般内燃机中机械损失的分配大致为：

1）活塞与活塞环的摩擦损失45%～60%。
2）连杆和曲轴轴承的摩擦损失15%～20%。
3）附属机构的驱动损失10%～20%。
4）泵气损失10%～20%。
5）气门机构的驱动损失2%～3%。

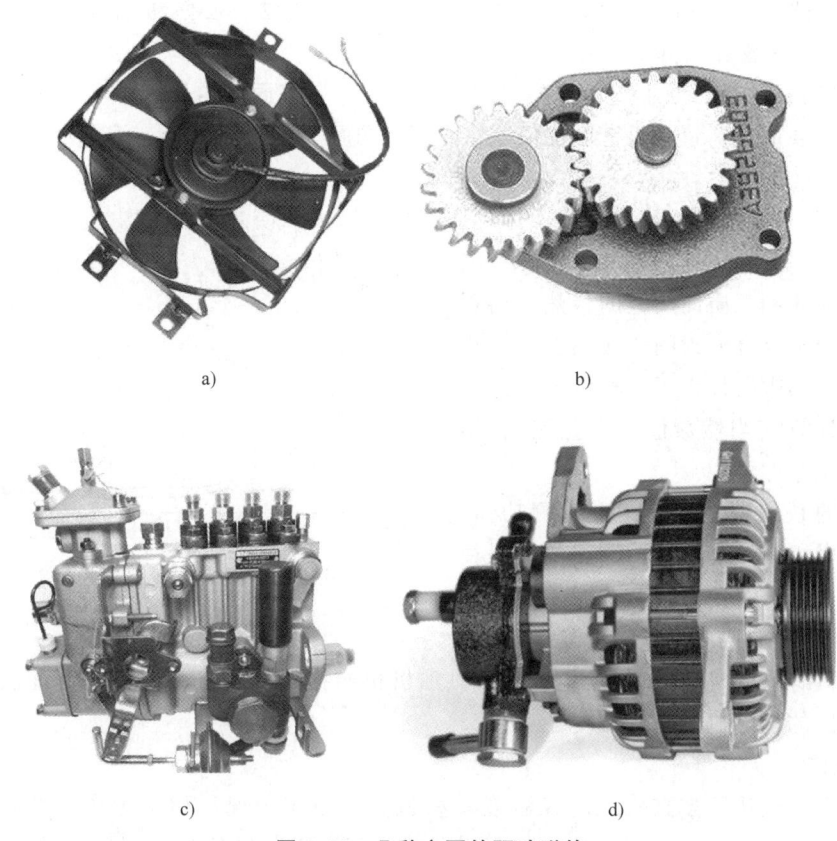

图 2-11　几种主要的驱动附件

a）发动机冷却风扇　b）机油泵　c）喷油泵　d）发电机

可以看出，活塞与活塞环的摩擦是机械损失中的主要部分。

2.4.2　机械损失的测量方法

1. 示功图法

直接在示功图上测算出净指示功或动力过程功 W_i，再减去台架上测算得到的 W_e，即可求出 W_m 和 η_m。从理论上讲，这是既直接偏差又小的方法。但由于下述原因，该方法只适用于研究及开发工作中。

1）由于上止点处缸内压力的变化非常平缓，因而示功图上止点的位置不易精确确定。而上止点位置的少许误差，会引起 W_i 测算值的很大误差，因为偏差角度对应的功值恰巧正、负变号。只有利用精密仪器，反复多次校正，才会得到满意的结果。

2）多缸发动机各缸工作的不均匀性，使得同一循环各缸的参数值有一定差别。为此各缸必须同时测定才行。即使在科研工作中，也未必能满足这种苛刻的要求。

2. 倒拖法（电机直接拖动法）

在电力测功机试验台上，先使被测发动机按测试工况运行到正常稳定状态，水温、油温等指标都达到正常要求，然后迅速断油（柴油机）或切断点火（汽油机），立即将测功电机转为电动机运行，反拖发动机到同样转速。这样测得的反拖功率就是所求的机械损失功率。

发动机倒拖时的 $p\text{-}V$ 图如图 2-12 所示。显然，这种测试方法，必然将泵气损失功也包含在被测值中。这种方法不可避免会出现下述误差。

1）测试时发动机已处于非正常燃烧的工作状态，一方面缸内压力低于正常值，活塞和缸套的间隙又会加大，致使机械摩擦值减小；另一方面，气缸温度低，润滑油黏度加大，又使摩擦增加。

2）由于工质温度低，密度增大，排气压力也会增大，使泵气损失增加。

3）压缩、膨胀反复进行的倒拖循环，由于不可逆损耗和工质向周边的传热，出现压缩、膨胀线不重合的封闭负功面积。在正常的燃烧动力功中已计入了这种消耗，此处显然是重复计算（当然数值上有差别），增大了被测机械摩擦值。

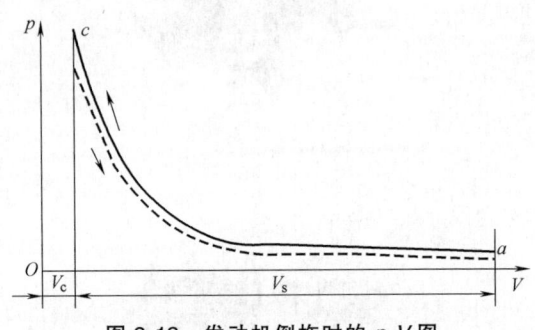

图 2-12 发动机倒拖时的 $p\text{-}V$ 图

倒拖法的缺点是必须使用电力测功器，而且由于内燃机不燃烧做功，测得的结果往往偏大。对于低压缩比内燃机，误差大约为 5%，在高压缩比内燃机中，误差可达 15%～20%，因而此方法比较广泛地应用于汽油机机械损失的测定。但是，倒拖法不能用于排气涡轮增压的内燃机。

3. 灭缸法

这种方法只适用于多缸机。设 N 缸发动机调整到设定工况后稳定工作，测出有效功率为 P_e。然后停止第 i 缸点火或供油，并在相同转速下测定工作的 $N-1$ 个气缸的有效功率为 $(P_e)_{-i}$。此时认为，总机械损失功率 P_m 并未改变，于是灭缸后所减少的输出功率量只是被灭缸的指示功率 P_{ii}，即

$$P_{ii} = P_e - (P_e)_{-i} \tag{2-52}$$

因为

$$P_m = P_i - P_e \tag{2-53}$$

而

$$P_i = \sum_{i=1}^{N} P_{ii} = \sum_{i=1}^{N} [P_e - (P_e)_{-i}] \tag{2-54}$$

代入上式得

$$P_m = \sum_{i=1}^{N} [P_e - (P_e)_{-i}] - P_e = (N-1)P_e - \sum_{i=1}^{N} (P_e)_{-i} \tag{2-55}$$

利用式（2-55），只需测出 P_e，并测出轮流灭一缸的 N 次功率，就可求出机械损失功率 P_m。这种方法简便可行，不需任何额外测试设备和平衡电机的反拖，所以得到广泛应用。

应该指出，灭缸法本质上仍然是倒拖法。只不过是用 $N-1$ 缸的动力来反拖被灭的那一缸而已。所以，理论上反拖法所具有的偏差，在灭缸法中都会出现。但由于此法测定时的整机状态更接近于真实情况，某些误差会相对小一些。但还有下述新的情况：

1）多缸机灭一缸后，进、排气系统的压力波动态效应（主要指汽油机，详见第 4 章）会影响各缸进、排气的分配均匀性，引起额外测试误差。

2）从误差理论来看，式（2-55）是数值相近的两大数相减，所求的误差加大。

4. 油耗线法

在发动机转速不变时测定出整机耗油率随负荷的变化曲线，称为油耗线，如图2-13所示。然后将此线外延到与横坐标相交的a点，则图上a值就是所求机械损失值，即P_{mm}。

图上横坐标平均有效压力p_{me}为正值时所对应的测点均为输出功率点；p_{me}为0时所对应的b点为空转油耗点；p_{me}为负值时则为外界输入功率的反拖点；而a点则是发动机停机不耗油的全反拖点，所以a值就是反拖机械损失值，显然此值必定包含泵气损失在内。

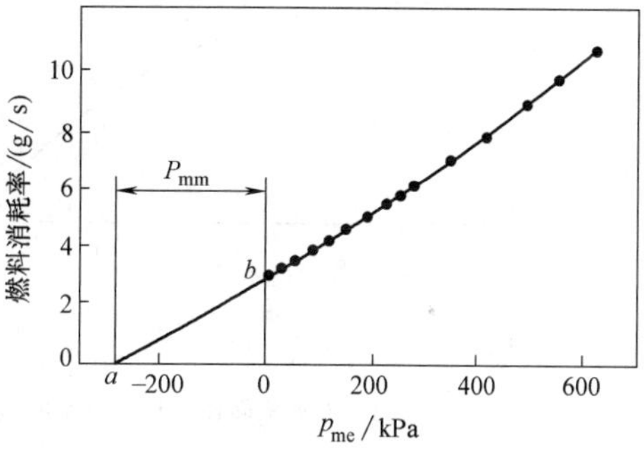

这一方法的准确度取决于能否找到曲线的真实规律而进行拟合。柴油机中、低负荷段的曲线接近一条直线，而汽油机则难以确定准确的方程，所以此法不适用于汽油机。

图 2-13　油耗线

总结上述后三种方法，可以得出以下结论：

1）倒拖法只适于在具有电力测功机的试验台架上使用，由于大转矩的电力测功机价格昂贵，应用很少，所以中、大型柴油机一般都难以采用倒拖法。汽油机由于转矩小，容易满足倒拖试验条件，加之压缩比较小，所以多用倒拖法。汽油机较少用灭缸法，不仅因为灭缸后存在进、排气的干扰，还因为一缸灭火而不停油，存在安全隐患。

2）小型柴油机可用灭缸法，也可使用倒拖法，使用中应注意测试的精度，油耗线法则多用在自然吸气发动机的生产、调试中，作为产品质量监控的手段。

3）涡轮增压发动机无法使用倒拖法和灭缸法，因为它们都破坏了增压系统的正常工作，油耗线法也仅在低增压（$p_b<0.15MPa$）发动机中应用，至于高增压发动机，除示功图法外，尚无更好的方法。

2.4.3　机械效率主要的影响因素与提高方法

发动机的运转因素、结构因素以及机内外的状态条件都对机械效率η_m值有不同程度的影响。现就影响较大的因素分述如下。

1. 转速（活塞平均速度）的影响

所有机型的机械效率η_m都随转速n或活塞平均速度v_m的上升而下降。这是因为在负荷不变而转速上升时：

1）各摩擦副相对速度增加，摩擦阻力增大。

2）曲柄连杆活塞等运动件的惯性力增大，活塞侧压力及轴承负荷上升，摩擦阻力增大。

3）泵气损失加大。

4）辅助机械的摩擦阻力和所需功率增加。

5）缸内压力上升，引起摩擦阻力增大，但由于某些相位时，作用于活塞的缸内压力与惯性力有相互抵消作用，情况较为复杂。

上述各项因素都使机械效率η_m随n的上升而呈下降趋势，其总效果如图2-14所示。这正是单靠提高转速来强化发动机输出功率的做法受到限制的主要原因之一。

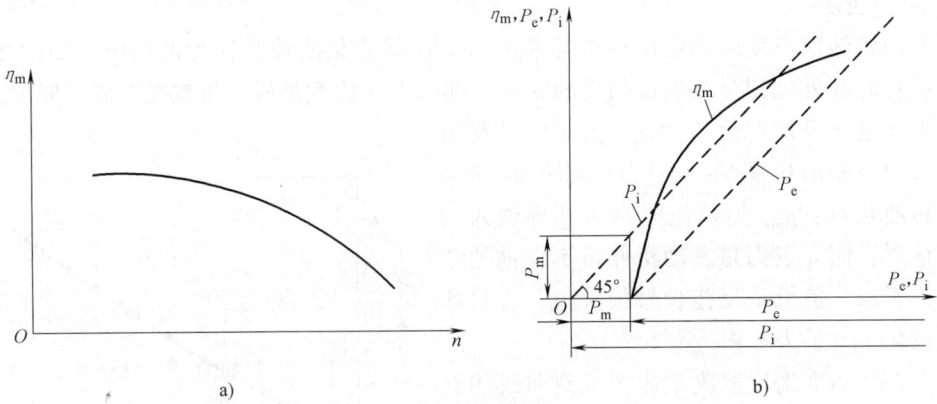

图 2-14　机械效率变化曲线

a）发动机转速对机械效率的影响　b）发动机机械效率随负荷的变化曲线

柴油机机械效率 η_m 值一般比汽油机稍低，这是因为柴油机压缩比高，运动件质量大，以致缸内压力和惯性力都偏高。

2. 负荷的影响

根据机械效率的定义，$\eta_m = W_e/W_i = 1 - W/W_i = P_e/P_i = 1 - p_{mm}/p_{mi}$，必然是负荷 P_e 越小，机械效率 η_m 越低。怠速时 $\eta_m = 0$。虽然负荷减小时，缸内压力下降，会使活塞及轴承摩擦阻力下降，但比起前者的影响几乎可以略去。

图 2-14b 所示为一般发动机的 η_m 随负荷 P_e 变化的曲线。由图看出，低负荷的 η_m 值很低。城市用的汽车发动机，大部分时间是在中、低负荷下运行，因此，降低机械损失具有十分重要的意义。增压机型与非增压的原型相比，虽然 P_m 值因气缸压力上升以及增压器的机械损失而略有增加，但因 P_e 值上升很多，η_m 值仍比原型高。由此推论，增压中冷使进气温度下降，P_e 上升更多，η_m 会提高更多。

3. 润滑条件的影响

机件相对运动的摩擦损失占总机械损失的大部分，因此，改善机械相对运动面上的润滑条件对 η_m 值的影响很大。

发动机的润滑系统除了有减少摩擦的功能外，还可防止机件磨损，加强气缸的密封性，清除机内杂质以及对活塞等高温件进行额外冷却。这些对维持发动机长期、正常的运行有着很重要的作用。

润滑油的黏度是影响 η_m 最重要的润滑因素。发动机在冷起动和低温状况下运行时，不允许黏度过高；而在润滑油已充分暖热时又不允许黏度过低，以免破坏机件表面的油膜而出现干摩擦状态，同时也可以避免气密状态的恶化而增大机油消耗量。

保持发动机正常的水温和油温以及保持正常的传热条件，对保持润滑油合适的黏度很重要。正常水温受沸点限制，一般以 80~95℃ 为宜；正常机油温度则在 85~110℃ 范围内为宜，高品质油可允许在更高温度下工作。

发动机润滑油选用的原则是在保证各种环境和工况均能可靠润滑的前提下，尽量选用低黏度的机油以减小摩擦损失，改善起动性能。

练习与实训

一、解释术语

1. 示功图
2. 指示热效率
3. 燃油消耗率
4. 平均有效压力
5. 有效燃料消耗率
6. 升功率
7. 有效转矩
8. 平均指示压力

二、选择题

1. 通常认为，汽油机的理论循环为（　　）。
   A. 定容加热循环　　　　　　　　　　B. 定压加热循环
   C. 混合加热循环　　　　　　　　　　D. 多变加热循环
2. 发动机的整机性能用有效指标表示，因为有效指标以（　　）。
   A. 燃料放出的热量为基础　　　　　　B. 气体膨胀的功为基础
   C. 活塞输出的功率为基础　　　　　　D. 曲轴输出的功率为基础
3. 发动机工作循环的完善程度用指示指标表示，因为指示指标以（　　）。
   A. 燃料具有的热量为基础　　　　　　B. 燃料放出的热量为基础
   C. 气体对活塞的做功为基础　　　　　D. 曲轴输出的功率为基础
4. 非增压发动机在一个工作循环中，缸内压力最低出现在（　　）。
   A. 膨胀结束　　　　　　　　　　　　B. 排气终了
   C. 压缩初期　　　　　　　　　　　　D. 进气中期
5. 汽油机常用的压缩比在（　　）范围内。
   A. 4～7　　　　　　　　　　　　　　B. 7～11
   C. 11～15　　　　　　　　　　　　　D. 15～22
6. 表示循环热效率的参数有（　　）
   A. 有效热效率　　　　　　　　　　　B. 混合热效率
   C. 指示热效率　　　　　　　　　　　D. 实际热效率

三、简答题

1. 解释发动机的指示指标和有效指标的联系和区别。
2. 什么是发动机的机械损失？它由哪些损失组成？
3. 发动机的指示指标有何作用？

四、综述题

1. 简述机械损失的组成及影响机械损失的因素。

2. 泵气损失的含义是什么？与换气损失有何不同？

3. 发动机的指示指标和有效指标有何差异？

五、计算题

1. 测量得到某柴油机的有效功率 $P_e = 130\text{kW}$，每小时消耗柴油量 $B = 35\text{kg/h}$，求该柴油机的有效燃料消耗率 b_e。

2. 某汽油机在转速 $n = 5000\text{r/min}$ 时，测量出其有效功率 $P_e = 120\text{kW}$，求该汽油机的有效转矩 T_{eq}。

第 3 章

发动机的换气过程

【教学目标】

通过本章的学习，要求读者能够掌握发动机的换气过程，包括四冲程发动机的换气过程分期，进排气相位角等。深入理解充气效率及其影响因素，并了解发动机增压技术及其分类，理解增压器的作用，同时还应了解废气再循环系统的分类及其对发动机的影响。

【教学要求】

知识要点	能力要求
四冲程发动机换气过程	掌握四冲程发动机换气过程分期，进、排气相位角及其气门叠开过程，了解进、排气门早开晚闭的作用
充气效率及其影响因素	掌握发动机充气效率的定义以及影响充气效率的因素，了解提高发动机充气效率的措施
发动机增压技术	掌握增压器的作用，了解发动机增压技术的分类
废气再循环系统	了解发动机废气再循环系统的定义及其分类，掌握废气再循环系统对发动机性能的影响

本章主要介绍了发动机的换气过程。发动机的换气过程是发动机排出废气和充入新气（空气或者可燃混合气）的过程，即从排气门开启到进气门关闭的整个过程，它是使工作循环周而复始进行下去的保证，没有气体的交换，发动机无法循环工作。对发动机的要求是尽可能将前一个循环的燃烧废气排干净，以便使气缸吸入更多的新鲜空气或可燃混合气，即"排气干净、进气充分"。自然吸气汽油机及废气涡轮增压柴油机的进、排气系统简图及换气过程示功图如图3-1和图3-2所示。

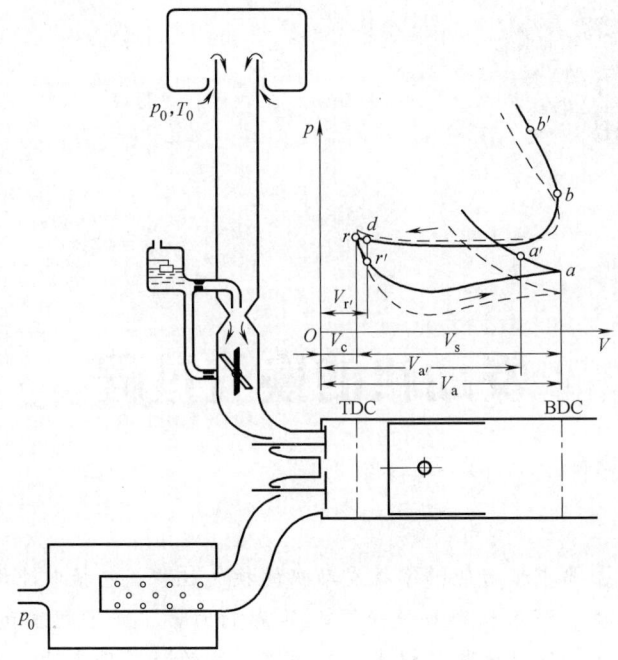

图 3-1 四冲程自然吸气汽油机的进、排气系统简图及换气过程示功图
(p_0、T_0 为大气条件,实线为节气门全开,虚线为节气门部分开启的过程线)

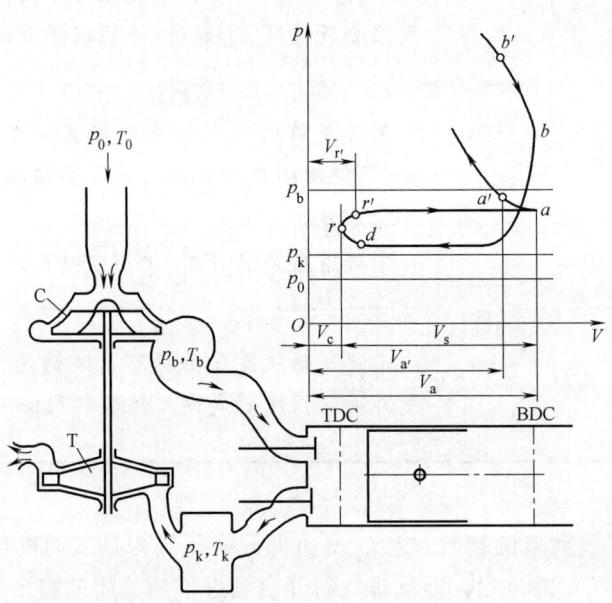

图 3-2 四冲程废气涡轮增压柴油机的进、排气系统简图及换气过程示功图
(p_0、T_0 为大气条件,C 为压气机,p_b、T_b 为压气机出口状态,
T 为涡轮机,p_k、T_k 为涡轮机入口状态)

3.1 四冲程发动机的换气过程

3.1.1 换气过程分期

1. 排气过程

图 3-1 和图 3-2 中,从排气门早开点 b' 到晚关点 r',曲轴转角为 240°~260° 的 $b'r'$ 段为排气过程。排气过程按气缸压力和排气管压力的变化以及废气的流动状态,可分为两个阶段,分别为自由排气阶段和强制排气阶段。

(1) 自由排气阶段 在排气门开启初期,缸内压力 p_c 远大于排气门端压力 p_e。此时,尽管活塞还在往下运动,缸内压力也在不断降低,但是压差(p_c-p_e)已足以使废气自由流出,而不必依靠活塞强制推出。这一阶段就叫自由排气阶段。在此阶段,随着排气门的开启和废气排出,气缸内压力迅速降低。在自由排气阶段至强制排气初期,发动机缸内气体压力高,有可能处于超临界排气状态,而在其余大部分曲轴转角上是处于亚临界排气状态。

1) 超临界排气阶段。在超临界排气时,气门口流速始终保持当地的声速,即 $a=\sqrt{\kappa RT}$,κ 是等熵指数,R 是摩尔气体常数,T 是流经气门口的废气温度,与缸内状态有关。排气初期的废气温度为 700~1100K,相应的声速则高达 500~700m/s。所以超临界排气阶段常伴有刺耳的噪声,是发动机排气噪声的主要来源。

在超临界排气阶段中,排出的废气量与内燃机的转速无关,因而发动机在高速运转时,同样的超临界排气时间对应的曲轴转角将大大增加,为了使气缸压力及时下降,必须适当地增大排气提前角,否则将使超临界排气阶段延长,势必增加活塞强制排气功的消耗。

2) 亚临界排气阶段。超临界排气之后的自由排气为亚临界排气阶段。气门口流速低于声速,但仍远高于强制排气的气流速度。

自由排气阶段大约在下止点后 10°~30° 结束。这一阶段虽然只占总排气时间的 1/3 左右,且气门开启流通面积也较小,但因流速很高,排出的废气最多可达总排气量的 60% 以上。所以这一阶段也是排气阻力和噪声最大的阶段。

(2) 强制排气阶段 强制排气阶段是指在活塞上移的排气行程中,通过活塞推出废气的过程。严格来讲,强制排气的始点为气缸内压力降低到接近排气背压,使得二者压力之差减小到不能自动排出废气的时刻。但由于气缸内压力变化比较复杂,很难精确确定该点。为了便于分析,这里从下止点活塞上移开始算起。在强制排气阶段主要克服来自排气系统的阻力。随着发动机转速的升高,排气流速增加,其流动阻力增加,所消耗的功就越多。

为了利用高速流经排气门的气流惯性,尽可能多地排出废气,排气门在排气上止点之后某一时刻关闭。排气门关闭时刻相对上止点所对应的曲轴转角,称为排气晚关角,车用发动机的排气晚关角一般为上止点后 10°~70°,具体值视发动机类型而定。

2. 进气过程

从进气门开启到关闭,内燃机吸入新鲜充量的整个过程称为进气过程。为了增加进入气缸的新鲜充量,进气门在吸气上止点前要提前开启,在吸气下止点后应推迟关闭。进气门提前开启的角度称为进气提前角,一般在上止点前 10°~30° 之间。

进气过程中,气缸内产生真空度,新鲜充量进入气缸。此时,为了保证进气门有足够大的流通截面积，使尽可能多的新鲜充量顺利进入气缸，进气门在上止点前应提前某一角度开启。进气门开启时刻相对上止点所对应的曲轴转角称为进气提前角，一般为10°~30°。在进气过程中，缸内前一个循环排气终了后仍留在气缸内的残余废气随活塞的下移膨胀，缸内压力减小，当减小到小于进气压力时，新鲜充量才充入气缸。在进气行程后段，由于活塞下移速度减慢，进入气缸的气流的动能转化为势能，使得缸内压力有所回升。在进气下止点时气门处仍有高速气流流入气缸，为了充分利用气流的惯性而多进气，进气门在活塞下止点后关闭。进气门关闭时刻相对下止点所对应的曲轴转角称为进气晚关角，一般进气晚关角为40°~80°。随发动机转速的增加，气门处气流的惯性增大，所以要求进气晚关角也相应地加大，即对应不同的转速都存在着不同的最佳进气晚关角。进气晚关角过小时，具有进气能力的气流随着气门的提前关闭而被拒之门外，不仅气流惯性没有得到充分利用，反而使得高速气流对气门产生冲击作用；若进气晚关角过大，则会出现已进入气缸的气体倒流现象。因此，根据发动机工况，设计和控制最佳进气晚关角，对改善发动机性能至关重要。

3. 气门叠开过程

四冲程发动机换气过程如图 3-3 所示，存在一个特殊的阶段：在进排气上止点前后，由于进气门的提前开启与排气门的延迟关闭，发动机从进气门开启到排气门关闭这段曲轴转角内，会出现进排气门同时开启的状态，这一现象称为气门叠开。在气门叠开期间，进气管、气缸以及排气管三者直接相通，此时的气体流动方向就取决于三者间的压力差。气门叠开所对应的曲轴转角叫作气门叠开角，因此气门叠开角等于排气晚关角与进气提前角之和。发动机的形式不同，对气门叠开角大小的要求也有所不同。

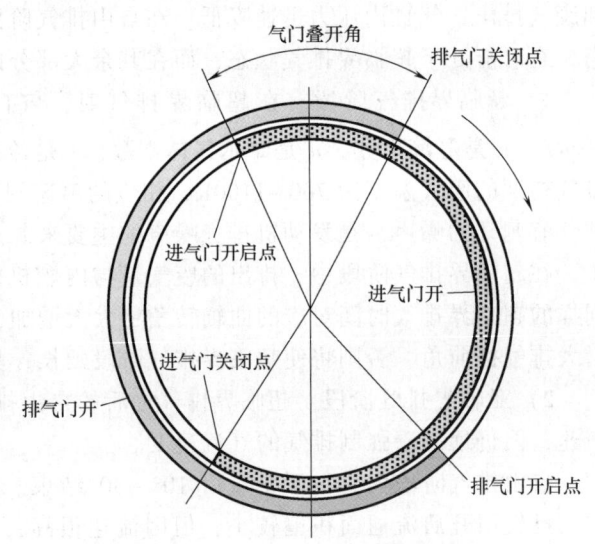

图 3-3 四冲程发动机换气过程

对于自然吸气发动机，若气门叠开角过大，会出现部分气体倒流的现象，即排气管内废气倒流回缸内，缸内废气倒流至进气管。对于点燃式发动机，它是采用节气门来调节发动机的功率，进气管内压力总是低于大气压，在小负荷小节气门开度时更是如此，若进气提前角过大，高温废气有可能倒流进入进气管，引起进气管回火（back fire），故这类发动机的气门叠开角一般都比较小。在自然吸气柴油机中，进气管内压力始终接近大气压力，因此可以采用较大的气门叠开角，以提高柴油机在常用转速范围内的充量系数。此外，无论点燃式还是压燃式，转速高的发动机宜采用较大的气门叠开角和气门开启持续期，以提高发动机的充量系数。

对于增压柴油机，由于进气压力高，新鲜充量在正向压差的作用下流入气缸进行扫气，一部分还将流出气缸，进入排气管。增压发动机气门叠开角较大，一方面有利于扫除缸内的残余废气，增加进入气缸的新鲜充量，另一方面还可以用新鲜充量降低燃烧室内气缸盖、排气门、活塞顶、缸套的温度以及排气的温度，从而减小了发动机及增压器等受热严重且冷却困难的关键零部件的热负荷，对提高发动机可靠性有显著的效果。但是过大的气门叠开角易造成气门与活塞运动的干涉，需在活塞上加工避气门坑，从而影响到燃烧室内气体运动的组织以及发动机的压缩比。此外，过多的扫气还会加重增压器的负担。增压柴油机气门叠开角一般在 80°～140°之间。

3.1.2 进排气相位角

发动机进、排气门的开、闭过程，并不是人们想象中的在活塞上、下止点这两个时刻才开始或结束的，而是分别提前打开和延迟关闭，因此它的开启角度超过180°，以便争取更大的开启"时间断面"。在实际运行中，四冲程发动机的进气门在活塞到达上止点前就打开（提前10°～40°），当活塞过了下止点后才关闭（晚关40°～80°），而排气门则是在活塞到达下止点前提前打开（提前40°～80°），当活塞过了上止点后才关闭（晚关10°～35°）。所以把提前开启时刻称作提前开启角，迟后关闭时刻叫作晚关角。进、排气门相对于上、下止点早开、晚关的四个角度叫作进、排气相位角。这些相位角的开、关时刻与进气充量、换气损失和流动阻力等密切相关。

1. 排气提前角

膨胀过程末期，缸内压力较高，如果到下止点才打开排气门，由于开启初期气门上升缓慢，开度也小，再加上气流因惯性而不会马上高速流出，这些都会使排气不畅，排气损失和阻力增大，并间接影响进气充量。因此，要求排气门在上止点之前提前开启，从排气门开始开启到活塞到达做功下止点所对应的曲轴转角就是排气提前角（或排气早开角）$\Delta\varphi_{eo}$，$\Delta\varphi_{eo}$ 一般为 40°～80°。

设置排气提前角的目的有：
1）利用气缸内的废气压力提前自由（主动）排气。
2）减少排气消耗的功率（减轻活塞上行的阻力）。
3）高温废气的早排，还可以防止发动机过热。

研究表明，排气损失占总换气损失的 75%～80%，合理选择 $\Delta\varphi_{eo}$ 对减小泵气损失有较大意义，而 $\Delta\varphi_{eo}$ 对充量系数的影响较小。

此外，任何工况都存在一个排气损失最小的最佳 $\Delta\varphi_{eo}$。图 3-4 所示为转速不变时，四个不同 $\Delta\varphi_{eo}$ 的排气过程缸内压力线。每条排气线所形成的排气损失，由提前开启所产生的自由排气损失和排气行程的泵气损失组成。可以看出当 $\Delta\varphi_{eo}$ 小时，自由排气损失小而泵气损失大；$\Delta\varphi_{eo}$ 大时，则反之。于是，必然存在一个最佳的 $\Delta\varphi_{eo}$，使得总排气损失为最小。

2. 排气晚关角

如果排气门在上止点关闭，此时废气还具有一定的向外运动的速度。为充分利用这一惯性继续排气，增大排气量，可适当晚一点关闭排气门，大约在缸内压力接近排气门外背压时再关闭，则可获得最大的排气功效。这一延迟关闭角即排气晚关角 $\Delta\varphi_{ec}$，$\Delta\varphi_{ec}$ 一般为 10°～30°。

各工况的 $\Delta\varphi_{ec}$ 也有最佳值。$\Delta\varphi_{ec}$ 过小，则惯性利用不足；$\Delta\varphi_{ec}$ 大，则因活塞下行较多，缸内压力小于缸外背压而使废气倒流回缸内，排气量也会减少。同理，$\Delta\varphi_{ec}$ 的最佳值也将随转速上升而增大。

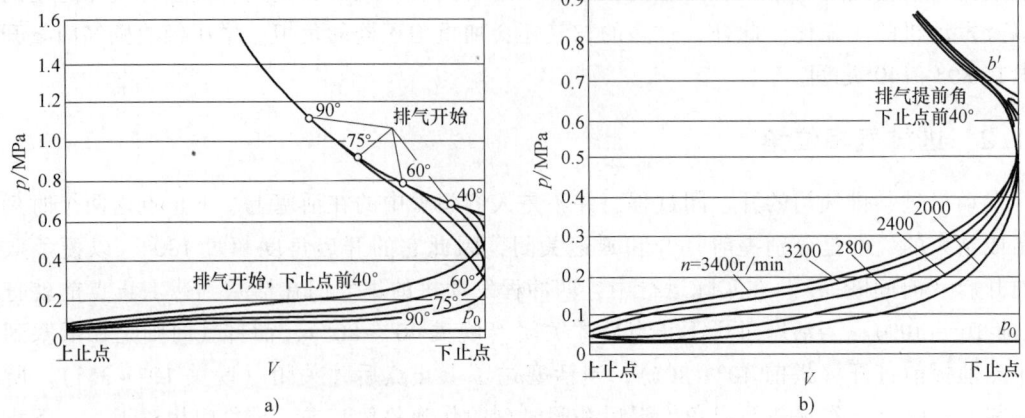

图 3-4　不同因素对排气损失的影响曲线
a）转速不变时排气提前角对排气损失的影响
b）排气提前角不变时，转速对排气损失的影响

3. 进气提前角

进气门若在上止点开启，则因开启初期气门上升缓慢，截面通过面积小，以及进气气流的加速需要一段时间等惯性的影响，会使缸内真空度加大，进气量减少，而进气损失增大。所以要求进气门适当提前开启，从进气门开始开启到活塞到达上止点曲轴所转过的角度即进气提前角（或进气早开角）$\Delta\varphi_{ao}$，$\Delta\varphi_{ao}$一般为$10°\sim30°$。

一方面，进气门早开，使得活塞到达上止点开始向下运动时，因进气门已有一定开度，所以可较快地获得较大的进气通道截面，减少进气阻力；另一方面，可以使废气排得更干净（扫气）。

理论上，进气门早开时排气尚未结束，缸内压力要高于缸外背压，这样会造成废气倒流入进气管的回火现象。但事实上，进气门开启初期流通截面窄小，以及废气倒流也有一定惯性等影响，提前角不大时，回火现象一般不会出现。更何况排气气流的引射作用，一定程度上也会降低缸内进气门附近的静压力。

$\Delta\varphi_{ao}$角也有最佳值，过大会回火，过小则进气不足。随着转速上升，最佳$\Delta\varphi_{ao}$也应适当加大。

4. 进气晚关角

在进气行程下止点过后，活塞又上行一段进气门才关闭。从进气下止点到进气门关闭所对应的曲轴转角叫作进气晚关角（或进气迟后角）$\Delta\varphi_{ac}$，$\Delta\varphi_{ac}$一般为$40°\sim80°$。

进气门晚关主要是为了充分利用下止点时高速进气气流的惯性，增大进气充量。进气门若能推迟到气缸压力接近气门外背压时关闭，将获得最大的惯性利用。

$\Delta\varphi_{ac}$过小时不能充分利用惯性，过大时则又可能把已充入缸内的新气推回进气管中，所以同样存在最有利的进气晚关角，而此角度也随转速上升而增大。

总之，进、排气的四个相位角各有其特定功能及最佳值。其中，进气晚关角$\Delta\varphi_{ac}$和排气提前角$\Delta\varphi_{eo}$被公认为是最重要的两个相位角。前者对进气充量影响最大，后者则对换气损失影响最大。

3.2 充气效率及影响因素

四冲程发动机在工作过程中，同人一样需要"吸气"和"呼气"，即吸入新鲜空气，呼（排）出高温废气。这种进气和排气过程，统称为换气过程。在高速发动机中，每一个工作循环的进、排气过程只有千分之几秒。在这极短的时间内，被吸入的可燃混合气越多，废气排得越干净、越彻底，发动机的功率就可能越大，反之，发动机的功率就越小，动力性和经济性就会下降。由此可见，发动机的功率和转矩，主要取决于吸入空气量的多少和换气质量的好坏。

换气过程的好坏可以从两个方面进行评价，即气缸内前一个循环的废气被这一循环的新鲜充量替换的程度以及本次循环进入气缸新鲜充量的程度。前者从换气的本质上评价换气过程的完善程度，常用残余废气系数 ϕ_r 表示，即气缸内残留的前一次循环废气量 m_r 和进入气缸的新鲜充量 m_1 之比，即

$$\phi_r = \frac{m_r}{m_1} \tag{3-1}$$

而后者主要反映进气过程的完善程度，由此从进气量的定量角度评价换气过程的好坏。

1. 充气效率

发动机的充气效率定义为，每循环实际进入气缸的新鲜充量 m_1 与进气状态下充满气缸工作容积的理论充量 m_{sh} 之比，即

$$\phi_c = \frac{m_1}{m_{sh}} = \frac{V_1}{V_s} \tag{3-2}$$

式中，m_1、V_1 分别是实际进入气缸的新鲜充量的质量和体积；m_{sh}、V_s 分别是在进气状态充满气缸工作容积的新鲜充量的质量和气缸工作容积。

这里，对非增压发动机而言，进气状态是指大气状态，而对增压发动机来说是指压气机的出口状态。

如前所述，换气过程的主要目的就是向气缸尽量多地充入新鲜气体，为下一步热功转换提供必要的物质基础。而充气效率正是描述每循环新鲜充量充入气缸的能力，所以其大小直接影响发动机的动力性。

根据式（3-2），在发动机台架试验中，通过流量计测量出发动机实际进入气缸的气体体积流量 q_{V1}（m^3/h），而气缸的当量理论充气量 q_V 由下式求出，即

$$q_V = \frac{V_s}{1000} \frac{in}{2} \times 60 = 0.03 in V_s \tag{3-3}$$

式中，V_s 是气缸工作容积，单位为 L；i 是气缸数；n 是发动机的转速，单位为 r/min。

由 q_{V1} 和 q_V，根据式（3-2）就可以求出该条件下的充气效率。

2. 影响充气效率的因素

理论上在进气状态下，每循环充满气缸的工作容积 V_s 的新鲜充量为

$$m_{sh} = \frac{p_s V_s}{R_s T_s} = \rho_s V_s \tag{3-4}$$

假设在进气门关闭时气缸内气体的状态为 p_a、V_a、T_a，则气缸内气体的总质量 m_a 为

$$m_a = \frac{p_a V_a}{R_a T_a} = \rho_a V_a \tag{3-5}$$

气缸内的气体总质量包括充入气缸的新鲜充量和残余废气量之和，即 $m_a = m_1 + m_r$。由残余废气系数的定义式（3-1），可将发动机充气效率的表达式改写为

$$\phi_c = \frac{m_1}{m_{sh}} = \frac{\rho_a V_a}{\rho_s V_s} \frac{1}{1+\phi_r} \tag{3-6}$$

式（3-6）表示充气效率主要与发动机的结构参数（压缩比及配气相位）、进气终了压力、进气终了温度、残余废气系数及进气密度等有关，图 3-5 所示为充气效率的影响因素。

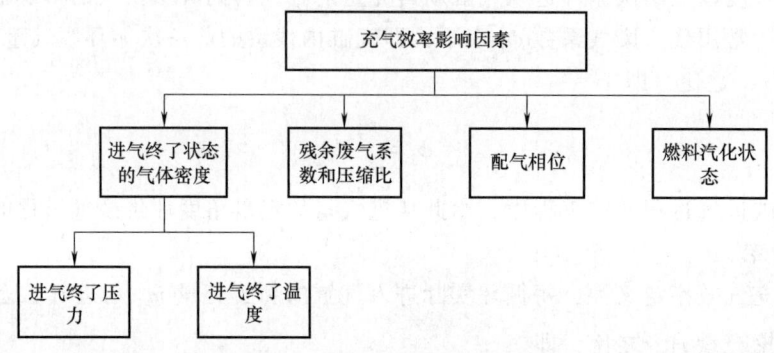

图 3-5 充气效率的影响因素

（1）进气终了状态的气体密度 ρ_a　进气终了状态下气缸内的气体密度 ρ_a，是由进入气缸的新鲜充量和气缸内残留的废气量决定的。一般残余废气系数很小，而且残余废气量基本保持不变，所以将进气终了状态的密度对充气效率的影响直接用新鲜充量密度来讨论。由式（3-6）得到充气效率与 ρ_a 成正比，而进气密度与进气压力和温度之比成正比，所以一般提高进气终了压力和降低进气终了温度的措施都有利于提高充气效率。

1）进气终了压力。进气终了压力等于大气压力与进气流动损失压力之差，即 $p_a = p_s - \Delta p_s$，其中进气流动损失压力可表示为

$$\Delta p_a = \xi \frac{\rho v^2}{2} \tag{3-7}$$

式中，ξ 是进气管阻力系数；ρ 是进气状态下的气体密度，单位为 kg/m^3；v 是气流速度，是指进气管内气体的平均流速，单位为 m/s。

因此，减小进气流动阻力的主要措施就是尽可能减小进气管各段管道阻力系数 ξ 和气流速度 v。

进气系统的阻力大小主要取决于进气系统的结构。如气流在流经不同形式的空气滤清器时，将受到不同的进气阻力；进气门口是进气系统中流通截面最小、流速最大之处，进气阻力也最大。

发动机的转速对进气阻力也有较大影响，转速上升时，新鲜气体流速增加，进气流动损失增大（呈二次方关系增大），缸内进气终了压力迅速下降，如图 3-6 所示。

发动机负荷变化时，汽油机调整负荷是靠改变节气门开度来调节进入气缸的混合气量，当汽车沿阻力减小的道路以一定速度行驶时，采用减小节气门开度的办法来保持转速一定，由于进气门开度减小，尽管发动机转速不变，但节流损失增加，缸内进气终了气体压力下降。如图 3-7 所示。

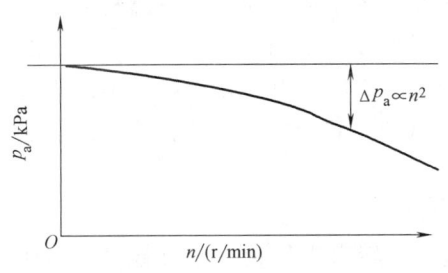

图 3-6 发动机转速对进气压力的影响

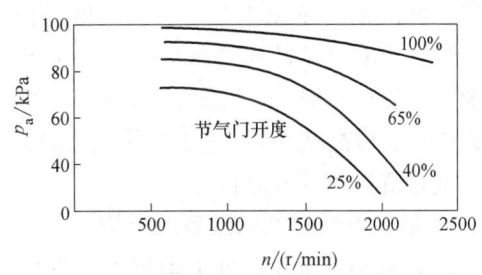

图 3-7 发动机负荷对进气压力的影响

2）进气终了温度。由于被缸壁等高温机件及高温残余废气加热，进气终了活塞在下止点时缸内气体温度高于大气温度，缸内气体温度越高，充入气体密度越小，充量系数下降。当负荷不变，转速增加时，新鲜工质与高温机件接触时间缩短，温升不大；而转速不变，负荷增加时，由于缸壁温度提高，使缸内气体温度上升。为了增加充气量，应尽量降低缸内进气终了温度，以提高充气效率。

增压中冷技术可直接提高进气密度，是改善车用发动机动力性的有效措施，因而得到广泛应用。

（2）残余废气系数 ϕ_r 和压缩比 ε　残余废气量影响充气效率主要体现在两个方面，一是残余废气占有一定的气缸容积，二是残余废气温度高，对进入气缸的新鲜气体具有加热作用，使进气密度降低。

在排气终了进气初期，会由于气缸内残余废气的压力大于进气压力而阻碍进气过程。随着活塞的下行，气缸容积的增加，残余废气膨胀，当其压力降低到进气压力时气缸中才开始进入新鲜气体，因此会直接影响气缸工作容积的利用效率。残余废气系数越大，残余废气对进气的阻碍及加热影响就越严重，充气效率就越低。同时，残余废气对燃烧也有阻碍作用，过多的残余废气会影响燃烧过程，使热效率降低，所以从换气角度而言应尽可能减小残余废气系数。一般残余废气系数主要与气缸压缩容积（燃烧室容积和余隙容积之和）有关，当发动机的压缩比确定以后压缩容积也就确定了。因此，提高压缩比可以降低残余废气系数，有利于提高充气效率。对增压发动机，可通过合理设计气门叠开角，利用气门叠开期间的扫气作用，来降低气缸内的残余废气量。

一般汽油机的压缩比较低，进气有节流损失，气门叠开角又小，所以残余废气系数偏高，通常在 0.07~0.20 范围内。柴油机由于压缩比高，无进气节流损失，气门叠开角大，所以残余废气系数较小，一般在 0.03~0.06 范围内。而增压柴油机残余废气系数更小，在 0~0.03 范围之内。

（3）配气相位　当进气晚关角一定时，V_a 也随之确定，所以 $\xi=V_a/V_c$ 为常数。由于进气过程是动态的，进气晚关角对充气效率的影响主要体现在进气门关闭时刻气流惯性的利用情况，即与 ξp_a 有关。对于一定转速，气流速度一定，所以对应该气流惯性的最佳进气晚关角也一定。进气晚关角小于该最佳晚关角，则气流惯性没有得到利用，进气量减小，ξp_a 变小，反之若晚关角过大，则已进入气缸的新鲜充量出现倒流现象，同时 ξ 减小，所以 ξp_a 也减小。随着发动机转速的提高，气流惯性增加，为了利用惯性多进气，需要合理选择配气相位。

（4）燃料的汽化状态　预制混合气的发动机，在进气终了时，由于燃料汽化占有一定体积，所以 ϕ_c（充量系数）值要下降，但是质量比并不等于体积比。考虑燃料分子相对分子质量的影响（反映在气体常数 R 上）后，汽油机因汽油分子相对质量比空气大，所占体积少，计算结果对 ϕ_c 下降的影响不到2%；而天然气（CH_4）相对分子质量小，所占体积大，其影响可高达9%。这是使用气体燃料时功率降低的主要原因。当然，这一问题也可从混合气热值的角度来分析。

3. 提高发动机充气效率的措施

（1）减小进气系统的流动损失　进气管长度越长、转弯半径越小以及管道内表面越粗糙，管道阻力系数就越大，进气流动损失就会增加。而进气流动损失与气流速度的二次方成正比，因此发动机高速运行时，进气阻力明显增加。解决高速时充气效率低的问题的主要措施，有可变进气管控制措施，即在高速时，通过缩短进气管长度来减小进气管阻力系数，这对改善高速充气效率有明显效果。

虽然充量系数的表达式中不反映进气流动过程，但所有损失正是由于流动造成的。按进气系统流动阻力的性质可将其分为两类，一类是沿程阻力，即管道摩擦阻力，它与流速、管长、管壁表面质量等有关；另一类是局部阻力，它是由于流通截面大小、形状以及流动方向的变化造成局部产生涡流所引起的损失。在内燃机进气流动中，由于进气的管道粗短，壁面比较光滑，其沿程阻力并不大，因而局部阻力损失是流动过程中的主要损失，它由一系列的局部力叠加而成，尤其是在空气滤清器、流道转弯处和进气门座圈处。因此，降低这些部位的局部阻力损失，对降低进气系统的流动阻力，提高充量系数有显著的作用。

1）减少进气门处流动损失的措施有：

① 增大进气门直径，配置适当大小的排气门。

② 增加进气门数目。采用两进两排的四气门结构，每缸四气门的发动机与每缸两气门发动机相比，在气门直径相同的情况下，进气门面积可以增大30%，排气门面积可以增加40%，这对换气过程极为有利。

③ 增大气门行程。适当增加气门行程，改进凸轮轮廓设计，在惯性力容许的情况下，使气门开闭得尽可能快，以提高气门处的通过能力，减小进气阻力。

④ 减小气门锥角。气门锥角一般为45°，在气门升程相同的情况下，若减小锥角可增大气流通过断面。

2）减小进气道和进气管阻力的措施有：

① 较大的通道面积。对进气管和气缸盖内的进气道，要保证有足够大的通道面积，以减少进气阻力。

② 减少弯道和截面突变。为了减少进气阻力，进气管和进气道应避免急转弯、少转弯和流通截面的突变。

③ 管道内表面光滑。气道内表面粗糙度对气流的流动损失有一定的影响，因此管道内要光滑。

④ 减小空气滤清器的阻力。所选用的空气滤清器应在满足滤清效果的前提下，尽可能

减小阻力。

（2）减少新鲜空气量的热传导　维持冷却系统技术状况良好，防止发动机过热。减少对新鲜空气量的热传导，可降低进气终了温度，使新鲜空气量的密度增大，提高充气效率。

（3）减少排气系统对气流的阻力　减少系统的阻力损失，以降低残余废气压力，增加进气量，可提高充气效率。

1）减少排气门处阻力。排气系统中，最小的流通截面在排气门处，应设法减小废气排出的阻力。如加大气门升程及采用四气门结构，均能有效提高充气效率。

2）减少排气道和排气管阻力。应避免排气道内截面突变、急转弯、凸台等，以减少排气阻力。

（4）合理选择配气相位　在进、排气门开闭的四个提前、晚关角中合理选择进气门晚关角，能提高充气效率。因此，在配气相位控制中，重点是控制进气门的合理关闭时刻，其次是气门叠开角。

1）进气门迟后关闭是为了利用高速气流进气的惯性，增加每循环气缸的充气量。由于发动机的转速不同时，气流的惯性不同，因而最佳的进气晚关角将随转速而改变。在传统的汽车发动机中，因受曲轴-配气系统结构的限制，配气相位在发动机运转时是不变的，所以充气效率只能在某一转速下才能达到最大值。当发动机高于此转速运转时，气流惯性增加，而进气晚关角不变，使一部分进气的气流惯性未充分利用。同时，转速上升时流动阻力增大，所以充气效率下降。当发动机低于这一转速时，气流惯性减小，进气晚关角相对于气流来讲太大，使一部分新鲜充气量发生倒流被推回进气管，充气效率 η_v 下降。如图 3-8 所示，每条 η_v 曲线体现了在一定配气相位下，充气效率随转速变化的关系。如进气晚关角为 40°时，充气效率是在约 1800r/min 的转速下达到最高值，说明在这个转速下工作能最好地利用惯性充气；当转速高于此转速时，气流惯性增加，就使一部分本来可以利用气流惯性进入气缸的气体被关在气缸之

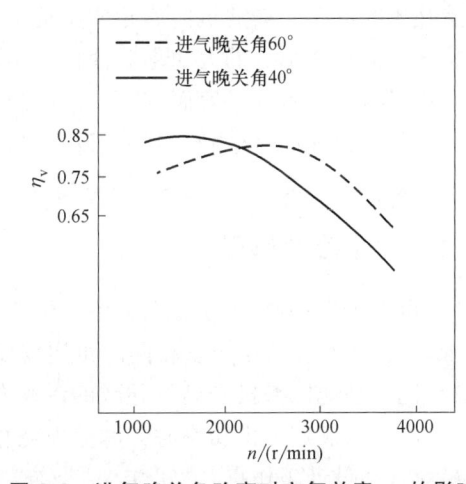

图 3-8　进气晚关角改变对充气效率 η_v 的影响

外，加之转速上升，流动阻力增加，所以使充气效率 η_v 下降；当转速低于此转速时，气流惯性减小，压缩行程初始时就可能使一部分新鲜气体被推回进气管，充气效率 η_v 也下降。不同进气晚关角的充气效率在最大值处相对应的转速不同，一般进气晚关角增大，与充气效率最大值相对应的转速也增加，进气晚关角为 40°与进气晚关角为 60°的充气效率曲线相比，充气效率最大值处相对应的转速分别是 1800r/min 和 2200r/min。由于转速增加，气流速度加大，大的进气晚关角可充分利用高速气流的惯性来增加充气量。

2）适当的气门叠开角，可以增加充量系数，并适当降低高温零件的热负荷。为了获得中小负荷好的经济性，气门叠开角要小。

（5）进排气管内的动态效应　利用进排气管中发生的气体惯性力和压力波动来提高充气效率，是最有效的手段之一。当发动机进排气管较长时，由于管内气体具有相当的惯性和

可压缩性，在进排气过程间歇而又周期性的进行中，根据液体内科学的规律，势必要在进气管内引起一定的动力现象。这种现象可视为管内气流的惯性效应和管内压力的波动效应共同作用的结果。它们对改善发动机的换气过程，提高气缸的充气效率有很大影响。一般而言，进气管长度大，压力波波长大，可使发动机中低速区功率增大；进气管长度短时，压力波波长短，可使发动机高速区功率增大。丰田皇冠 ZJZ-GE 发动机采用了波长可变的进气谐波增压控制系统 ACIS，实现了压力波传播路线长度可变，兼顾了低速和高速的要求。

3.3 发动机的增压技术及其分类

无论怎样设计发动机，都要围绕着空气和燃油这两个要素做文章。想要提高发动机的功率和转矩，无非是要提高发动机的供油量和进气量。增加供油量相对容易一些，即增加单位时间燃油供入量及适当延长喷油时间；但是增加进气量就相对困难一些。因为空气有特定的物理特性，仅仅靠发动机自然吸气的能力是有限的，往往不能满足大供油量的空气需求，于是发动机在设计中就似乎出现了功率难以提升的"瓶颈"。为此，设计者考虑增加空气增压供给系统来解决这一问题。

发动机增压技术萌生于 19 世纪末，在 20 世纪初期得到初步应用和发展。随着材料科学及制造技术的进步，柴油机的涡轮增压技术在 20 世纪中叶开始大规模应用，并逐步推广到汽油机。目前绝大部分的大功率柴油机、半数以上的车用柴油机以及相当比例的高性能汽油机均采用了增压技术。一般而言，增压后的功率可比原机提高 40%～60%甚至更多，发动机的平均有效压力最高可达到 3MPa，发动机的燃油经济性也有所提高，增压已经成为发动机强化最有效的手段之一。

3.3.1 增压器的作用

1) 可大幅度提高发动机的功率。将普通发动机经过改装，加上增压器，可提高功率 30%～50%，因而在功率要求相同时可实现发动机尺寸小、质量小的优越性。

2) 随行驶地区海拔升高而导致的汽车发动机功率下降，可通过增压的方式来弥补。

3) 在达到额定输出功率时，摩擦损耗相对较小，在部分负荷时，增压发动机的工况更接近最大效率设计工作点。

4) 合理设计增压器，可将转矩特性改进为低速高转矩，对汽车发动机非常有利。

5) 通过增压可使排放降低。对于增压汽油机，通过最合适的燃烧室形状设计和在涡轮机的后燃使 HC 值降低，在高负荷时使 NO_x 降低。

6) 可降低噪声。柴油机增压后，由于混合气工作温度升高，着火延迟期缩短，燃烧过程变得柔和。另外，通过换气管内的波动的消平和消声，使噪声减小，表面辐射噪声也有所下降。

7) 可使机械损失减少，经济性得到改善。增压柴油机由于平均有效压力提高，机械损失相对减少，因而在高负荷区机械效率得到提高，在低负荷区，由于进排气阻力和换气损失增加，经济性受到影响。在相同功率时，增压机比非增压机排量要小，机械损失也相对要小。这样增压机的比油耗比非增压机小，等油耗的经济运行区扩大；另一方面，排量不变时降低转速，机械损失也就减少，热效率得到提高。

3.3.2 发动机的增压技术分类

按压缩空气时所用驱动能源和压缩器结构的不同,增压器的增压技术可分为机械增压、废气涡轮增压、气波增压、复合增压四种。

1. 机械增压

增压器的驱动力来自发动机的曲轴,一般都是利用传动带连接曲轴带轮,间接通过曲轴运转的扭力带动增压器,达到增压的目的。根据构造不同,机械增压有许多种类,包括叶片式(Vane)、鲁氏(Roots)、温克尔(Wankle)等形式,而活塞运动最早也被认为是一种机械增压,时至今日,则以鲁氏增压器最被广泛使用,更是改装的大热门。鲁氏增压器有双叶与三叶转子两种形式,目前以双叶转子较普遍,其构造是在椭圆形的壳体中装两个茧形的转子,转子之间留有极小的间隙而不直接相连,借由螺旋齿轮联动,其中一个转子的转轴与驱动的带轮连接,转子转轴的带轮上装有电磁离合器,在不需要增压时即放开离合器以停止增压,离合器则由计算机控制以达到省油的目的。机械增压的特征,除了在低转速便可获得增压外,增压的动力输出也与曲轴转速成正比,即机械增压发动机转速提高,增压器输出会随之增大,因此机械增压发动机的操作感觉与自然吸气极为相似,却能拥有较大的功率与扭力。大众 TSI 发动机增压器如图 3-9 所示。

早期柴油机多采用机械增压,即由柴油机通过机械传动直接驱动增压器对空气进行压缩。由于这种增压方式要消耗发动机输出功率,不但使柴油机经济性下降,还使柴油机结构复杂,体积增大,功率消耗大,机械噪声也较大,故这种增压方式已基本被淘汰,代之以废气涡轮来驱动增压器。

2. 废气涡轮增压

废气涡轮增压是利用排气能量来驱动增压器,从而压缩进气的一种废气能量回收的增压方式。废气涡轮增压器主要由涡轮机和压气机构成,如图 3-10 所示。发动机排出的废气能量直接驱动涡轮机,由此带动同轴连接的压气机,实现进气增压。增压器的转速取决于流入废气涡轮的排气气流相对涡轮旋转中心的动量矩,用这种方式能有效回收利用排气能量。因此,废气涡轮增压发动机的经济性比机械增压和非增压发动机都好,并可大幅度地降低有害气体的排放和噪声水平。但是由于涡轮机是流体机械,转速取决于排气流速,而发动机是动力机械装置,要求低速时输出高转矩,因此,匹配废气涡轮增压器时,发动机低速时增压器转速低,增压效果不明显,所以发动机转矩增加不多,而且在发动机变工况时,涡轮增压器的瞬态响应特性较差,致使汽车加速性,特别是低速加速性恶化。

3. 气波增压

气波增压器是使两种气体工质直接接触并通过压力波来传递能量的压力转换器。它用于内燃机增压时,利用内燃机废气能量使进入气缸的气体增压。气波增压器由空气定子、燃气定子和转子组成。空气定子与内燃机进气管连通,燃气定子与排气管连通。转子由内燃机曲轴通过传动带驱动,驱动功率为内燃机功率的 1%~1.5%。

此种增压方式很少在汽车上应用。

4. 复合增压

复合增压是指不同增压方式的组合,如机械增压和废气涡轮增压的组合或涡轮机与废气涡轮增压的组合。根据涡轮回收废气能量的方式不同,废气涡轮复合增压系统分为串联前复合增压、串联后复合增压以及并联复合增压等三种方式。

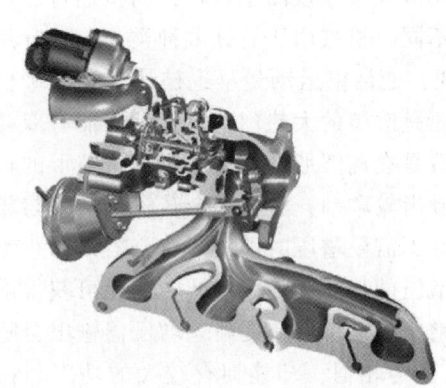

图3-9 大众TSI发动机增压器

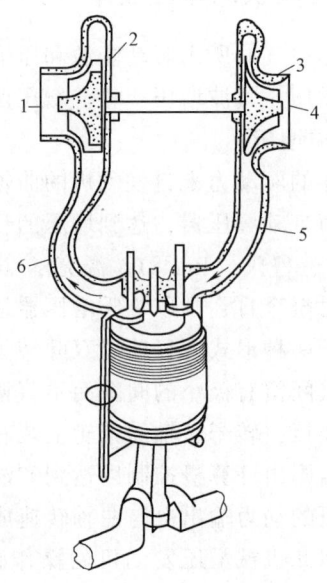

图3-10 废气涡轮增压器
1—排气口 2—涡轮机 3—压气机
4—进气口 5—进气管 6—排气管

(1) 串联前复合增压 串联前复合增压是在废气涡轮增压器前串联一个涡轮机,发动机排出的废气先流入前置涡轮机回收部分能量后,再排入涡轮增压器中进行增压的系统,由此充分利用废气能量。因此,可提高整机的热效率,同时在增压器前利用涡轮事先回收废气的部分能量,可避免增压器转速过高的现象发生。

(2) 串联后复合增压 串联后复合增压是在增压器后再串联一个废气涡轮,其主要目的就是进一步回收利用经增压器排出后的废气能量,以便提高整机的热效率。

(3) 并联复合增加 并联复合增压是将发动机排出的废气分两路同时排入一个废气涡轮和废气涡轮增压器。对排量较大的发动机,通过这种复合系统提高废气能量的再回收利用率,以提高整机热效率,同时可减轻废气涡轮增压器的工作负担。

发动机增压技术有以下几方面的优点:

1) 发动机增压后提高了进气密度,有效提高了发动机的升功率和比质量功率,从而降低单位功率的成本,提高材料的利用率,同时改善经济性。

2) 与自然吸气式发动机相比,由于排气能量进一步得到回收利用,不仅提高了热效率,而且降低了排气噪声。

3) 对柴油机增压后,缸内压力和温度水平都得到提高,使滞燃期缩短,所以有利于降低压力升高率和燃烧噪声。

4) 增压后进气密度大,常采用较大空燃比,所以可降低HC、CO和碳烟排放。

增压发动机存在的主要问题是:

1) 增压后气缸压力和温度明显提高,机械负荷和热负荷加大,直接影响发动机工作可靠性和耐久性。所以对高增压发动机有必要限制缸内最高爆发压力。

2) 对废气涡轮增压,由于发动机低速时排气流量低而能量不足,造成压气机低速增压效果降低,影响车用发动机的低速转矩特性。

3) 对废气涡轮增压,从排气能量的变化到进气压力的建立需要一定的时间,所以加速响应特性不如自然吸气式发动机。

3.4 废气再循环系统

为解决日益紧迫的环境问题,世界各国对汽车的尾气排放采取了一系列措施。目前在对清洁燃料汽车、电动汽车等"绿色"车辆大力扶持和推广的同时,正在全面、积极治理已有车辆的尾气污染。

废气再循环(Exhaust Gas Re-circulation,EGR)技术在国外已广泛应用。这个系统使用一个由进气歧管或进气门真空控制的 EGR 阀,将废气送回进气歧管和新鲜混合气混合,然后再次进入气缸参加燃烧。由于混合后稀释了混合气,排气中的氧含量很低,排气主要由惰性气体和水蒸气构成。废气中的大量水蒸气和惰性气体均为非常稳定的气体,不能燃烧却能吸收大量的热,导致气缸中混合气燃烧的最高温度下降,燃烧速度也下降,与此同时,新鲜混合气的比热容增加。故这部分废气既减慢了燃烧过程,又能吸收热量,从而降低了燃烧过程中的废气生成量,减轻了排放污染。

3.4.1 废气再循环系统对发动机的影响

由于汽油机和柴油机混合气形成的特点及负荷调节的方式不同,EGR 对燃烧过程及 NO_x 排放特性的影响也有所不同。

汽油机采用均匀混合气,靠外部能源点燃的燃烧方式,采用量调节负荷调节方法。除起动、急加速等特殊工况以外,喷油量取决于进入气缸的空气流量。在汽油机上实施 EGR 时虽然影响进气流量,但喷油量随进气流量变化而改变,因此,进入气缸的空燃比不受 EGR 的影响而基本保持不变,再循环的废气对混合气有加热作用,同时和气缸内的残余废气一起稀释混合气,加大气缸工作混合气的总热容,影响燃料与空气的氧化反应(燃烧)速度,使着火滞后期延长,最高燃烧温度降低,从而降低 NO_x 的排放量。但是如果 EGR 率过大,会造成燃烧不稳定,HC 排放及烟度增加,油耗恶化。因此,实施 EGR 的关键是精确控制 EGR 率。汽油机实施的 EGR 率的范围一般在 0~25% 之内,可使 NO_x 排放降低 50%~70%。在发动机怠速、暖机过程以及小负荷运转时,由于进气温度较低,NO_x 排放不高,所以一般不实施 EGR。而接近全负荷时需要发动机保持足够的动力性,所以即使 NO_x 排放高也要停止实施 EGR。

而对柴油机这种质调节压燃式发动机,采用将燃料直接喷入缸内的高温高压的空气中强制雾化的混合气形成方式,燃料的喷射量不受进入气缸的空气量的限制,只取决于负荷的大小。而且工作时混合气的平均过量空气系数均大于 1.2,氧气充足,所以燃烧热效率高,同时 NO_x 排放也高。当实施 EGR 以后,相应地减小进入气缸的空气流量,但喷油量不变,因此混合气变浓,不仅降低了气缸内工质的氧和氮的含量,而且由于高比热容的再循环废气的惰性作用,混合气的比热容增大,抑制了混合气的燃烧,从而降低最高燃烧温度。所以,在柴油机上实施废气再循环,其降低 NO_x 排放的效果更明显,而且由于柴油机废气中含氧量远高于汽油机，而 CO 含量较低，所以可实施较大的 ECR 率，最大 EGR 率可达到 40% ~ 50%。有关研究结果表明，柴油机上实施一定的 EGR 以后，在燃油消耗率保持不变的前提下，可有效地降低 NO_x 的排放量。

在压燃式发动机上也是如此，当 EGR 率过大时，燃油消耗率和烟度均恶化，微粒排放量也会增加。所以根据发动机所处的不同工况，需要精确控制再循环废气量。

3.4.2 废气再循环系统的分类

从结构上划分，有内部 EGR 和外部 EGR 两种系统，区别在于废气是否通过进气系统进入缸内，如图 3-11 所示。

内部 EGR 技术结构简单，不需要外部设备，一般情况下通过改变配气相位就可以实现，等同于提高缸内的残余废气系数。但是缸内的气流运动十分复杂，在不同工况下气流运动规律也不一样，所以这种实现废气再循环的方式很难控制 EGR 率；而且这种直接引入的方式，废气没有经过冷却，很大程度上提高了混合气温度，使降低 NO_x 排放的效果不够明显。

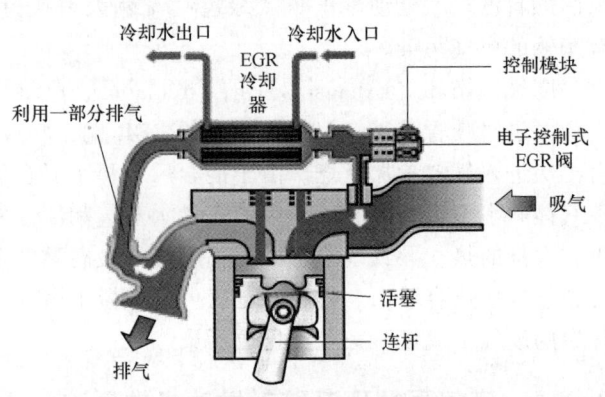

图 3-11 废气再循环系统

实现内部 EGR 通常有两种方法，废气残余法和废气再吸法。这两种方法在原理上是类似的，策略上有所不同。废气残余法是将排气门提前关闭，这样缸内就有一部分废气残余，在进气过程中实现残余废气与新鲜混合气的混合，此过程发动机会产生一部分压缩负功，为避免较大的功率损失，一般进气门的开启时刻也相应推迟。废气再吸法可以通过两种方案来实现：一是在进气行程中再次开启排气门，这样活塞下行会将排气系统中的废气吸入缸内；二是在排气行程中开启进气门，这样活塞上行会将部分废气压入进气系统，在接下来的进气行程中将带有废气的混合气一同吸入缸内，但是无论哪种方案，废气再吸法都需要气门的重复开启，实现起来存在困难。所以从应用难易角度来看，废气残余法更方便且易于实现。

外部 EGR 技术是在排气系统上接入废气再循环管路，将废气引出再导入到进气系统中，让废气在进入气缸之前与新鲜空气充分混合。外部 EGR 和内部 EGR 相比，结构上要复杂得多，通常带有 EGR 阀、EGR 冷却器，还有一些特殊管路及附带的控制单元，也正是如此，外部 EGR 可以实现对废气的诸多参数的精确控制，从而最大程度地实现 EGR 的作用。根据管路连接的不同，外部 EGR 的技术路线也多种多样，以下简要介绍几种典型方案。

1. 一体增压式 EGR 系统

在一体增压式 EGR 系统中，发动机的尾气分为两部分，一部分经过涡轮为压气机提供动力，另一部分通过 EGR 阀进入到压气机中增压，然后与增压后的新鲜空气混合，一同进入各个气缸。整套系统采用一个涡轮机，同时对两个压气机提供动力，两个压气机分别对新鲜空气和废气进行增压，是目前最新最先进的 EGR 技术。但是因为有两个压气机，增压匹配上的难度增大，结构也复杂得多，同时也大大增加了成本，目前国内还没有能力生产。

2. 进气节流式 EGR 系统

此项技术方案是利用节流阀的作用，使进气管的废气入口处产生真空度，利用压力差来引入废气。这种方式在汽油机和柴油机上均可以使用，需要说明的是这个节流阀和汽油机的节气门是不同的，其作用主要是控制 EGR 率，也就是此系统应用在汽油机上时进气道上一共有两个节流装置。通常情况下，当发动机工作在大负荷时，节流阀开度较大，EGR 率较小；当发动机处在中小负荷工况时，节流阀开度也较小，保证所需的 EGR 率。该系统容易实现，结构也比较简单，控制上也不复杂，但是因为节流阀的存在，增加了进气阻力，使发动机的性能受到影响。

3. 低压 EGR 系统

此系统从涡轮机前或涡轮机后将废气导出，经过 EGR 阀和冷却器后在压气机前端将废气导入，因为排气压力总是大于环境气压，所以这样的连接方式可以顺利实现废气循环。但是由于废气在压气机前就导入进气了，废气中的部分有害物可能会损伤压气机，使压气机的使用寿命变短，在废气管路中加装后处理装置可以解决此问题，但也大大提高了成本。因为易于实现，此项方案在试验研究中应用广泛，但是在工业产品中比较少见。

4. 文丘里管式 EGR 系统

根据文丘里管的工作原理，亚声速的气体通过文丘里管的时候会先产生一个膨胀过程，再产生一个压缩过程，膨胀过程中气体的温度和压力都会下降，所以在文丘里管的喉口处会产生负压，利用这个负压，就可以顺利地将废气引入进气系统中。在使用了文丘里管以后，大大降低了废气的流动阻力，可以轻松地实现较高的 EGR 率，发动机的功率损失小。文丘里管技术成熟，使用简单，成本较低，在产品中应用比较广泛。

练习与实训

一、解释术语
1. 配气相位
2. 气门重叠
3. 充气效率
4. 残余废气系数

二、选择题
1. 发动机的换气过程是指（　　）。
   A. 进气过程　　B. 排气过程　　C. 进排气过程　　D. 气门开启时期
2. 发动机的换气损失是指（　　）。
   A. 进气损失　　B. 排气损失　　C. 进排气损失　　D. 机械损失
3. 为了评价发动机进、排气过程中所消耗的有用功，引入的参数是（　　）。
   A. 泵气损失　　B. 传热损失　　C. 流动损失　　D. 机械损失
4. 四冲程发动机换气过程中存在气门叠开现象的原因是（　　）。
   A. 进气门早开和排气门早开　　B. 进气门晚关和排气门早开
   C. 进气门早开和排气门晚关　　D. 进气门晚关和排气门晚关
5. 充气效率用于评价发动机实际换气过程的完善程度，它的物理意义是反映（　　）。

A. 机械效率　　　B. 流动效率　　　C. 换气效率　　　D. 容积效率

6. 为了利用气流的运动惯性，在活塞运动到上止点以后才关闭气门。从上止点到气门完全关闭之间的曲轴转角称为（　　）。

A. 排气提前角　　B. 进气提前角　　C. 排气晚关角　　D. 进气晚关角

7. 在发动机超临界排气阶段，排气流动速度是（　　）的。

A. 低于声速　　　　　　　　　B. 等于声速
C. 高于声速　　　　　　　　　D. 亚声速

8. 为了利用气流的运动惯性，在活塞运动到下止点以后，才关闭气门。从下止点到气门完全关闭之间的曲轴转角称为（　　）。

A. 排气提前角　　　　　　　　B. 进气提前角
C. 排气晚关角　　　　　　　　D. 进气晚关角

三、填空题

1. 评价发动机换气过程的指标主要是_____和_____。
2. 进气损失与排气损失之和称为_____，排气损失包括_____和_____。
3. 一般将四冲程发动机的换气过程分作自由排气、_____、进气和气门叠开四个阶段。将进、排气门开关角度以及相对上、下止点的位置画出所得到的图称为_____。
4. 发动机的换气过程是指_____。
5. 在进、排气门开、闭的四个时期中，_____的改变对充气效率的影响最大。

四、判断题

1. 在进、排气门开、闭的四个相位中，排气提前角对充气效率的影响最大。（　　）
2. 从排气门打开到气缸压力接近排气管压力的这个时期，称为强制排气阶段。（　　）
3. 在超临界排气期间，排出的废气量由缸内和排气管内的压力差来决定。（　　）
4. 排气终了时，排气管内废气压力高，说明残余废气密度大，残余废气系数上升。（　　）
5. 充气效率总是小于1的。（　　）
6. 发动机进气终了的温度 T_a 低于进气状态温度 T_s。（　　）

五、简答题

1. 用什么参数评价发动机换气过程所消耗的功？为什么？
2. 从哪些方面评价发动机换气过程的完善程度？为什么？
3. 何谓气门叠开？增压发动机为何可以有较大的气门叠开角？
4. 引起工质进气终了温度 T_a 高于进气状态温度 T_s 的原因是什么？
5. 分析发动机进、排气门提前开启和迟后关闭的原因。
6. 泵气损失的含义是什么？与换气损失有何不同？

六、分析题

1. 提高充气效率的技术措施有哪些？
2. 充气效率的定义是什么？试述影响发动机充气效率的主要因素。

第 4 章

燃料与燃烧热化学

【教学目标】

通过本章的学习，要求读者能够掌握汽油、柴油、代用燃料的理化特性和应用，深入理解燃烧系统有化学反应时的组分、质量和能量的转换与守恒关系，重点掌握对燃料燃烧所需的空气残余废气系数、分子变化系数、燃料及可燃混合气热值、绝热燃烧温度，以及燃烧化学平衡组分等概念。

【教学要求】

知识要点	能力要求
发动机燃料	了解发动机燃料的概念，理解发动机燃料的物理性质，掌握发动机燃料的分类
代用燃料及应用	了解代用燃料在发动机上的应用研究及发展现状
燃烧热化学	掌握燃烧系统有化学反应时的组分、质量和能量的转换与守恒关系，区分空气残余废气系数、分子变化系数、燃料及可燃混合气热值、绝热燃烧温度，以及燃烧化学平衡组分等概念

4.1 发动机燃料

发动机燃料是指在内燃机或燃气轮机内燃烧做功发出能量的化学物质。发动机的燃料大多数是由石油经现代的提炼技术加工得到的，燃料是发动机产生动力的来源。发动机的生存与发展、结构与性能上的差异以及对环境的污染等，无不与燃料的种类和品质有着密切的关系。

并不是所有燃料都能被社会和市场认可而用作汽车发动机的燃料。车用燃料应综合满足下列要求：

1) 燃料资源丰富，价格合适而且供应充足。

2）燃料理化特性能适应发动机燃烧以及车辆行驶综合性能的要求。
3）燃料能满足有害物排放及安全等法规要求，对人体健康影响小。
4）燃料能量密度高，每次加注后行驶里程长，储运、使用以及加注安全、方便。
5）燃料的供给及燃烧装置不过于昂贵，对发动机的寿命及可靠性无不良影响。

燃料全面满足上述要求是十分困难的，一般是在当时当地的具体条件下，综合加权比较后处于前列者，才有可能得到推广应用。

基于资源、成本及使用性能方面的原因，车用发动机以汽油和柴油为基本燃料。点火式内燃机主要燃用汽油，故一般称这种发动机为汽油机；压燃式发动机主要燃用柴油，一般称其为柴油机。汽油主要由5～11个碳原子的烷烃、环烷烃和烯烃组成，其沸点都在205℃以下。柴油是沸点为170～370℃的烃类混合物，通常从原油中分馏出来之后可直接使用。

随着社会的进步与发展，人类对能源的需求量越来越大，导致了能源的枯竭和生态环境的严重破坏。为了改善地球环境和合理利用有限的石油资源，越来越多的科学工作者努力探索发动机的代用燃料，并且已取得一些成果，如现在使用较广泛的醇类燃料（甲醇、乙醇）、气体燃料（液化石油气、天然气和二甲醚），这对改善地球环境和节省能源都有积极作用。

4.1.1 汽油

汽油的外观为透明液体，可燃，主要成分为C5～C12脂肪烃和环烷烃类，以及一定量的芳香烃，汽油具有较高的辛烷值，并按辛烷值的高低分为89号、92号、95号等牌号。汽油的性能对汽油机的工作状况有很大影响，因此对它有一定的要求。汽油的主要性能有抗爆性、蒸发性、氧化安定性、抗腐蚀性、清净性等。

1. 抗爆性

抗爆性是指汽油在发动机气缸内燃烧时抵抗爆燃的能力，用辛烷值表示。辛烷值是代表点燃式发动机燃料抗爆性的一个约定数值，在规定条件下的标准发动机试验中通过和标准燃料进行比较来测定，采用和被测定燃料具有相同的抗爆性的标准燃料中异辛烷的体积分数来表示。

在一台专用的可改变其压缩比的单缸试验机上，用被测定的汽油作为燃料在一定的条件下运转、改变试验机的压缩比，直至其产生标准强度的爆燃，然后在同样的压缩比下，换用由一定比例的异辛烷（一种抗爆燃能力很强的碳氢化合物，规定它的辛烷值为100）和正庚烷（一种抗爆燃能力极弱的碳氢化合物，规定它的辛烷值为0）混合而成的标准燃料，在相同的条件下运转，不断改变标准燃料中异辛烷和正庚烷的比例，直到单缸试验机产生与被测汽油相同强度的爆燃时为止。此时，标准燃料中所含异辛烷的体积分数就是被测汽油的辛烷值。

测定汽油的辛烷值可以采用不同的试验方法，常用的为马达法与研究法。

马达法辛烷值（MON）是以较高的混合气温度（一般加热至149℃）和较高的发动机转速（一般达900r/min）的苛刻条件为特征的实验室标准发动机而测得的辛烷值，它表示汽油在发动机常用工况下低速运转时的抗爆能力。

研究法辛烷值（RON）是以较低的混合气温度（一般不加热）和较低的发动机转速（一般在600r/min）的中等苛刻条件为特征的实验室标准发动机而测得的辛烷值，它表示汽油在发动机重负荷条件下高速运转时的抗爆能力。

马达法规定的试验转速及进气温度比研究法的高，所以马达法辛烷值低于研究法辛烷值。一般采用研究法辛烷值来确定汽油的抗爆性。如要比较全面表示抗爆性时，同时标出 MON 和 RON 值，也可用抗爆指数来衡量，即抗爆指数=(MON+RON)/2。

为了提高汽油的抗爆性，常在汽油中添加抗爆剂。功能强、应用广的抗爆剂是四乙基铅，同时加导出剂，如溴化乙烷，以使铅生成挥发性的化合物与废气一同排出气缸。含四乙基铅的汽油燃烧后排气中的铅化物会破坏废气处理中的催化剂，使之失去活性，而且排出的铅也是有害污染物，因此为了保护环境，要求使用无铅汽油。

2. 蒸发性

汽油只有从液态蒸发成为汽油蒸气，并与一定比例的空气混合成为可燃混合气后，才能在汽油机中燃烧。在现代汽油机中，可燃混合气形成的时间很短。因此，汽油蒸发性的好坏，对形成的混合气质量有很大影响。

蒸发性越强，就越容易汽化，形成均匀的可燃混合气燃烧速度快，并燃烧完全，不仅使发动机易起动、加速及时以及各工况间转换灵敏柔和，而且能减轻机件磨损、降低汽油消耗。但蒸发性也不能太强，因为蒸发性过强的汽油在炎热夏季以及大气压力较低的高原和高山地区使用时，容易使发动机的供油系统产生"气阻"，甚至发生供油中断。另外在储存和运输过程中的蒸发损失也会增加。

蒸发性很弱的汽油则不能形成良好的混合气，这样不仅会造成发动机起动困难、加速缓慢，而且未汽化的悬浮油粒还会使发动机工作不稳定，油耗上升。如果未燃尽的油粒附着在气缸壁上，还会破坏润滑油膜，甚至窜入曲轴箱稀释润滑油，从而使发动机润滑遭到破坏，造成机件磨损。

汽油的蒸发性用汽油蒸发量为 10%、50%、90% 和 100% 时所对应的温度来评定，分别称为 10%馏出温度、50%馏出温度、90%馏出温度和干点。通过汽油的蒸馏试验，可以确定这些温度。将一定数量的汽油（通常为 100mL）放在蒸发器内加热，使之按一定速度蒸发，然后将蒸发出来的汽油蒸气通过冷凝器凝成液体，并用量筒测量其体积，当量筒中冷凝的汽油量为被试验汽油量的 10%时，测出的蒸发器中汽油蒸气的温度便是 10%馏出温度。用同样方法，可以得出其他几个馏出温度。

在 10%馏出温度时，从汽油中蒸发出的是低沸点高饱和蒸气压的轻质成分。10%馏出温度低，表明汽油中所含的轻质部分低温时容易蒸发，从而有较多的汽油蒸气与空气混合形成可燃混合气，使汽油机冷机起动比较容易。因此，用 10%馏出温度来评价汽油的起动品质，此温度越低，汽油的起动品质越好。

50%馏出温度的高低表明汽油中中间馏分蒸发性的好坏。此温度低，说明汽油的中间馏分容易蒸发，有利于汽油机的加速和由冷的状态很快转入工作状态。

90%馏出温度可以表明汽油中难以蒸发的重质成分含量。此温度高表明汽油中不易蒸发的重质含量多。汽油中这些重质成分在混合气形成的过程中很难蒸发，它们附着在进气管和气缸壁上，将增加燃油消耗，稀释气缸壁上的润滑油，加剧气缸磨损。

3. 氧化安定性

汽油抵抗大气或氧气的作用而保持其性质不发生长久性变化的能力称为氧化安定性，它直接影响汽油的储存、运输和在发动机上的应用。安定性不好的汽油，易发生氧化、缩合和聚合反应，生成酸性物质和胶状物质，将导致燃料供应系统堵塞、气门关闭不严和气缸散热不良，增大爆燃倾向。

汽油的化学组成对其氧化安定性影响很大，其中烷烃、环烷烃和芳香烃在常温液态条件下，都不易与空气中的氧气反应，所以其氧化安定性好。而烯烃（不饱和烃）在常温液态条件下，不仅容易和空气中的氧气发生氧化反应，而且彼此之间还会发生缩合和聚合反应，所以安定性差。

对汽油安定性的评定项目有实际胶质和诱导期两种。实际胶质是在规定的条件下测得的发动机燃料的蒸发残留物。残留物越多，汽油的品质越差。诱导期是在规定的加速氧化条件下，油品处于稳定状况所经历的时间。一般诱导期越长，汽油安定性越好。为了提高汽油的安定性，近代石油炼制工业除了采用催化重整和加氢精制等先进工艺外，还普遍向汽油中添加抗氧防胶剂和金属钝化剂。

4. 清净性

汽油喷射式汽车最常发生的问题是在进气系统和喷油器上产生沉淀，其主要原因是汽油中含有不稳定的化合物，例如不饱和烯烃和二烯烃以及添加剂带入的低相对分子质量化合物等。为了经常保持进气系统的清洁，充分发挥汽油喷射的优点，向汽油中加入汽油清净剂。它是一种具有清净、分散、抗氧、破乳和缓蚀性能的多功能复合添加剂，一般是聚烯胺和聚醚胺类化合物。清净剂通过其抗氧化和表面活性作用，可以清除喷嘴、进气门上的积炭，使这些部件保持清洁、油路畅通。

汽油清净剂作为机内净化的手段，在发达国家早已普遍采用。20 世纪 50 年代研究的第一代汽油清净剂，主要是解决汽车化油器的积炭问题。20 世纪 80 年代初研制的第二代清净剂主要是解决喷嘴堵塞问题，80 年代末研制的第三代汽油清净剂，不但对化油器、喷嘴积炭有清洗作用，而且对进气门也有清洗作用。目前正在开发清洗气缸积炭的第四代清净剂。当前，北美加剂汽油占汽油总量的 90% 以上，西欧占 70%~90%。估计目前全世界汽油清净剂年消耗量为 30 万吨左右。

5. 汽油规格

各国都根据各自生产的汽车发动机结构特点、使用条件和石油炼制水平来制定本国的汽油规格。我国目前有两种规格，一种是车用汽油的国家标准，一种是无铅汽油的行业标准。最近，由美国汽车制造商协会（AAMA）、欧洲汽车制造商协会（ACEA）以及日本汽车制造商协会（JAMA）共同发起制定了一个世界燃料规范。这个规范主要是汽车制造商针对环保要求对汽车燃料提出的基本要求，参加该标准制订的成员包括世界上所有主要的汽车制造商。在这个标准里，汽油和柴油根据适应环境要求的不同程度被分成三类。第一类汽油和柴油是针对排放控制没有或极少有要求的场合；第二类汽油和柴油是针对市场对排放有严格要求时；第三类汽油和柴油是市场对排放控制有超前要求时。这个标准的特点是对燃料的组成提出了要求，如烯烃、芳烃和苯，对和环境污染有关的元素含量也提出了要求。

4.1.2 柴油

柴油主要用于压燃式发动机（柴油机），其中轻柴油用于高速柴油机，重柴油用于中、低速柴油机，重油用于大型低速柴油机。汽车用柴油机都是高速机，必须使用轻柴油。

柴油的物化性能对柴油机的性能和起动以及燃油供给系统的工作和寿命都有影响，因此国家标准规定柴油有十多种性能和质量指标，以保证柴油的品质符合柴油机的工作要求。

1. 自燃性

柴油的自燃性常用十六烷值来评定，在柴油机中，柴油与空气组成的混合气是靠活塞压缩而自行着火的，燃油在没有外界火源的情况下能自行着火的最低温度称为自燃点。油的自燃点越低，自燃性越好，则柴油机工作较柔和，在低温时也易于起动。

柴油的自燃性是与一种标准燃料进行比较来加以评定的。标准燃料是正十六烷和 α-甲基萘的混合物。正十六烷自燃性最好，作为自燃性好的标准，其十六烷值定为 100。甲基萘最不易自燃，作为自燃性差的标准，其十六烷值定为 0。柴油的自燃性通常介于正十六烷与 α-甲基萘之间。将上述两种成分按不同比例混合，可得出不同十六烷值的标准燃料，其十六烷值为该混合物中正十六烷的体积分数。如果某种柴油与某种标准燃料的自燃性相同，则该标准燃料的十六烷值即为该柴油的十六烷值。将柴油与标准燃料进行比较的试验方法和仪器设备，由国家标准加以规定。

实践证明，十六烷值过高或过低的柴油，都对柴油机的性能或工作不利。十六烷值过高，喷入燃烧室的柴油来不及与空气充分混合就着火，使燃油不能得到及时而完全的燃烧，造成排气冒黑烟，柴油机的经济性降低。十六烷值过低则使柴油机工作粗暴，起动也较困难。因此，柴油的十六烷值通常规定在适中的范围，一般高速柴油机采用十六烷值为 40~50 的柴油。

2. 雾化和蒸发性

馏程、运动黏度、密度和闪点都是与雾化和蒸发性有关的油品指标。馏程中 50% 蒸发温度越低，说明柴油中轻质馏分越多，使发动机易于起动。馏程中 90% 蒸发温度越低，说明柴油中重质馏分少，发动机的动力性越强。

柴油的黏度是柴油重要的物理性能之一，是表示其稀稠程度及流动性的指标。它影响燃油的喷雾质量、过滤性及在油道中的流动性。黏度过高，柴油的喷雾质量差，使燃烧过程恶化，柴油机的功率和经济性降低；黏度过低，柴油易通过喷油泵柱塞偶件和喷油器针阀偶件之间的间隙漏出，使供油量不准确。此外，低黏度的柴油，在上述精密偶件的摩擦表面上不易形成油膜，使其润滑不良而加速磨损，缩短使用寿命，柴油黏度随温度而变化，温度越高，黏度越低，故应选择合适的黏度。

柴油加热后，柴油蒸气与外界的空气混合形成混合气。当混合气与火焰接触发生闪火的最低温度称为闪点。闪点越高，表明燃油在储存、运输和使用中越不易着火而引起火灾，即越安全。同时为了控制柴油的蒸发性不致太强，规定柴油的闪点应不低于某一温度。

3. 硫含量

硫天然地存在于原油中，柴油中的硫会明显地增加排气中的微粒物，不利于环保；对于装有催化转化器的汽车，硫使转化器的寿命降低；硫燃烧后若形成酸雨，不仅腐蚀零件，而且也会给环境带来危害；硫还会增加柴油机的磨损。各国标准中对柴油的硫含量提出了严格的要求，甚至是零含量。

4. 安定性

安定性是指柴油在运输、储存和使用过程中应保持其外观颜色、组成和使用性能不变的能力。影响安定性的因素主要是柴油中所含的不安定组分，它们是二烯烃、烯烃和环烷芳香烃。

5. 低温流动性

低温时，柴油中的蜡会析出而使柴油的流动性变差，特别是在寒冷地区，析出来的蜡可能堵塞柴油滤清器，使发动机起动不良，甚至在运转中熄火。因此，车用柴油的低温流动性十分重要。柴油失去流动性而开始凝固的温度称为凝点。当柴油接近凝点时,流动性已很差,不但喷雾恶化,而且供油也很困难,柴油机无法正常工作。我国的标准中用凝点和冷凝点来表示低温流动性。

我国用于汽车的轻质柴油按凝点分为10、0、-10、-20和-35共5个牌号。如10号柴油,其凝点不高于10℃。根据硫含量、安定性和酸度等指标将每一牌号柴油又划分为优等级、一等品和合格品三个档次,各个档次的柴油质量差别较大。

4.2 代用燃料及应用

到目前为止,绝大多数汽车发动机还是使用石油炼制品的液体燃料——汽油和柴油。尽管二者还存在一些不足,例如有害物排放和 CO_2 排放相对较高等,但综合来看,其他燃料一时还不能大规模替代它们。所以汽油、柴油习惯上称为常规燃料(Conventional Fuels),而其余称为代用燃料(Alternative Fuels)。常规与代用是相对的,不排除在未来由于石油资源枯竭或其他原因,汽油、柴油不再大量采用,而其他燃料居于常规位置的可能。

代用燃料在发动机上的应用研究一直就没有停止过,这不仅是出于能源安全的考虑,即石油资源枯竭后需要代用燃料的技术储备,也是出于解决汽油、柴油对大气环境造成较大污染的现实要求。某些称为清洁燃料(Clean Fuels)的代用燃料,如液化石油气(LPG)、压缩天然气(CNG)、乙醇汽油、生物柴油等已在某些地区和城市推广使用,主要是从保护环境的角度考虑的。代用燃料的分类见表4-1。

表4-1 代用燃料的分类

分类方法	燃料种类	燃 料
按来源分类	矿物质代用燃料	压缩天然气(CNG),液化天然气(LNG),液化石油气(LPG),煤制甲醇,煤制二甲醚(DME),煤制柴油(CTL),天然气制柴油(GTU)等
	生物质代用燃料	各种植物油,如菜籽油、豆油、棉籽油、棕榈油、椰子油和葵花油等植物油加工成的酯类化合物(生物柴油),动物油脂加工成的酯类化合物(生物柴油),植物或农作物制取的甲醇、乙醇等生物燃料制柴油(BTL)
按着火方式分类	汽油代用燃料(点燃方式)	CNG,LNG,LPG,甲醇,乙醇,氢气等
	柴油代用燃料(压燃方式)	生物柴油,DME,BTL,CTL,GTL 等
按形态分类	气体代用燃料	氢气,煤气,沼气等
	液体代用燃料	甲醇,乙醇,生物柴油,BTL,CTL,GTL 等
	固体代用燃料	煤粉(与燃料油或乳化剂混合使用)
按化学成分分类	烃类代用燃料	CNG,LNG,LPG,BTL,CTL,GTL 等
	含氧代用燃料 醇类燃料	甲醇,乙醇等
	含氧代用燃料 醚类燃料	甲基叔丁基醚(MTBE),乙基叔丁基醚(ETBE),甲基叔戊基醚(TAME),二甲醚(DME),二异丙基醚(DIPE),二正戊基醚(DNPE)等
	含氧代用燃料 酯类燃料	生物柴油(甲酯),合成酯
	氢气代用燃料	氢气

代用燃料能否在汽车上得到应用，受到其理化特性、安全与环保特性、价格、供给等因素的影响，限于篇幅，本书仅介绍已有成功应用实例的汽车发动机代用燃料，并简述其发展前景。

1. 天然气

天然气可以用压缩天然气（Compressed Natural Gas，CNG）、液化天然气（Liquefied Natural Gas，LNG）和吸附天然气（Adsorbed Natural Gas，ANG）或水合物（Hydrate）的方式在汽车发动机中加以利用，其中 CNG 的利用方式采用得最多。天然气的储藏量很大，将作为一种洁净燃料被应用在汽油和柴油机上，关于这方面，有关人员已经开发了多种利用技术。

（1）天然气的性质　天然气以甲烷为主要成分，由于产地不同，甲烷的含量为 83%~99%。由于组成变化，理论混合比、发热量也将产生差异，与常温下处于液态的汽油与柴油的运输和存储方法有很大差异。由于天然气的密度低于汽油，吸入发动机的新鲜空气质量减少，发动机的输出功率将会下降，只为液体燃料的 90% 左右。因此，对于车用天然气，各国都制定了相应的标准或技术要求。

天然气的研究法辛烷值为 130，十六烷值为 0，只能点燃不能压燃。由于常温常压下呈气态，容易形成混合气，为实现稀薄燃烧提供了条件，这样就便于应用稀薄燃烧技术使 CO、HC 排出量减少。

由于天然气是气体燃料，容易与空气混合均匀，故冷起动后，有害排放物 CO 和 HC 的量很少，碳烟微粒的量也很少。燃料分子中的碳原子数量少，单位发热量的 CO_2 排出量也比较少。由于排放物中的未燃 HC 是甲烷产生，所以产生光化学烟雾的可能性小。

（2）天然气发动机　天然气发动机分单、双燃料等机型。专用的天然气发动机通常都具有较高的压缩比，并且多采用燃料喷射系统和特制的天然气汽车用催化净化器。图 4-1 所示为丰田公司开发的 5S-FNE 型天然气汽车发动机的燃料供给系统示意图。由压缩气瓶出来的 CNG 经滤清器过滤后，流入压力调节装置，调节后的 CNG 经油气分离器进入喷射系统，由喷嘴喷入各缸的进气道。为了对喷射的燃气量进行精确控制，燃料供给系统中安装了温度、压力传感器。

双燃料天然气发动机主要是在现有的汽油机、柴油机的基础上加装 CNG 供给系统改装而成。以柴油机改装为例，供油系统仅喷入少量柴油，用于引燃天然气与空气的混合气。CNG 经过电磁阀、滤清器、压力调节器进入混合器与空气混合后进入燃烧室燃烧，这种方式比较容易实现，排气中颗粒物和碳烟含量较少。与压缩天然气专用方式相比，这种方式排气的清洁程度还不够理想，气缸和活塞的热负荷会增大，使这些零部件的可靠性和耐久性出现问题。双燃料发动机由于必须携带两套燃料系统，因而结构复杂；另外，还存在柴油和天然气燃烧的最佳比例控制困难等问题。

2. 液化石油气

液化石油气（LPG）分为油田液化气和炼油厂液化气两种。液化石油气的主要成分是丙烷（C_3H_8）和丁烷（C_4H_{10}）。油田液化气来自各油田，不含烯烃，可直接用作车用燃料。炼油厂液化气主要是催化裂化过程和延迟焦化炼油过程的产物，含有大量丁烯（C_4H_8）、丙烯（C_3H_6）以及少量乙烷及异丁烯。因烯烃类为不饱和烃，燃烧后结胶、积炭严重，对发动机的火花塞、气门、活塞环等零件损坏较大，不适于直接用作车用燃料。一般烯烃含量要

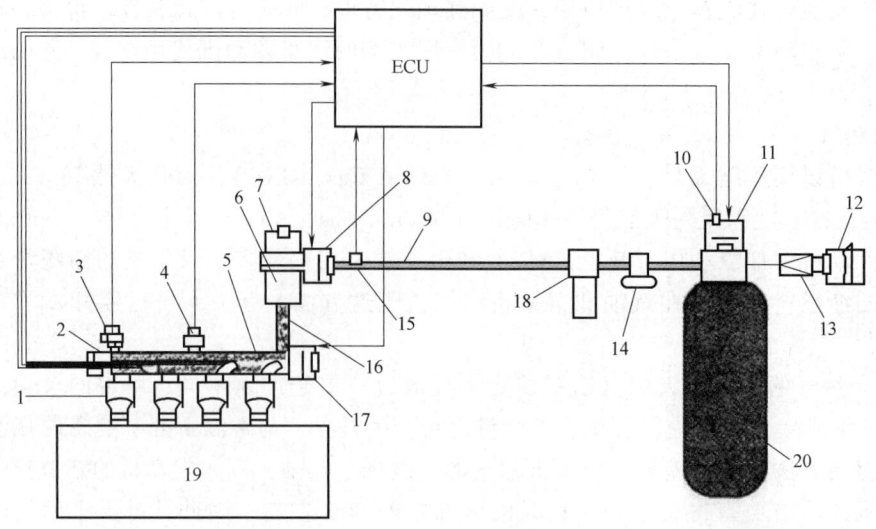

图4-1 丰田公司开发的5S-FNE型天然气汽车发动机的燃料供给系统
1—喷嘴 2—出气阀 3—压力传感器 4—温度传感器 5—输出气 6—分离器 7—压力调节器
8—阀门 9—气管 10—温度传感器 11—内置电磁切断阀 12—加气嘴 13—单向阀 14—手动阀
15—压力传感器 16—燃气管 17—切断阀 18—滤清器 19—发动机 20—燃气瓶

低于6%才能用作车用燃料。

与天然气发动机一样,可将LPG发动机分为单燃料、两用(可切换)燃料及双燃料(LPG和柴油)三类。单燃料指发动机的燃料供给系统专为燃用LPG燃料而设计,其结构保证气体燃料能有效利用。两用燃料是指可在两种燃料中进行转换使用,设有两套燃料供给系统,无论是使用LPG还是汽油,发动机都能正常工作,利用选择开关实现发动机从一种燃料到另一种燃料的转换,两种燃料不允许同时混合使用。双燃料车是指汽车发动机工作时同时使用两种燃料的汽车,一般用压燃的少量柴油引燃LPG与空气的混合气而实现燃烧,这种发动机也可用纯柴油工作。因此,该系统有同时供给汽车两种燃料的装备,配备两个供给系统及两个独立的燃料储存系统。依据发动机的运行工况、燃料品质和发动机参数,按一定比例同时向发动机供给LPG和柴油。低负荷及怠速时自动转换到纯柴油工作方式。

带有混合器的LPG汽车的燃料供给系统的结构如图4-2所示。系统主要由气瓶、滤清器、蒸发调节器、混合器、连接管路、水加热系统、控制线路、电磁阀、开关等组成。液态的LPG靠其自身的蒸气压力被压出容器,通过高压管路经滤清器将杂质滤掉,然后经电磁阀流入蒸发调节器,在调节器内被降压、汽化、调压,从而变成气态,最后通过混合器与空气混合。滤清器的作用是滤掉LPG中的杂质,以保证电磁阀的功能和蒸发调节器的减压、调压功能不下降;蒸发调节器的作用是将来自高压管路的LPG减压,使其汽化并保持适当的压力供给混合器;冷却水加热系统的作用是利用冷却水的热量加热LPG,促使LPG汽化。

(1) 天然气和液化石油气燃料特点比较

1) 天然气的体积低热值和质量低热值略高于汽油,但理论混合气热值比汽油低。甲烷含量越高,相差越大,纯甲烷理论混合热值比汽油低10%左右;液化石油气则介于汽油和天然气之间。

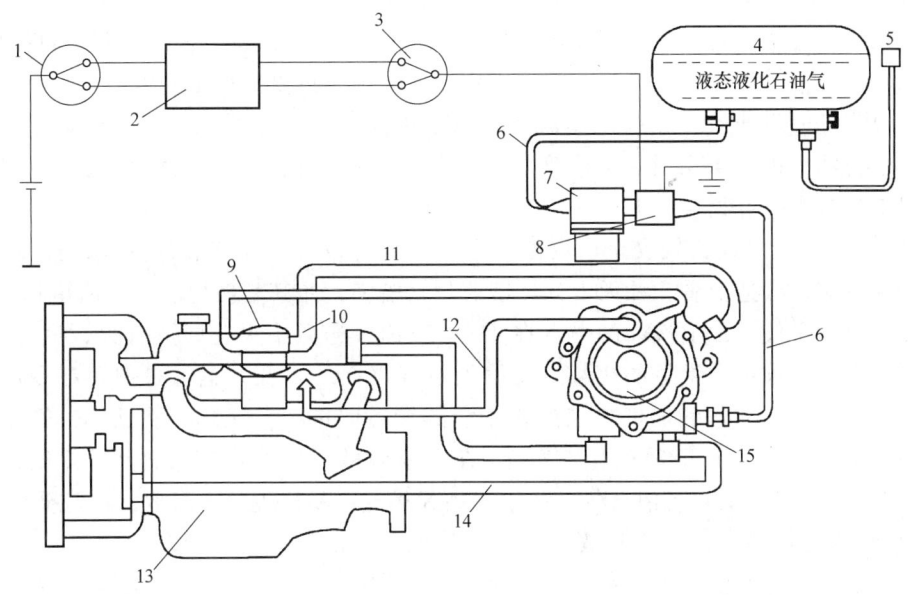

图 4-2 带有混合器的 LPG 汽车燃料供给系统结构图

1—点火开关　2—电磁阀继电器　3—开关　4—气瓶　5—气瓶充气口　6—高压管路　7—滤清器　8—电磁阀　9—混合器　10—低压通道　11—主通道　12—负压通道　13—发动机　14—冷却水路　15—蒸发调节器

2）抗爆性能高。天然气的主要成分是甲烷,甲烷的研究法辛烷值为 130,具有高抗爆性能。燃用天然气的专用发动机应采用的合理压缩比为 12,允许压缩比可达 15,可采用高压缩比,从而可大幅度提高发动机的动力性和经济性。如采用较高的压缩比,天然气发动机的燃烧效率可相当于柴油机,有利于减少 CO_2 排放。装有电子燃料控制系统和三元催化转化器的轻型天然气汽车的尾气排放比最严格的加州超低排放车(ULEV)标准还低。液化石油气的辛烷值也比较高,为 100~110。

3）混合气着火界限宽。天然气与空气混合气有很宽的着火界限,其过量空气系数的变化范围为 0.6~1.8,可在大范围内改变混合比,提供不同成分的混合气。通过采用稀薄燃烧技术,可进一步提高发动机的经济性并改善排放。

4）天然气和液化石油气比汽油的着火温度高,传播速度慢,因此需要较高的点火能量。

5）天然气和石油液化气比汽油和柴油燃烧更"清洁"。由于天然气和石油液化气的燃烧温度低,NO_x 的生成量少,与空气同为气相,混合均匀,燃烧较完全,CO 和微粒的排放很低。采用柴油天然气双燃料工作的发动机,尾气的烟度值很低,为采用纯柴油的 1/10 左右,几乎呈无烟状态运行。未燃烧的甲烷等成分性质稳定,在大气中不会形成有害的光化学烟雾,但会造成温室效应,应在发动机缸外烧掉或者选用催化剂进行机外处理。

(2) 天然气和液化石油气作为汽车燃料的特点

1）可替代汽油、柴油,充分利用天然资源。我国的石油产量已远远不能满足汽车数量增长的需要,我国已经成为石油净进口国。我国天然气的产量、储量发展很快,大力发展天然气、液化石油气发动机也是一项可行的、必然的措施。

2）减少对大气的污染。天然气和液化石油气在常温下是气态，进入内燃机后与空气同相，混合均匀，燃烧比较完全，可大幅度降低CO和HC的排放量，彻底改善微粒排放污染。天然气和液化石油气经净化处理后，其有害物质比液体燃料要少得多。因天然气和液化石油气的火焰温度低，可使NO_x的排放量减少。以甲烷为主要成分的天然气，是碳氢原子比最小的烃类化合物，以产生相同热量计算，甲烷产生的CO_2比汽油、柴油降低15%以上，这对减少温室效应大有好处。

3）使用压缩天然气比较安全。汽油具有良好的挥发性，随气温的升高，挥发性加强。汽车的燃油系统从构造上看，并无十分严密的封闭措施，尤其是在加油时，油箱附近的空气中易形成可燃混合气，加上汽油的燃点在430℃以内，遇微小火花即可着火，汽车经碰撞、倾覆或漏油而发生火灾是常见的事故。压缩天然气（CNG）在车辆上是储存在专门设计加工的高强度气瓶内，传输和加气均在严格密闭的管道内进行，气瓶不易破坏，管路不会泄漏，即使发生泄漏，由于天然气比空气轻，在空中遇微风就被吹散，加上天然气的燃点高（537℃以上），不易形成可燃混合气，所以车用天然气不易产生火灾事故，比汽油更安全。

4）使用性能好。以天然气和液化石油气为燃料的发动机，冷起动性能好，运转平稳，不含汽油、柴油中存在的胶质，在燃烧中不产生胶质生成的积炭；由于其硫的含量和机械杂质远少于汽油和柴油，对气缸、活塞、活塞环、气门等零部件的危害较小。气体燃料不会稀释机油，因此发动机的寿命长，汽车的大修间隔里程可提高20%以上。不用经常注入机油和更换火花塞，比使用常规燃料节约50%以上的维修费。

5）有较好的抗爆性。天然气的辛烷值高（约为130），液化石油气的辛烷值也在100左右，而高级汽油的辛烷值在96左右，所以天然气和液化石油气不需要添加剂或加铅抗爆剂等。当天然气用于汽油机时，可适当增大发动机的压缩比和点火提前角，以使发动机的性能提高。

6）液化石油气在较低的压力下（690kPa）就可完全液化，它几乎和汽油、柴油同样便于车辆携带。天然气的携带性差，且天然气极难液化，常温下无论如何加压也不会液化，只有采用先进的膨胀制冷过程将其冷却到-162℃才能液化，这要求有较高的技术，无论是液化设备还是车上储罐，造价都会很高。目前广泛采用将压缩天然气高压（20~25MPa）存储在高压气瓶内，这会导致汽车自重加大，空间减小，容量有限，也限制了汽车的续驶里程。

7）由于气体燃料本身是气态，采用缸外预混合方式时，会占据部分进入气缸的空气量，充量系数降低，约为使用液体燃料的10%左右。气体燃料的理论混合气热值较低，与同排量的汽油机比，使用天然气或液化石油气会使发动机功率有所下降。

8）用（可切换）双燃料，需增加天然气或液化石油气的存储、供应系统，使整车成本提高。

3. 醇类燃料

醇类燃料主要是指甲醇（CH_3OH）和乙醇（C_2H_5OH），它们都是相对分子质量较小的单质，燃烧产物中基本没有碳烟，NO_x的排放浓度也很低，是一种低污染性燃料。甲醇可以由一氧化碳和氢气合成，因此它可以较方便地由天然气、油页岩及煤制取。乙醇可利用发酵的方法，从甘蔗、玉米、薯类等农作物及木质纤维素中提取。这些原料不仅储量较大，而且大都可以再生，这就保证了醇类燃料的稳定生产。需要指出的是，从大多数植物中提取乙醇时消耗的能量过大，如由土豆、小麦、玉米和甜菜中提取乙醇时所消耗的能量与获得的能量之比分别为 1.32、1.28、1.15 和 0.96，并且在乙醇的制造过程中还要消耗大量的水，增加水污染，生产 1L 乙醇要消耗水 10~12L。由此可见，廉价的、对水污染低的乙醇制造技术并未成熟。

(1) 甲醇（或乙醇）作为发动机燃料必须考虑的因素

1）化学成分及燃烧产物。醇类燃料含 O 及 C、H 比较多，化学当量比汽油和柴油低，完全燃烧时产生较多的水及较少的 CO_2。在起动、暖机期间及缸内温度不高时，容易在缸壁上形成冷凝物，促使酸性物质的生成及磨损的增加。醇类燃料燃烧后，混合气的分子变更系数增大。

2）沸点及凝点。相对于汽油来说，醇类燃料的沸点低，这有助于燃料-空气混合气的形成，但因其中缺乏高挥发性组分，对起动不利。醇类燃料的凝点很低，在环境温度较低时无须担心结冰。

3）热值。甲醇的热值是优质汽油的 47%，乙醇为 64%，在理论空燃比下单位质量的醇类燃料-空气混合气的热值与石油燃料混合气的热值基本一样，相应调整供油系统增加供油量，不影响发动机的输出功率。

4）汽化潜热。醇的分子间有强氢键，汽化潜热大，混合气形成后温降也较大。当过量空气系数为 1 时，在绝热条件下，汽油的温降约为 20℃，而纯甲醇的温降为 120℃。高汽化潜热产生的冷却效应妨碍了在运行温度下的完全汽化，使甲醇的雾化、汽化困难，难以形成良好、均匀的混合气。压缩终了缸内温度降低，使压燃着火延迟期变长，还会影响起动性能。但高的汽化潜热可降低压缩负功，提高充气效率。

5）辛烷值。醇类燃料的辛烷值高，是点燃式内燃机好的代用燃料，也可作为提高汽油辛烷值的优良添加剂。

6）十六烷值。醇类燃料的十六烷值很低，在压燃式内燃机中使用醇类燃料很困难。

7）着火界限。醇类燃料的着火上下限都比石油燃料宽，能在稀混合气区工作，有利于排气净化和降低油耗，也利于空燃比控制。

8）着火延迟期。由于十六烷值低，着火性差，着火延迟期长。

9）火焰传播速度。醇类燃料的火焰传播速度比汽油高，这对醇类燃料的使用十分有利。

(2) 醇类燃料在汽车发动机上的使用　醇类燃料的热值低，所需的循环供应量要大大增加；高的汽化潜热可提高充气效率，降低缸内温度，因而压缩比可以提高；燃烧速度加快可使热效率提高；醇类燃料的 C/H 值比汽油和柴油的小，完全燃烧时产生的 CO_2 较少，H_2O 较多，对于相同的燃烧热值，燃烧产物的比热容相对较高，这有利于热效率的提高。此外，醇类燃料的着火界限较宽，燃烧速度快，在稀混合气中的火焰传播速度仍能保持较高水平，这使燃烧的等容度增大，也有利于热效率的提高。循环压力的波动比汽油机小。

醇类燃料的能量密度比汽油和柴油低，但与气体燃料相比更适用于汽车。对于醇类燃料，首先考虑将其与其他燃料掺烧的方式，也在考虑使用纯醇类作为发动机的燃料。醇类燃料的辛烷值高，有一定的挥发性，易于与汽油混合，较适合做点燃式内燃机的燃料。含甲醇较少的甲醇-汽油混合燃料与汽油性质接近，现有汽油机变动很少就能使用。醇类燃料的十六烷值低，不适宜直接在压燃式内燃机中使用，但利用现代技术也可掺烧醇类燃料。

我国对车用乙醇汽油颁布了国家标准 GB 18350—2013《变性燃料乙醇》。变性燃料乙醇是以淀粉质、糖质、纤维素等为原料，经发酵、蒸馏、脱水后制得并添加变性剂（车用无铅汽油）使其变性的燃料乙醇。标准中规定了燃料乙醇与变性剂的体积混合比例应为100:1~100:5，即变性剂在变性燃料乙醇中的体积分数为0.99%~4.76%。

甲醇（或乙醇）与汽油的混合燃料称为甲醇（或乙醇）汽油或称汽醇。按照醇在燃料中的体积分数，甲醇汽油习惯上称为Mx（x为甲醇的体积分数），如M5（含甲醇5%）、M10（含甲醇10%）、M85（含甲醇85%）等，乙醇汽油习惯上称为Ex（x为乙醇的体积分数），如E10（含乙醇10%）、E20（含乙醇20%）等。

内燃机掺烧醇类燃料时，应根据不同的掺烧方式调整燃料的性质，改进内燃机结构，设计良好的掺烧和控制装置。如调整汽油的组分或加入添加剂，以改善点燃式内燃机的起动性、避免气阻；加入着火改善剂，以改善压燃式内燃机使用时的着火性能。在内燃机结构方面，在点燃式内燃机上增加起动时的混合气加浓装置、混合气预热装置；在压燃式内燃机上增添辅助点火装置；改变内燃机的压缩比、点火提前角及调整喷油提前角等。在掺烧及控制装置方面，研究醇类燃料及石油燃料的机械混合乳化装置、多种燃料混合气形成方式及熏蒸装置、醇类燃料及空气量的控制措施及装置等。

点燃式内燃机掺烧醇类燃料，与燃烧纯汽油相比有如下优点：

1）提高辛烷值，在无铅汽油中加入醇类燃料，可达到含铅汽油所具备的抗爆能力。
2）可扩大混合气着火界限，燃用稀混合气，提高燃油经济性。
3）可提高压缩比，从而提高内燃机的动力性和经济性。
4）减少燃烧室表面的燃烧沉积物。
5）改善排放性能。

目前对掺烧甲醇的研究较多的是M15，这是发动机稍做变动可接受的最高掺烧比极限。在较高压缩比试验中，使用M30对发动机性能几乎没有什么影响。采用M40在压缩比为9.7、过量空气系数为1的试验中，其动力性和经济性接近汽油机，而排放则在使用汽油和纯甲醇之间。

添加乙醇可提高汽油的辛烷值，以提高抗爆性，E22可完全代替含铅汽油。点燃式内燃机的掺烧方式有混合燃料法和熏蒸法两大类。混合燃料法是通过机械方法或加助溶剂的方法将醇类燃料和汽油溶混在一起，由低压喷嘴喷入气缸。熏蒸法是利用醇类燃料的表面张力及黏度低的特点将醇燃料雾化，再在进气行程中经进气道送入气缸。

对于压燃式内燃机的掺烧，由于醇类燃料的十六烷值低、着火性能差、自燃温度高、压燃困难、汽化潜热大、延迟期加长、含OH^-、与柴油不相溶、乳化困难等问题，在压燃式内燃机中使用醇类燃料需要将内燃机彻底改装。因压燃式内燃机类型和燃烧室形式很多，可变动方案也较多，具体方法有乳化液法、熏蒸法、醇类蒸气法和双燃料法。乳化液法是将醇类通过机械方法或加入少量活化剂，或加入较多助溶剂，或利用高压油管中的压力下降形成乳化液再喷入燃料室。熏蒸法是利用醇类燃料的表面张力及黏度低的特点将醇类燃料雾化或通过在进气道安装喷嘴将燃料雾化与空气混合，由进气道在进气行程将其送入气缸，由在压缩终了通过喷油器喷入气缸的柴油引燃。醇类蒸气法是利用废气或冷却水的热量将醇类加热，变成气体，再送入气缸。双燃料法则是装有两套喷油泵-喷油器系统，一套喷射醇类燃料，另一套喷射引燃柴油。

当点燃式内燃机使用纯醇类燃料时，需进行一系列设计修改。

混合气的形成装置必须与醇类燃料热值较低、所需的空气量较少相适应；醇类燃料的辛烷值高，应采用高压缩比；选择合适的火花塞和火花塞间隙；采取措施解决冷起动不良，如辅助喷射、电加热、火焰起动装置、热分解燃油、催化分解燃油、增加点火能量促使燃油雾化、在燃油中添加低沸点添加剂等。

当压燃式内燃机使用纯醇类燃料时，可采用多种方法解决稳定着火和优化工作过程：

1）火花塞法。在压燃式内燃机上加装点火系，用火花能量点燃混合气，但要注意喷油器、工质运动和火花塞位置的匹配，通常采用长火花塞，且火花塞位置位于喷油器下方。

2）电热法。在燃料室内安装电热塞使醇类燃料着火，并实现较为稳定的燃烧。

3）炽热表面法。用外部能源形成炽热的高温表面使醇类燃料着火。

4）蒸气法。在缸外利用废气或冷却水的热量将液态醇类燃料变成气态，这可使热值增加，缩短着火延迟期。

5）加入着火改善剂。加入点火加速剂（如硝酸盐）或用化学方法转化醇类燃料，将其点火性提高。

（3）醇类燃料在应用中的主要问题

1）对金属的腐蚀性。甲醇和乙醇对汽车燃料系统的许多金属都有腐蚀性，它们可以腐蚀铜、铁、铝、铅、锌、镁及它们的许多合金。混合燃料即使含有3%的醇也会使燃料腐蚀性大大增强，醇含量越高，腐蚀性越大。防止醇燃料腐蚀发动机金属的基本途径有两个：一是改变发动机金属材料，使用耐腐蚀的金属制造发动机；二是在燃料中添加防腐蚀添加剂。相比之下，前者成本高，且只适用于新发动机的制造；而后者则更简便，而且成本低，效果好。实践证明，在燃料中加入少量防腐蚀添加剂就能有效防止金属腐蚀。

2）对其他材料的影响。醇燃料还对橡胶和塑料部件有腐蚀作用，发动机燃料供给系的许多零部件都是由橡胶、塑料等材料制成的，在醇燃料中会溶胀、变黏或皲裂；燃油泵隔膜和燃油软管是橡胶制品，在醇燃料中会发生溶胀、变硬、变脆或软化等现象，纤维垫片会逐渐软化而导致漏油。

当使用混合燃料或用汽油作为改善醇燃料冷起动性能的添加剂时，对橡胶和塑料部件的腐蚀性更强。这是由于混合燃料中的醇能增强燃料在橡胶和塑料表面的润湿作用，从而有利于汽油组分向其内部渗透。

应该注意的是，不同橡胶或塑料在汽油、混合燃料和纯的甲醇或乙醇中的溶胀作用有明显的差异，因此在使用醇燃料或混合燃料时，应选择合适的橡胶或塑料材料作为燃料供给系部件。研究结果表明，氟橡胶、氟硅橡胶、聚硫橡胶、改性丁腈橡胶、氯丁橡胶、氯磺化聚乙烯和均聚氯醇橡胶等耐醇汽油和混合燃料的能力较好。

3）发动机磨损。醇燃料发动机在使用中，气缸和活塞环的磨损加重，这是由于甲醇或乙醇能够将这些部位的润滑油膜洗掉引起的。另外，醇燃烧时会生成有机酸（甲酸或乙酸），能直接腐蚀金属，造成腐蚀磨损。进入润滑油中的甲酸或乙酸还能与润滑油中的抗氧防腐剂发生反应而使其失效，从而增大各摩擦部位的腐蚀与磨损。

4．二甲醚

二甲醚（Dimethyl Ether，DME）是重要的化工原料，化学分子式为CH_3—O—CH_3。它与甲醇和乙醇一样是含氧燃料，即分子结构中含有氧原子。含氧燃料燃烧时需要的空气少，容易充分燃烧，基本不产生碳烟。

(1) 二甲醚的性质

1) 二甲醚是最简单的醚类化合物，只有 C—H 和 C—O 键，没有 C—C 键，又是含氧（氧的质量分数为 34.8%）燃料，容易完全燃烧，在燃烧时不会像柴油那样产生碳烟，即有利于减少燃烧的烟度和微粒。同时，还可使用更大的废气再循环（EGR），降低 NO_x 排放。

2) 二甲醚的十六烷值为 55~60，一般柴油的只有 40~55，二甲醚的着火温度为 235℃，低于柴油的 250℃，着火性能优于柴油。在柴油机上燃用二甲醚不需要采用助燃措施。

3) 二甲醚不发生光化学反应，对人体无毒，当体积分数超过 10% 时，才会产生轻微的麻醉作用，因此对环境和人体无害。

4) 二甲醚是一种可再生燃料，不仅可以从石油及天然气中提取合成，而且可从煤、植物或生活垃圾中提取合成。

5) 二甲醚的低热值只有柴油的 64.7%，为达到柴油机的动力性要求，必须增大二甲醚的循环供应量。

6) 二甲醚在常温常压下的饱和蒸气压为 0.5MPa。随着温度的升高，其饱和压力增大，为防止气阻现象发生，燃料供给系的压力远高于柴油机燃料供给系的压力。

(2) 二甲醚在柴油机上的应用　柴油机的冒烟问题是很难克服的一个致命缺点。二甲醚特殊的物化性质，使它具有优良的低污染燃烧特性，因此二甲醚在柴油机上的应用受到了高度重视。二甲醚在柴油机的应用主要有二甲醚和柴油掺烧与直接燃用纯液态二甲醚两种方式，下面只介绍后者。

利用燃油喷射装置直接向气缸内喷射液态二甲醚，靠发动机的活塞压燃着火的方式是最常见的二甲醚在发动机上的应用方法。直喷式涡轮增压柴油机上进行的燃用二甲醚的研究表明，在未改变原有供油系统的情况下，就可获得低的 NO_x 排放和无烟运行，在所有的工况点，PM 排放为零。就经济性而言，能量的消耗与燃用柴油时相当。

在改进了喷油器、安装了降低进气温度的中冷器后，在各种转速和负荷下，甚至在过量空气系数小于 1 的情况下，发动机可实现无 PM 排放。无 PM 排放意味着可以采用大比例的 EGR，使得 NO_x 排放降到很低的水平。由于二甲醚沸点低，容易形成良好的可燃混合气，DME 的喷射不需很高的压力，采用峰值为 22MPa 的压力即可获得无烟运行等好的排放指标。

二甲醚的排放特性与燃烧特性有关，其放热规律与柴油有明显区别。二甲醚的着火落后期明显短于柴油，初始面积燃烧速率及放热峰值低于柴油，扩散燃烧部分大于预混合燃烧部分，整个燃烧持续期和柴油相当。发动机缸内温度比柴油低，NO_2 排放明显降低，二甲醚含氧，快速的扩散燃烧抑制了碳烟的生成，二甲醚发动机的 CO 和 HC 的排放量比柴油机低，这与二甲醚含氧、低沸点、易蒸发混合等特性有关。

另外，发动机燃用二甲醚时，在中低负荷下的效率高于柴油机，而在高负荷时则稍低于柴油机，这是由于高负荷时循环喷油量增加，喷油持续期长。

(3) 二甲醚实用化应解决的问题　二甲醚作为压燃式发动机的燃料，在实用上还存在一些亟待解决的问题。

1) 二甲醚的沸点是 -25℃，在常温下呈气态，室温在 20℃ 条件下，加压到 0.53MPa 以上可使其液化，这就要求供油系统，包括油箱必须密封，并保持一定压力，造成供油系统成本高，且需专门的加油站。

2) 二甲醚的黏度低,润滑性差,容易造成油泵柱塞和喷油器针阀等精密偶件磨损、卡死和泄漏,难以直接使用柴油机的燃油供给系统。

3) 喷油量难以保证,其原因主要是二甲醚的黏度低,通过柱塞间隙的泄漏量大;且二甲醚的压缩性受温度的影响大,当柱塞间隙等处的温度提高后,二甲醚供给量难以满足发动机运转要求。

4) 二甲醚对金属无腐蚀,其储存与使用不需特殊材料,但长时间接触会使橡胶制品老化。

5) 用共轨(蓄压式)燃油系统代替传统的柱塞泵供油系统。

5. 燃料开发

由于石油资源的储量有限,因此开发新型车用燃料格外重要。燃料开发包含两个方面:

1) 获得廉价的有稳定来源的代用燃料。例如,以煤为原料合成汽油,其成本高,并且在生产过程也要消耗很多能源。而将煤炭资源转化成甲醇燃料被认为是一种较为理想的方式,目前我国的甲醇合成技术已经成熟。甲醇合成技术的投资适当,能源利用率较高,每吨甲醇约耗煤 1.75t,目前虽不具备与石油燃料竞争的优势,但其应用前景已经显现。

2) "设计"新型燃料。1999 年日本同志社大学(Doshisha University)的藤本元教授在一次国际会议上正式提出了"燃料设计"的概念,即采用多种燃料(包括清洁燃料在内),按一定比例混合制成混合燃料,使其综合的理化性能最适合某类发动机的需要。这一概念的提出,使对单一燃料的研究走向对混合燃料的开发,大大扩充了燃料研究的范围,这显然是一个重要的研究方向。

4.3 燃烧热化学

燃料燃烧的本质是燃料中的 C 和 H 与空气中的 O_2 进行氧化放热反应。燃烧热化学主要研究燃烧系统有化学反应时的组分、质量和能量的转换与守恒关系。本节重点对燃料燃烧所需的空气残余废气系数、分子变化系数、燃料及可燃混合气热值、绝热燃烧温度,以及燃烧化学平衡组分等相关内容进行探讨。

4.3.1 燃料完全燃烧所需的空气量

常用液体和气体燃料的成分与特性参数见表 4-2,由表可知发动机燃料的主要元素成分为 C、H 和 O,其他元素含量很少,计算时可略去。

设 1kg 燃料中的主要元素质量满足

$$g_C + g_H + g_O = 1 \tag{4-1}$$

式中,g_C、g_H 和 g_O 分别是 1kg 燃料中 C、H 和 O 的质量,单位为 kg。

C、H 与空气中的 O_2 完全燃烧,最终生成 CO_2 和 H_2O 的化学反应式为

$$C + O_2 \rightarrow CO_2, \quad 2H_2 + O_2 \rightarrow 2H_2O \tag{4-2}$$

表 4-3 所示为燃料完全燃烧前后各组分的质量及体积变化关系。从而可以得出:

1kg 燃料完全燃烧时,所需氧为 $\frac{8}{3}g_C + 8g_H - g_O$。已知氧占空气质量的 23.2%,于是 1kg 燃料完全燃烧所需的空气 kg 数 l_0 为

$$l_0 = \frac{1}{0.232}\left(\frac{8}{3}g_C + 8g_H - g_O\right) \tag{4-3}$$

表 4-2 常用液体和气体燃料的成分与特性参数

	分子式	汽油 C_nH_m	轻柴油 C_nH_m	天然气(NG) CH_4	液化石油气(LPG) C_3H_8	甲醇 CH_3OH	乙醇 C_2H_5OH	氢 H_2	二甲醚(DME) CH_3OCH_3	生物柴油 $RCOOCH_3$
质量成分	g_C/kg	0.855	0.874	0.750	0.818	0.375	0.522		0.522	0.766
	g_H/kg	0.145	0.126	0.250	0.182	0.125	0.130	1.000	0.130	0.124
	g_O/kg					0.500	0.348		0.348	0.110
相对分子质量		95~120	180~200	16	44	32	46	2	46	280
液态密度/(kg/L)		0.700~0.750	0.800~0.860	0.420	0.540	0.795	0.790	0.071	0.668	0.860~0.900
沸点/℃		25~215	180~360	-162	-42	65	78	-253	-24.9	182~338
汽化潜热/(kJ/kg)		310~320	251~270	510	426	1100	862	450	467	
化学计量空气量	l_0/(kg/kg)	14.8	14.3	17.4	15.8	6.5	9.0	34.5	9.0	12.6
	L_0/(kmol/kg)	0.515	0.50	0.595	0.541	0.223	0.310	1.193		0.435
自燃温度/℃		300~400	250	650	365~470	500	420	235	235	168~178
闪点/℃		-45	45~65	-162以下	-73.3	10~11	9~32			
燃料低热值/(kJ/kg)		44000	42500	50050	46390	20260	27000	120000	28800	40000
标准状态下 $\phi_a=1$ 的可燃混合气热值/(kJ/m³)		3750	3750	3230	3490	3557	3660	2899		3730
辛烷值	RON	90~106		130	96~111	110	106			
	MON	81~89		120~130	89~96	92	89			
十六烷值			45~55						55~60	50~60
运动黏度(20℃)/(mm²/s)		0.65~0.85	1.8~8.0						0.12~0.15	6.4~7.1

表 4-3 燃料完全燃烧前后各组成分的质量及体积变化关系

	完全燃烧前后组分间的关系式	$C+O_2 \rightarrow CO_2$	$2H_2+O_2 \rightarrow 2H_2O$
质量平衡关系	以相对原子及分子质量表示的组分质量平衡关系	$12kg+32kg \rightarrow 44kg$	$2kg+16kg \rightarrow 18kg$
	1kg C 或 1kg H 的平衡关系	$1kg+\dfrac{8}{3}kg \rightarrow \dfrac{11}{3}kg$	$1kg+8kg \rightarrow 9kg$
	1kg 燃料的平衡关系	$g_C+\dfrac{8}{3}g_C \rightarrow \dfrac{11}{3}g_C$	$g_H+8g_H \rightarrow 9g_H$
	1kg 燃料对应的 kmol 数的平衡关系	$\dfrac{g_C}{12}+\dfrac{g_C}{12} \rightarrow \dfrac{g_C}{12}$	$\dfrac{g_H}{2}+\dfrac{g_H}{4} \rightarrow \dfrac{g_H}{2}$
体积变化关系	不计燃料所占体积时燃烧前后的体积变化	$1 \rightarrow 1$	$1 \rightarrow 2$

因燃料相对分子质量很大，所占体积很小，故可略去，即二式中 C 及 H 均认为不占体积。于是，由化学平衡式可看出：1 个 O_2 生成 1 个 CO_2，1 个 O_2 生成 2 个 H_2O。分子数的比例关系也就是体积的比例关系。由 kmol 数的平衡关系也可得出此结论。

1kg 燃料的质量平衡关系按 kmol 数计算，完全燃烧所需氧的 kmol 数为 $\left(\dfrac{g_C}{12}+\dfrac{g_H}{4}-\dfrac{g_O}{32}\right)$。由于 kmol 数也反映体积的大小，已知氧占空气体积的 21%，于是 1kg 燃料完全燃烧所需的空气 kmol 数 L_0 为

$$L_0=\dfrac{1}{0.21}\left(\dfrac{g_C}{12}+\dfrac{g_H}{4}-\dfrac{g_O}{32}\right) \tag{4-4}$$

将表 4-2 中不同燃料的 g_C、g_H 和 g_O 代入式（4-3）和式（4-4）计算，分别得到各自的 l_0 和 L_0，见表 4-2。

l_0 也表示燃料完全燃烧时的化学计量空燃比。

4.3.2 残余废气系数与废气再循环

残余废气系数 ϕ_r 是进气过程结束时，缸内残余废气质量与新鲜混合气质量的比值：

$$\phi_r=\dfrac{m_r}{m_1} \tag{4-5}$$

式中，m_r 是单缸每循环残余废气质量，单位为 kg；m_1 是单缸每循环新鲜混合气质量，单位为 kg。

ϕ_r 一般是通过测量压缩行程缸内混合气中 CO_2 的浓度和排气中 CO_2 的浓度获得。缸内压缩过程残余废气质量是由进、排气过程确定的，它直接影响发动机的充量系数和性能，并通过改变工质的热力性质来影响发动机的热效率和排放性能。影响 ϕ_r 的主要因素有：进气和排气压力、转速、压缩比、配气相位和排气系统动态特性等。

废气再循环是指将部分废气引入进气管或滞留在缸内的一种常见的降低 NO_x 排放的技术措施。废气再循环率 ϕ_E 是废气的再循环质量或返入缸内质量与缸内总充气质量的比值：

$$\phi_E = \frac{m'_r}{m_1 + m'_r} \tag{4-6}$$

式中，m'_r 是单缸每循环废气再循环质量，单位为 kg。

废气再循环会使 ϕ_r 增大，因为 m'_r 的出现会使 m_r 加大而 m_1 减小，因而 ϕ_r 与 ϕ_E 之间有一定的相关性。

一般无 EGR 机型的 ϕ_r 取值范围如下：汽油机为 $0.06 \sim 0.16$，柴油机为 $0.03 \sim 0.06$，增压柴油机为 $0 \sim 0.03$。汽油机 ϕ_r 偏高，主要原因是压缩比偏小，而低负荷时节气门节流又使新鲜充量明显下降。增压柴油机 ϕ_r 偏低，主要是因为扫气加强而使残余废气质量下降。

4.3.3 燃料燃烧的分子变化系数

发动机缸内工质燃烧后与燃烧前分子总数之比，称为分子变化系数 μ。汽油机、柴油机的 μ 都大于 1，表明汽油和柴油燃烧后总分子数增多。这一因素对工质做功有利，会提高循环热效率。

汽油机的 μ 一般在 $1.07 \sim 1.12$ 范围内变化，柴油机则为 $1.03 \sim 1.06$。柴油机 μ 较小，一是由于平均过量空气系数 ϕ_a 较大，混合气中有更多的空气不参与反应；二是柴油含 H 量比汽油低，由表 4-3 中反应前后体积变化可看出，H 燃烧使工质体积增大一倍，而 C 燃烧体积不增加，因而 H 含量少，分子数增加也少。

总体来说，汽油机、柴油机的 μ 对性能的影响都不大。但在汽油机混合气较浓（$\phi_a < 1.0$），燃烧不完全而出现 CO 时，因为反应 $2C + O_2 \rightarrow 2CO$，使体积加大一倍，因而 μ 增大，性能分析时应计入这一因素的影响。图 4-3 所示的 μ 随 ϕ_a 变化的规律正是反映了这一特点。

值得指出的是，对于气体燃料发动机，由于燃料分子要计入燃前分子总数，而燃料分子在燃后不复存在，所以其 μ 可能小于 1，显然这是一个不利的因素。

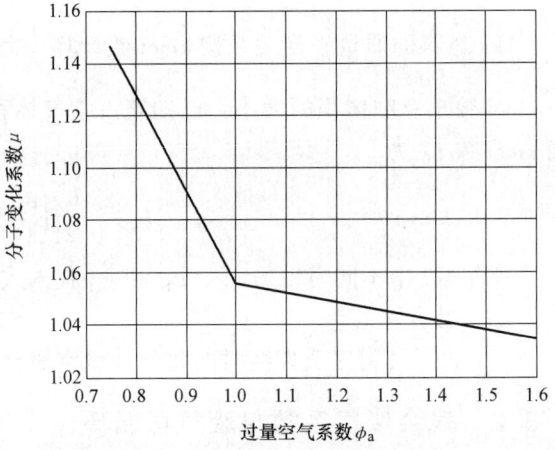

图 4-3 汽油机的分子变化系数随过量空气系数变化的规律

4.3.4 化学反应的热效应与燃料热值

在进行燃料热值计算时，需要用到每一种组分的比焓（Enthalpy）$h_i(T)$。对任一组分，其比焓等于相对于某一参考温度的显焓（Sensible Enthalpy）$\Delta h_{s,i}(T_{ref})$ 加上在这一参考温度下的生成焓（Formation Enthalpy）$h^0_{f,i}(T_{ref})$，即

$$h_i(T) = h^0_{f,i}(T_{ref}) + \Delta h_{s,i}(T_{ref}) \tag{4-7}$$

式中，显焓 $\Delta h_{s,i}(T_{ref}) = \int_{T_{ref}}^{T} c_{p,i} dT$，其中 $c_{p,i}$ 为组分 i 的定压比热容。组分 i 的显焓表示组分 i 在定压条件下，从参考温度 T_{ref} 变化到温度 T 时释放或吸收的热量。

在标准参考状态（T_{ref} = 298K，p_{ref} = 101.3kPa）下，自然界存在的单质的生成焓等于零。化合物的生成焓$h_{f,i}^0(T_{ref})$等于由单质化合生成该化合物时的热效应的负数，因此生成焓为负表示化合物生成时放热。各种物质的标准生成焓可以从相关的化学热力学或物理化学手册中查到。与碳氢燃料燃烧相关的几种常见组分的标准生成焓见表4-4。

表4-4 与碳氢燃料燃烧相关的几种常见组分的标准生成焓

组分	状态(298K, 101.3kPa)	h_f^0/(MJ/kmol)	组分	状态(298K, 101.3kPa)	h_f^0/(MJ/kmol)
O_2	气体	0	CO	气体	-110.54
H_2	气体	0	CH_4	气体	-74.87
N_2	气体	0	C_3H_8	气体	-103.85
C	气体	0	CH_3OH	气体	-201.17
CO_2	气体	-393.52	CH_3OH	液体	-238.58
H_2O	气体	-241.83	C_8H_{18}	气体	-208.45
H_2O	液体	-285.84	C_8H_{18}	液体	-249.35

假定化学反应的反应物和生成物是已知的，用热力学第一定律可以计算反应释放或吸收的热量。当1kmol的燃料与化学计量比空气混合物以标准参考状态进入稳定流动的反应器，且生成物（假定完全燃烧生成CO_2、H_2O和N_2）也以同样的标准参考状态离开该反应器，那么把此反应释放出来的热量定义为标准反应焓Δh_R（或称为燃烧焓）。当反应过程为定压过程时，标准反应焓为

$$\Delta h_R = h_{prod} - h_{reac} \tag{4-8}$$

式中，h_{prod}和h_{reac}分别为燃烧产物和反应物的比焓。

燃料热值定义为：1kg燃料在标准热状态下与空气完全燃烧所放出的热量，它等于标准反应焓或燃烧焓的负数。由此可知，热值是反映燃料在标准热状态和确定热力过程条件下燃烧时所能释放的化学能。燃料的定容热值和定压热值相差不大，实用上多采用定压热值，因其便于测定。燃料热值用H_u表示，单位为kJ/kg或kJ/kmol。

对于含H的燃料，如烃燃料，生成物中有H_2O。若生成的H_2O为气态，则含有潜热，燃烧放热量要比H_2O为液态时的低，这时的燃料热值称为燃料的低热值。发动机废气温度都很高，废气中的H_2O呈气态，因此计算中采用低热值。各种常用及代用燃料的低热值见表4-3。

4.3.5 可燃混合气热值

因为燃烧时的缸内工质是燃料与空气组成的可燃混合气，所以影响燃烧放热量的参数不仅有燃料热值，还有空气量，用可燃混合气热值来评价燃烧放热量更全面、更合理。

可燃混合气质量热值H_{um}，定义为单位质量混合气在标准状态下完全燃烧所释放的热量，即$H_{um} = H_u/(1+\varphi_a \cdot l_0)$。也可按单位物质的量或单位体积混合气的燃烧放热量来定义，即

$$(H_{um})_m = \frac{H_u}{\phi_a \cdot L_0 + \frac{1}{M_r}} \tag{4-9}$$

或

$$(H_{um})_V = \frac{H_u}{24.45\left(\phi_a \cdot L_0 + \dfrac{1}{M_r}\right)} \qquad (4\text{-}10)$$

上两式中，$(H_{um})_m$ 是可燃混合气的摩尔热值，单位为 kJ/kmol；$(H_{um})_V$ 是可燃混合气的体积热值，单位为 kJ/m³；$1/M_r$ 是单位质量燃料蒸气的物质的量，单位为 kmol/kg。考虑到 1kmol 气体在 273 K、101.3 kPa 状态下对应为 22.4 个相应单位的体积（m³），但标准状态是 298K 和 101.3kPa，二者温度有 25K 的差别，故将常数 22.4 修正为 24.45。以上可燃混合气热值的计算式不适用于 $\varphi_a<1$ 的场合。

在化学计量比混合气条件下，常见燃料的可燃混合气体积热值见表 4-2。比较后，可总结出如下规律。

1) 液体烃燃料的 H/C 质量比（或 C_nH_m 中的 m/n 比值）下降时，C 量增大，因为纯 C 热值要比纯 H 热值低很多，所以燃料热值有所下降。但是 H 燃烧时所需空气量比 C 燃烧时也要多很多，结果各种液体烃燃料的可燃混合气热值相差不大。表 4-2 中汽油热值高于柴油，但可燃混合气热值相近就是这个道理。

2) 气体烃燃料由于本身相对分子质量较小，燃料蒸气体积不可略去，因而可燃混合气热值偏低。这就是表 4-2 中天然气（CH_4）的可燃混合气热值在所有烃燃料中最低的原因。

3) 含氧醇燃料（如甲醇、乙醇）由于氧含量多，其热值比汽油、柴油低得多。但因燃料中的氧也参与燃烧，所需加入的空气量就相应下降，结果醇燃料的可燃混合气热值也与汽油、柴油的相近。因醇燃料本身相对分子质量较低，其 $(H_{um})_V$ 也就偏小一些。

4) 纯氢燃料的热值最高，约为汽油、柴油的 3 倍，但所需空气量也约为汽油、柴油的 3 倍，如果计及氢本身所占体积，则其可燃混合气热值会很低。因此直接使用气态氢会大大降低发动机的动力性。只有在进气后的压缩过程中向缸内直接喷液态氢才会大幅度提高有效平均压力，这并非使混合气热值加大，实质上相当于增压的效果，使混合气的密度上升，每循环的发热量也上升。氢发动机的混合气形成涉及很多具体的技术问题，可参看相关专业书籍。

以上分析表明，尽管各种燃料的热值差别很大，但大多数燃料的可燃混合气热值却很接近，因此改用代用燃料时，发动机的动力性一般不会大幅下降。即使可燃混合气热值有些降低，这也仅是决定动力性的一个因素（当然是很重要的因素），还可以通过其他措施来加以调节。天然气、石油气以及醇类代用燃料的辛烷值高于汽油，可以通过提高发动机压缩比来改善它们的动力性、经济性。汽油机改烧甲醇后可提高压缩比，再加上充气量的增加（因甲醇汽化潜热大，进气温度低）等因素，甲醇发动机的输出功率往往高于原汽油机。

4.3.6 绝热燃烧温度

对给定的反应混合物及其初始温度 T_i 和压力 p_i，如果知道燃烧产物的组分，那么就可以用热力学第一定律计算燃烧产物的温度。人们特别关心的是当燃料和空气的初始状态，如空燃比和温度一定时，绝热过程燃烧产物所能达到的最高温度，这个温度称为绝热燃烧温度（T_{ad}）。一般人们感兴趣的是两种极限情况，即定容燃烧和定压燃烧条件下的绝热燃烧温度。

对定压绝热燃烧，依据热力学第一定律，反应前后混合物的绝对焓相等，即有

$$H_{\text{reac}}(T_i, p_i) = H_{\text{prod}}(T_{\text{ad}}, p_i) \tag{4-11}$$

式中，H_{reac} 和 H_{prod} 分别是反应物和燃烧产物的绝对焓。

对定容绝热燃烧，依据热力学第一定律，反应前后混合物的绝对内能相等，即有

$$U_{\text{reac}}(T_i, p_i) = U_{\text{prod}}(T_{\text{ad}}, p_f) \tag{4-12}$$

式中，U_{reac} 和 U_{prod} 分别是反应物和燃烧产物的绝对内能；p_f 是定容绝热燃烧后混合物的压力。

考虑到绝大多数的热力学性质数据库给出的是绝对焓而不是绝对内能，式（4-12）可以写成

$$H_{\text{reac}} - H_{\text{prod}} - V(p_i - p_f) = 0 \tag{4-13}$$

式中，V 是燃烧室容积。应用理想气体状态方程，可以消去式中的 $p \cdot V$ 项，即有

$$h_{\text{reac}} - h_{\text{prod}} - R_u \left(\frac{T_i}{M_{\text{reac}}} - \frac{T_i}{M_{\text{prod}}} \right) = 0 \tag{4-14}$$

式中，h_{reac} 和 h_{prod} 分别是反应物和燃烧产物的比焓；R_u 是摩尔气体常数；M_{reac} 和 M_{prod} 分别是反应物和燃烧产物的相对分子质量。

由式（4-11）和式（4-14）可以分别计算得到定压绝热燃烧温度和定容绝热燃烧温度。在相同的初始条件下，定容绝热燃烧与定压绝热燃烧相比可达到更高的燃烧温度，这是体积固定后压力不做功所导致的结果。

4.3.7　化学平衡与燃烧平衡产物

在 4.3.6 节计算绝热燃烧温度时，并没有考虑燃烧产物高温分解问题。事实上，在高温燃烧过程中，燃烧产物要发生分解，如碳氢燃料与空气完全燃烧后的产物是 CO_2、H_2O、O_2 和 N_2，燃烧产物分解以及分解物质之间反应产生如 H_2、OH、CO、H、O、N、NO 等物质。分解反应通常是吸热反应。燃烧产物分解使燃烧不完全，放热量减少，从而使燃烧温度降低。为了更准确地计算实际燃烧温度，必须知道燃烧产物的成分。对于稳态燃烧过程，假设系统处于化学平衡状态，即正向反应速度等于逆向反应速度，系统内各组分的浓度不随时间变化。燃烧平衡产物组分的确定是建立在化学平衡、元素守恒和能量守恒的基础之上的。

发动机工质是混合物，每种组分都按理想气体处理。

（1）各组分按"冻结"处理　若混合物各组分间的化学反应极为缓慢，则组分可视为"冻结"。此时工质的热力特性与参数按热力学中混合气组分及比例均固定不变的方法处理，比较简单。发动机在压缩、进气、排气及膨胀过程中，如果工质处在 1700K 温度以下，则可按此模型分析。在各组分数据已知的条件下，可通过专业手册提供的图表查出所需热力参数。

（2）各组分按化学平衡处理　在高于 1700K 的燃烧及膨胀过程中，燃烧及高温热反应十分迅速，可认为各组分每一瞬间都处于该温度的化学平衡状态，于是混合物的组分与比例按化学平衡状态来确定，进而求出该时刻工质的热力特性与参数。图 4-4 给出了异辛烷-空气混合气在不同温度时，处于化学平衡的燃烧产物摩尔分数随空燃当量比变化的规律。低温偏稀空燃比条件下的燃烧产物主要是 N_2、CO_2、H_2O 和 O_2，而偏浓条件下的燃烧产物主要是 N_2、CO_2、H_2O、CO 和 H_2。随着燃烧温度升高，燃烧产物开始分解，OH、O 和 H 等中间分解产物出现，燃烧产物组分越来越复杂。

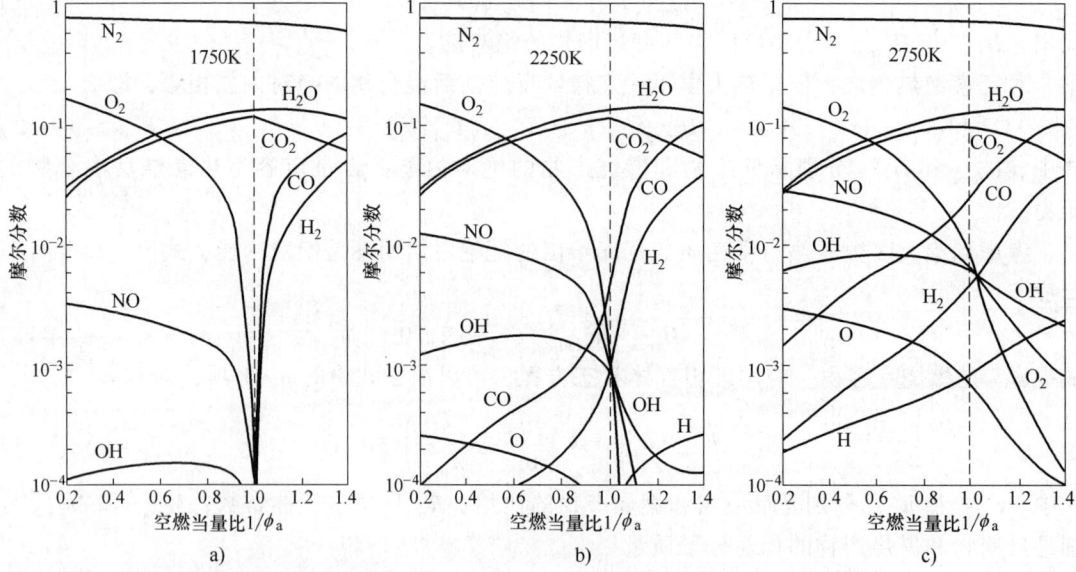

图 4-4 异辛烷-空气混合气燃烧产物化学平衡摩尔分数随空燃当量比变化的规律

p：3.0MPa　T：a) 1750K　b) 2250K　c) 2750K

将各组分视为化学平衡状态的这一假定，对于预测发动机的动力性、经济性是合适的，但是在分析污染物的生成规律时就不准确了。实际上，发动机缸内的化学过程通常是不平衡的，它受化学反应速率、反应物浓度、温度以及催化剂等的影响。这是化学反应动力学研究的领域，污染物生成规律要利用这一领域的理论来进行分析。

练习与实训

一、解释术语

1. 着火延迟
2. 过量空气系数
3. 空燃比
4. 着火方式

二、选择题

1. 柴油的十六烷值反映其（　　）。
   A. 着火性能　　B. 抗爆性能　　C. 安全性能　　D. 点火性能
2. 汽油的辛烷值反映其（　　）。
   A. 着火性能　　B. 抗爆性能　　C. 安全性能　　D. 点火性能
3. 一般说来，提高汽油机的压缩比，要相应提高所使用汽油的（　　）。
   A. 热值　　　　B. 点火能量　　C. 辛烷值　　　D. 馏程
4. -20号柴油适用的最低温度是（　　）。
   A. 20℃　　　　B. 15℃　　　　C. -20℃　　　 D. -15℃
5. 对于汽油，化学当量的空燃比 A/F 为（　　）。

A. 15.7 B. 14.1 C. 14.7 D. 13.9

三、填空题

1. 汽油和柴油的牌号分别根据_____和_____来确定。

2. 汽车的代用燃料主要有_____、_____、_____和_____等。

3. 表示汽油抗爆性的指标是_____。

4. 柴油机负荷调节方式是通过改变进入气缸的燃油质量来控制混合气的浓度,这种负荷调节方式称为_____。

四、判断题

1. 柴油是以其凝点来标号的。(　　)

2. 国产汽油是以辛烷值来标号的。(　　)

3. 催化裂化汽油的抗爆性能好,常用作高级汽油。(　　)

4. 汽油是挥发性好而又易自燃的燃料。(　　)

5. 柴油是挥发性好而又易自燃的燃料。(　　)

第 5 章

汽油机混合气的形成和燃烧

【教学目标】

通过本章的学习,要求读者能够掌握汽油机燃烧过程以及其对汽油发动机主要性能的影响,了解汽油机正常燃烧过程以及爆燃、表面点火等异常燃烧现象,了解传统的进气道喷射汽油机混合气形成过程和燃烧室设计,了解汽油机电子控制系统及技术。

【教学要求】

知识要点	能力要求
汽油机的燃烧过程	了解汽油机燃烧过程的阶段划分及各阶段的主要特性,以及这些特性与发动机动力性、燃油经济性和排放特性的相互关系
汽油机的异常燃烧	掌握爆燃、表面点火、循环波动以及各缸工作不均匀问题的成因及危害,掌握解决方法及防治措施
汽油机的混合气形成	掌握汽油机混合气形成的基本要求、不同的汽油雾化方式以及进气道喷射汽油机,了解不同种类燃烧室设计
汽油机电子控制系统与控制技术	掌握汽油机电子控制系统的结构与原理

本章首先介绍汽油机的燃烧过程及其对主要性能的影响,这包括正常燃烧过程和爆燃、表面点火及循环波动等不正常燃烧;然后介绍传统的进气道喷射式汽油机混合气形成过程和燃烧室设计,并简要介绍相应的电子控制技术;最后介绍以提高燃油经济性为目标的缸内直喷汽油机。

5.1 汽油机的燃烧过程

汽油机的燃烧属预混合燃烧方式,其特点是火花点火和火焰传播。本节应用示功图和燃烧放热规律分析等方法,介绍汽油机的燃烧过程及其主要特性,以及这些特性与发动机动力性、燃油经济性和排放特性的相互关系。

如图 5-1 所示，一般将汽油机燃烧过程分为三个阶段，分别为：1—着火落后期，2—明显燃烧期，3—后燃期。

1. 着火落后期

由火花塞开始点火的 A 点到气缸压力线脱离压缩线（虚线）的 B 点所界定的时期称为着火落后期，其长短用着火落后时间 τ_i 或着火落后角 φ_i 来表示。

火花塞在上止点前 θ_{ig} 角（点火提前角）点火。火花点火使局部混合气温度骤然升高，同时部分燃料和空气分子被电离形成活性中心，其着火过程可按前述的高温单阶段着火机理进行分析。火花出现数百微秒后，在电极周围形成一个直径

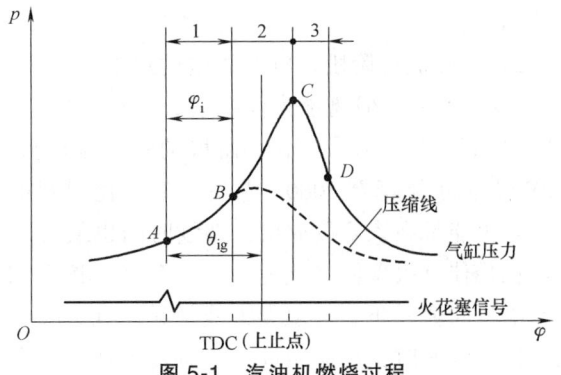

图 5-1 汽油机燃烧过程

$1 \sim 2 \mathrm{mm}$ 的火核，并以层流火焰状态向周围扩展，即燃烧过程开始。燃烧造成的压力和温度升高，使缸内气体压力开始脱离压缩线，这标志着火落后期结束。一般汽油机的 φ_i 为 $10° \sim 20°$。

对实际着火时刻的判断方法与柴油机相似，可以用示功图、放热率以及火焰高速摄影三种方法。由于没有像柴油机那样的燃油在着火落后期内蒸发形成负放热的现象，因而在汽油机上用放热率方法判定着火时刻时不像柴油机那么明显。为此，一般也常用 5% 累计放热率对应的曲柄转角（5°）作为着火时刻。

若能保证汽油机正常工作，着火落后期的长短对汽油机性能影响不大，这一点与柴油机不同。但着火落后期的长短不要离散过大，这是为了保证每循环中 B 点的位置相对稳定，由此使最高燃烧压力 p_{max} 所对应的角度相对稳定，发动机循环波动率（见 5.2 节）不至于过大。考虑到 p_{max} 出现在上止点稍后为最佳时刻，一般使 B 点出现在上止点前 $12° \sim 15°$ 较为合适。

火花点火过程是一极短的但又极为复杂的物理化学过程。图 5-2 示出了常规高压线圈点火系统工作时电流和电压随时间的变化，整个过程可分为击穿、电弧放电和辉光放电三个阶段。

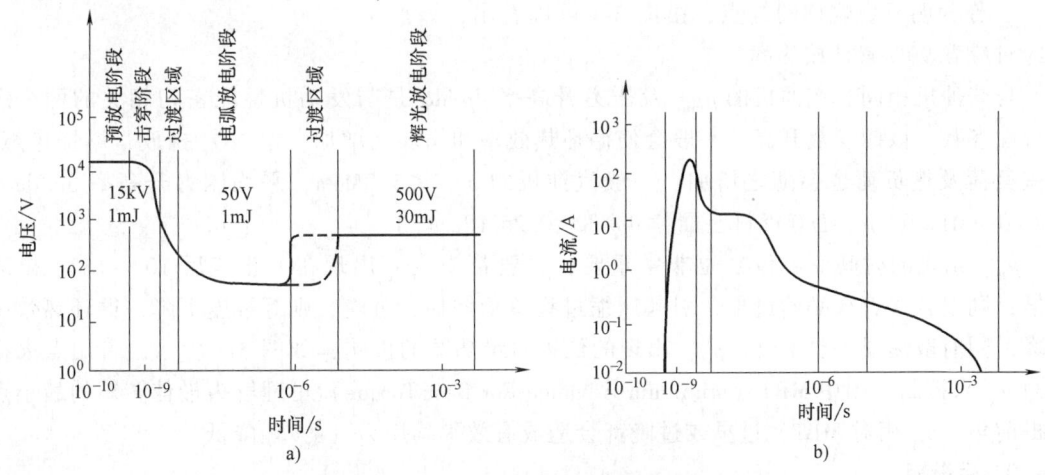

图 5-2 点火系统工作时电流和电压的变化
a）电压的变化　b）电流的变化

1) 击穿阶段。点火线圈的次级电压作用在火花塞电极上，形成很高的电压（10～35kV），击穿电极间隙内的混合气，形成一个很窄的（直径约40μm）圆柱状离子流通道，通道内电阻急剧下降，电流达到最大值（约200A），温度升高至60000K，这一阶段的持续期约10ns。

2) 电弧放电阶段。电弧放电的电压较低（50～100V），电流仍较高，电弧中心区温度在6000K左右，但离子化程度较低（约1%），持续时间约100μs。

3) 辉光放电阶段。这一阶段的特征是电流低于1A，在阴极上有较大的电压降（300～500V），温度下降至3000K左右，离子化程度很低（低于0.01%）。由图5-2可知，绝大部分的点火能量在该阶段放出，持续时间也最长，可达数毫秒。

在最佳点火条件（流速为零，混合气浓度略大于化学计量比，以及耗能量小的最佳火花塞电极间隙）下，一般点火能量只需0.2mJ；对于较稀或较浓的混合气，以及电极处混合气有较高流速时，点火能量也只需要3mJ；但为了使发动机在各种工况下都能点火成功，实际点火能量一般为30～50mJ；而高能点火系统可达100mJ。

保证点火成功的最小点火能量 E_b 的大小取决于诸多因素，如燃料特性、过量空气系数 ϕ_a、混合气温度和压力、气流运动、火花塞参数等。ϕ_a 对 E_b 的影响如图5-3所示，在 $\phi_a=1$ 时 E_b 出现最小值，而 ϕ_a 过稀或过浓都会使 E_b 上升。任何一个 E_b 都有其浓限和稀限，当 E_b 加大到一定值后，存在可点燃混合气浓度的上限 ϕ_{amax}（稀限）和下限 ϕ_{amin}（浓限），对于汽油机分别为1.3和0.5。

2. 明显燃烧期

由 B 点到 C 点（图5-1）的期间称为明显燃烧期。在此期间，以火核为原点，火焰前锋面向各方向传播，直至扩展到整个燃烧室。燃烧放热主要在火焰前锋面上进行，在此期间70%～90%的燃料被烧掉。随着燃烧的进行，缸内温度和压力很快升高，并达到最高燃烧压力 p_{max}。一般将 p_{max} 作为明显燃烧期的终点，由图5-1可以看出，该点大约对应着90%累计放热率。

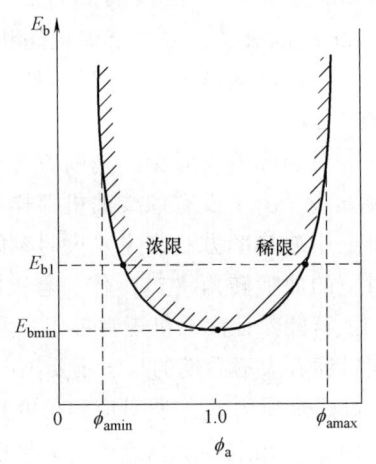

图5-3 过量空气系数对最小点火能量的影响

与柴油机相同，汽油机的 p_{max} 及压力升高率 $dp/d\varphi$ 是与发动机性能密切相关的两个燃烧特性参数。该两参数升高，一般会使循环热效率和循环功增加，但 NO_x 排放、燃烧噪声、机械负荷及热负荷也会随之增加。一般汽油机的 $p_{max} \leq 5.0$MPa，平均压力升高率 $dp/d\varphi = 0.2～0.4$MPa/(°)，也有资料上推荐 $dp/d\varphi<0.25$MPa/(°)。

p_{max} 出现的时间（相位）也非常重要，一般希望 p_{max} 出现在上止点后10°～15°。出现过早，则混合气着火必然过早，引起压缩过程负功增加；过晚，则等容度下降，循环热效率下降，同时散热损失也上升。p_{max} 出现的位置对示功图的影响，如图5-4所示，可用点火提前角 θ_{ig} 来控制，图中MBT（Minimum Advance For Best Torque）可理解为最佳转矩的最小点火提前角，θ_{ig} 相对MBT，过早或过晚都会造成有效平均压力（p_{me}）降低。

3. 后燃期

由 C 点到 D 点（图5-1）的期间称为后燃期。在 C 点时，火焰前锋面已传播到燃烧室壁

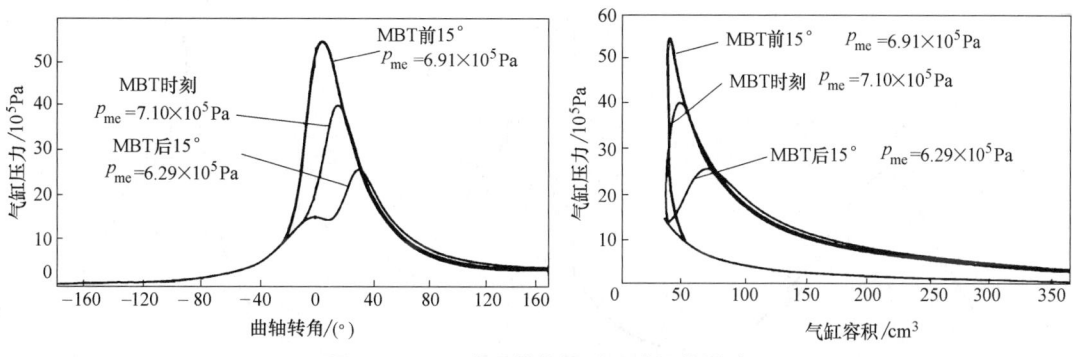

图 5-4　p_{max} 出现的位置对示功图的影响

面，整个燃烧室被火焰充满。大部分燃料的燃烧放热已完成，因而继续燃烧的是火焰前锋面扫过后未完全燃烧的燃料以及壁面附近的未燃混合气。另外，高温裂解产生的 CO、OH 等成分，在膨胀过程中随温度下降又部分化合而放出热量。由于燃烧放热速率下降，加之气体膨胀做功，使缸内压力很快下降。

为保证高的循环热效率和循环功，应使后燃期尽可能短，以保证燃烧持续期在 40°～60° 曲轴转角范围之内。近年来随着汽油机热效率的提高，燃烧持续期逐渐缩短为 40° 曲轴转角之内。但燃烧持续期过短时，对提高热效率的效果已不明显，反而会增加汽油机工作粗暴程度。

5.2　汽油机的异常燃烧

汽油机正常燃烧的特征是火花点火引燃并以火核为中心的火焰有序传播。若设计或控制不当，汽油机也会出现如爆燃和表面点火等异常现象，这类不正常燃烧在柴油机中是没有的。同时，汽油机工作时会出现各循环之间的燃烧特性明显变动以及各气缸之间的燃烧特性差异，前者称为循环波动，后者称为各缸工作不均匀，这类不规则燃烧要比柴油机严重。这些不正常燃烧和不规则燃烧现象是导致汽油机热效率低于柴油机的重要原因。

以下分别介绍爆燃、表面点火、循环波动以及各缸工作不均匀问题的基本成因和预防对策。

5.2.1　爆燃

1. 爆燃的现象与机理

（1）爆燃的现象　爆燃是汽油机最主要的一种不正常燃烧，常在压缩比较高和大负荷时出现。如图 5-5 所示，爆燃发生时，缸内压力曲线出现高频大幅度波动（锯齿波），同时发动机会产生一种高频金属敲击声，因此也称爆燃为敲缸（Knock）。

汽油机爆燃时一般出现以下外部特征：

1）发出频率为 3000～7000Hz 的金属振音。

2）轻微爆燃时，发动机功率略有增加，强烈爆燃时，发动机功率和转速下降，工作不稳定，机身有较大振动。

3）冷却系统过热，气缸盖温度、冷却液温度和润滑油温度均明显上升。

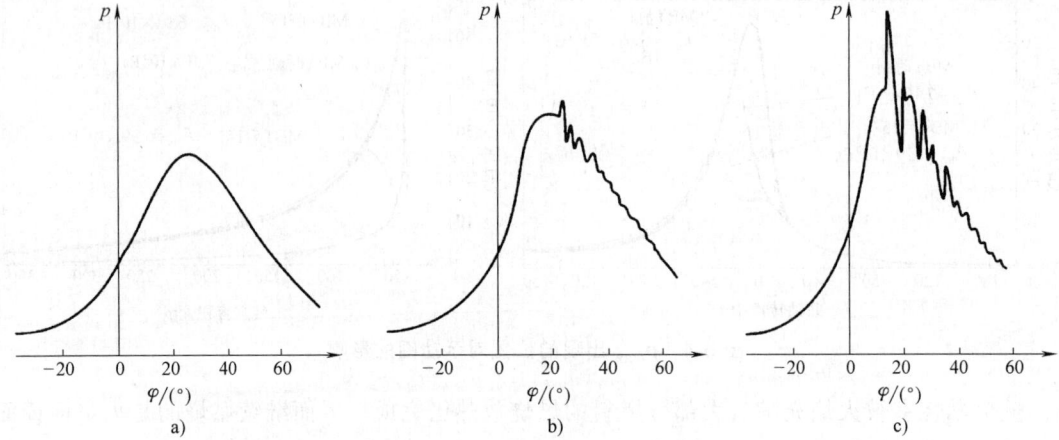

图 5-5 汽油机爆燃时的示功图

a) 正常燃烧 b) 轻激爆燃 c) 强烈爆燃

注：单缸机，排量为 381cm³，$n=4000$r/min，节气门全开，喷油提前角由 a 图到 c 图依次增加。

4) 爆燃严重时，汽油机甚至冒黑烟。

(2) 爆燃的机理 如图 5-6 所示，火花塞点火后，火焰前锋面呈球面波形状以 30~70m/s 的速度迅速向周围传播，缸内压力和温度急剧升高。燃烧产生的压力波（密波）以声速向周围传播，远在火焰前锋面之前到达燃烧室边缘区域，该区域的可燃混合气（末端混合气）受到压缩和热辐射，其压力和温度上升，燃前化学反应加速。一般来说，这些都是正常现象，但如果这一反应过于迅速，则会使末端混合气在火焰锋面到达之前即以低温多阶段方式

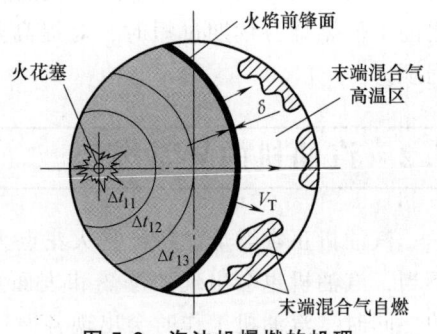

图 5-6 汽油机爆燃的机理

开始自燃。由于这种着火方式类似柴油机，即在较大面积上多点并同时着火，因而放热速率极快，使局部区域的温度和压力陡增。这种类似阶跃的压力变化，形成燃烧室内往复传播的激波，猛烈撞击燃烧室壁面，使壁面产生振动，发出高频振音（敲缸声），其频率主要取决于燃烧室尺寸（主要是缸径）和激波波速，这就是爆燃。爆燃发生时，火焰传播速度可陡然高达 100~300m/s（轻微爆燃）或 800~1000m/s（强烈爆燃）。

关于爆燃的机理已从许多试验研究中得到了证实，用高速摄影（包括纹影和阴影方式）可以观察到发生在气缸壁面附近的自燃着火区域，采用缸内快速采样方法也可以在这些区域检测到低温多阶段着火过程产生的过氧化物和醛类。

(3) 爆燃的危害

1) 热负荷及散热损失增加。爆燃发生时，剧烈无序的放热使缸内温度明显升高，加之压力波的反复冲击破坏了燃烧室壁面的层流边界层和油膜，从而使燃气与燃烧室壁面之间的传热速率大大增加，散热损失增大，气缸盖及活塞顶部等处的热负荷上升，甚至造成铝合金活塞表面发生烧损及熔化（烧顶）。

2) 机械负荷增大。发生爆燃时，最高燃烧压力和压力升高率都急剧增高，受压力波的剧烈冲击，相关零部件所受应力大幅度增加，严重时会造成连杆轴瓦破损。

3) 动力性和经济性恶化。由于燃烧极不正常，以及散热损失大大增加，使循环热效率下降，导致功率和燃油消耗率恶化。

4) 磨损加剧。由于压力波冲击缸壁破坏了油膜层，导致活塞、气缸和活塞环磨损加剧。

5) 排气异常。爆燃时产生的高温会引起燃烧产物的热裂解加速，严重时析出炭粒，排气中有黑烟，燃烧室壁面形成积炭，而这又构成了表面点火的起因。

总之，爆燃会给汽油机带来极大危害。为防止爆燃，汽油机的压缩比一般不超过 10～11，这是汽油机热效率显著低于柴油机的一个主要原因。

2. 影响爆燃的主要因素

如果由火核形成至火焰前锋传播到末端混合气为止所需时间为 t_1，由火核形成至末端混合气自燃着火所需时间为 t_2，由于爆燃是在火焰前锋尚未到达时末端混合气发生自燃引起的，因而不发生爆燃的充分必要条件是：$t_1 < t_2$。凡是使 t_1 缩短和 t_2 延长的因素均可抑制爆燃倾向，反之，均使爆燃倾向增加。

图 5-7 给出了爆燃的影响因素，从中可以得出防止爆燃的技术措施。概括起来为三类，即燃烧室结构参数、运转参数和燃料特性。由图中不难看出，对于压缩比、点火提前角、残余废气系数、过量空气系数以及进气温度等因素的要求往往是矛盾的。实践表明，这些矛盾因素中，加长滞燃期的效果更好，即降低压缩比、推迟点火提前角、降低进气温度、采用稀混合气以及加大残余废气系数都会减轻爆燃的倾向。

实际中，要在尽可能保证燃烧热效率的前提下减少爆燃，最主要和最有效的方法是，适当减小点火提前角、降低压缩比、优化燃烧室设计、提高燃料抗爆性等。

另外，电控技术的应用为抑制汽油机爆燃提供了有力手段，通过爆燃传感器感知爆燃程度，反馈控制点火时刻和空燃比，可以避免实际使用中爆燃的发生。

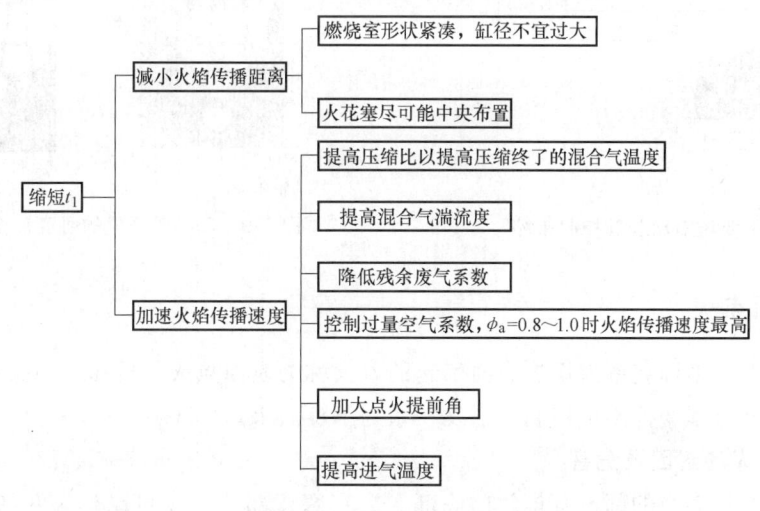

图 5-7 爆燃的影响因素

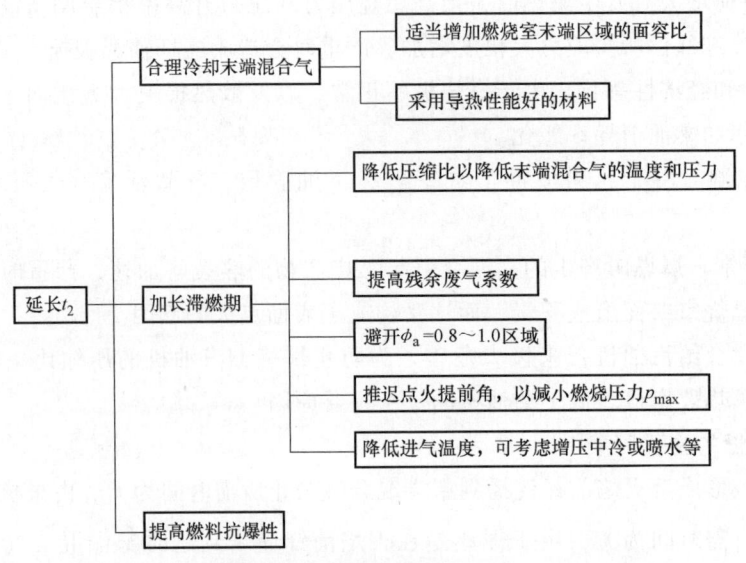

图 5-7 爆燃的影响因素（续）

可变压缩比技术是防止爆燃的理想方法，如图 5-8 所示，在中低负荷工作时 $\varepsilon=14\sim15$，可显著提高热效率而不会爆燃，随负荷增大逐渐降低压缩比；高负荷时 $\varepsilon=8$，完全避免爆燃的同时，还为使用增压技术留出了余地。这不仅能使汽油机的油耗与排放有更大的改善潜力，而且可以降低噪声与振动。日产公司在 2006 年开发了一种压缩比可变的活塞连杆机构，压缩比可变范围是 $8\sim14$。图 5-9 所示为萨博（SAAB）公司开发的可变压缩比系统，压缩比可变范围是 $10\sim30$。

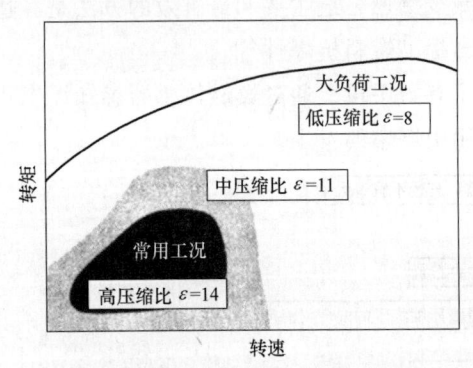

图 5-8 可变压缩比及其控制策略

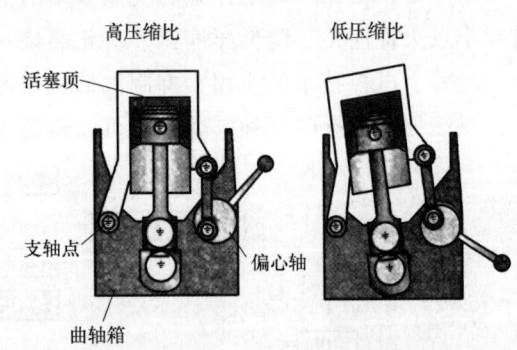

图 5-9 SAAB 公司的可变压缩比系统

5.2.2 表面点火

在汽油机中，由燃烧室内炽热表面引起的着火称为表面点火（Surface Ignition）。表面点火使汽油机燃烧过程变得不可控制，引发一系列不良后果。

1. 表面点火的起因及危害

容易形成炽热表面的部位有排气门头部、火花塞裙部（温度可高达 $800\sim900$℃）、燃烧室内壁凸出部位等。另外，燃烧室壁面积炭的导热性差、难以冷却，易形成炽热表面。有资料表明,含有铅化合物的积炭更容易引燃混合气,因为铅化合物的催化作用可使积炭着火温度由600℃降低到340℃。

发生在火花塞点火之前的表面点火也称早火(早燃),反之则称为后火(后燃)。

早火对发动机的危害最大,由于早火使实际着火时间提前,并且这种炽热表面点火的面积远比火花塞点火时的大,一旦着火,火核面积和燃烧速度都较正常燃烧大得多,气缸压力和温度急剧增高,发动机工作粗暴。汽油机早火时的示功图如图5-10所示,早火使压缩行程的负功增大,动力性和经济性恶化。燃烧室热负荷和机械负荷增加,由于活塞和连杆等零部件在压缩行程末期受到较大的冲击载荷产生振动,因而发出一种沉闷的低频(600~1200Hz)敲缸声,可与爆燃时的高频敲击声相区分。推迟点火提前角可以减轻和消除爆燃,但无法消除表面点火引起的不正常燃烧。

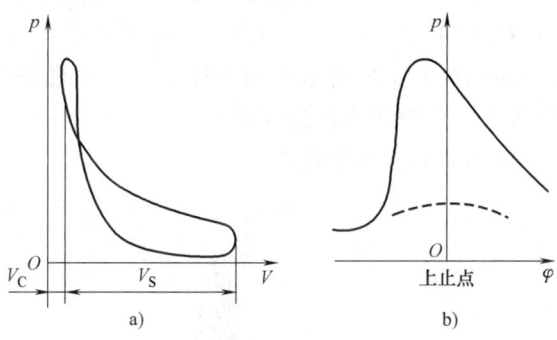

图5-10 汽油机早火时的示功图

a) 早火 p-V 图　b) 早火 p-φ 图

后火若不引发爆燃,一般危害不大,甚至对循环热效率稍有改善,但会使燃烧温度逐渐升高,有演化为早火的可能。另外,有后火的发动机在停车以后,有时会出现仍像有火花塞点火一样继续运转的现象,也称为续走。

2. 爆燃性表面点火

程度严重或长时间的早火,往往会引起爆燃性表面点火,也称激爆,其危害程度比普通爆燃更甚。由于表面点火的产生,发动机实际着火时间提前,导致爆燃产生,而爆燃又明显提高了燃烧室的温度水平,使表面点火越发严重,两者相互促进,导致激爆产生。此时压力升高率为正常值的5倍,最高燃烧压力为正常燃烧时的1.5倍。由于表面点火的时间随温度水平上升逐渐前移,有时会造成单缸机停车和多缸机破损。

3. 影响表面点火的因素和防止措施

凡是能促使燃烧室温度和压力升高以及积炭形成的因素,都能促成表面点火。例如,表面点火多发生在高压缩比($\varepsilon>9$)的强化汽油机上。此外,点火能量小的燃料也容易产生表面点火。苯、芳烃及醇类燃料抗表火性较差,而异辛烷抗表火性好,抗爆性也好,所以是很优良的燃料成分。

防止表面点火的主要措施如下。

1)防止燃烧室温度过高,这包括与防止爆燃相同的方法,如降低压缩比和减小点火提前角等。

2）合理设计燃烧室形状，使排气门和火花塞等处得到合理冷却，避免尖角和凸出部位。

3）选用低沸点汽油，以减少重馏分（如芳香烃等）形成积炭。

4）控制润滑油消耗率，因为润滑油容易在燃烧室内形成积炭，同时应选用成焦性较小的润滑油。

5）有些汽油和润滑油添加剂有消除或防止积炭的作用。

6）提高燃料中抗表火性好的成分，如异辛烷等。

5.2.3 循环波动

1. 循环波动的现象及危害

实际汽油机的转速和转矩波动程度要比柴油机大得多，例如，汽油机的转速波动一般大于±10r/min，而柴油机可稳定到±2r/min。这种波动主要来源于各循环之间的燃烧过程的波动。如图 5-11 所示，在连续 10 个循环的示功图采样中，最高燃烧压力 p_{max} 的波动范围是 2.5~3.5MPa，p_{max} 的位置及着火时刻也都是变动的，基于这组示功图算出的最大放热速率 $(dQ_B/d\varphi)_{max}$ 的最大值与最小值相差两倍左右。

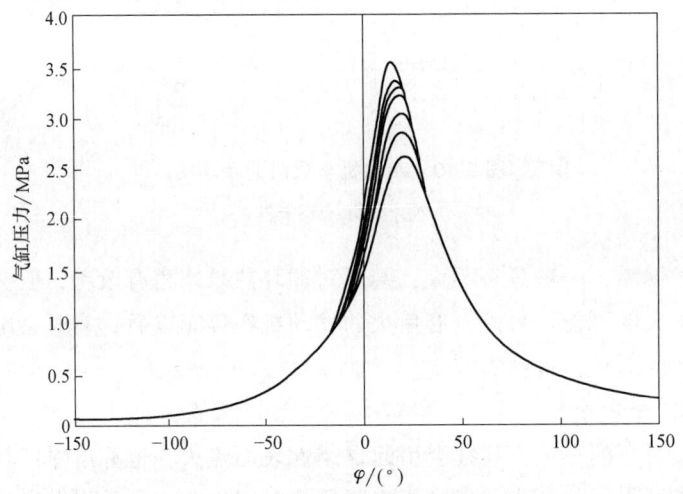

图 5-11 汽油机的循环波动现象

注：$n = 1500$r/min，$\theta_{ig} = 25°$，$\phi_a = 1.0$。

由于存在循环波动，对于每一循环，点火提前角和空燃比等参数都不可能调整到最佳值，因而发动机的性能指标不可能得到充分优化。随着循环波动的加剧，燃烧不正常甚至失火的循环数逐渐增多，碳氢化合物等不完全燃烧产物增多，动力性和经济性下降。同时，由于燃烧过程不稳定，也使振动及噪声增大，零部件寿命下降。

2. 循环波动的评价指标

由于气缸压力比较容易测量，因此常用最高燃烧压力 p_{max} 的循环波动率 δ_p 来评价循环波动的程度，其定义如下：

$$\delta_p = \frac{\sigma_p}{p_{max}} \times 100\% \tag{5-1}$$

式中，σ_p 是 p_{max} 的标准偏差；$\bar{p}_{max}$ 是 p_{max} 的平均值。

为获得有统计意义的结果，采样循环数应不少于 40~100，循环波动较大时应进一步加大采样循环数。一般认为循环波动率不应大于 10%，性能较好的汽油机一般不超过 7%。

除 p_{max} 之外，也可用示功图及燃烧放热率的其他特性参数来评价循环波动程度，如指示平均压力 IMEP、最高燃烧压力 p_{max} 所对应的曲轴转角、压力升高率 $dp/d\varphi$、着火时刻、最高质量燃烧速率以及燃烧持续角等。

图 5-12 以一台进气道电控喷射汽油机为例，分析了循环波动率对汽油机性能的影响，试验是在节气门开度（TPS）为 7.8% 的小负荷进行的。如果以完全燃烧放热的循环为基准（相对指示平均压力 $R_{IMEP}=100\%$），则循环波动率每增大 1 个单位，指示平均压力 IMEP 损失 1.5%。考虑到循环供油量基本是相同的，则指示热效率也会产生相同幅度的损失。一般柴油机的循环波动率仅有 2%~3%，因此循环波动也是导致汽油机热效率低的原因之一。

3. 产生循环波动的原因

示功图分析结果表明，循环波动开始于燃烧初期，即主要是由各循环中火核形成前后到火焰前锋面充分发展之前的着火燃烧过程的差别引起的。有两个因素目前被认为是最重要的，即火花塞附近混合气成分波动和气体运动状态波动。

（1）混合气成分波动　尽管汽油机的燃烧方式被称为预制均匀混合气燃烧，但这只是相对于柴油机燃烧来说，微观上混合气并不均匀。空气、燃料和废气不可能在短时间内完全混合均匀，这就会使火花塞附近的混合气成分随时间不断变化，因而着火落后期的长短和火核初始生长过程会随循环产生变动。图 5-13 给出了在点火前火花塞电极处的空燃比（A/F）波动情况，这是用快速采样方法测得的 50 个循环的试验结果，充分说明了火花塞附近存在显著的混合气成分波动。

（2）气体运动状态波动　燃烧室内气体的流场特别是湍流强度分布是极不均匀的，火花塞附近微元气体的运动速度和方向，将对火核的形成和初始生长速率有重要影响。流速过低，不利于火核的初始生长；而流速过高，散热加快，会使已生成的火核被吹灭，火核位置不同，也会使此后的火焰发展有差异。

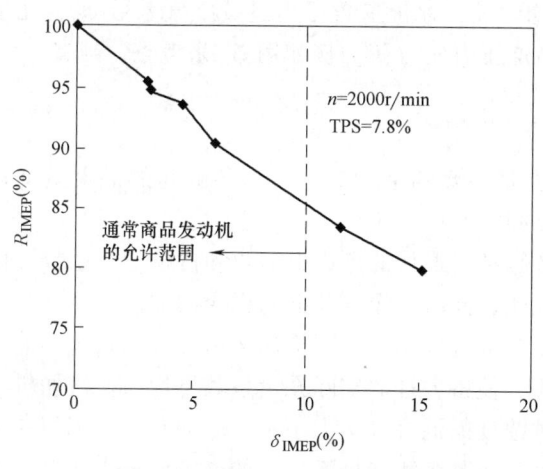

图 5-12　循环波动率对汽车机性能的影响

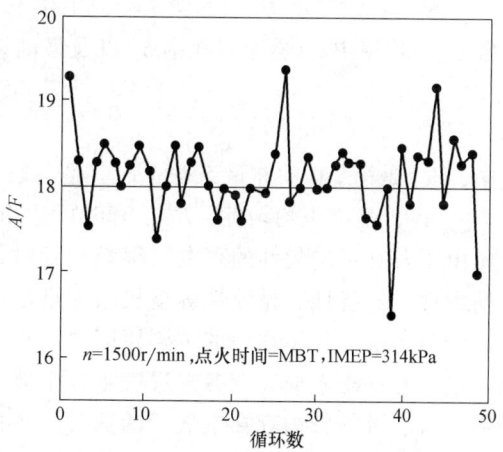

图 5-13　火花塞电极处的空燃比波动

尽管柴油机的混合气浓度和流速分布比汽油机更不均匀,但柴油机的着火可以出现在任何一个适于着火的点上,而且是多点同时自燃着火,着火概率极高。而汽油机只可能在火花塞处的一点着火,一旦受到某种因素的影响使这一点的着火不完全成功甚至完全不成功,则整个循环的燃烧性能会明显恶化。

4. 循环波动的影响因素及改善措施

1) 过量空气系数的影响最大,一般 $\phi_a = 0.8 \sim 1.0$(最易点燃和燃烧的范围)时的循环波动率最小,过浓或过稀都会使循环波动率增大,这也是稀薄燃烧汽油机遇到的主要问题。

2) 油气混合均匀程度有重要影响,而适当提高气流运动速度和湍流程度可改善混合气的均匀性。

3) 残余废气系数 ϕ_r 过大,则循环波动率增大。除合理控制残余废气量之外,通过燃烧室合理设计和组织扫气以防止火花塞周围废气过浓也很重要。

4) 发动机工况不同则循环波动率不同,一般低负荷(ϕ_r 会增大)和低转速(湍流程度会降低)时循环波动率增加。

5) 提高点火能量或采用多点点火可降低循环波动率。如日产公司曾在 NAP8-Z 型发动机上采用双火花塞点火,使循环波动率由 11% 下降至 4%,燃油消耗率 b_e 降低 10% 左右。本田公司在其 0.3L 和 1.3L 发动机上采用双火花塞(图 5-14)后,降低油耗 3%~5%。Romeo 公司也在 1.8L 发动机上采用了这项技术。双火花塞点火的问题主要是在四气门气缸盖上设置困难,因而目前应用实例较少。

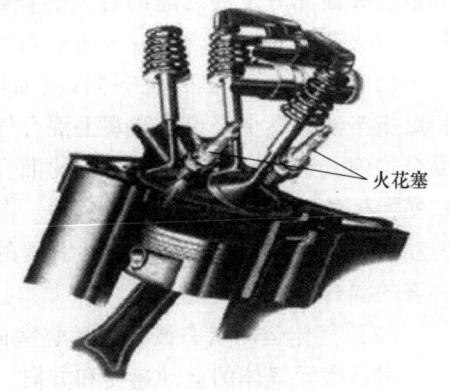

图 5-14 本田公司双火花塞点火系统

5.2.4 各缸工作不均匀性

多缸汽油机工作时各缸之间的燃烧差异要比柴油机大得多,除了循环波动的影响外,各缸间的混合气充量不均匀、混合气成分不均匀等因素也是汽油机异常燃烧的主要原因。

一般用不均匀度 D_i 表示第 i 缸的工作不均匀性,评价参数可用过量空气系数 ϕ_a、充量系数 ϕ_c、功率 P_e、燃油消耗率 b_e 以及最高燃烧压力 $p_{\max}$ 等。例如用 ϕ_c 来考查,则有

$$D_i(\phi_a) = \frac{\phi_{ci} - \phi_{cm}}{\phi_{cm}} \times 100\% \tag{5-2}$$

式中, ϕ_{ci} 是第 i 缸的充量系数;ϕ_{cm} 是各缸充量系数的平均值。可用各缸间的最大不均匀度 $D_{\max}$ 评价整机不均匀性,$D_{\max}$ 有时可达 20% 以上。

由于各缸不均匀性的存在,很难找到对各缸都是最佳的点火提前角和过量空气系数,使得动力性、经济性、排放性等整机指标难以优化;同时,噪声及振动也会增加。

产生各缸工作不均匀的主要原因之一在于各缸进气充量的不均匀。由于进气系统设计不当、进气管动态效应以及各缸进气重叠干涉等,使得各缸的实际充量系数不均匀。汽油机是外部混合,进气管内存在空气、油蒸气、各种浓度的混合气、大小不一的油粒以及沉积在进气管壁上厚薄不均的油膜,即进气管内的油气分布是多相和极不均匀的,因而进入各缸的混合气实际浓度是不同的。另外,燃料中重馏分以及密度较大的添加剂不易到达边缘气缸,加

重了各缸混合气成分的差异。当采用废气再循环（见后述）时，各缸的废气进入量也会有差异。这些原因造成了进入各缸的混合气的量和质都会产生差别，由此造成各缸工作不均匀。

柴油机也会出现各缸进气不均匀，但由于进入气缸的只是空气，而各缸喷油量易调整均匀，并且空气比较富裕，因而对各缸工作不均匀性的影响较小。

5.3 汽油机的混合气形成

对于采用均质混合气燃烧的汽油机，如何在有限的时间内完成燃料与空气的均匀混合是一个重要问题。本节就混合气形成的基本要求、不同的汽油雾化方式、应用最广泛的进气道喷射式汽油机混合气形成过程以及燃烧室设计做简要介绍。

5.3.1 对汽油机混合气形成的基本要求

为保证汽油机燃烧的高效稳定和汽油机的最佳性能，对混合气特性有以下要求。这些要求主要是针对目前应用最广泛的均质混合气火花点火方式工作的汽油机，基本可包括进气道喷射式和以均质混合气工作的直喷式汽油机。

1. **形成均质混合气**

燃油与空气混合越均匀，则燃烧越充分和稳定，循环波动越小，热效率越高。因此，尽管汽油本身有良好的蒸发特性（物理稳定性低），但在汽油机中仍需要有合适的燃料雾化方式、足够的燃烧前雾化混合时间以及合理的气流运动，以形成尽可能均匀的可燃混合气。

2. **具有良好的响应特性**

由于汽油机主要用于轻型车和轿车，这类车辆大部分时间工作在变工况条件下，因此要求汽油机混合气制备过程对于剧烈的工况变化有很好的跟随特性，也就是响应特性要好。

3. **适应不同工况的混合气浓度要求**

汽油机动力性和燃油经济性随混合气浓度（ϕ_a）的变化规律如图5-15所示。在ϕ_a = 0.85~0.95范围内，出现最大输出功率，此时的混合气称为功率混合气。其原因是此时燃烧速度最高，少量不完全燃烧产生的CO会使分子变化系数μ增大。汽油机在大负荷尤其是在外特性工作时，主要追求动力性，因此使用浓混合气或当量比混合气。

由图5-15还可以看出，在ϕ_a = 1.1~1.2范围内，出现最低油耗b_{emin}，此时的混合气称为经济混合气，即燃油经济性最好。其原因是此时空气富裕、燃烧完全，而燃烧速度和温度又降低不多，比热容也较大。汽油机在部分负荷尤其是中低负荷工作时，主要追求燃油经济性，因此使用稀混合气。

功率混合气和经济混合气的概念起源于化油器式汽油机时代，而现代汽油机广泛采用进气道电控喷油和三效催化剂以控制排气污染，ϕ_a = 1.0成为汽油机部分负荷最常用的混合气浓度，因此可以将ϕ_a = 1.0时的混合气称为排放混合气，如图5-15所示。

5.3.2 汽油机燃油雾化方式的分类

汽油机燃油雾化方式有进气道喷射（Port Fuel Injection, PFI）和缸内直接喷射（Gasoline Direct Injection，GDI）两种，如图5-16所示。

进气道喷射方式利用电控系统控制燃料质量流量来保证所需的空燃比，包括单点喷射和多点喷射。

单点喷射系统中，燃料在进气歧管分离点的上游喷射，然后分配到各个气缸。为了获得最佳雾化效果，电磁喷油器位于节气门前气流速度最快的地方。通常采用低成本燃油泵系统，喷油压力为0.1MPa。由于单点喷射系统中存在较长的混合气形成路径，对发动机瞬态工况的排放不利，随着排放法规不断严格，20世纪90年代末单点喷射逐渐被多点喷射所取代。

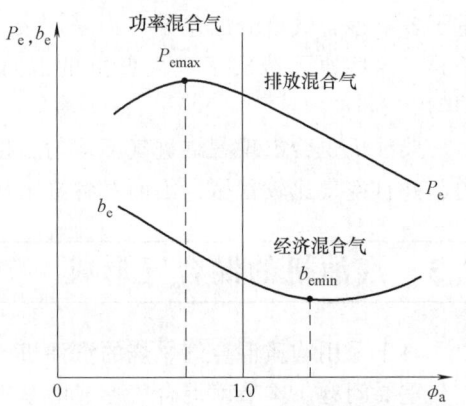

图5-15 汽油机动力性和燃油经济性随混合气浓度的变化规律

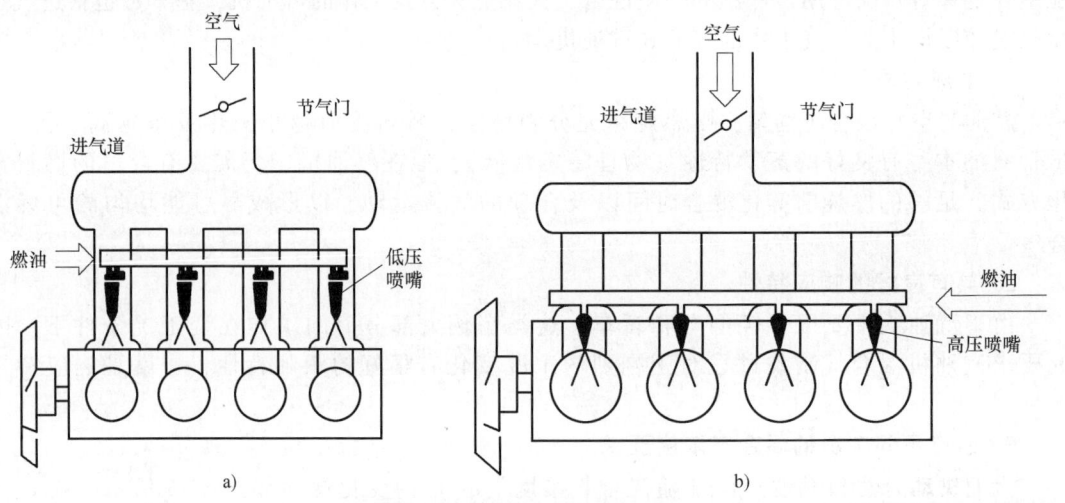

图5-16 汽油机燃油雾化方式
a）进气道喷射 b）缸内直接喷射

多点喷射系统（图5-16a）中，各缸喷嘴通常是将燃料直接喷射到高温的进气阀背面，以促进燃油蒸发和减少燃油壁膜。多点喷射具有响应较迅速、喷油控制精度较高等优点，通过对空燃比精确控制，使三效催化剂可以同时高效地降低NO、HC和CO的排放，因而成为目前车用汽油机最广泛采用的混合气形成方式。但由于一般不采用稀燃，其燃油经济性有待改善。

20世纪90年代中期，日本三菱、丰田和日产公司相继推出了商品化的缸内直喷汽油机（GDI），采用分层混合气稀薄燃烧（Lean Burn）方式，显著提高了燃油经济性。后来为满足日益严格的排放法规要求，2006年以后国际上出现的产品GDI发动机普遍采取了均质混合气以及化学计量比（均质当量比）燃烧的技术路线。相比化油器和进气道喷射方式，缸内直喷方式具有更好的喷油控制精度和响应特性，将成为未来汽油机混合气形成的主流方式。

5.3.3 进气道喷射及混合气的形成

1. 喷油器与喷油雾化

在喷雾和混合气制备过程中,喷油器起到了重要的作用。目前进气道喷射汽油机常采用电磁阀喷油器,喷油压力一般为中低压力(0.3~1.5MPa),喷射方向一般指向气阀背面中央。进气道喷射的喷嘴形式多样,有轴针型和孔型,单束和多束,如图5-17所示。轴针型喷嘴形成一个锥形喷雾,雾化效果好。单孔型喷嘴喷出一束喷雾,油束锥角小,常用于单进

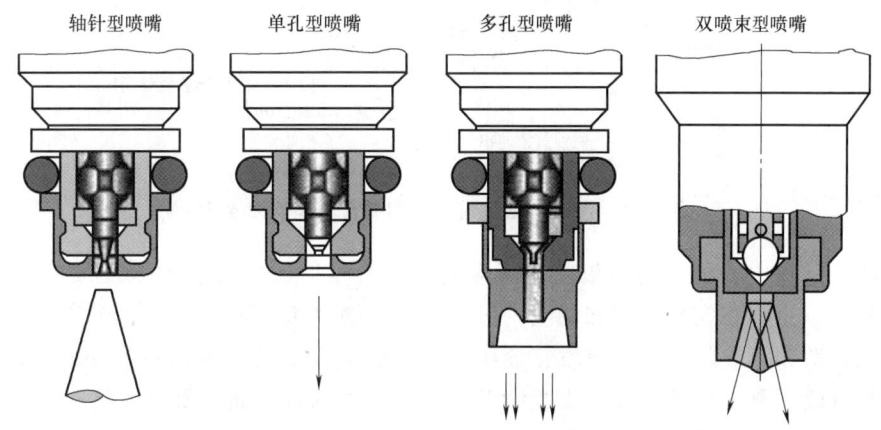

图 5-17 进气道喷射的喷嘴形式

气道的发动机。多孔型喷嘴喷出多股喷雾,雾化细度与轴针型喷嘴相当。双喷束型喷嘴喷雾形成两束,在四气门发动机中将燃油分别喷入两个进气道。

另外,喷嘴的设计和选型取决于很多因素,例如燃油特性、气道形状、喷射位置、喷射时刻、气道内气体温度和压力等。

2. 混合气形成过程

汽油机进气道喷射如图5-18所示,其混合气形成过程十分复杂,包含喷雾,液滴的破碎、蒸发,油束碰壁,油膜的蒸发、剥离、流动以及混合气的湍流流动。

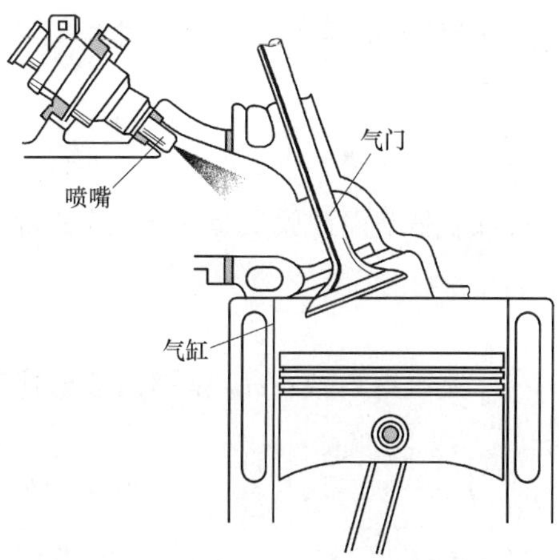

图 5-18 汽油机进气道喷射示意图

以最具代表性的进气门关闭喷射(闭阀喷射)为例,其混合气形成过程可分为两个阶段:进气道中的喷油雾化蒸发和缸内蒸发混合。

(1) 进气道中的喷油雾化蒸发 如图5-19所示,在进气门关闭状态下,汽油被喷射到空气静止(或微弱脉动)的进气道中。由于喷油压力较低,燃油射束呈现较长的液柱阶段,在离喷嘴较长距离后才出现破碎和雾化,燃油液滴的索特平均直径 SMD 一般为 100~400pm。燃油喷雾一部分散布在进气道空间里,一部分冲击到高温的进气阀背面或进气道喉口内壁发生碰撞,在壁面形成油膜。进气行程开始前就完成喷油,使燃油具有充足的汽化混

合时间，同时利用进气道中的高温气氛和碰撞二次雾化来加快燃油雾化蒸发，因而可以获得均匀程度最好的混合气。

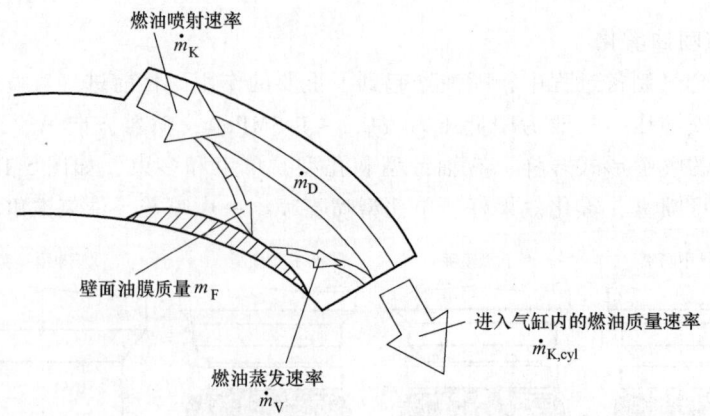

图 5-19　汽油机进气道中的喷油雾化蒸发示意图

燃油喷射过程中，蒸发主要集中在喷雾周围，沿喷射方向的燃油浓度最高。喷油结束后，气门附近一直存在大量油膜和油滴，进气门附近燃油蒸气浓度最高。在喷雾阶段燃油蒸发量主要来自散布于空间的油滴蒸发，该阶段油滴的蒸发量约为喷油量的 5%。喷油结束至进气门开启阶段，悬浮的油滴和油膜继续蒸发，但由于剩余燃油主要以油膜形式存在，而热机时气阀背面温度在 100℃ 以上，进气道壁面温度也高于冷却液温度，因此该阶段油膜的蒸发起主导作用。

油膜质量方程为

$$\frac{\mathrm{d}m_F}{\mathrm{d}t} = \dot{m}_N - \dot{m}_V \tag{5-3}$$

式中，m_F 是壁面油膜质量；$\dot{m}_N$ 是燃油凝聚速率；$\dot{m}_V$ 是燃油蒸发速率。

$$\dot{m}_N = f\dot{m}_K \tag{5-4}$$

式中，f 是凝聚系数；$\dot{m}_K$ 是燃油喷射速率。进入气缸内的燃油质量速率为

$$\dot{m}_{K,cyl} = \dot{m}_D + \dot{m}_V = (1-f)\dot{m}_K + \frac{1}{\tau}m_F \tag{5-5}$$

式中，$\dot{m}_D$ 是直接进入气缸的燃油速率；τ 是时间间隔。

（2）缸内蒸发混合　进气门开启后，气门附近较浓的混合气首先随气流运动进入缸内，缸内混合气浓度分布极不均匀。进气过程如图 5-20a 所示，随活塞下行，缸内形成滚流，气流运动促进油气混合。

随着进气阀开启，油膜的蒸发速率明显提高，这是因为油膜和空气的相对运动速度加快，同时油滴蒸发速度也增加。到进气下止点时，缸内混合气的均匀程度改善，同时由于进气惯性使得进气道中的油气混合气继续顺进气门上沿流入气缸，靠近进气门侧的壁面处混合气相对较浓。

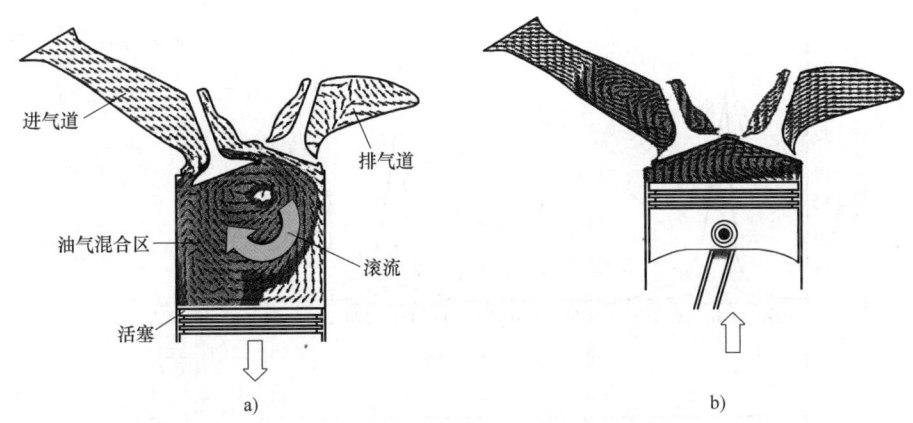

图 5-20 汽油在缸内的蒸发混合过程（模拟计算结果）
a）进气过程 b）压缩过程

进气门关闭后，随活塞上行，缸内温度升高，湍流程度也逐渐提高，这些都加速了燃油的蒸发以及与空气的混合。这样，在经历了两个行程以上的长时间（长于化油器）的混合气形成过程后，点火前的缸内混合气分布基本均匀，如图 5-20b 所示，仅狭缝处的混合气浓度稍微偏低。在进气阀附近混合气稍微偏浓，这是由于气阀底面周边存在少量挂壁油膜，在压缩行程高温环境下蒸发引起的。

3. 混合气形成的控制策略

以上介绍了汽油机在中小负荷采用闭阀喷射时的混合气形成过程，但在大负荷工况时也会采用进气门开启时喷射（开阀喷射）的策略。

在进气门开启后，上循环气道内形成的混合气和本循环喷雾在进气流的作用下一起进入气缸，喷雾液滴直接进入缸内，在滚流的作用下边蒸发边混合。进气门关闭后的喷雾被截留在气道内等待下个循环进入气缸。由于直接进入缸内的喷雾液滴密度比混合气大，在进气滚流的作用下液滴被甩向排气侧气缸壁面、活塞顶面和进气侧气缸壁面。由于液滴在缸内混合时间相对较短，到压缩上止点附近缸内混合气浓度分布并不均匀。

图 5-21 给出了怠速、部分负荷和全负荷工况下的喷油时刻和相应的气缸压力曲线。不同工况下，尽可能保证喷油结束时刻在进气门开启前。为了获得最佳的混合气，怠速和小负荷工况采用闭阀喷射，在低速大负荷工况采用开阀喷射，以获得最大充量和冷却混合气；在高速大负荷时，喷油器近似 720°喷射以满足喷油量的需求。不同工况时 PFI 汽油机的喷油控制策略如图 5-22 所示。特定情况下，在喷油结束后到进气门开启前，燃油控制系统还会根据发动机的运行工况要求，决定是否需要再补喷一次燃油。这主要是为了提高发动机加速时的动态响应。一般这样补喷的燃油量不会很大，同时也必须在进气门开启前结束。

5.3.4 汽油机的燃烧室及其特性

燃烧室设计直接影响到充量系数、燃烧放热速率、散热损失、爆燃以及循环波动率等，从而影响汽油机的各项主要性能。常见的汽油机（不包括缸内直喷式）燃烧室形状分类如

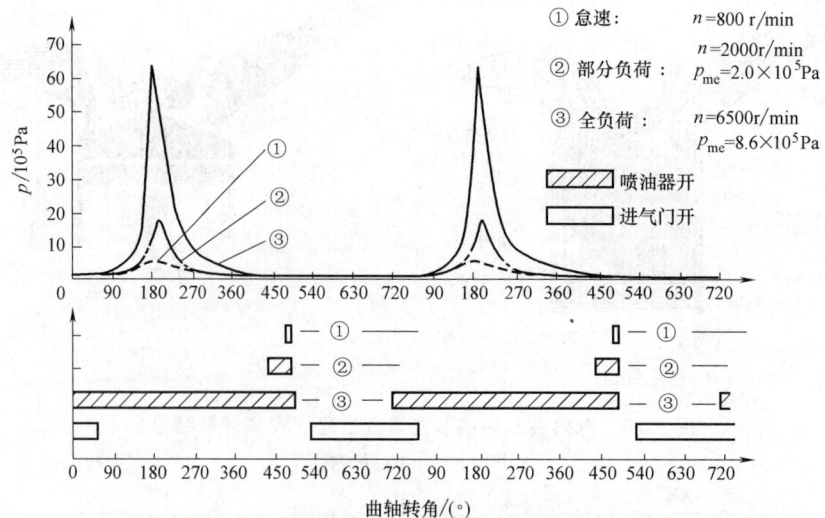

图 5-21 不同负荷下的喷油时刻和气缸压力

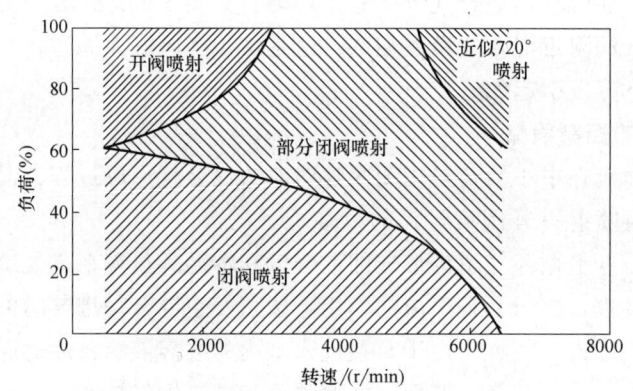

图 5-22 不同工况时 PFI 汽油机的喷油控制策略

图 5-23 所示,其中图 a~图 d 是最常见的几种燃烧室,图 e 为一种旧的但有代表性的燃烧室,图 f~图 h 虽未得到很多应用,但在设计上很有特点。

1. 汽油机燃烧室设计的基本原则

汽油机的主要问题是油耗高,因而其燃烧室设计的主要目的是提高循环热效率。具体措施包括提高压缩比、缩短燃烧持续期、减少散热损失和提高进气充量,主要设计原则如下。

(1) 燃烧室结构紧凑 一般以面容比 F/V(燃烧室表面积与燃烧室容积之比,简称面容比)来表征燃烧室的紧凑性。F/V 越小,燃烧持续期越短,等容度提高;散热损失越小;火焰传播距离越短,不易发生爆燃;壁面淬熄效应减小,HC 排放降低。图 5-23e 所示的 L 形燃烧室,由于采用侧置气门,F/V 较大,因而只能在压缩比小于 7 的条件下正常工作,否则易发生爆燃;而采用顶置气门的图 5-23a~图 5-23d 各种燃烧室的 F/V 较小,压缩比普遍达到 8~9 以上,火球形燃烧室的压缩比甚至达到 15。

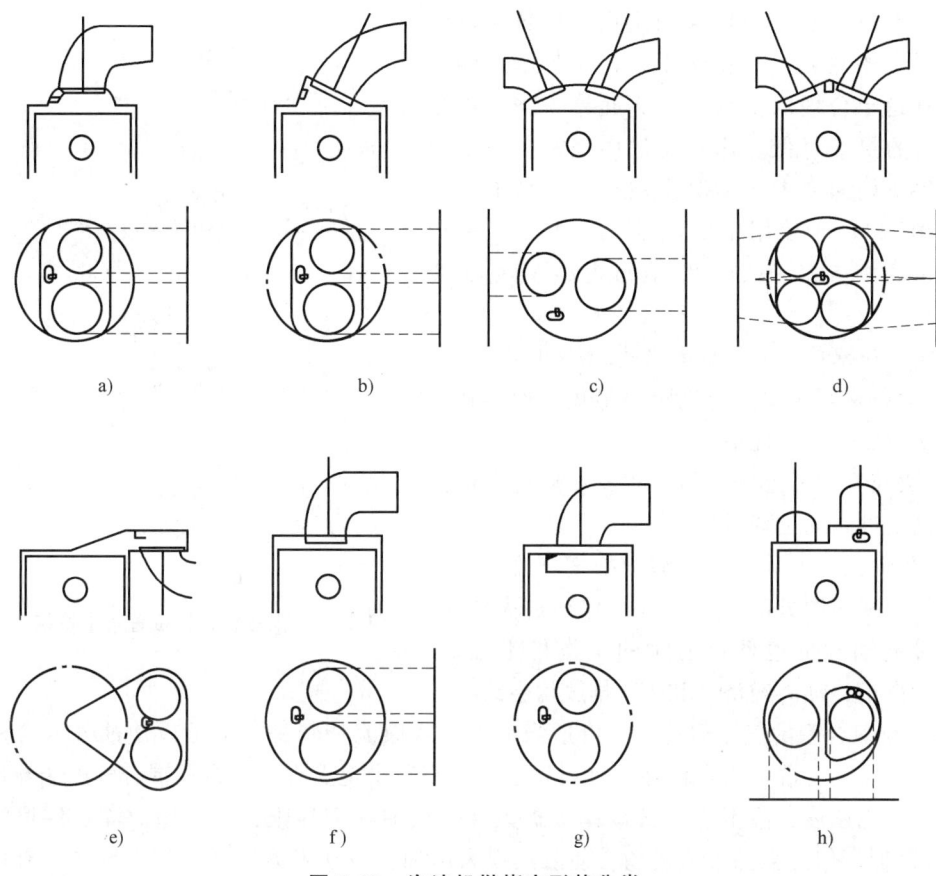

图 5-23 汽油机燃烧室形状分类

a）浴盆形　b）楔形　c）半球形　d）篷形　e）L形　f）盘形　g）桶形　h）火球形

（2）燃烧室几何形状合理　合理的几何形状，有助于得到适宜的火焰传播速率和放热速率，如图 5-24 所示，方案（a）由于火焰开始传播时处于燃烧室截面较大区域，因而呈现出前急后缓的放热速率，而方案（c）形状相反，放热速率则前缓后急。另外，合理的几何形状还包括燃烧室轮廓线尽可能圆滑，以避免凸出部分产生局部热点导致表面点火。

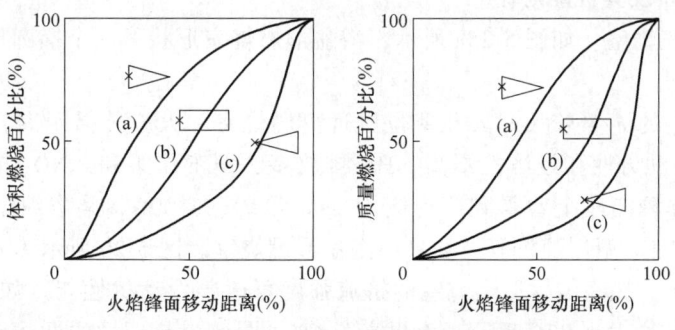

图 5-24 燃烧室形状对放热速率的影响

（3）火花塞布置合理　火花塞位置会直接影响火焰传播距离的长短以及燃烧放热速率，

而缩短火焰传播时间可以有效防止爆燃并提高热效率。图 5-25 给出了不同火花塞设计位置对燃料辛烷值要求的变化，在相同压缩比条件下，随火花塞位置趋于合理以及采用多火花塞方案，对燃料辛烷值的要求降低。这种通过燃烧室合理设计降低燃料辛烷值要求的情况也被称为提高了"机械辛烷值"。对于使用中的汽油机，由于存在积炭，要求比图 5-25 中的辛烷值再提高 10~15 个单位。

确定火花塞位置时一般要考虑以下几点：

1) 火花塞至末端混合气距离最短，使得在相同压缩比时爆燃可能性最小。

2) 火花塞应靠近排气门布置，以避免末端混合气处温度过高而出现爆燃。

3) 保证火花塞周围有足够的扫气气流，以充分清扫火花塞间隙处的残余废气，保证点火成功，这会使冷起动和低速低负荷时的工作稳定性好，循环波动率小，动力经济性和 HC 排放均会改善。

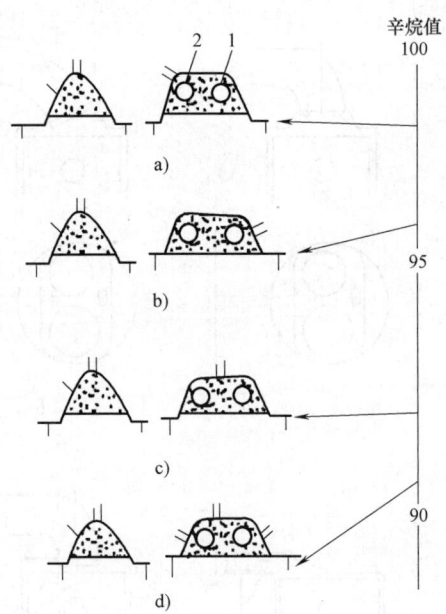

图 5-25　火花塞设计位置对辛烷值的要求

(4) 组织合理的气流运动　强度适当的涡流或滚流特别是湍流可以使油气混合进一步均匀。如前所述，湍流火焰传播速度要比层流的高数十至上百倍，提高混合气的湍流度可以明显提高燃烧速度，降低循环波动率，扩大混合气的稀燃界限，减小壁面淬熄层厚度，使 HC 排放降低。但过强的气流运动会使散热损失增加，流动阻力增加，着火困难。有研究表明，图 5-23 中火球形燃烧室的压缩比虽然能达到 15，但由于挤流过强，散热损失增大，油耗并没有比压缩比为 10.5 的篷形燃烧室有改善。

(5) 有足够的进排气门流通截面　进排气门流通截面的增大，不仅使充量系数提高，还会使泵气损失下降。图 5-23 所示的各种燃烧室中，两气门布置时，楔形和半球形燃烧室相对来说容易得到较高的进排气门流通截面，而且气流也比较顺畅，不拐直角弯，阻力较小；而篷型的四气门布置有最大的进排气流通截面。

2. 典型燃烧室及其性能对比

(1) 浴盆形燃烧室　如图 5-25a 所示，浴盆形燃烧室形状像一个椭圆形浴盆，而在双侧或单侧设置挤气面。

浴盆形燃烧室的 F/V 较大，火花塞位置远离燃烧室，火焰传播距离较长，因而压缩比一般不超过 7.5，动力性和经济性不高，HC 排放多，但工作柔和，NO_x 排放低。由于其制造工艺好，因而在国产车上曾得到广泛应用，如 492Q、6100Q、桑塔纳轿车 JV 型汽油机、奥迪 100 型、026BJW 型汽油机等，均采用浴盆形燃烧室。图 5-26 所示为 6100Q 型汽油发动机的浴盆形燃烧室。提高浴盆形燃烧室的挤流强度可改善发动机性能。如国产 6105 汽油机挤气面积比由 25% 增大到 32% 后，功率提高了 6%，最高燃烧压力的循环波动率由 11.5% 下降到 7.1%。

(2) 楔形燃烧室　如图 5-23b 所示，火花塞布置在楔形燃烧室高侧的进排气门之间，可

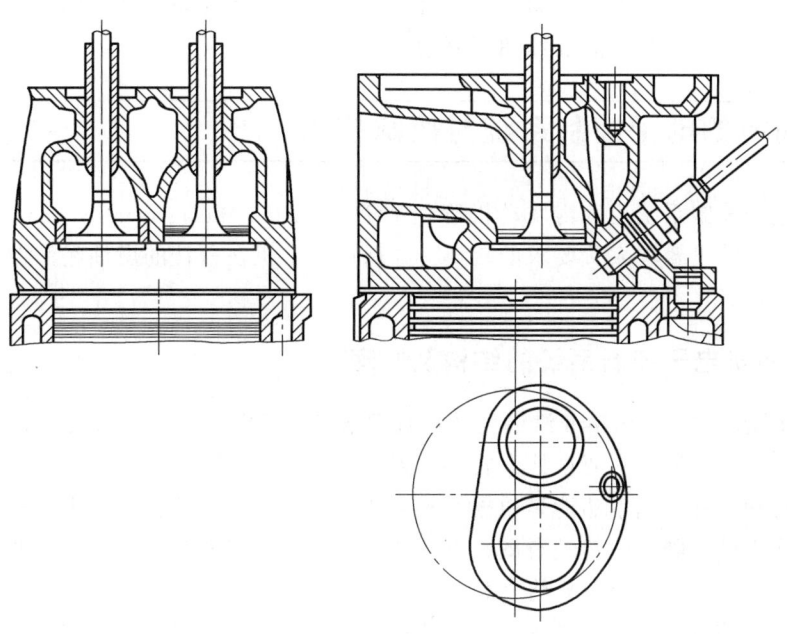

图 5-26　6100Q 型汽油发动机的浴盆形燃烧室

在火花塞附近形成较强的扫气气流，低速及低负荷性能稳定。气门倾斜布置，流通截面较大，气道转弯较小，充气特性好。这种燃烧室的初期放热率高，因而动力性和燃油经济性好于浴盆形。但由于挤气面积较大，导致壁面淬熄效果较强，所以 HC 排放较高。

楔形燃烧室曾是车用汽油机较广泛采用的一种，如国产 CA-72 型轿车发动机，486（3Y）、491（4Y）以及 489（GM2.0）型汽油机均采用此种燃烧室。

(3) 半球形燃烧室　如图 5-23c 所示，半球形燃烧室的 F/V 要小于浴盆形和楔形燃烧室，基本不组织挤流。由于形状规则，燃烧室可全部机械加工，保证光滑的表面（以减少积炭形成）和精确的形状及容积。其燃烧放热速率及 NO_x 排放均较高，但 HC 排放较低。

(4) 篷形燃烧室　如图 5-23d 和图 5-27（日产公司汽油机，压缩比为 10）所示，篷形燃烧室的形状如圆锥面的帐篷状，最便于四气门布置，这就使火花塞可以布置在燃烧室中央。篷形燃烧室 F/V 最小，火焰传播距离最短，由于四气门倾斜布置，进排气口截面积最大，充量系数高，一般不组织挤流，但可充分利用双进气道形成所需的进气涡流，或者利用进气道上翘的特点形成滚流。在常用的各种汽油机燃烧室中，动力性、燃油经济性以及高速适应性都最好。自 20 世纪 90 年代后期以来，国际上先进的轿车和轻型车汽油机大都采用四气门结构，因而篷形燃烧室成为最常用的燃烧室。

多球型燃烧室和篷型燃烧室相似，燃烧室顶

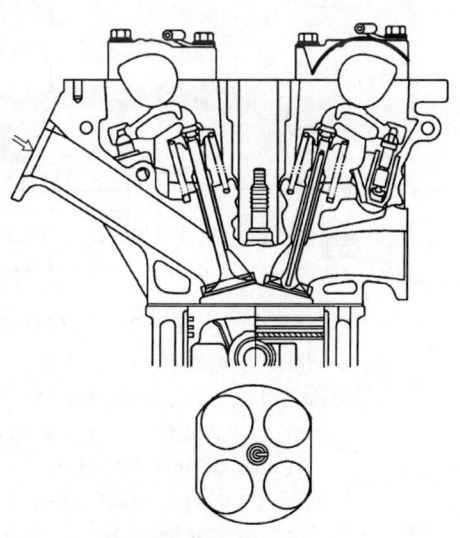

图 5-27　篷形燃烧室实例

面呈球面状,并且气门及火花塞周围也各自呈球面状,因此称为多球型燃烧室。多球型燃烧室有更好的流体力学特性,但设计加工复杂。

5.4 汽油机的电子控制系统与控制技术

汽油机电子控制系统也称为发动机管理系统(Engine Management System,EMS),它的作用是使发动机输出驾驶人所要求的转矩,并保证发动机在最佳的燃油经济性和最低的尾气排放状态下运行。

5.4.1 汽油机电子控制系统的结构及原理

图 5-28 所示为具有 OBD-Ⅱ汽油发动机管理系统示意图,从图中可看出管理系统的控制单元、传感器和执行器等主要结构和安装位置。

发动机管理系统的基本功能是根据驾驶人的意愿控制相应的转矩输出。利用加速踏板位置传感器反映当前驾驶人的驾驶意图,电控单元将当前的加速踏板位置传感器的测量值对应一个特定的输出转矩,电控单元将在采集各类发动机工况参数和车辆运行参数的基础上,协调各个输出控制信号,如气缸进气量、喷油量、点火正时等,以达到要求的输出转矩,同时系统将监测当前运行参数的变化情况。

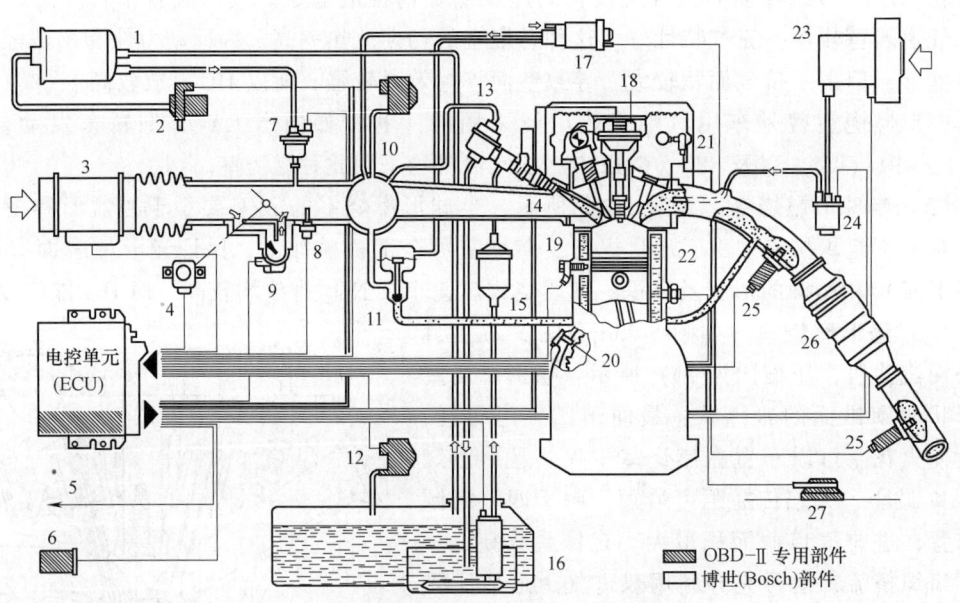

图 5-28 具有 OBD-Ⅱ汽油发动机管理系统示意图

1—碳罐 2—截止阀 3—空气流量计 4—节气门开度控制器 5—诊断接口 6—故障显示灯 7—清污阀 8—空气温度传感器 9—怠速控制器 10—进气歧管传感器 11—废气再循环阀 12—压差传感器 13—燃油压力调节器 14—喷油器 15—燃油滤清器 16—油泵 17—压力控制器 18—点火线圈 19—爆燃传感器 20—转速传感器 21—凸轮位置传感器 22—水温传感器 23—二次空气泵 24—二次空气阀 25—氧传感器 26—催化净化器 27—车身和底盘修理提示传感器

图 5-29 所示为发动机管理系统原理图，管理系统首先将各传感器有关的信息输送到电控单元（ECU）中，ECU 接收信号后，根据系统中储存的数据（软件），计算出对应于该工况的点火提前角、喷油持续时间（喷油脉宽）和点火闭合角等参数，再命令执行器完成上述指令而使发动机正常运行。系统的执行器包括点火线圈/火花塞、节气门执行器、喷油器、主继电器、转速计、燃油泵继电器、氧传感器加热器、凸轮轴控制执行器、燃油箱通风系统、进气歧管通道控制阀、二次空气喷射阀和废气再循环阀等。

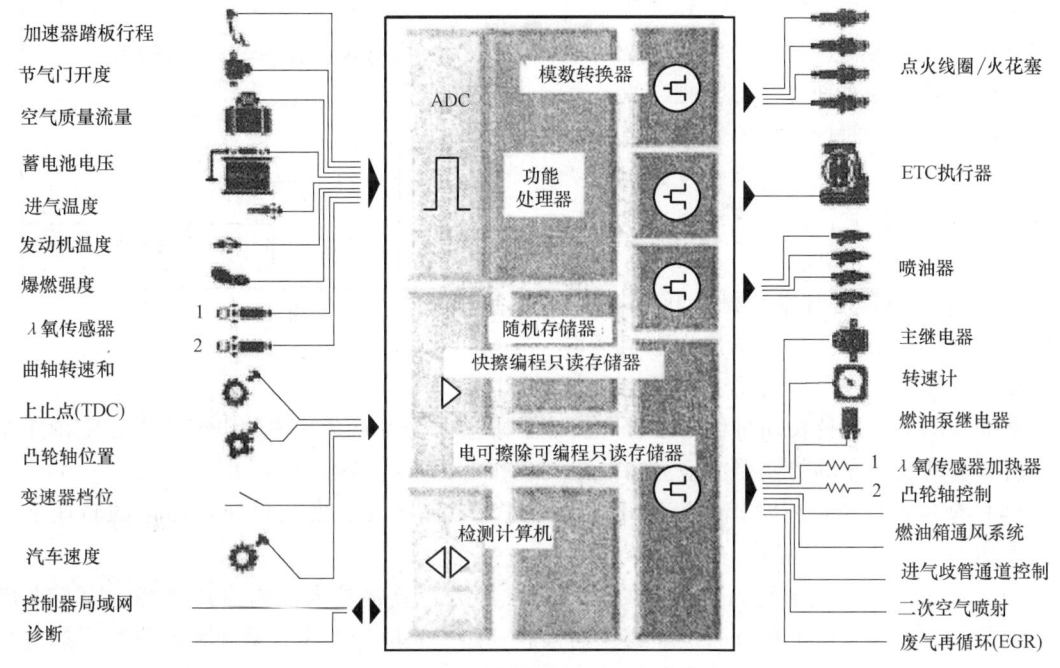

图 5-29 发动机管理系统原理图

5.4.2 管理系统的主要控制功能

发动机管理系统广泛采用了开环和闭环综合控制方式，实现各种控制功能，如喷油控制、点火控制、怠速闭环控制、空燃比闭环控制、爆燃控制、节气门控制、燃油蒸发排放控制、废气再循环控制、二次空气喷射控制等。

发动机管理系统可进行功能扩展，实现涡轮增压控制、可变进气歧管控制、可变正时凸轮轴控制、发动机转速控制、车速控制等功能。

1. 发动机运行工况

实际发动机的运行条件非常复杂，对控制要求有很大差别，为提高控制精度，通常将发动机工作过程划分为不同的运行工况。发动机的运行工况主要由负荷和转速来区分。图 5-30 所示为发动机运行工况图，可将发动机运行划分为起动、暖机和三效催化转化器的加热、怠速、全负荷、瞬态工况、倒拖断油/恢复供油等不同工况。

（1）起动 在起动过程中，喷射出的部分燃油会在进气歧管和气缸壁上形成油膜，通过蒸发再进入混合气中。不同温度下燃油的蒸发率有很大差别，因此，需要根据进气温度来对燃油量进行起动加浓补偿。在发动机达到一定转速前，对其进行加浓补偿，一旦发动机开始运行，系统立即开始减少起动加浓，到起动工况结束时完全取消起动加浓。在起动工况，点火角也需不断调整，随着发动机温度、进气温度和发动机转速而变化。

（2）暖机和三效催化转化器的加热。暖机阶段是指发动机低温起动后，到冷却水温度上升到适当温度阈值的阶段。在此阶段，需要对进气量、燃油喷射量和点火角进行相应控制，以补偿发动机低温时的转矩要求。

尽早使三效催化转化器开始工作，可大大减少暖机阶段的废气排放。一般采用排气对三效催化转化器进行加热，使其尽快达到工作温度，通常有两种方法：①把二次空气喷到浓混合气燃烧的排气中，并推迟点火正时；②用稀混合气预热，并大幅度推迟点火正时。推迟点火正时，会使发动机排气温度升高，转矩减小。

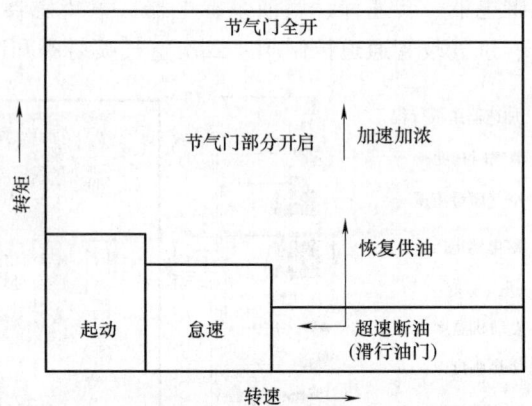

图 5-30 发动机运行工况

（3）怠速　怠速时发动机无转矩输出，燃烧过程产生的功完全用于维持发动机运转和驱动辅助装置。控制系统要在满足各种转矩需求的基础上，维持发动机稳定运转。转矩需求主要受电路系统中的电流波动、空调压缩机开启、自动变速车辆的换档、动力转向机构动作等因素的影响。

（4）全负荷　全负荷时节气门全开，没有进气节流损失，发动机应在给定的转速下产生最大功率，因此，需要进行功率加浓控制。

（5）瞬态工况　喷射到进气道中的燃油有一部分不直接进入缸内参加燃烧，而是形成着壁现象，在进气道壁上形成一层油膜；而油膜经过一定时间蒸发，雾化后与进气形成混合气进入气缸。负荷越大，喷油持续时间越长，积存在油膜中的燃油量会越多。

在稳态工况，燃油的着壁与蒸发形成动态平衡，实际进入气缸的燃油量基本等同于喷射量；加速时，当节气门开度快速增大，燃油形成油膜部分远大于油膜蒸发量，所以，必须喷射一定的补充燃油量对其补偿，以防止混合气在加速时变稀；减速时，负荷降低，喷射量减小，但原有油膜较多，油膜蒸发量会大于喷射形成油膜的燃油量，所以，必须减少相应的喷射持续时间，以防止混合气在减速时过浓。图 5-31 为瞬态工况喷油持续时间控制示意图。

（6）倒拖断油/恢复供油　倒拖或牵引工况指发动机输出的功率是负值的情况。在这种工况下，发动机的摩擦和泵气损失可用来使车辆减速，发动机可在没有喷油的情况下运转，喷油被切断以减少燃油消耗和废气排放。当转速下降到特定转速时，喷油系统重新供油，并在进气歧管壁上重建油膜。

2. 燃油喷射控制

发动机管理系统的燃油喷射控制是根据运行工况确定控制策略，利用从传感器获得的信息，计算出需要的喷油量，在设定的喷油时刻通过控制喷油器实现燃油喷射。

（1）喷油量的计算　图 5-32 所示为喷油量计算关系图，喷油量的计算需要考虑发动机在不同工况条件下对空燃比的不同要求、环境对进气量的影响、蓄电池电压变化、加/减速动态变化等因素。

1）基本喷油脉宽计算。基本喷油脉宽（Base Pulse Wide，BPW）：

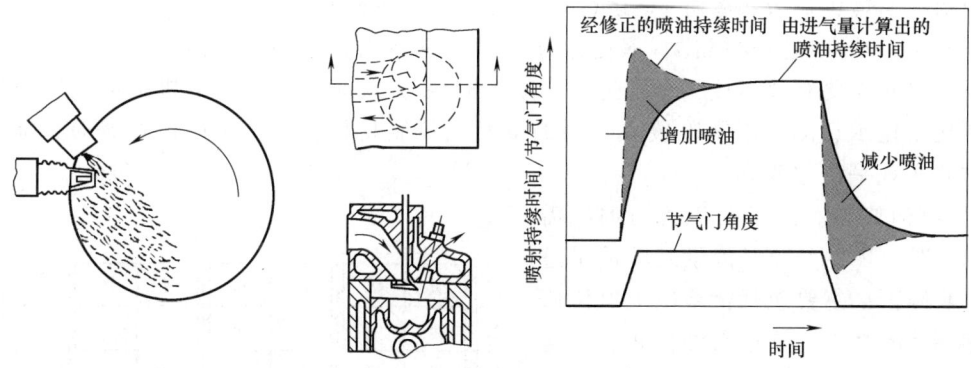

图 5-31 瞬态工况喷油持续时间控制示意图

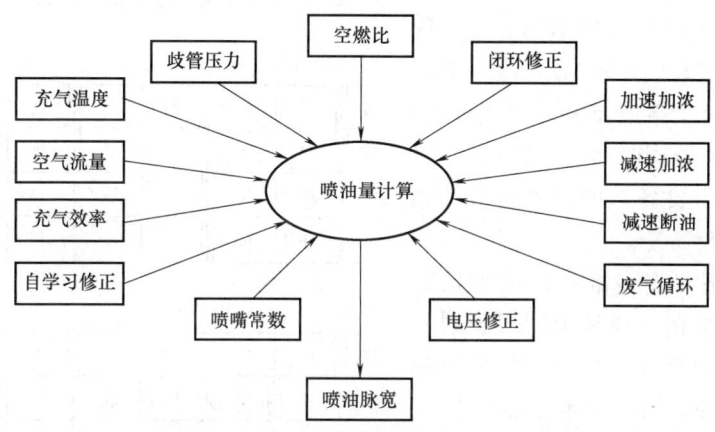

图 5-32 喷油量计算关系图

$$BPW = BPT \times MAP \times VE \times \frac{1}{T} \times \frac{1}{A/F} \quad (5-6)$$

式中,BPT 是基本脉宽常数,是与发动机气缸排量和喷油器特性、摩尔气体常数、空气相对分子量等有关的一个常数;MAP 是通过绝对压力传感器测量得到的进气歧管绝对压力;VE 是反映气缸充气效率的数值;T 是进气热力学温度;A/F 是空燃比,标定时可根据需要改变其数值,以达到排放等目的。

2)空燃比设定。为满足发动机不同运行工况的要求,控制系统需要设定不同的控制空燃比,主要分起动空燃比和运行空燃比两大类。起动空燃比包括:拖动空燃比和清除淹缸空燃比(当缸内混合气过浓或液体燃油润湿火花塞,发动机不能正常起动时,

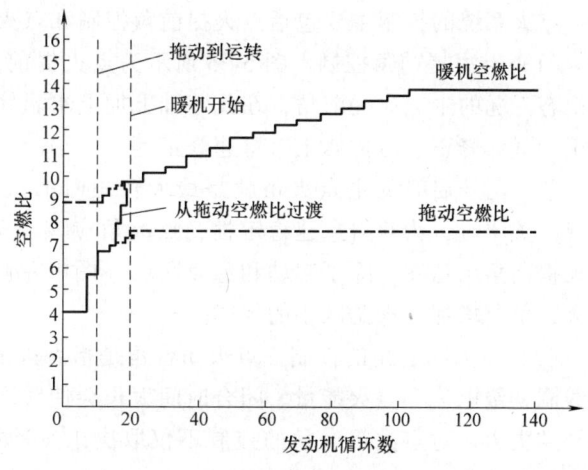

图 5-33 从拖动到暖机的空燃比变化示意图

采用很稀的空燃比来清除淹缸）。运行空燃比包括：冷机状态空燃比、暖机状态空燃比、理论空燃比、功率加浓空燃比、催化器过热保护空燃比和发动机过热保护空燃比等。各种空燃比之间需要有效衔接，平稳过渡。图 5-33 为从发动机被起动电机拖动到暖机阶段的空燃比变化示意图，不同阶段有不同的空燃比控制目标，在两个阶段过渡时，需要用递进方式实现平稳过渡。

3）喷油修正。当发动机运行时，需要根据工况、环境参数等因素对喷油量进行进一步修正，主要包括：蓄电池电压修正、闭环反馈修正、减速断油修正、减速减稀修正、加速加浓修正、保护性断油等。

（2）喷射时序　燃油喷射时序如图 5-34 所示，常见的有三种不同方式：同时喷射、分组喷射与顺序喷射。

1）同时喷射。在发动机一个循环的 720°中，各缸喷油器同时喷油一次或两次。这种喷射方式不需要各缸的判别信号，结构简单，控制也较简易。

2）分组喷射。将多缸机的喷油器分为二或三组，各组在一循环中同时喷射一次。此方式的结构及控制程序均较同时喷射复杂一些，但各缸间的差异也小一些。

3）顺序喷射。各缸按发火的先后顺序都在进气初期进行喷射。由于每缸都需要单独的控制线路，所以结构及控制方式都比较复杂，但各缸混合气品质最为均匀。这种方式正日益获得广泛的应用。

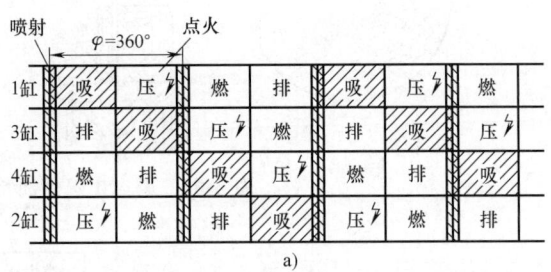
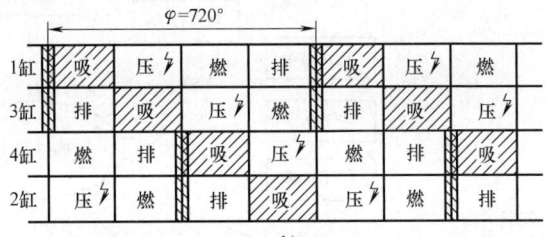
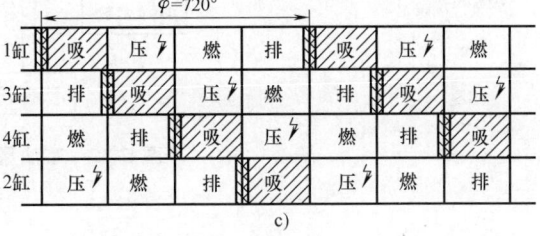

图 5-34　燃油喷射时序示意图

a) 同时喷射方式　b) 分组喷射方式　c) 顺序喷射方式

3. 点火控制

点火系统的控制主要包括点火提前角控制和点火闭合角控制等功能。

（1）点火提前角控制　图 5-35 所示为点火提前角计算关系图，首先经过试验获得发动机稳态工况的主点火提前角，在此基础上加上水温修正、加减速修正、动力加浓修正、空调修正、气温修正、海拔修正、怠速修正等。

节气门开启时的主点火角就是最大转矩时的最小点火提前角（MBT）或爆燃临界点；节气门关闭时，为获得怠速稳定性，点火角应该小于最佳点火角。图 5-36 为试验获得的主点火提前角示意图，除了起动和怠速区域（图中左侧平台区域），基本遵循转速增加点火角加大，负荷增加点火角减小的规律。

（2）点火闭合角的控制　点火闭合角是指点火线圈初级通电的时间（角度），它直接影响线圈初级电流和点火能量。闭合时间太长会使线圈过热，闭合时间太短会因点火能量不足而导致失火。对点火闭合角的控制不仅取决于发动机转速，还取决于蓄电池电压。图 5-37 为点火闭合角示意图，随着转速的增加，闭合角增大；随着蓄电池电压的增大，闭合角

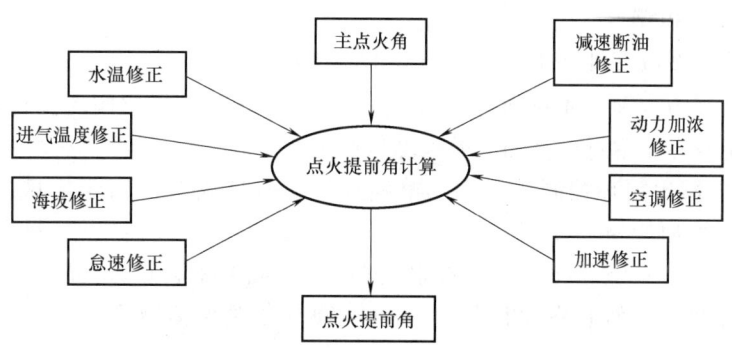

图 5-35 点火提前角计算关系图

减小。

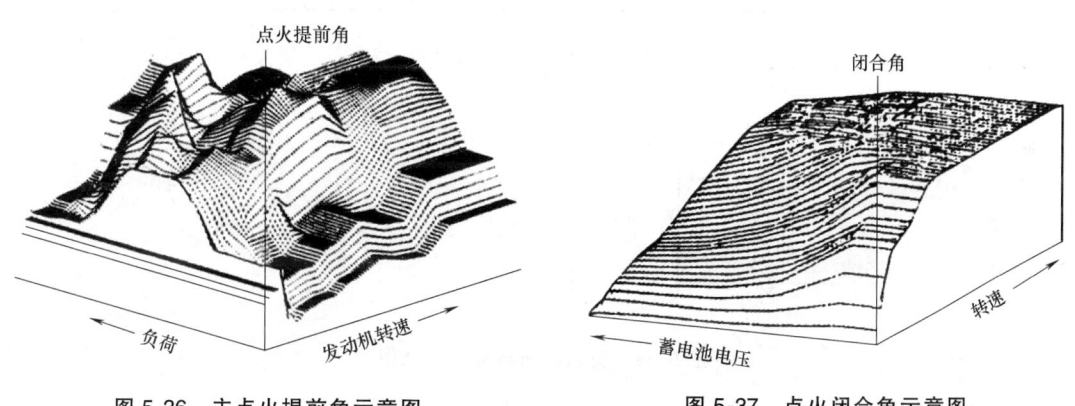

图 5-36 主点火提前角示意图

图 5-37 点火闭合角示意图

4. 闭环怠速控制

发动机管理系统通过对怠速空气流量进行闭环调节以控制怠速,当发动机负荷变化时,通过对目标怠速的修正,维持稳定转速及转速的平顺过渡,防止失速。图 5-38 所示为目标怠速计算关系图,目标怠速主要由基本目标怠速、电压补偿、车速补偿、减速补偿、空调补偿、前照灯补偿及风扇补偿等因素决定。

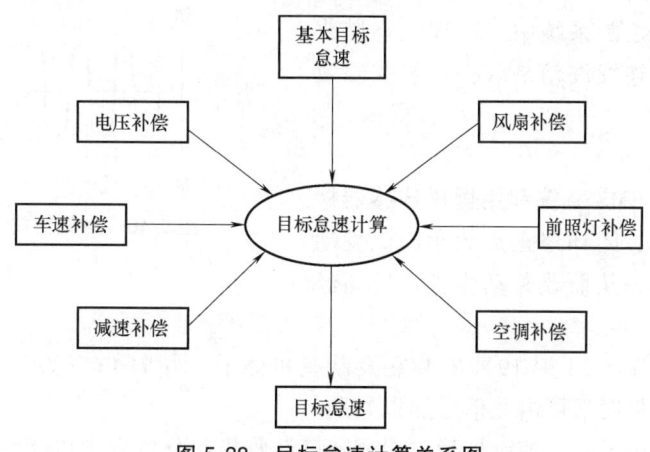

图 5-38 目标怠速计算关系图

5. 空燃比闭环控制

三效催化转化器可将排气中的 HC、CO 和 NO 转化为 H_2O、CO_2 和 N_2，但只有在理论空燃比附近很狭窄的范围内才能同时达到很高的转化效率。空燃比闭环控制的目的就是使发动机工作在理论空燃比附近，从而有效地降低有害物排放。

图 5-39 为空燃比闭环控制示意图，电控系统实时接收氧传感器信息，判断混合气的浓稀状况，改变喷油脉宽，实现闭环控制。在系统中，空燃比闭环控制逻辑是燃油喷射控制模块的一部分，对空燃比的闭环控制通过调节喷油脉宽实现。根据氧传感器信号判断混合气的浓稀状况，然后由比例积分（PI）调节器对喷油脉宽进行调节，从而实现空燃比闭环控制。

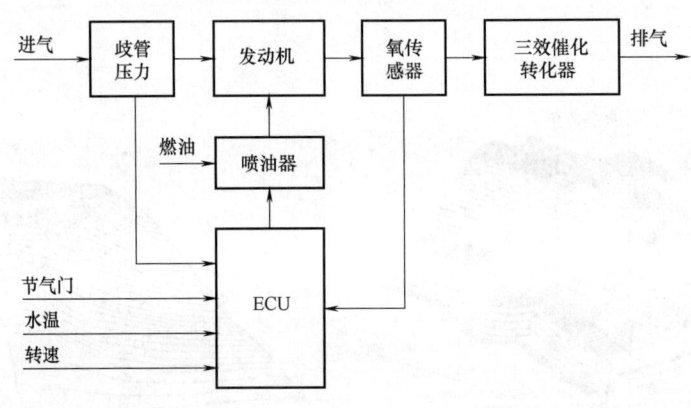

图 5-39 空燃比闭环控制示意图

图 5-40 所示为空燃比闭环控制效果，当混合气的浓稀状态发生变化时，控制的比例项首先起作用，当浓稀状态不变时，积分项逐渐增大或减小，喷油脉宽持续增大或减小，直到混合气浓稀状态发生反转；如此往复，最终实现空燃比在理论空燃比（$\phi_a=1$）附近连续波动。在开关型氧传感器控制系统中，以理论空燃比（$\phi_a=1$）为中心的连续波动是取得理想控制效果的唯一方法。

6. 爆燃控制

爆燃控制就是 EMS 系统利用爆燃传感器检测发动机工作状况，闭环修正点火角，使发动机工作在最佳状态，从而改善动力性，提高经济性。

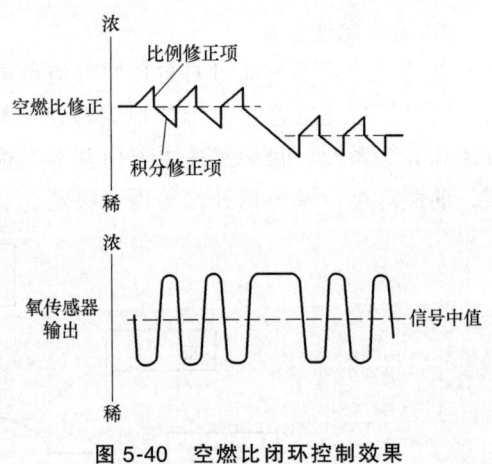

图 5-40 空燃比闭环控制效果

爆燃传感器（图 5-28 中 19）安装在发动机机体上，并向 ECU 发出相应的压电电压信号，爆燃出现及其强度都可由此信号加以判别。

在发动机正常运行时，控制器通过爆燃传感器收集和分析发动机燃烧过程中的压力振荡信号,一旦爆燃的强度超过允许的限制,系统将快速推迟爆燃所发生气缸的点火提前角;在后续的燃烧循环中如已消除爆燃,点火提前角将逐渐恢复至正常角度。图5-41为四缸发动机爆燃控制示意图,采用的是分缸控制方式,4缸没有爆燃,点火角一直维持原值;1缸爆燃频度最高,推迟角度最大;3缸次之;2缸更次之。

7. 节气门的控制

在火花点燃式发动机中,进气量是决定输出功率的主要因素,而进气量由节气门开度控制。

(1) 常规节气门系统 常规节气门系统依靠机械连接来控制节气门,通过金属拉线或机械连杆将加速踏板行程转换成节气门的开度。图5-42所示为常规系统控制原理,节气门控制主进气通道,电控单元通过控制怠速阀来控制旁通流量。控制系统根据不同的需要,控制怠速阀的不同开度,可实现怠速稳定和功率补偿等功能。

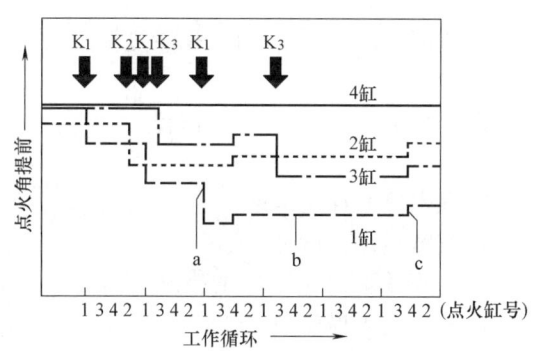

图 5-41 四缸发动机爆燃控制示意图
a—调整推迟点火正时 b—提前点火正时 c—提前点火正时
K_1、K_2、K_3—气缸1到3有爆燃

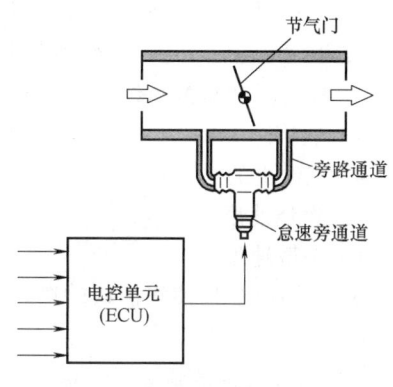

图 5-42 常规系统控制原理

(2) 电子节气门控制系统 图5-43所示为电子节气门控制原理,节气门体、节气门执行器直流电机和节气门角度传感器组成节气门总成。电控单元接收加速踏板开度信号,计算出与驾驶人要求相对应的节气门开度,并根据当前发动机的运行工况进行修正,然后产生控制信号输出到节气门执行器。节气门位置传感器利用两路信号将节气门开度精确地反馈给控制单元。

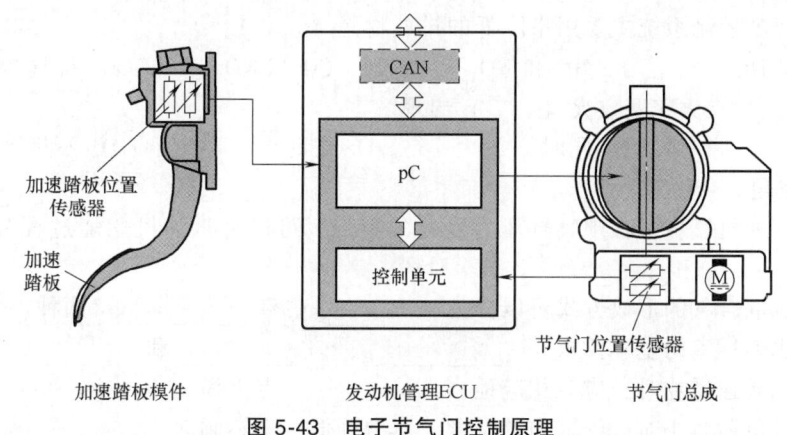

图 5-43 电子节气门控制原理

练习与实训

一、解释术语

1. 燃烧速度
2. 火焰速度
3. 滞燃期

二、选择题

1. 汽油机爆燃的根本原因是远端混合气（　　）。
   A. 被过热表面点燃　　　　　　　　B. 因温度过高自燃
   C. 受火焰传播燃烧　　　　　　　　D. 由已燃气体点燃
2. 汽油机出现表面点火的原因中包括（　　）。
   A. 压力过高　　B. 水垢过多　　C. 浓度过高　　D. 积炭过多
3. 提高汽油机的压缩比，要相应提高所使用汽油的（　　）。
   A. 热值　　　　B. 点火能量　　C. 辛烷值　　　D. 馏程
4. 汽油机的火焰速度是（　　）。
   A. 燃烧速度　　　　　　　　　　B. 火焰锋面移动速度
   C. 扩散速度　　　　　　　　　　D. 气流运动速度
5. 提高压缩比使汽油机的爆燃倾向加大，为此，可采取（　　）的措施。
   A. 减小喷油提前角　　　　　　　B. 减小点火提前角
   C. 加大喷油提前角　　　　　　　D. 加大点火提前角
6. 评价速燃期的重要指标中有（　　）。
   A. 温度升高率　　　　　　　　　B. 最大压力出现时刻
   C. 最高温度　　　　　　　　　　D. 压力升高时刻
7. 下列措施中，不能够消除汽油机爆燃的是（　　）。
   A. 增大点火提前角　　　　　　　B. 推迟点火提前角
   C. 加强冷却　　　　　　　　　　D. 选用高牌号的润滑油
8. 电控汽油喷射系统中对理论空燃比进行反馈控制的是（　　）。
   A. 空气流量传感器　B. 压力调节器　C. 电源电压　　D. 氧传感器
9. 进气温度控制系统主要用来降低的排放物是（　　）。
   A. CO 和 HC　　B. HC 和 NO_x　　C. CO 和 NO_x　　D. 排气微粒
10. 早燃发生在火花塞点火（　　）出现。
    A. 之后　　　　B. 同时　　　　C. 之前　　　　D. 不规则时

三、填空题

1. 根据汽油机燃烧过程中气缸压力变化的特点，可以将汽油机燃烧过程分为_____、_____和_____三个阶段。
2. 汽油机混合气的形成方式可以分为_____和_____两种。
3. 汽油机燃烧室的基本要求是_____、_____和_____。
4. 发动机转速增加时，应该相应地_____点火提前角。
5. 汽油机负荷减小时，气缸内的温度、压力降低，爆燃倾向_____。

6. 汽油机的点火提前角是指从发出电火花到_____间的曲轴转角。

四、简答题

1. 请说明汽油机不规则燃烧的原因。
2. 简述电控汽油喷射系统的组成和各部分的主要功用。
3. 为何汽油机在低负荷运转时的经济性和排放性能均会下降？
4. 试述混合气浓度对汽油机燃烧的影响。

五、综述题

1. 试述点火提前角对汽油机燃烧的影响。
2. 请讨论减少汽油机换气损失的措施。
3. 汽油机发生爆燃时有何外部特征？产生爆燃的机理是什么？影响爆燃的因素有哪些？

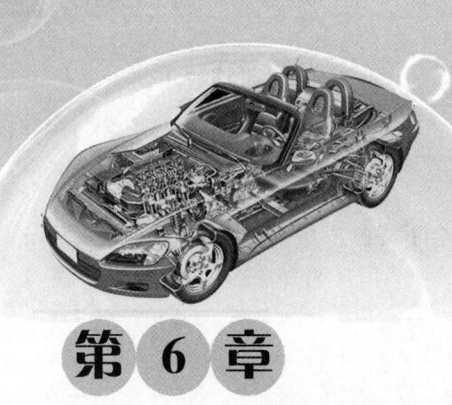

第 6 章

柴油机混合气的形成和燃烧

【教学目标】
　　通过本章的学习，要求读者能够掌握柴油机混合气的形成和燃烧过程，了解柴油机燃烧过程、燃油喷射形成、燃烧室形状、燃烧噪声以及电子控制燃油喷射系统的知识。

【教学要求】

知识要点	能力要求
柴油机的燃烧过程及其特性	了解柴油机的燃烧扩散方式、掌握利用示功图和燃烧放热率来分析柴油机燃烧过程
柴油机燃烧喷射及混合气形成	掌握燃烧喷射的原理和混合气形成的过程
柴油机的燃烧室及其特性	了解柴油机不同燃烧室形状的名称以及优劣特性
柴油机的燃烧噪声	了解柴油机燃烧噪声产生的原因以及预防噪声的方法
柴油机电子控制燃油喷射系统	掌握柴油机电子控制燃油喷射的原理和主要控制技术

　　本章首先介绍柴油机的燃烧过程及其对主要性能的影响，继而介绍为实现合理的燃烧过程应如何组织混合气形成以及合理设计燃烧室，对柴油机的燃烧噪声及其防止技术也做了简要介绍，最后介绍了柴油机电子控制系统和主要控制技术。

6.1 柴油机的燃烧过程及其特性

　　柴油机采用喷雾扩散燃烧方式，其燃烧过程要比汽油机复杂得多。利用示功图和燃烧放热率可以深入细致地分析柴油机燃烧过程。

6.1.1 柴油机燃烧过程

　　如图 6-1 所示，柴油机的燃烧过程可分为四个时期，即着火落后期（滞燃期）、速燃期、缓燃期和后燃期，分别对应图中 1、2、3 和 4 阶段。

1. 着火落后期（滞燃期）

图 6-1 中由喷油始点 A 到气缸压力线与压缩线（虚线）脱离点 B 对应的时期称为着火落后期，或称滞燃期。随压缩过程的进行，缸内空气压力和温度不断升高，在上止点附近气体温度高达 600℃ 以上，高于燃料在当时压力下的自燃温度。A 点被喷入气缸的柴油，经历一系列复杂的物理化学过程，包括雾化、蒸发、扩散、与空气混合等物理准备阶段以及低温多阶段着火的化学准备阶段，在温度、压力以及空燃比等条件合适处，多点同时着火，随着燃烧放热的进行，缸内压力和温度升高，并脱离压缩线。

除直接在示功图上判断 B 点外，用放热率曲线可以更精确地确定 B 点。如图 6-1 所示，由于柴油汽化吸热，造成在

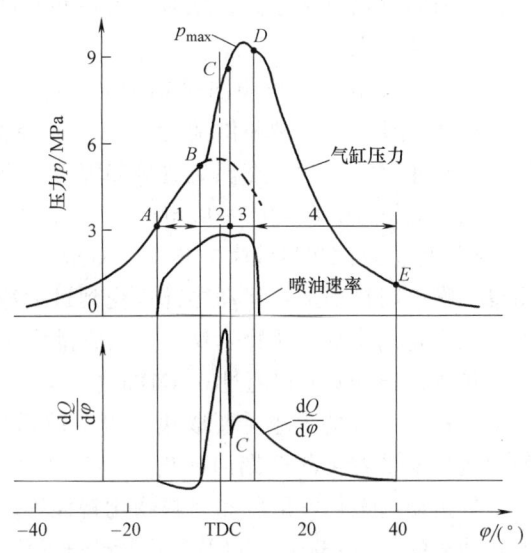

图 6-1 柴油机燃烧过程
1—着火落后期 2—速燃期 3—缓燃期 4—后燃期

着火前 $dQ_B/d\varphi$ 曲线出现负值，一旦开始燃烧放热，$dQ_B/d\varphi$ 很快由负变正。因此可以取 $dQ_B/d\varphi$ 明显上升前第一个极小值点，或 $dQ_B/d\varphi = 0$ 点作为着火点。另外，用可视化发动机和高速摄影的方法可以直观地判定着火时刻。上述三种确定着火时间的方法中，$dQ_B/d\varphi$ 曲线法最精确，并且特征明显容易判定，示功图方法要比前者滞后一些（一般滞后 1°～2°），而高速摄影方法一般与 $dQ_B/d\varphi$ 曲线相同或介于两者之间。

一般柴油机的着火落后角 $\varphi_i = 8° \sim 12°$，着火落后时间 $\tau_i = 0.7 \sim 3\text{ms}$。由于柴油机着火落后期长短会明显影响滞燃期内喷油量和预混合气量的多少，从而影响柴油机的燃烧特性以及动力经济性、排放特性和噪声振动特性，因此需要精确控制。

2. 速燃期

由 B 点开始的压力急剧上升的 BC 段（图 6-1），称为速燃期。由于在着火落后期内做好燃前准备的预混合气大面积多点同时着火，燃烧放热速率 $dQ_B/d\varphi$ 很快上升并达到最高值，由于是在活塞靠近上止点时气缸容积较小的情况下发生，因此气体的温度和压力都急剧升高。随着着火落后期内生成的可燃混合气燃烧殆尽，放热速率下降，到达 $dQ_B/d\varphi$ 曲线的谷底点 C，速燃期结束。

速燃期中的压力升高率 $dp/d\varphi$ 对柴油机性能有至关重要的影响。$dp/d\varphi$ 在实际中一般有两种表现方式，一种是将缸压曲线对曲柄转角求导获得 $dp/d\varphi$ 曲线，如图 6-2b 所示，并求得最大压力升高率 $(dp/d\varphi)_{\max}$；另一种是平均压力升高率 $dp/d\varphi$，其定义为

$$dp/d\varphi = \frac{p_C - p_B}{\varphi_C - \varphi_B} \tag{6-1}$$

式中，φ_C、φ_B 分别是 C 点和 B 点对应的角度；p_C、p_B 分别是 C 点和 B 点对应的压力。实际工程中，为数据处理方便，有时也用 $p_{\max}$ 代替 p_C。

压力升高率是表征内燃机燃烧等容度和粗暴度的指标。压力升高率越高，则燃烧等容度

越高，因而循环热效率越高，这对动力性和经济性是有益的，但会使燃烧噪声及振动增加，即燃烧粗暴度增大。

如图 6-2 所示，一般柴油机燃烧时，$dp/d\varphi$ 的峰值往往对应着 $dQ_B/d\varphi$ 的峰值，并且 $dp/d\varphi$ 并没有随负荷（循环供油量）减小而降低，这说明决定 $dp/d\varphi$ 高低的是预混合燃烧阶段的放热速率。当然，在燃烧过分偏离上止点时，这种对应关系不明显。

一般柴油机 $dp/d\varphi = 0.2 \sim 0.6 \text{MPa}/(°)$，直喷式柴油机的较大，$dp/d\varphi = 0.4 \sim 0.66 \text{MPa}/(°)$。从提高动力性和热效率的角度，希望 $dp/d\varphi$ 大一些为好。但 $dp/d\varphi$ 过大会使柴油机工作粗暴，噪声明显增加；运动零部件受到过大冲击载荷，寿命缩短；过急的压力升高会导致温度明显升高，使氮氧化物（NO_x）生成量明显增加。为降低柴油机噪声和振动以及抑制氮氧化物排放，$dp/d\varphi$ 不宜超过 $0.4 \text{MPa}/(°)$。

柴油机 $dp/d\varphi$ 的大小主要取决于着火落后期内形成的可燃混合气的多少，而可燃混合气的生成量要受着火落后期内喷射燃料量的多少、着火落后期的长短、燃料的蒸发混合速度、空气运动、燃烧室形状和燃料物化特性等多种因素的影响。图 6-3 所示是某非增压直喷高速柴油机的 $(dp/d\varphi)_{max}$ 以及最高燃烧压力与滞燃期的关系，两者均随滞燃期的增长而线性增长。在以后的章节中将经常讨论 $dp/d\varphi$ 和 p_{max} 的控制问题。

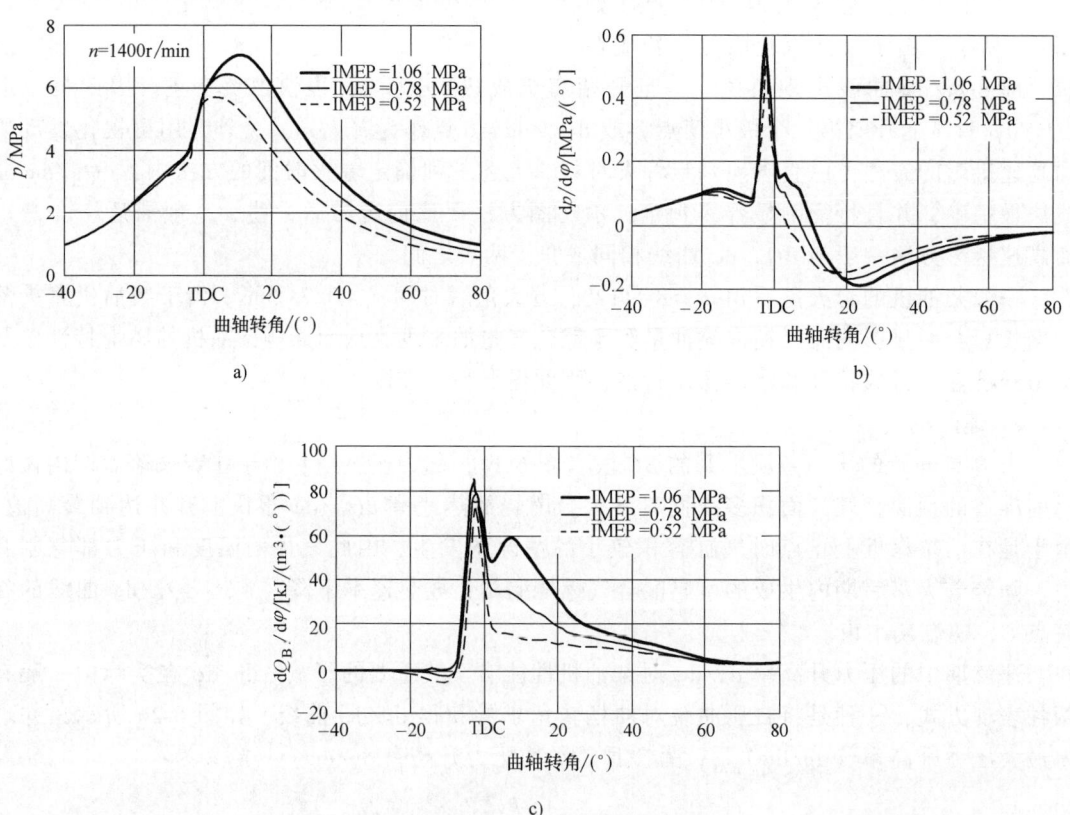

图 6-2 柴油机不同负荷时的燃烧特性

由于在速燃期中参与燃烧的主要是在着火落后期内形成的可燃混合气，因此也称这一时期为"预混合燃烧"阶段。值得指出的是，这种预混合气体是在极短时间内形成的，实际是一种非均质预混合气。

速燃期中的累计放热量随负荷不同而异，如图 6-2 所示，大负荷时为 20%～30%，小负荷时超过 60%。

3. 缓燃期

由 C 点到最高燃烧温度（或最高燃烧压力）的 D 点，称为缓燃期。在此期间，参与燃烧的是速燃期内未燃烧的燃料和后续喷入的燃料，这些燃料边蒸发混合，边以高温单阶段方式着火参与燃烧。由于气缸内温度的急剧升高，蒸发混合速度明显加快，加之后续喷油速率的上升，使放热速率 $dQ_B/d\varphi$ 再次加速，出现柴油机燃烧特有的"双峰"现象。这一阶段燃烧放热速率的大小取决于油气相互扩散混合速度，因此也称为扩散燃烧阶段。也就是说，$dQ_B/d\varphi$ 曲线第一个峰对应预混合燃烧阶段，而第二个峰则对应扩散燃烧阶段。

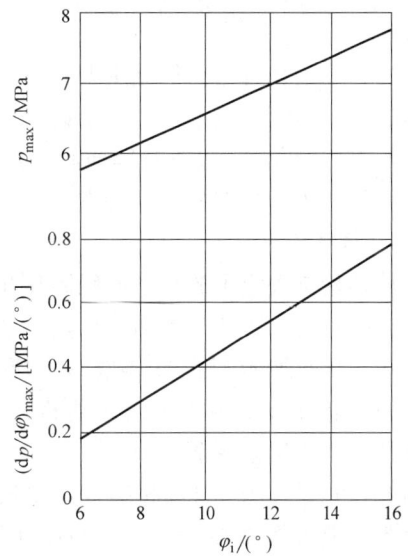

图 6-3 $(dp/d\varphi)_{max}$ 以及 p_{max} 与滞燃期的关系

但小负荷时由于喷油最少并在着火落后期内就停止喷油，因此扩散燃烧比例降低，"双峰"现象逐渐不明显，如图 6-2 中不同负荷时的 $dQ_B/d\varphi$ 曲线所示。

柴油机的最高燃烧压力 p_{max} 越高，一般表明燃烧放热速率越高，因而循环热效率越高。但同时也会使机械负荷、燃烧噪声以及 NO_x 排放增高，机械负荷过高时，甚至会由于机械效率降低，油耗反而恶化。柴油机的 p_{max} 一般为 5～9MPa，增压柴油机有可能为 10～15MPa。为获得好的动力性和燃油经济性，一般希望 p_{max} 出现在上止点后 10°～15°。p_{max} 的位置不仅取决于喷油时间的早晚，也取决于着火落后期和速燃期的长短。

缓燃期过长，会使一部分燃料远离上止点进行燃烧放热，因而燃烧等容度下降，放热时间加长，循环热效率下降。因此，缓燃期不要"过缓"，而应越快越好。加快缓燃期燃烧速度的关键是加快混合气形成速率。

4. 后燃期

从缓燃期终点 D 到燃料基本燃烧完毕（或累计放热率>95%）的 E 点称为后燃期。由于柴油机混合气形成时间短，油气混合极不均匀，总有一些燃料不能及时形成可燃混合气，以致拖到膨胀期间继续燃烧，特别是在高负荷时，过量空气少，后燃现象比较严重。由于后燃期内的燃烧放热远离上止点进行，热量不能有效利用；并且随活塞下行燃烧室表面积增大，增加了散热损失，使柴油机燃油经济性下降。此外，后燃还会产生碳烟排放增加、活塞和气缸热负荷上升以及排气温度升高等问题。

因此，应尽量缩短后燃期，减少后燃所占的百分比。柴油机燃烧时，总体空气是过量的，只是混合不均匀造成局部缺氧。因此，加强缸内气体运动，可以加速后燃期的混合气形成和燃烧速度，而且会使碳烟及不完全燃烧成分加速氧化。

6.1.2 合理的燃烧放热规律

内燃机燃烧特性的优化主要体现在对放热规律（或放热率）的优化，尤其是柴油机比汽油机的放热规律更呈现出复杂以及对性能指标影响大的特点。对放热规律的分析可从燃烧放热始点（相位）、放热持续期和放热率曲线形状三方面入手，即所谓放热规律的三要素。放热规律三要素既有各自的特点，又相互关联。

1. 放热始点

放热始点决定了放热率曲线距压缩上止点的位置，在持续期和放热率曲线形状不变的前提下，也就决定了放热率曲线中心（指放热率曲线包围面积的面心）距上止点的位置。如前所述，放热始点对循环热效率、压力升高率和燃烧最大压力都有重大影响。无论汽油机还是柴油机，都希望放热始点的位置能保证最大燃烧压力 p_{max} 出现在上止点后 $10°\sim15°$。为此，柴油机通过调整喷油提前角以及控制着火落后期长短来加以调控，每个工况都有其最佳的喷油时间。

图 6-4 所示是柴油机喷油提前角对有效功率 P_e 以及燃油消耗率 b_e 的影响规律曲线，称为喷油提前角调节特性。在最佳喷油提前角时，能获得最大 P_e 和最小 b_e 值。

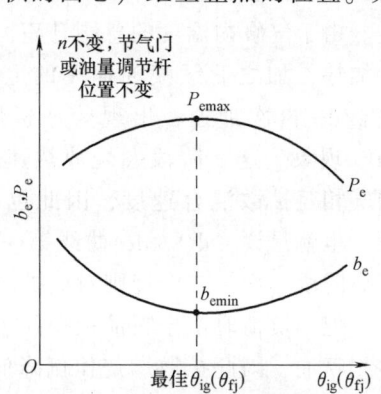

图 6-4 柴油机喷油提前角调节特性曲线

2. 放热持续期

放热持续期的长短，一定程度上是理论循环定压放热预膨胀比 ρ 值大小的反映。这既是决定循环热效率的一个极为关键的因素，也对有害排放量有较大的影响。

放热持续期原则上是越短越好，柴油机一般小于 $40°\sim60°$。柴油机放热持续期首先取决于喷油持续角的大小，喷油时间越长则扩散燃烧期越长；其次也取决于扩散燃烧期内混合气形成的快慢和完善程度。喷油再快，混合气形成速度跟不上也不能缩短燃烧时间，混合气形成不完善就会拖延后燃时间。以上两个环节又受诸多因素的影响，将在后面的混合气形成一节详细讨论。

3. 放热率曲线形状

放热率曲线形状决定了前后放热量的比例。在放热始点和放热持续期不变的条件下，形状的变化，既影响放热曲线面心的位置，也影响预混合燃烧与扩散燃烧的比例，因而对循环热效率、噪声、振动和有害排放量都有很大的影响。

影响放热率曲线形状的因素比较复杂。为便于定性分析，图 6-5 中给出了四种典型的放热率曲线形状，并据此计算出各自的示功图 a、b、c 和 d 曲线。图中，假定四种放热规律都在上止点开始放热，放热总量相同，持续期均为 $40°$。曲线 a 呈先快后慢的放热形状，初期放热多，导致 $dp/d\varphi$ 值最大，p_{max} 达

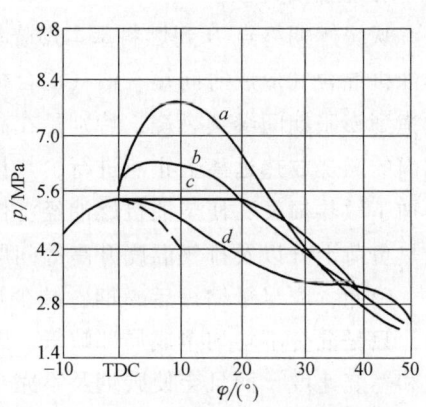

图 6-5 四种典型的放热率曲线形状

8MPa。此时的指示效率值为52.9%，是四种方案中的最高值。曲线 d 先慢后快的放热形状则相反，放热速率前缓后急，$dp/d\varphi$ 和 p_{max} 都最低，η_{it} 也最小，为45.4%。曲线 b 和 c 则介于二者之间。

实际发动机的放热率曲线形状取决于不同的机型、不同的燃烧和混合气形成方式以及对性能的具体要求。直喷式柴油机在追求高的热效率时，其放热率曲线接近图6-6中曲线 a 的形状，可获得较高的 η_{it}，但因而也带来了燃烧压力高、噪声大和振动大的问题。对于汽油机，一般具有图中曲线 c 所示的三角形放热率形状，这一特点决定了汽油机 p_{max} 低、噪声小和振动小等一系列特性，但这也是汽油机热效率低于柴油机的原因之一。

6.1.3 汽油机与柴油机燃烧特性的比较

由以上论述可以看出，汽油机燃烧放热特性与柴油机相比有明显不同。表6-1中列出了汽油机与柴油机燃烧过程主要特点对比，这些差别导致了它们在动力性、经济性、排放特性等各种性能方面的差别。总之，汽油机与柴油机燃烧特点的不同主要起因于其燃料特性、着火方式（火花点火或压缩自燃）和燃烧方式（预混合燃烧或扩散燃烧）的不同。

表6-1 汽油机与柴油机燃烧过程主要特点对比

对比项目	汽油机	柴油机
着火	点燃，高温单阶段着火，单点着火	压燃，低温多阶段着火，多点同时着火
燃烧	火焰在均质预混合气中有序传播，燃烧柔和	两阶段燃烧，即无序的非均质预混合燃烧和扩散燃烧，燃烧较粗暴
后燃	混合均匀，因而后燃期较短	混合不均匀，因而后燃期较长
放热规律	燃烧放热先缓后急，燃烧持续期较短	燃烧放热先急后缓，燃烧持续期较长

图6-6所示为汽油机与柴油机大负荷时的示功图及燃烧放热率曲线，可以看出两者的形状有显著不同。首先，汽油机放热率曲线呈"单峰"形状（不论负荷大小），而柴油机在高负荷时往往呈"双峰"形状。因此在模拟计算时，可用单韦伯函数表示汽油机放热过程，而用双韦伯函数表示柴油机放热过程。其次，汽油机放热率曲线一般呈左右对称形状，因此其放热率"重心"往往与50%累计放热率点的相位（CA50）以及放热速率峰值大致重合，而柴油机无此明显规律。如柴油机燃烧时，放热率峰值一般对应最大压力升高率 $(dp/d\varphi)_{max}$。CA50往往用来表示汽油机燃烧等容度，一般出现在上止点后5°~10°时热效率最高。由放热率曲线形状还可以看出，柴油机的初期放热率很高，这导致其放热率重心（或50%累计放热率点的相位）要早于汽油机。也就是说，柴油机的燃烧放热等容度实际上高于汽油机。这也反映了近代柴油机采用高压喷射和燃烧室设计优化等技术导致其更趋于定容热力循环。

图6-7所示为EQ491汽油机不同负荷时的燃烧特性变化。随着负荷的增加，汽油机燃烧持续期缩短，而不是像柴油机那样增加。图中，右侧大负荷两个点的燃烧持续期略有增加，是由于防止爆燃而推迟点火时刻造成的。由此可知，汽油机在中小负荷时的燃烧持续期会比柴油机明显拖长，加之上述初期放热率明显低于柴油机的特点，其燃烧放热等容度会更加低

于柴油机。

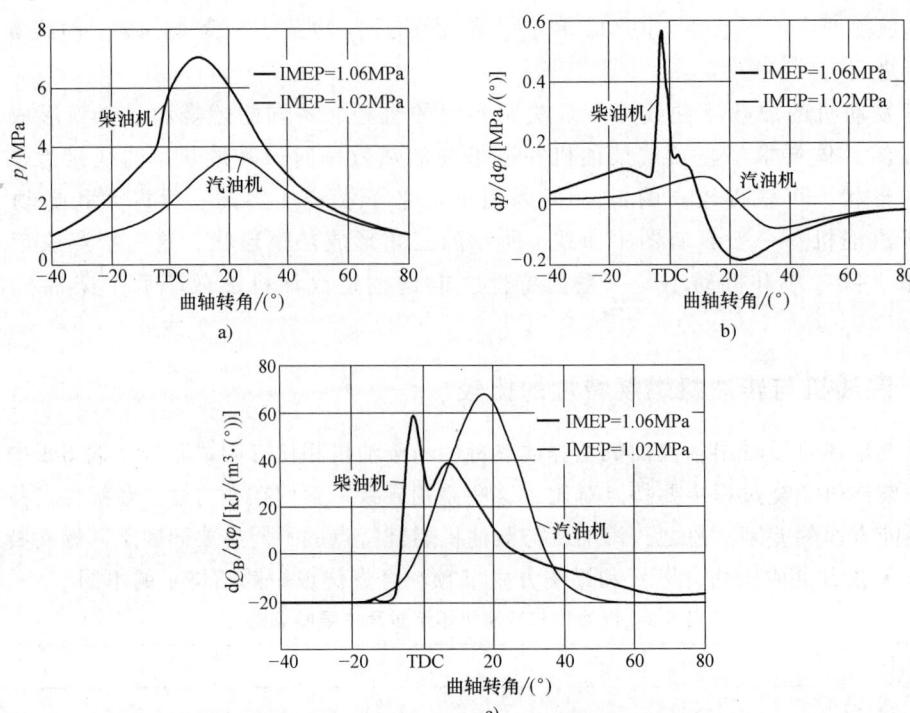

图 6-6 汽油机与柴油机大负荷时的示功图及燃烧放热率曲线

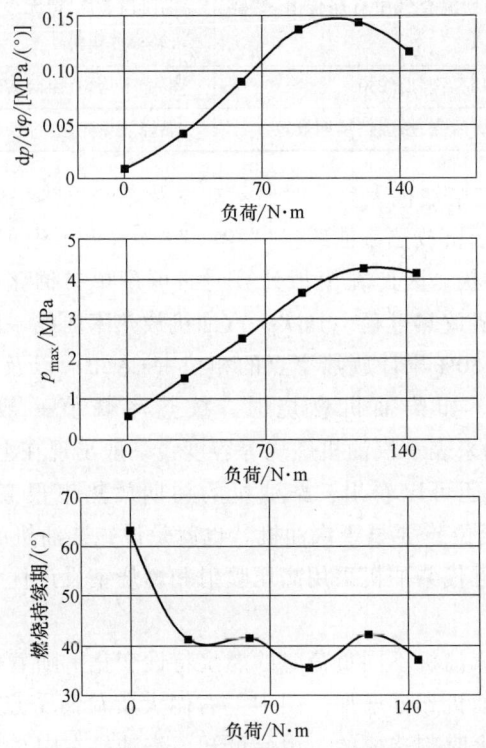

图 6-7 汽油机燃烧特性随负荷的变化

如图 6-8 所示，汽油机最佳点火提前角 θ_{ig} 随负荷减小而增加（提前），由于负荷减小意味着进气歧管真空度增加，因而也称为真空提前（图 6-8b）。随转速的上升，汽油机燃烧持续期增长（与柴油机相似），因而最佳点火时刻提前，也称为转速提前（图 6-8a）。电控汽油机（包括进气道喷射式和缸内直喷式）直接靠点火时刻 MAP 图来精确控制，基本可以保证各工况点都处于最佳值。

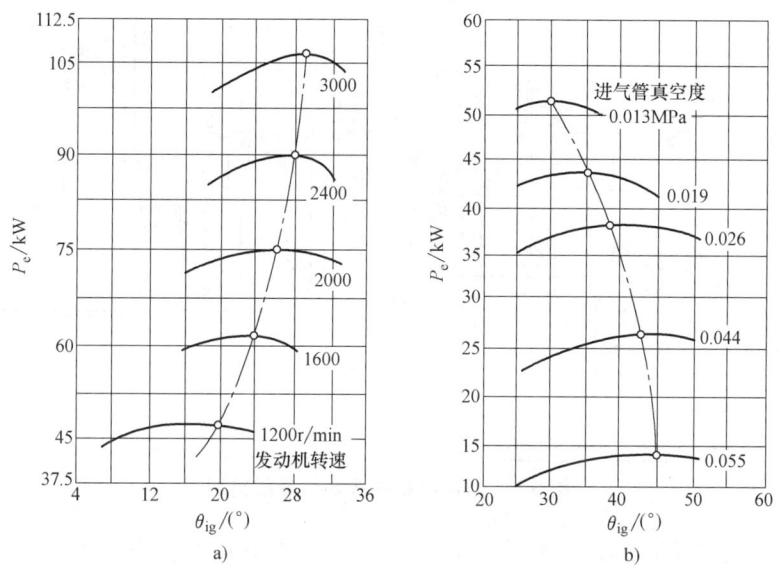

图 6-8 最佳点火提前角特性
a）节气门全开 b）n = 1600r/min

6.2 柴油机的燃油喷射及混合气形成

如上所述，由于柴油机采用扩散燃烧方式，其燃烧放热速度取决于混合气形成速度。在柴油机中，混合气形成要经历燃料喷射—雾化—汽化—混合这样一个复杂的过程，而且还有燃烧中的再混合问题。这个过程并不是越快越好，而是应根据动力、经济、排放以及噪声振动等性能的要求，对其进行合理的控制。而这种控制是通过对燃油喷射系统、进气系统、燃烧室的合理设计以及三者之间的合理匹配进行的。

6.2.1 喷油系统与喷油特性

1. 喷油系统

早期柴油机的燃油喷射是借助高压空气实现的。1927 年，德国 Bosch 公司开始生产以螺旋槽柱塞旋转方式调节供油量的机械式喷油泵，这种喷油泵的工作原理一直沿用至今。图 6-9 所示为典型的柴油机机械式供油系统简图，其核心部分是由直列式喷油泵、喷油器和连接其间的高压油管组成的高压油路，又称为泵-管-嘴喷油系统。

20 世纪 80 年代以来，由于降低柴油机排放所要求的高压喷射需求以及电控技术趋于成熟，陆续出现了各种类型的电控燃油喷射系统。其中，20 世纪 90 年代后期开始产业化的共轨式（Common Rail）喷油系统在车用柴油机中获得了最广泛的应用。共轨系统首先将高压

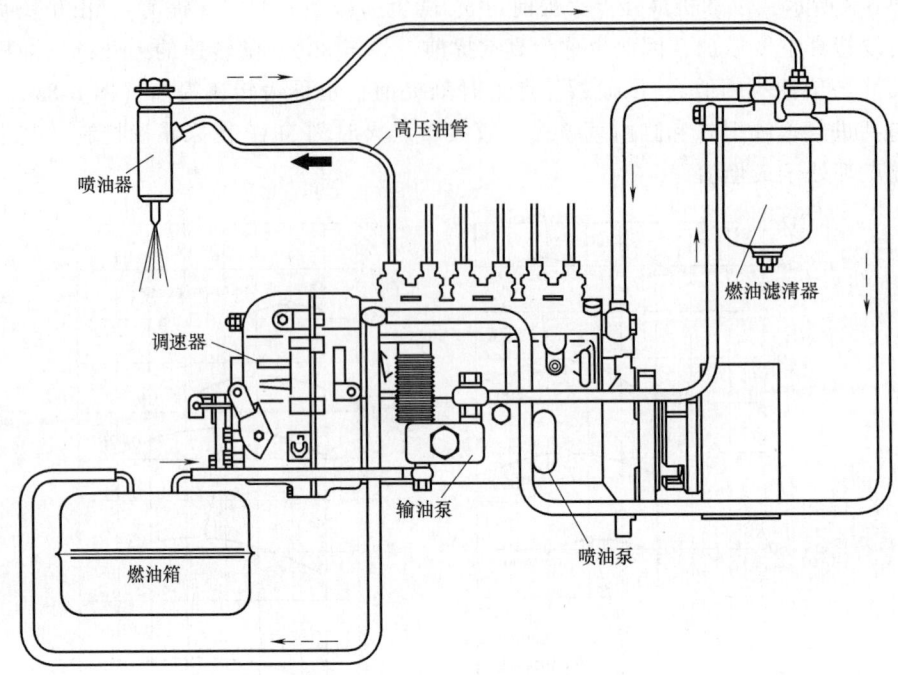

图6-9 柴油机机械式供油系统简图

燃油泵入作为储压容积的高压共轨,通过电控单元(ECU)的指令,由电磁阀控制喷嘴的喷射时间和喷射量,因而可以实现很高的喷油压力(120~200MPa),且压力基本保持恒定而不受高压油泵转速及发动机负荷的影响,可以实现多次喷射,这为柴油机燃烧和排放性能的改进提供了强有力的调节控制手段。

对于各种不同的喷油系统,都有以下基本要求:

1)能产生足够高的喷油压力,以保证燃料良好的雾化及混合燃烧,这包括雾化质量(喷雾粒度及均匀性)和空间分布。

2)实现所要求的喷油规律,以保证合理的燃烧放热规律和良好的综合性能。

3)精确控制每个循环的喷油量和喷油时间,并且保证各缸之间的均匀性。

4)在各种工况下避免出现不利的异常喷射现象。

2. 喷油器及其特性

如图6-10所示,喷油器可分为轴针式喷油器(图a)和孔式喷油器(图b)两类。喷油器主要由喷嘴和喷油器体两部分构成,因而也称喷油器总成。轴针式喷油器用于涡流室和预燃室之类的非直喷式燃烧室,开启压力为11~14MPa;孔式喷油器用于直喷式燃烧室,开启压力为15~25MPa。近年来由于直喷式柴油机采用预喷射方式来降低NO_x排放和燃烧噪声,双弹簧喷油器也开始被采用。喷油开始时,刚度小的弹簧首先被压缩,喷嘴针阀仅开启0.03~0.06mm(预行程),产生少量的燃油预喷射,随着喷油压力继续升高,刚度更大的弹簧被压缩,主喷油开始。

图6-11给出了4种典型喷嘴的结构。其中孔式喷嘴分为单孔喷嘴(图a)和多孔喷嘴(图b),前者主要用于球形燃烧室,后者主要用于直喷式燃烧室。喷孔的数目、孔径及喷射角度等设计参数要视具体的燃烧室形状和空气运动而定。孔式喷嘴的针阀升程为0.2~

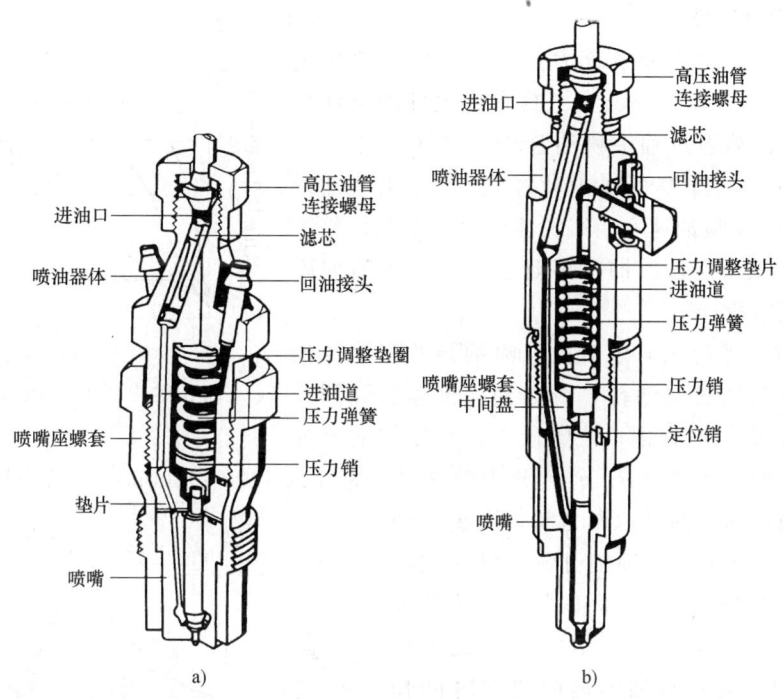

图 6-10 喷油器分类
a) 轴针式喷油器　b) 孔式喷油器

0.45mm，在满足流通面积的前提下，应尽可能减小针阀升程。对于缸径 $D<150$mm 又具有较强进气涡流的直喷式燃烧室，喷孔数为 4~5 个，孔径为 0.15~0.4mm；而对较大缸径并不组织进气涡流的直喷式燃烧室，喷孔数为 6~12 个。孔径小可使雾化质量提高，但加工困难，并容易引起积炭堵塞。

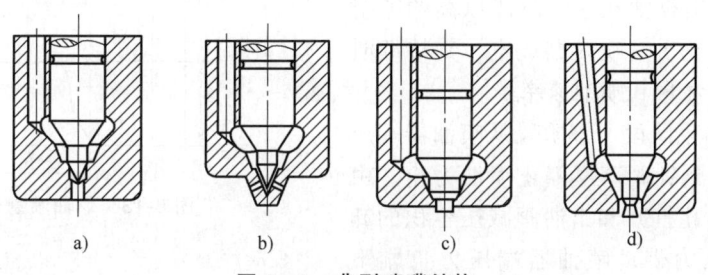

图 6-11 典型喷嘴结构
a) 孔式（单孔）　b) 孔式（多孔）　c) 轴针式（标准）　d) 轴针式（节流）

轴针式喷嘴有图 6-11c 所示的标准轴针式和图 6-11d 所示的节流轴针式两种。通过针阀头部在喷孔内的上下运动，可起到防止积炭堵塞的自洁作用。轴针式喷油器的孔径一般为 0.8~1.5mm，针阀升程为 0.4~1.0mm。

喷孔流通截面积与针阀升程的关系称为喷嘴的流通特性。图 6-12 所示为不同喷嘴的流通特性。孔式喷嘴的流通截面积随针阀的上升增长最快；标准轴针式较慢；节流轴针式因针阀头部圆锥部分的节流作用，初期的流通面积最小，可大大减少着火落后期中的喷油量。

3. 燃油喷射过程

以图6-9所示的供油系统为例，分析燃油喷射过程，如图6-13所示，图中表示了具有代表性的柴油机高负荷时的燃油喷射过程中喷油泵端压力 p_H、喷油器端压力 p_n 以及针阀升程 h_n 的变化过程。针阀升程曲线的相位与图6-1中喷油速率曲线的相位是一致的。整个过程一般分为三个阶段，即喷射延迟阶段、主喷射阶段和喷射结束阶段。

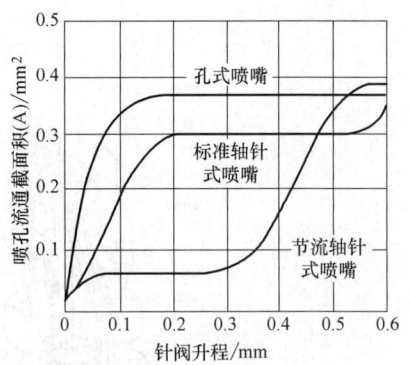

图6-12 不同喷嘴的流通特性

（1）喷射延迟阶段　该阶段从喷油泵的理论供油始点（柱塞顶封闭进回油孔）开始到喷油器的针阀开始升起（喷油始点）为止。该阶段中，受压缩的燃油打开出油阀，进入高压油管，产生压力波并以声速（约1200～1300m/s）沿高压油管向喷油器端传播。当喷油器内燃油压力超过喷嘴针阀开启压力时，针阀升起，喷油开始。供油始点和喷油始点与压缩上止点之间的间隔角度称为供油提前角 θ_{fs} 和喷油提前角 θ_{fj}，两者之差称为喷油延迟角，表示喷油延迟阶段的时间长短。发动机转速越高以及高压油管越长，则喷油延迟角越大。

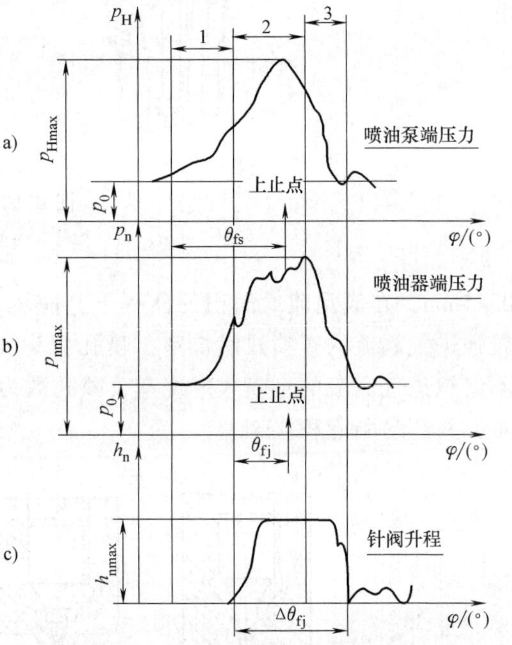

（2）主喷射阶段　该阶段从喷油始点到喷油器端压力开始急剧下降为止。由于喷油泵柱塞持续供油，喷油泵端压力和喷油器端压力都保持高的水平，同时喷油器针阀达到并保持最大升程，绝大部分燃油在这一阶段以高的喷射压力和良好的雾化质量喷入燃烧室，其持续时间取决于循环供油量和喷油速率。

（3）喷油结束阶段　该阶段从喷油器端压力开始急剧下降到针阀落座停止喷油为止。由于喷油泵的回油孔打开和出油阀减压容积的卸载作用，泵端压力带动喷油器端压力急剧下降，当喷油器端压力低于针阀开启压力时，针阀开始下降。由于喷油压力下降，燃油雾化变差，因而应尽可能缩短该阶段，减少该阶段的喷油量，即喷油结束阶段应迅速。

图6-13 燃油喷射过程

4. 供油规律与喷油规律

考察喷油过程有两类指标，即喷雾特性和喷油特性，供油规律和喷油规律是喷油特性中的重要指标。定义单位凸轮轴转角（或单位时间）由喷油泵供入高压油路中的燃油量为供油速率 $dq_p/d\varphi_{PA}$（或 dq_p/dt）。同理，定义单位凸轮轴转角（或单位时间）由喷油器喷入燃烧室内的燃油量为喷油速率 $dq_n/d\varphi_{PA}$（或 dq_n/dt），此处 φ_{PA} 表示喷油泵凸轮轴转角，而 q_p 和 q_n 分别表示供油量和喷油量。

供油规律是指供油速率随凸轮轴转角 φ_{PA}（或时间）的变化关系；同理，喷油规律是指喷油速率随凸轮轴转角 φ_{PA}（或时间）的变化关系。

若喷油泵柱塞直径为 d_p，柱塞位移为 h_p，则供油速率可由下式计算

$$dq_p/d\varphi_{PA} = \frac{\pi}{4} d_p^2 \cdot dh_p/d\varphi_{PA} \tag{6-2}$$

式中，$dh_p/d\varphi_{PA}$ 是柱塞运动速度，取决于喷油泵凸轮型线。

图 6-14 给出了柱塞的位移 h_p 和速度 $dh_p/d\varphi_{PA}$ 随 φ_{PA} 的变化关系。即使是同一凸轮，所用的工作段不同，其 $dh_p/d\varphi_{PA}$ 也不同。显然，图中工作段Ⅱ的平均速度要高于工作段Ⅰ，因此当循环供油量相同时，前者的供油持续期比后者短。

图 6-15 给出了供油规律和喷油规律的示例。供油规律 $dq_p/d\varphi_{PA}$ 可由 $dh_p/d\varphi_{PA}$ 和 dp 计算出，即由凸轮和柱塞的几何尺寸计算出，因而也称为几何供油规律，其形状与 $dh_p/d\varphi_{PA}$ 曲线相同（参考图6-14）。喷油规律 $dq_n/d\varphi_{PA}$ 虽然由供油规律决定，但两者之间存在明显不同，除了始点一般差别8°～12°曲轴转角之外，喷油持续时间较供油持续时间长，最大喷油速率较最大供油速率低，其形状有明显畸变，循环喷油量也低于循环供油量。两者的差别主要有以下原因。

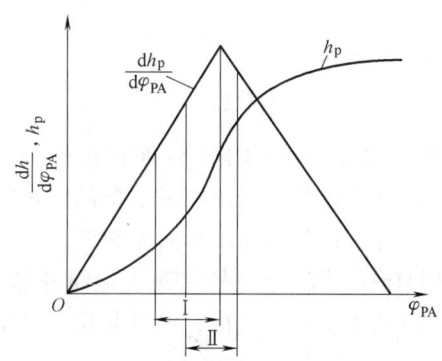

图 6-14 喷油泵柱塞运动规律

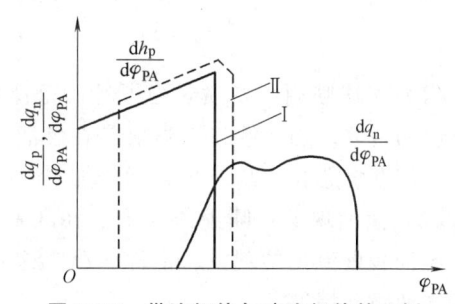

图 6-15 供油规律与喷油规律的示例

（1）燃油的可压缩性　燃油在低压时可视为不可压缩流体，但高压（30～200MPa）时必须考虑其可压缩性。例如，6135柴油机额定工况时的循环供油量为 0.13mL，开启喷油压力为 25MPa，则燃油体积由于受压缩减少 1%，1m 长高压油管（内径为2mm）中的燃油体积缩减值相当于循环供油量的24%。如果再计及开启喷油后压力急剧增高以及高压油路中还有不少高压容积（如出油阀室等），则压缩量会更多。

（2）压力波传播滞后　尽管压力波在柴油中的传播速度高达1200～1300m/s，但仍会造成明显的相位差。如1m 高压油管在发动机转速为 3000r/min 时，相位差可达 10°曲轴转角以上。

（3）压力波动　高压燃油系统中压力波的往复反射和叠加会造成喷油规律与供油规律在形状上的差异。

（4）高压容积变化　在高压燃油的作用下油管会产生弹性变形，造成高压容积变化。

由于喷油规律对燃烧放热规律有直接的影响，因而喷油规律一直是柴油机燃烧和性能优化中的重要内容。常用的试验测定方法有压力升程法和 Bosch 长管法，其详细的测试和计算方法可参阅相关资料。

5. 异常喷射现象

喷油系统内的压力高、变化快，喷油峰值压力往往高达 10～100MPa 以上，现代柴油机

高压喷射系统甚至达200MPa，而谷值压力由于出油阀减压容积的作用往往接近零以至出现真空。如此剧烈的压力波动容易造成二次喷射、断续喷射、隔次喷射以及气穴等异常喷射现象，图6-16所示为各种异常喷射时的针阀升程变化。

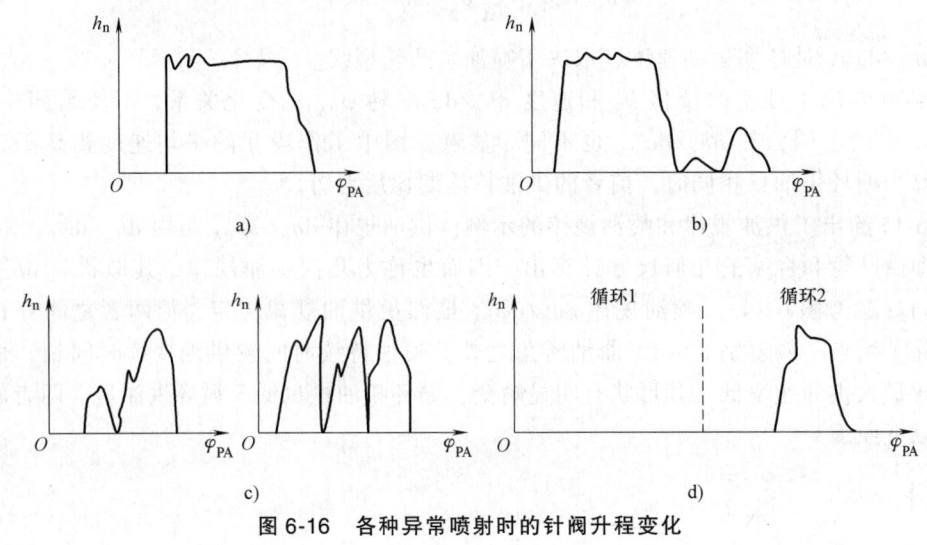

图6-16　各种异常喷射时的针阀升程变化
a）正常喷射　b）二次喷射　c）断续喷射　d）隔次喷射

（1）二次喷射　指喷射终了针阀落座以后，在压力波动的影响下，针阀再次升起，产生喷射的现象。由于第二次喷射是在燃油压力较低情况下进行的，这时喷射的燃油严重雾化不良，使燃烧恶化，易产生碳烟。加之喷射时间严重滞后，这时的循环热效率很低。

（2）滴油现象　喷射终了时，由于高压系统内的压力下降过慢使针阀不能迅速落座，仍有燃油缓慢流出的现象，也称后滴。这时由于燃油的流速及压力极低，难以雾化，易生成积炭并使喷孔堵塞。

（3）断续喷射　断续喷射主要发生在低速低负荷工况，由于喷油压力较低，针阀往往不能完全升起而处于浮动状态，周期性往复跳动，因而导致喷油断续，雾化不良，针阀偶件的磨损加速。

（4）不规则喷射和隔次喷射　不规则喷射和隔次喷射是低速低负荷条件下，由于压力波传播导致的一种丧失喷油静力稳定性的现象，表现为循环喷油量不断变动的不规则喷射，以及极端条件下的一次喷一次不喷的隔次喷射。这种现象会造成柴油机转速波动过大，工作粗暴，并限制柴油机的最低怠速稳定转速。

（5）气穴与穴蚀　当高压油路中的压力接近零时，会产生油和空气的气泡，称为气穴。气泡在随后的高压下爆裂而产生冲击波，对金属表面产生冲击，这种现象多次出现会导致疲劳破坏，称为穴蚀。穴蚀会影响到喷油系统的工作可靠性和寿命。

为避免异常喷射现象，应尽可能缩短高压油管长度，减小高压容积以减缓压力波动；合理选择喷油系统的参数，如喷油泵柱塞直径、凸轮型线、出油阀结构及尺寸、出油阀减压容积、高压油管内径、喷油器喷孔尺寸、喷油器开启压力等。

6.2.2　缸内气流运动

内燃机缸内运动形式分为涡流、挤流、滚流和湍流四种，可以分别应用或组合应用于不同的燃烧系统。

1. 涡流

涡流运动一直是柴油机混合气形成的主要手段，近年来，汽油机为实现稀薄燃烧也开始应用涡流。根据形成方法不同，涡流又可分为进气涡流和压缩涡流。衡量涡流强度的指标是涡流比 Ω。

（1）进气涡流　内燃机中进气涡流的产生方法一般有 4 种，即导气屏、切向气道、螺旋气道及组合进气系统。图 6-17 所示为不同涡流产生方法的进气门出口处的流速分布。

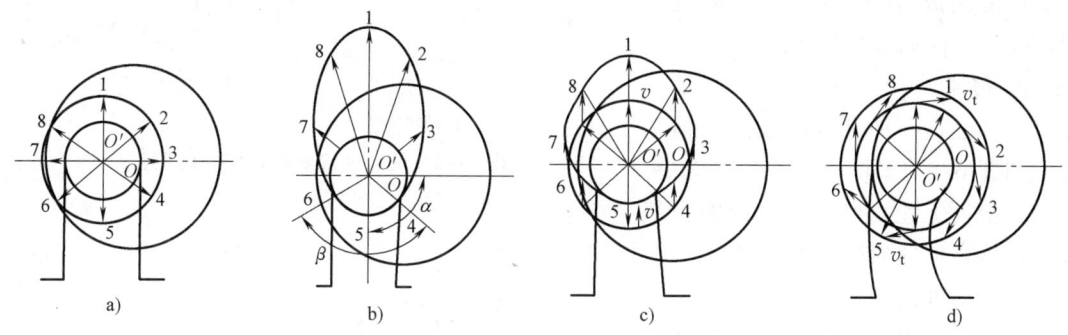

图 6-17　进气门出口处的流速分布示意图
a）平直无旋气道　b）带导气屏的进气门　c）切向气道　d）纯螺旋气道

导气屏设置在进气门上，引导进气气流以不同角度流入气缸，在气缸壁面的约束引导下产生涡流。这种方法结构简单，进气道可不做特殊设计，通过改变导气屏的包角和导气屏中点的安装位置（角度 α），可调节涡流强度，涡流比 $\Omega = 0 \sim 4$，但阻力最大，主要用于试验研究用发动机。

切向气道形状简单，涡流比 $\Omega = 1 \sim 2$，适用于对涡流强度要求不高的发动机。

螺旋气道的形状最复杂，涡流比 $\Omega = 2 \sim 4$，同样涡流比时的进气阻力小于切向气道，适用于对进气涡流强度要求较高的发动机。

另外，在两进气门的发动机上，可采用不同类型（例如 1 个切向气道和 1 个螺旋气道）或不同角度的两个进气道，以组合出所需要的涡流和流速分布。这种方式称为组合式进气系统。

值得注意的是，由于柴油机的喷油是在上止点附近开始的，因此涡流在上止点附近的状态对混合气形成具有更直接和更实质性的影响。不仅应注意进气涡流的大小，更应注意压缩终点时燃烧室内的涡流强度。进气涡流在压缩过程中，一边旋转一边被挤入燃烧室凹坑。设进气涡流比和压缩终点时燃烧室凹坑内的涡流比分别为 Ω 和 Ω_c，根据动量守恒关系有

$$\frac{\Omega_c}{\Omega} = \frac{D^2}{d_k^2} \tag{6-3}$$

式中，D 和 d_k 分别是气缸直径和燃烧室凹坑入口直径。显然，$\Omega_c > \Omega$，即进气涡流在气缸内有一个发展增强过程。

图 6-18 所示为涡流强度随曲轴转角的变化，图中给出了燃烧室凹坑形状对 Ω_c 的影响。如图中虚线所示，缩口形燃烧室的涡流比随压缩过程的进行增长很快，压缩上止点前已明显超过深 ω 形燃烧室，并将这种强烈的涡流保持到上止点后。因此，缩口形燃烧室的燃前混

合气形成速度会高于深ω形燃烧室，并且也会改善扩散燃烧阶段的混合速度。

（2）压缩涡流　在涡流室式燃烧室中，气体在进气过程中并不产生涡流，而在压缩过程中由主燃烧室经连通道进入涡流室时，形成强烈的压缩涡流。虽然这种产生涡流的方式不会使进气阻力增大和进气充量下降，但形成压缩涡流时会伴随着不同程度的能量损失，使循环热效率降低。

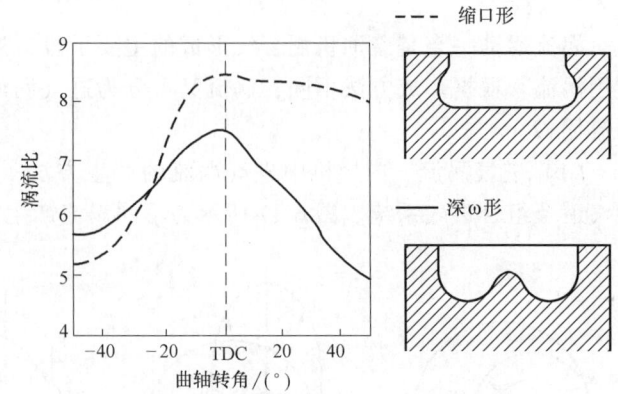

图 6-18　涡流强度随曲轴转角的变化

2. 挤流

挤流也是一种有效的缸内气体运动，如图 6-19 所示。在压缩过程中，当活塞接近上止点时，气缸内的空气被挤入活塞顶部的燃烧室凹坑内，由此产生挤压涡流（挤流）。当活塞下行时，凹坑内的燃烧气体又向外流到活塞顶部外围的环形空间，与空气进一步混合燃烧，这种流动则称为逆挤流。

挤流强度取决于燃烧室凹坑喉口直径 d_k 与活塞直径之比，以及活塞顶间隙 s_0。d_k 和 s_0 越小，则挤流强度越大。

挤流在柴油机和汽油机上都得到了广泛的应用，汽油机紧凑型燃

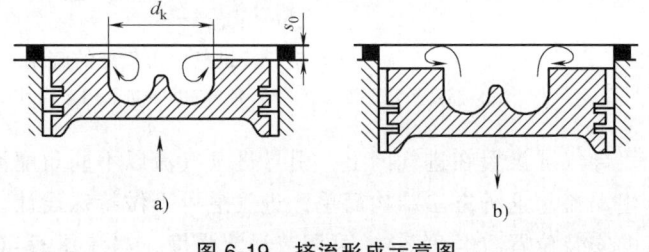

图 6-19　挤流形成示意图
a）挤流　b）逆挤流

烧室都利用较强的挤流运动增强燃烧室的湍流强度，促进混合气快速燃烧。

3. 滚流

滚流主要应用于汽油机。在进气过程中，绕垂直于气缸轴线旋转的滚流可更快更有效地将燃油喷雾或浓混合气散布于整个气缸容积中；在压缩过程中，滚流的动量衰减较少；在活塞接近于压缩上止点时，大尺度的滚流被破碎成许多小尺度的涡流和湍流，可大大改善混合燃烧过程。滚流与涡流产生的湍流强度对比如图 6-20 所示，滚流（图 c）在压缩上止点附近形成的湍流强度，明显高于进气涡流（图 b）产生的湍流，是普通进气系统（图 a）标准气流的两倍左右。近几年来，滚流在汽油机特别是在缸内直喷式汽油机上获得了广泛的应用，可以加快进气行程中缸内的油气混合速度。

4. 湍流

上述涡流、挤流和滚流是从宏观的角度描述缸内的气流运动，这里讲的湍流是从微观角度描述气流运动。内燃机中的燃烧都属于湍流燃烧。活塞的高速往复运动虽然可以自然形成湍流，但其强度较弱并且无法控制。用激光多普勒测速仪（LDV）和热线风速仪测得的试验结果表明，燃烧室内气流脉动速度 v_T 与活塞平均速度 v_m 成正比，一般有

$$u_T = A_t v_m \tag{6-4}$$

式中，A_t 是系数，一般为 0.3~0.9，有些资料上建议取为 0.5。

湍流可以不同程度伴生在涡流、挤流和滚流中，也可以单独存在，如预燃室中由压缩生成的湍流、非回转体燃烧室中伴随涡流运动产生的边角处湍流。

6.2.3 柴油机的混合气形成方式

混合气形成过程主要依靠对燃油喷射、气流运动以及燃烧室形状的合理匹配。这里先基于以上介绍的燃油喷射和气流运动基本知识讨论混合气形成方式的分类及其主要特征。

柴油机的混合气形成方式可分为两大类，即空间雾化混合与壁面油膜蒸发混合。

1. 空间雾化混合

将燃油喷射到空间进行雾化，通过燃油与空气之间的相对运动和扩散，在空间形成可燃混合气的方式称为空间雾化混合。

（1）常用的空间雾化混合方式。直喷式柴油机（除球形燃烧室）采用空间雾化方式，其混合气形成

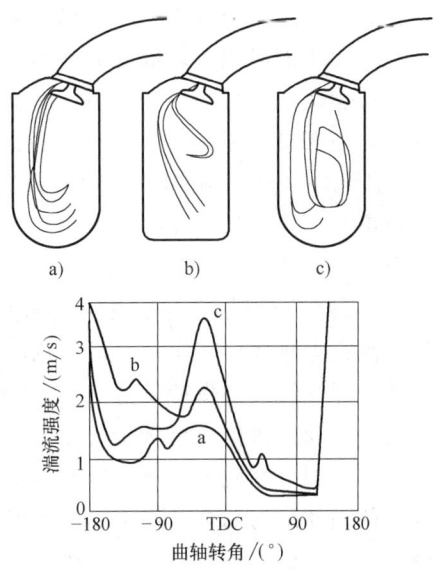

图6-20 滚流与涡流产生的湍流强度对比
a) 标准气流 b) 强涡流 c) 强滚流

方式如图6-21所示。一种方法是采用多孔喷油器（6~12孔）以高压将燃油喷入燃烧室中的静止空气中（更确切地说，是有湍流无涡流），通过多个喷油射束均匀覆盖大部分燃烧室以及高压喷油产生的高度雾化，形成可燃混合气，如图6-21a所示。混合能量主要来源于喷油射束，空气是被动参与混合的，因而是一种"油找气"的混合方式。由于无进气涡流，进气充量较高，但混合气浓度分布不均匀。在早期的柴油机和目前的大型低速柴油机中，一般过量空气系数较大，燃烧时间较长，采用这种混合方式尚能达到满意的指标。而在车用高速柴油机中，由于转速高、燃烧时间短，入口较小，这种混合方式不能保证迅速和完全的燃烧。

图6-21b则表示油和气相互运动的混合气形成方法。在有旋的气流场中，用喷孔较少（3~5孔）的喷油器将燃油喷到空间中，在喷油能量和空气旋流的同时作用下，油束的扩散范围迅速扩大，能在短时间内形成大量可燃混合气。这时，涡流强度与喷油射束的匹配是十分重要的，在理想的涡流强度下，相邻油束几乎相接，以使油雾尽可能充满燃烧室。涡流太弱，油束扩散范围不够。涡流过强，如图6-22所示，上游油束的已燃气体（废气）会混入下游油束的未燃混合气区域，反而妨碍燃烧，这种现象也称为过强涡流。

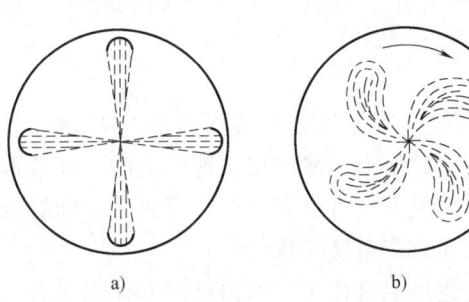

图6-21 直喷式柴油机的混合气形成方式
a) 静止空气 b) 空气做旋转运动

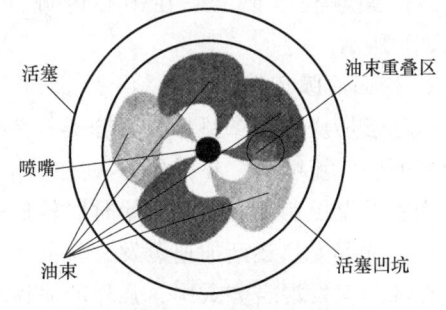

图6-22 过强涡流现象

在非直喷式燃烧室中，尽管也是空间混合方式，但采用的是两段混合方法。第一阶段混合时，利用压缩涡流和较低压力喷油射束的能量，在副燃烧室中并不十分均匀的混合状态下进行着火燃烧。然后利用高温高压燃烧气体的射流与强扰动作用，在主燃烧室内进行第二阶段的混合与燃烧。因此，这种两段混合方法降低了对气流运动和喷雾特性的需求。20世纪80年代后出现的撞击喷射（将燃油高速喷向壁面产生撞击）也是一种空间混合方式，通过喷油射束对不同形状壁面的撞击和反弹，使油束的分布范围扩大，在涡流的作用下，快速形成混合气。

（2）热混合现象　对缸内空气涡流运动特性的测试结果表明，在压缩上止点附近，内围的气流接近刚体旋转运动，即气流的切向速度随半径的增大而增大；而外围气流则近乎势涡运动，即气流质点保持动量守恒，切向速度随半径加大而减小。不论何种方式，为维持稳定的圆周运动，流体质点所受气体压力总是随半径增大而增大，以利用压差来平衡圆周运动引起的离心力。在此旋流场中运动的质点，将受到离心力、压差引起的向心推力及气流对质点运动的黏性阻力的综合作用。由于液体油粒或燃油蒸气的密度比空气大，离心力将起主要作用，呈向外运动的趋势。而已燃气体的密度比空气小，向心推力将起主要作用，呈向内运动趋势。这种在旋转气流中已燃气体向燃烧室中心运动、而燃料和新鲜空气向外周运动的现象称为热混合现象，具有促进空气与燃料混合的作用，如图6-23a所示。对有强烈空气涡流运动的燃烧过程进行的高速摄影表明，火焰呈螺旋状向内卷吸运动。

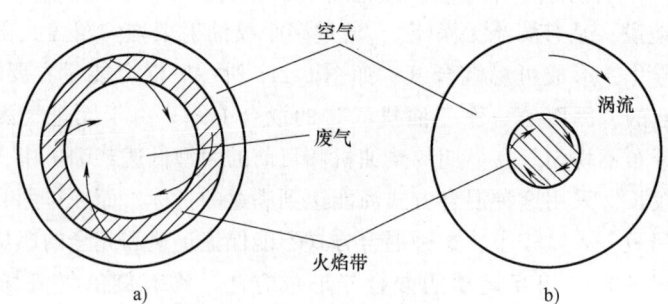

图6-23　热混合与热锁现象示意图
a）热混合现象　b）热锁现象

相反，若燃油过分集中在燃烧室中心区域（例如因喷油贯穿率不足），由于该区域切向速度小（离心力小），难以将燃油粒子抛向周边区域与新鲜空气混合，而是被已燃气体包围，致使火焰被"锁定"在中心区域，造成燃烧不完全。这种现象称为热锁现象，如图6-23b所示。

2. 壁面油膜蒸发混合

以球形燃烧室（参见燃烧室分类）为代表的壁面油膜蒸发混合方式如图6-24所示。燃油沿壁面顺气流喷射，在强烈的涡流作用下，在燃烧室壁面上形成一层很薄的油膜。在较低的燃烧室壁温控制下，油膜开始时以较低速度蒸发，形成少量可燃混合气。着火后，随燃烧的进行，油膜受热逐渐加速蒸发，使混合气形成速度和燃烧速度加快。

在油膜蒸发混合方式中，强烈的涡流也会产生上述热混合作用，加强已燃气体与未燃气体的分离，使新鲜空气向壁面运动，与燃油蒸气混合燃烧，而已燃气体向燃烧室中心集中，以脱离燃烧区域。

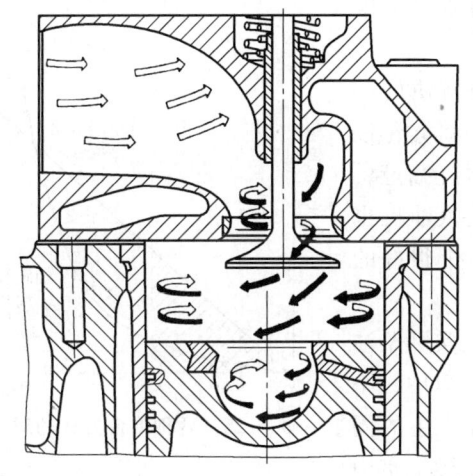 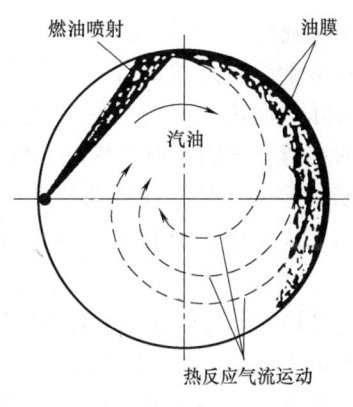

图 6-24 壁面油膜蒸发混合

3. 两种混合方式的对比

表 6-2 列出了空间雾化混合（主要指直喷式柴油机）和油膜蒸发混合的特点对比。在空间雾化混合中，燃油的喷雾特性对混合起决定性的作用。为提高混合气形成速度，往往要将燃料尽可能喷得很细，分布均匀。这样就会使较多的油滴受热蒸发，在滞燃期内形成大量的可燃气，造成初期放热率过大，压力急剧升高，工作粗暴，NO_x 排放高。但如果减小滞燃期内混合气生成量，则势必造成大量燃油在着火后的高温高压下蒸发混合，容易因空气不足而裂解成碳烟。因此，空间雾化混合方式尽管有较高的热效率，但碳烟、NO_x 和燃烧噪声均较高。

表 6-2 两种混合方式的特点对比

空间雾化混合	油膜蒸发混合
绝大部分燃料以较高的压力被喷射到燃烧室空间中，散布于空气中	利用强烈的空气旋流将大部分燃料涂布到燃烧室壁面上
燃料在空气中呈细小油滴状	燃料在壁面上形成油膜
细小油滴以气相和液相方式与空气混合,形成不均匀混合气(气-液相混合)	油膜蒸发,燃油蒸气与空气混合,形成相对均匀的混合气（气相混合）
着火延迟期内形成的可燃混合气数量多,多点大面积同时着火	散布在空间的少量燃油,在着火延迟期内形成少量可燃混合气,着火面积较小
初期燃烧的放热速率很高,以后逐渐减慢	受油膜蒸发速率的影响,燃烧放热速率呈前低后高的规律

油膜蒸发混合的指导思想是利用燃油蒸发速率控制混合气生成速率，燃烧室壁面温度和空气旋流起了主要作用。图 6-25 所示为两种混合方式的对比。在滞燃期内喷入燃烧室的燃料量相同的条件下，由于油膜受热蒸发所需时间要比细小油滴长得多，加之燃烧室壁温控制较低，使油膜蒸发混合方式在滞燃期内生成的混合气量远小于空间雾化方式。随着燃烧进行，在高温和火焰辐射作用下，油膜蒸发加速，使混合气生成速度加快。

另外，大部分燃料是在蒸发后以气体状态与空气或高温燃气接触，可以避免空间雾化混合时常有的液态燃油高温裂解问题，使碳烟特别是大颗粒碳烟排放降低。

尽管由于油膜蒸发混合方式存在一些难以解决的问题而在实际中应用不多，但它的提出打破了空间雾化混合概念的束缚，开阔了内燃机混合气形成和燃烧的思路，具有重要的理论意义。近年来一些缸内直喷式汽油机也部分借鉴了这种壁面油膜蒸发混合方式就是一个很好的例证。

上述各种气流运动方式和混合气形成方式在实际柴油机中并不是单一存在的，往往是多种方式并存。以中、小型车用直喷式柴油机为例，在以空间雾化混合为主的同时，到达壁面的燃油又存在油膜蒸发混合方式；燃烧室中

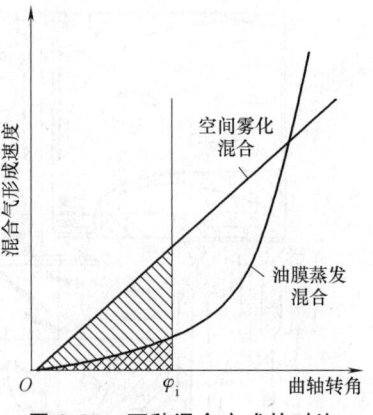

图 6-25　两种混合方式的对比

的热混合现象也是客观存在的。至于气流运动，以进气涡流为主，但还有挤流、微涡流乃至多气门时专门组织的滚流。这充分反映了实际柴油机中混合气形成和燃烧的复杂性与多样性。

6.3　柴油机的燃烧室及其特性

柴油机的燃烧室可分为两大类，即直喷式燃烧室和非直喷式燃烧室。进行燃烧室设计时，要同时考虑喷油方式和气流运动方式，即以上所说的"油-气-室"三者的合理匹配。

6.3.1　直喷式燃烧室

所谓直喷式燃烧室是指将燃油直接喷入主燃烧室中进行混合燃烧的燃烧室。常见的有代表性的结构形状如图 6-26 所示，包括浅盘形、深坑形和球形。浅盘形燃烧室中的活塞凹坑开口较大，可看作与凹坑以外的燃烧室空间形成了一个统一的燃烧室空间，因而也称为开式燃烧室（或统一式燃烧室）。相反，深坑形和球形燃烧室称为半开式燃烧室。

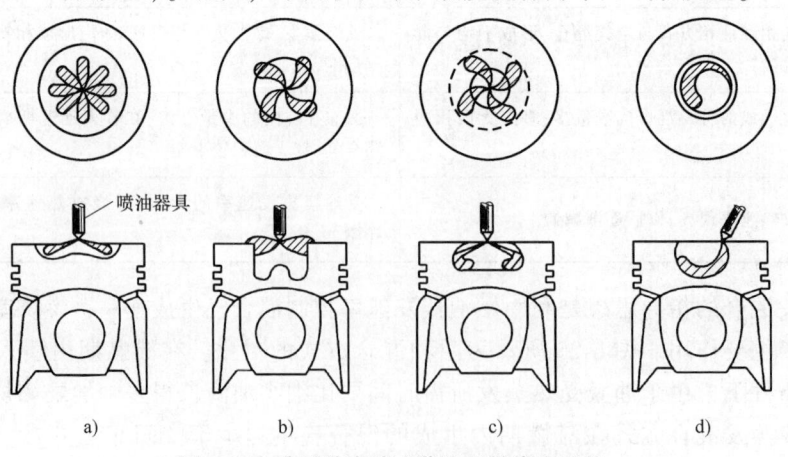

图 6-26　典型的直喷式柴油机燃烧室形状
a）浅盘形　b）ω形　c）挤流口形　d）球形

球形燃烧室虽然现在已基本不使用，但其独特的混合气形成过程和燃烧特性能给我们很多有益的启示，因此本书仍保留了这部分内容。

1. 浅盘形燃烧室

如图6-26a所示，浅盘形燃烧室的结构比较简单，在活塞顶部设有开口大、深度浅的燃烧室凹坑，d_k/D（凹坑口径/活塞直径）为0.7~0.9，d_k/h（凹坑口径/凹坑深度）为5~7。一般不组织或只组织很弱的进气涡流，混合气形成主要依靠燃油射束的运动和雾化，可以说是一种"油找气"的混合方式。因此均采用多孔（5~8孔）、小孔径（0.15~0.25mm）喷油器，喷油启喷压力较高（20~40MPa），最高喷油压力可高达100~200MPa，以使燃油尽可能分布到整个燃烧室空间，为避免油束喷到燃烧室壁面上不能及时与空气混合燃烧并产生积炭，喷油贯穿率一般小于或等于1。

由于采用高压和多孔喷油方式，浅盘形燃烧室在滞燃期内形成较多的可燃混合气，因而最高燃烧压力和压力升高率都很高，工作粗暴，燃烧温度高，NO_x排放和排气烟度较大，噪声、振动及机械负荷较大。这种"油找气"的被动混合方式决定了浅盘形燃烧室的空气利用率差，必须在$\phi_a>1.6$时才能保证完全燃烧。但其优点是，燃烧室设计和加工难度较小（相比深坑形），气流运动速度低使得散热和流动损失小，燃油经济性好，容易起动。

浅盘形燃烧室最初主要用于缸径较大（≥120mm）、转速较低（<2000r/min）的柴油机，适应了当时柴油机进气涡流普遍较低的实际情况。但近年来随着喷油压力的大幅度提高，有往更小缸径应用的趋势。

2. 深坑形燃烧室

与浅盘形燃烧室的"油找气"方式相比，深坑形燃烧室采用"油和气相互运动"的混合气形成方式，以满足车用高速柴油机混合气形成和燃烧速度更高的要求。深坑形燃烧室一般适用于缸径$D=80~140$mm的柴油机，最突出的特点就是适应转速高（最高可达4500r/min），因此在车用中小型高速柴油机上获得了广泛应用。由于燃烧室形状复杂，需要对涡流强度、流场、喷油速率、喷孔数、喷孔直径、喷射角度以及燃烧室的各项尺寸进行大量的匹配优化工作，因而设计难度较大。具有代表性的燃烧室有ω形燃烧室和后来发展起来的四角形燃烧室。

(1) ω形燃烧室　如图6-27所示，ω形燃烧室在活塞顶部设有比较深的凹坑，其中凹坑的中心凸起是为了帮助形成涡流以及排除气流运动很弱的中心区域的空气而设置的。一般d_k/D为0.6~0.7，$d_k/h=1.5~3.5$。采用4~6孔均布的多孔喷油器中央布置（4气门时）或偏心布置（2气门时），喷雾贯穿率一般为1.05。空气运动以进气涡流为主，挤流为辅。进气涡流比$\Omega=1.5~2.5$，介于浅盘形燃烧室与球形燃烧室之间，通过减小d_k/D和余隙高度s_0，可使挤流强度增加。由于利用上述燃油喷雾和空气运动两方面的作用形成混合气，因而比浅盘形更容易形成均匀的混合气，空气利用率提高，可在过量空气系数$\phi_a=1.3~1.5$的条件下实现完全燃烧。

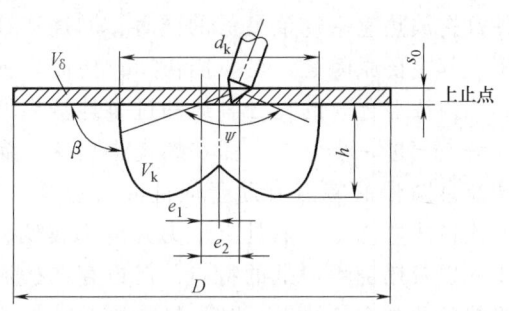

图6-27　ω形燃烧室结构尺寸

燃烧室的缩口程度对保持涡流强度和持续时间有很大影响，同时也影响挤流强度。燃烧室形状对柴油机性能的影响如图 6-28 所示，在低速大负荷工况时，有缩口（A 型）与无缩口（B 型）的 ω 形燃烧室的 NO_x 排放都随喷油时间的推迟而降低，但无缩口燃烧室的碳烟排放和油耗也同时恶化，而有缩口燃烧室基本不变甚至略有改善。

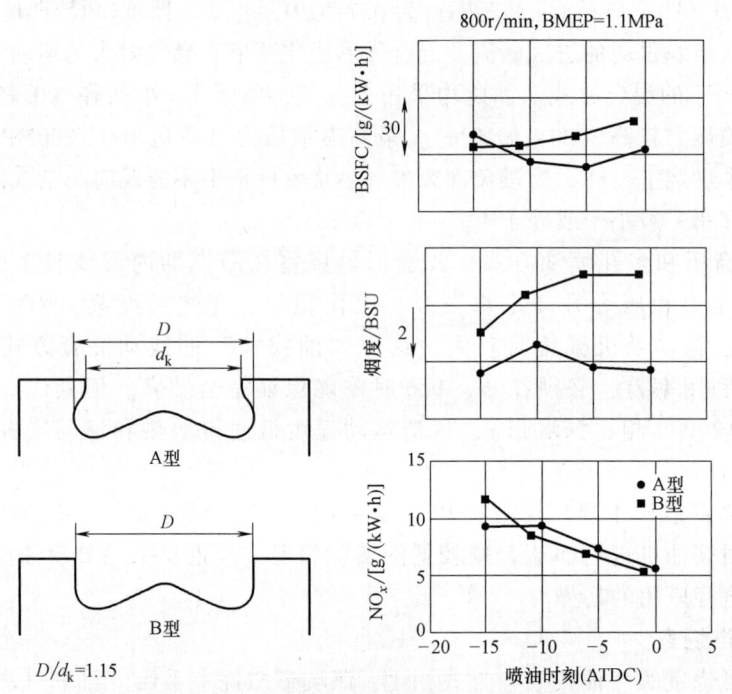

图 6-28　燃烧室形状对柴油机性能的影响

20 世纪 80 年代，由英国 Perkins 公司和奥地利 AVL 公司开发的挤流口式燃烧室是一种典型的缩口 ω 燃烧室。其混合气形成原理与 ω 形燃烧室基本相同，最大区别就是采用了很大的缩口，这使得挤流和逆挤流运动更强烈，涡流和湍流能保持较长时间。

图 6-29 所示为不同燃烧室的放热速率对比，挤流口式燃烧室初期放热速率显然比一般直喷式燃烧室要柔和得多，甚至低于非直喷式燃烧系统；并且在放热速率峰值最低的同时，燃烧持续期最短。其主要原因是，在燃烧初期，挤流口抑制了凹坑内浓混合气的充分燃烧和过早地流出凹坑与新鲜空气进一步混合；而在燃烧中后期，涡流和湍流衰减慢的特点有助于促进混合燃烧。因此，挤流口式燃烧室虽然具有压力升高率较低、燃烧柔和以及燃烧噪声低的特点，但也存在挤流口边缘热负荷高容易烧损，以及制造加工比一般 ω 形燃烧室复杂的缺点。

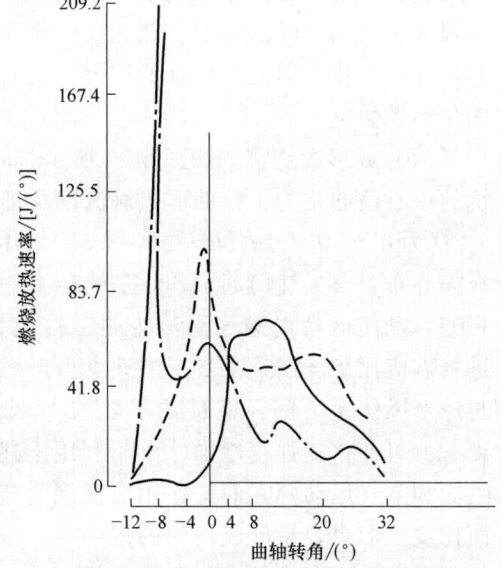

图 6-29　不同燃烧室的放热速率对比
—·—直喷式　----间接喷射式　——挤流口式

（2）四角形燃烧室　涡流和挤流都是尺度较大的气体运动，为了促进燃油与空气的微观混合，适当引进微涡流或湍流是十分有益的。这类燃烧室中最具代表性的有日本五十铃公司在 20 世纪 70 年代研发的四角形燃烧室、日本小松公司的微涡流燃烧室 MTCC（Micro Turbulence Combustion Chamber），也称为非回转体型燃烧室。图 6-30 所示为 MTCC 燃烧室的工作原理及性能。MTCC 燃烧室的上部（入口处）为四角形，下部仍为回转体。在气缸内作涡流运动的气体一边旋转一边进入燃烧室凹坑，在凹坑入口处和下部产生大涡流 A 和 C，在入口的四个角上产生微涡流，随 R/R_0 减小而微涡流增强。同时，在上部的低速涡流区（A 涡流）与下部的高速涡流区（C 涡流）的交界区域，由于两涡流的流速差而产生湍流。因此，将燃油喷向四角处以及上下涡流交界处时，局部微涡流和湍流可加快混合气形成和燃烧速度。由性能对比（图 6-30b）可以看出，四角形和微涡流燃烧室的碳烟排放和燃油消耗率性能均优于 ω 形燃烧室，并以微涡流燃烧室的性能为最好。这种燃烧室的最大特点是，可以改善一般直喷式燃烧室存在的低速时涡流太弱而高速时涡流过强的问题，因而可在更广的转速范围内保持合适的气流运动强度。

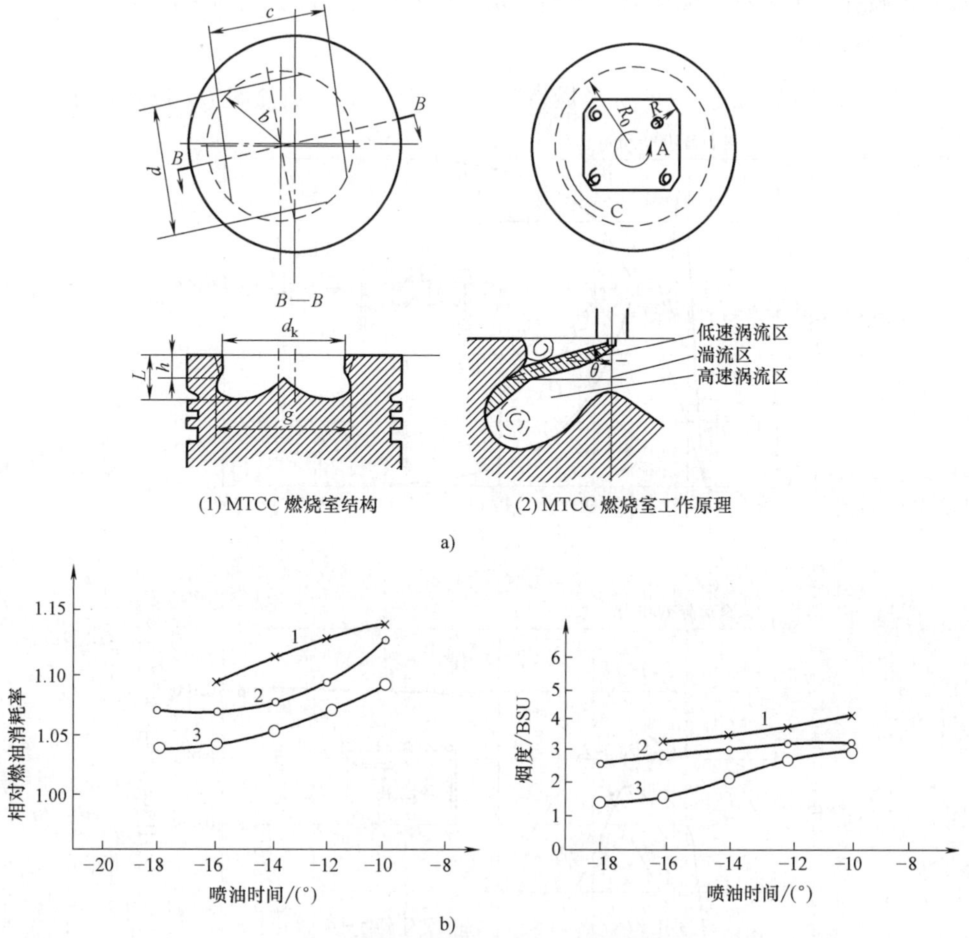

(1) MTCC 燃烧室结构　　(2) MTCC 燃烧室工作原理

a)

b)

图 6-30　MTCC 燃烧室的工作原理及性能

a）工作原理　b）性能

1—ω 形燃烧室　2—四角形燃烧室　3—微涡流燃烧室

3. 球形燃烧室

球形燃烧室是由德国 MAN 公司的 J. S. Meurer 博士在 20 世纪 50 年代提出的，如图 6-31 所示，也称为 M 燃烧过程，以油膜蒸发混合方式为主，活塞顶部的燃烧室凹坑为球形，喷油器孔数为 1~2 个（单一喷孔，或一个主喷孔和一个副喷孔），启喷压力为 17~19MPa，低于浅盘形和深坑形燃烧室，喷油射束

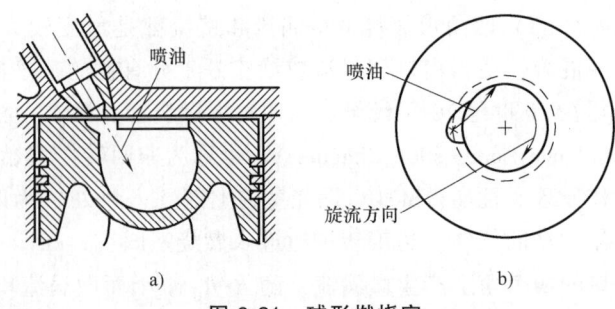

图 6-31 球形燃烧室
a) 球形燃烧室结构　b) 气流运动方向

沿球形燃烧室壁面并顺气流喷射，燃油被喷涂在壁面上形成油膜。为保证形成很薄的厚度均匀的油膜，需要很强的涡流（涡流比>3）。在较低壁温的控制下（200~350℃），燃料在着火前以较低速度蒸发，在着火落后期内生成的混合气量较少，因而初期燃烧放热率和压力升高率低。随着燃烧进行，缸内温度和火焰热辐射强度提高，使得油膜蒸发加速，燃烧也随之加速。

设置副喷孔是为了喷射很少的燃油到燃烧室中心部位，形成空间雾化混合，以保证冷起动和中小负荷时顺利着火。

图 6-32 所示为球形燃烧室与 ω 形燃烧室的示功图、燃烧放热率 $\dot{Q}_B$ 以及累计放热率 X

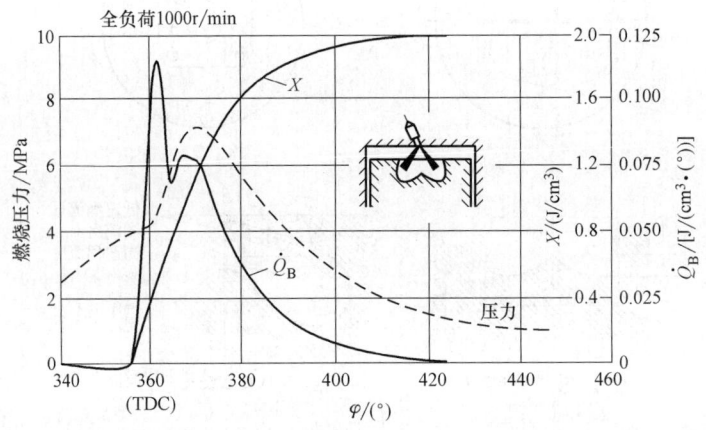

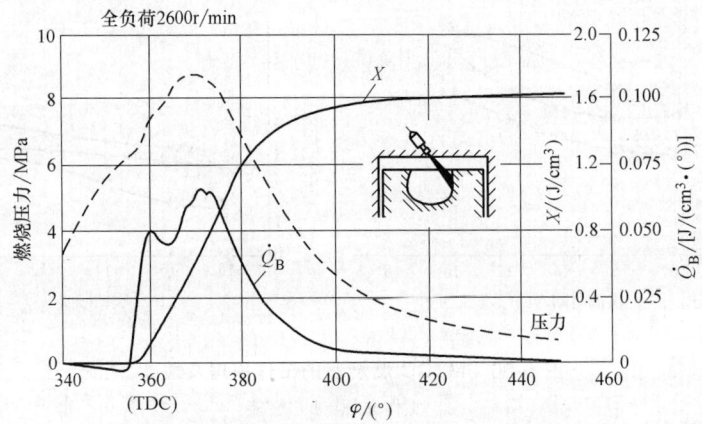

图 6-32 球形燃烧室与 ω 形燃烧室的燃烧过程对比

的对比，前者的预混合燃烧放热速率和压力升高率明显低于后者。

在理想的 M 燃烧过程中，燃料油膜按蒸发、被气流卷走、混合、着火燃烧的顺序十分有序地进行混合燃烧，避免了较大燃油颗粒暴露在高温下产生裂解，因而空气利用率好，可在 $\phi_a = 1.1$ 的接近当量比条件下正常燃烧。在早年柴油机喷油压力不高的条件下，球形燃烧室以轻声无烟而著称，动力性和燃油经济性都较好，并能适用于从汽油到柴油的各种燃料。但球形燃烧室也存在冷起动性能差（起动时燃烧室壁温低）、随工况变化性能差别大、由于对涡流强度十分敏感因而工艺要求高等问题，目前已基本不使用。

6.3.2 非直喷式燃烧室

非直喷式燃烧室往往具有主副两个燃烧室，燃油首先喷入副室内，进行一次混合燃烧，然后冲入主室进行二次混合燃烧。根据在副室内形成涡流运动还是湍流运动，非直喷式燃烧室又分为涡流室式和预燃室式两种。

1. 涡流室式燃烧室

图 6-33 给出了涡流室式燃烧室的结构示例。作为副燃烧室的涡流室设置在缸盖上，其容积与整个燃烧室容积之比 $V_k/V_c = 0.5 \sim 0.7$。主燃室由活塞顶与缸盖之间的空间构成，主室与副室之间有一连通道，其截面积 F_k 与活塞截面积 F_p 之比 $F_k/F_p = 0.01 \sim 0.35$，与副室切向连接。

在压缩过程中，受活塞挤压的空气通过连通道由主室进入副室，形成强烈的有组织的压缩涡流（一次涡流）。燃油以较低压力（启喷压力为 10~12MPa）顺涡流方向喷入副室，迅速扩散蒸发混合。浓混合气在副室内着火燃烧（一次混合燃烧），随温度和压力的升高，燃气带着未完全燃烧的燃料和中间产物经连通道高速冲入主燃烧室，在活塞顶部导流槽导引下再次形成强烈的涡流（二次涡流），与主燃烧室内的空气进一步混合燃烧（二次混合燃烧），完成整个燃烧过程。

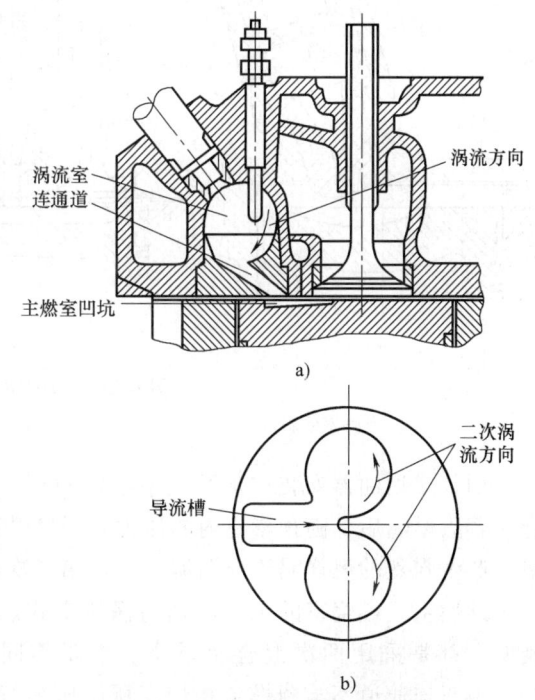

图 6-33 涡流室式燃烧室结构
a) 球形燃烧室结构 b) 气流运动方向

与直喷式燃烧室相比，涡流室式燃烧室具有下列特点。

1) 对喷雾质量要求不高，一般采用轴针式喷油器和较低喷射压力，喷油系统成本低。

2) 由于副室内的燃烧是过浓混合气的不完全燃烧，所以初期放热率低，因而压力升高率和最高燃烧压力均低于直喷式燃烧室，燃烧柔和，振动和噪声小。

3) 压缩涡流随发动机转速升高而增强，即转速越高，混合气形成和燃烧速度越高，适合于高速柴油机，转速可高达 5000r/min。

4) 缸内气流运动自始至终十分强烈，空气利用率好，可在 $\phi_a = 1.2$ 的条件下充分燃烧。

5) 不需要进气涡流，进气道形状简单，加工制造成本低，同时充量系数高。

6）涡流室式燃烧室的最大问题是油耗比直喷式燃烧室高 10%~15%。其原因是，燃烧室面容比大造成散热损失大，连通道节流造成流动损失大，燃烧分两段进行导致燃烧持续期过长。

7）由于散热损失大和喷雾质量不高，冷起动性能不如直喷式燃烧室。为改善冷起动性能采用高压缩比（$\varepsilon = 20 \sim 24$），对热效率已无益处，反而降低了机械效率。

2．预燃室式燃烧室

预燃室式燃烧室的结构如图 6-34 所示。整个燃烧室由位于气缸盖内的预燃室和活塞顶部的主燃烧室组成，两者之间由一个或数个孔道相连。对于 2 气门布置，预燃室可偏置于气缸一侧；对于 4 气门布置，预燃室可置于气缸中心线上。预燃室的容积比 $V_k/V_c = 0.35 \sim 0.45$，连通道截面积比 $F_k/F_p = 0.003 \sim 0.006$，均小于涡流式燃烧室。

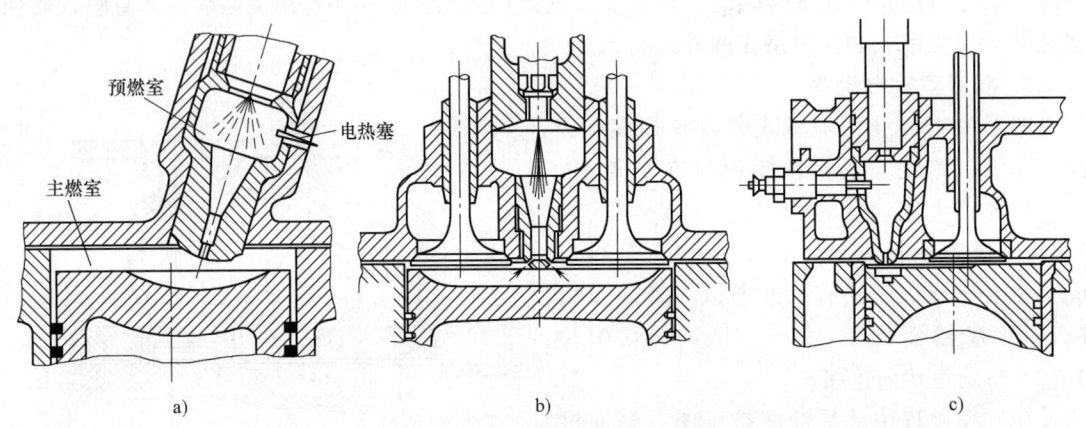

图 6-34　预燃室式燃烧室的结构

a）预燃室倾斜偏置，单孔道　b）预燃室中央正置，多孔道　c）预燃室侧面正置，单孔道

轴针式喷油器安装在预燃室中心线附近，低压喷出的燃油在强烈的空气湍流中扩散混合。着火燃烧后，随预燃室内的压力和温度升高，燃烧气体经狭小的连通道高速喷入主燃烧室，产生强烈的燃烧涡流或湍流，进行第二次混合燃烧。

预燃室式燃烧室的工作原理与涡流室式燃烧室相似，都是采用两次混合及燃烧。主要不同之处是，由于连通道不与预燃室相切，所以压缩行程期间在预燃室内形成的是无组织的湍流运动。

图 6-35 所示为预燃室式燃烧室的示功图，以及连通道（喷孔）中流向主燃室的气流速度。在压缩过程中，主室压力始终高于副室压力，由连接通道流入预燃室的气体流速在上止点前达到最高。着火后，副室压力很快超过主室压力，并由于连通道的节流作用，主副室之间一直保持较大的压差，在此压差作用下，燃气以更高的速度由副室喷向主燃室，瞬时流速可达 600m/s。

预燃室式燃烧室各项性能指标与涡流室相近，但

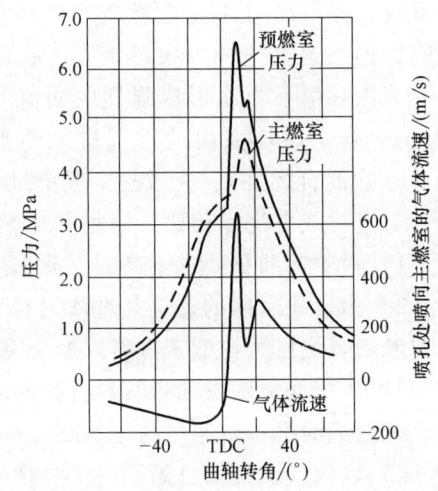

图 6-35　预燃室式燃烧室的示功图

由于通道节流损失更大，因而燃油经济性更差一些，连通道的热负荷更高，造成使用寿命不长。

6.3.3 不同柴油机燃烧室的对比及选型

作为对以上各种燃烧室的混合气形成及燃烧特性的总结，表6-3列出了常用柴油机燃烧室的主要结构参数和性能对比，表中数据一般是针对中小功率非增压柴油机而言的。

由表6-3数据的对比可以总结出以下几点。

表6-3 常用柴油机燃烧室的比较

	对比项目	直喷式燃烧室			非直喷式燃烧室	
		浅盘形	深坑形	球形	涡流室	预燃室
燃烧系统特点	混合气形成方式	空间雾化	空间雾化	油膜蒸发	两段混合	两段混合
	压缩比	12~15	16~18	17~19	18~22	18~22
	空气运动	无涡流或弱进气涡流	较强进气涡流及挤流	强进气涡流	压缩涡流及燃烧涡流	压缩湍流及燃烧涡(湍)流
	ϕ_a(全负荷)	1.6~2.2	1.4~1.7	1.3~1.5	1.2~1.6	1.2~1.6
	热损失和流动损失	小	较小	较小	大	最大
	喷油器	孔式喷嘴，6~12孔	孔式喷嘴，4~6孔	孔式喷嘴，1~2孔	轴针式	轴针式
	启喷压力/MPa	20~40	18~25	17~19	10~12	8~13
	燃料雾化程度	要求高	要求较高	一般	要求较低	要求低
主要性能	p_{me}/MPa	0.6~0.8	0.6~0.8	0.7~0.9	0.6~0.8	0.6~0.8
	b_e/(g/(kW·h))	190~218	218~245	218~245	231~272	245~292
	NO_x	高	较高	较高~中等	低	低
	PM	较低	高	低	低	低
	HC	较低	高	高	低	低
	燃烧噪声	最高	较高	较低	低	低
	起动	容易	较容易	难	难	最难
	适应转速/(r/min)	≤1500	≤4000	≤2500	≤5000	≤3500
	适应缸径/mm	≥200	≤150	90~130	≤100	≤100或(160~200)

（1）燃油经济性 直喷式柴油机油耗明显低于非直喷式柴油机。在能源问题已成为全球性重大问题的今天，直喷式柴油机由过去主要用于中重型货车变为现在基本占据中小型货车领域并在轿车领域也有相当比例，目前新研制的缸径 $D>100$mm 的车用柴油机基本都采用直喷式燃烧室，以直喷和增压为技术特征的 TDI 轿车柴油机在欧洲轿车市场的占有率超过 40%。

（2）排放特性 非直喷式柴油机在原理上是低 NO_x 低微粒排放的燃烧方式，比直喷式柴油机有优势，但近年来发展的电控高压喷射和增压等技术，弥补了直喷式柴油机的弱点。

（3）功率密度 非直喷式柴油机的功率密度理论上高于直喷式柴油机，因为前者的空气利用率高（ϕ_a 小），并适应高转速。

（4）噪声振动性能 非直喷式柴油机比直喷式柴油机的噪声小、振动轻，因为前者的最高燃烧压力和压力升高率低于后者。

6.4 柴油机的电子控制燃油喷射系统

从历史上看，柴油机电控技术的发展约比汽油机滞后10年左右，除了汽油机对电控需求更为迫切之外，柴油机电控技术难度较大也是重要原因。汽油机一般采用低压进气道或气门口喷射，柴油机一般采用高压缸内直喷。由于喷油定时与燃烧开始时刻紧密相关，柴油机在喷油定时的控制精度上远高于汽油机（汽油机燃烧时刻控制是由火花塞点火正时控制）。为了有效降低颗粒物排放，在减小喷油器喷孔直径的同时，提高燃油喷射压力是最直接有效的解决方法之一，这也是目前柴油机燃油喷射系统的发展方向，而实现高压喷射所需的结构优化和电子控制手段是机-液-电-磁紧密耦合的综合技术，系统设计和优化控制难度大。另外，由于柴油机的喷油量控制一般采用开环控制，发动机的性能依赖于控制参数的标定，标定工作量大。这些因素共同作用，导致柴油机的电子控制技术直到20世纪80年代后期才开始应用。

6.4.1 燃油喷射系统的类型与特点

在目前已推向市场的各种电控系统中，按照燃油喷射系统的结构形式不同，主要有电控直列泵、电控分配泵、电控单体泵、电控组合泵、电控泵喷嘴、高压共轨系统、增压式高压共轨系统等几种。虽然构型不同，但从控制对象的控制方式看，可分为位置控制式、时间控制式和压力-时间控制式三大类。

1. 位置控制式电控燃油喷射系统

所谓位置控制式，是指采用线性电磁铁或步进电机等电子控制执行器，通过控制高压油泵上油量调节杆（直列泵）或溢流环套（分配泵）的位置来控制循环喷油量的控制方式。控制系统主要由发动机转速传感器、油门位置传感器、大气压力温度传感器、电子控制单元、油门控制用线性电磁铁或步进电机、喷油正时控制用线性电磁铁或步进电机等组成，控制对象是油量调节杆的位置或溢流环套位置。

这种系统的特点是不改变传统喷油系统的工作原理和基本结构，只是由电控装置取代机械调速器和提前器，对油量调节杆和泵油柱塞滑套（直列泵）的位置或溢流环套的位置和泵油凸轮与泵油柱塞相位角（VE分配泵）进行低频连续调节，以实现油量和定时的控制。

图6-36所示是日本电装公司批量生产的VE分配泵用的ECD-V1型位置控制式电控喷油系统。它利用溢流环电磁控制阀1通过控制杠杆3来控制溢流环套4的位置，实现油量调控。利用供油提前控制阀7控制VE泵原有的液压提前器活塞8两侧的压差，移动活塞（此图上活塞沿图面的垂直方向运动）与滚轮环控制杆6，使滚轮5转动一个角度以实现定时控制。

位置控制式电控系统是柴油机走向电子控制的第一步，因而它保留了大部分的机械结构，仅对关键的油量和定时控制机械结构进行改造，换成可准确控制位置的线性电磁铁或步进电机。采用电子控制手段后，省掉了结构复杂且不能灵活配置的机械调速装置，大大提高了喷射系统对各种柴油机的适应性和控制上的灵活性。由于未变更原有高压喷油组件，因而喷射特性保持不变，因此，位置控制式电控燃油喷射系统不能通过电控手段对喷油率和喷油压力进行调控。此外，由于多缸共用一个油量和定时调节机构，该系统不能对各缸进行独立控制以实现各缸均衡，系统响应速度也较慢。

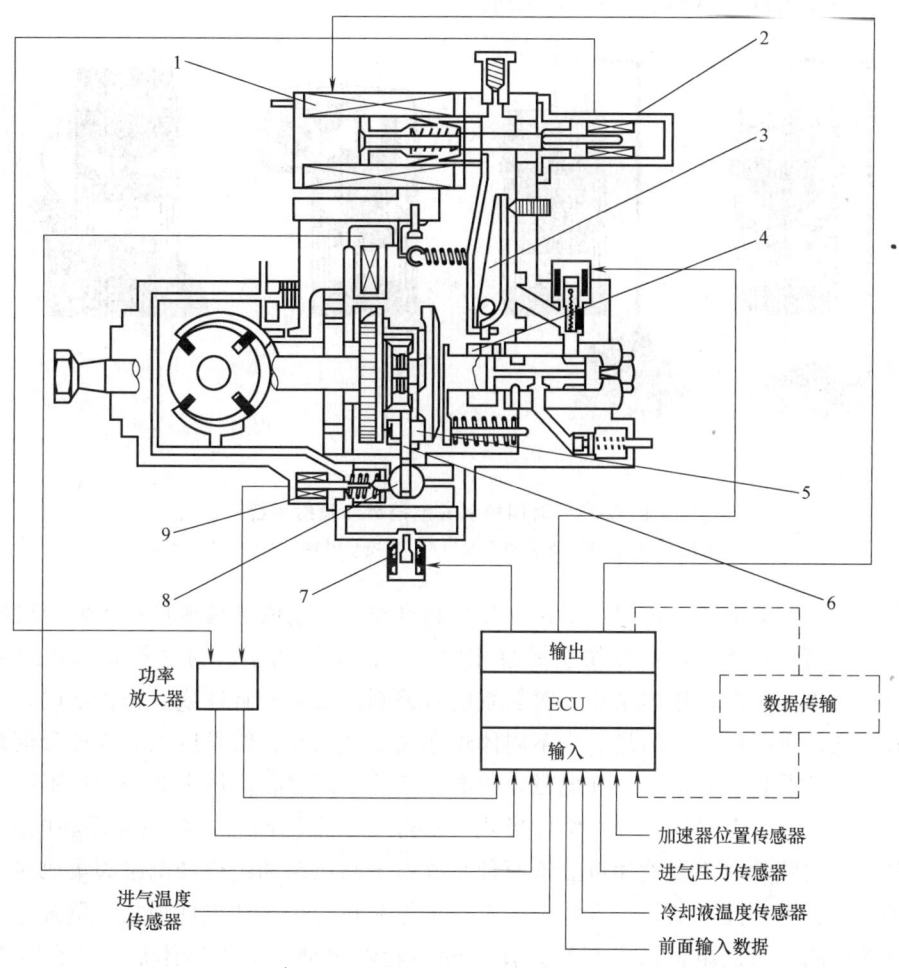

图 6-36　ECD-V1 电控喷油系统

1—溢流环电磁控制阀　2—溢流环位置传感器　3—控制杠杆　4—溢流环套　5—滚轮
6—滚轮环控制杆　7—供油提前控制阀　8—活塞　9—供油提前器位置传感器

2. 时间控制式电控燃油喷射系统

由于位置控制式电控系统无法进行分缸独立控制，且因采用原有高压组件无法进一步提高喷射压力，因此在改善柴油机颗粒物排放方面，该系统无能为力。为此，出现了基于系统时钟的时间控制式电控系统。

所谓时间控制式，是指借助电子控制手段控制高压油路泄压电磁阀的开闭时刻来控制喷油量，而不对喷射压力或其他参数进行调节，因控制对象——泄压电磁阀的开闭时刻是时间量而得名。该系统主要由发动机曲轴位置传感器、凸轮轴位置传感器、油门位置传感器、进气压力和温度传感器、燃油温度和发动机冷却水温度传感器、大气压力和温度传感器、电子控制单元、高压燃油系统泄流电磁阀等组成，控制对象是泄压电磁阀的开闭时刻。

这类系统的特点是利用安装在高压油路中的高速强力电磁溢流阀来直接控制高压油，从而与喷油器上的预紧弹簧配合实现对喷油时刻和喷油量的控制。根据喷射系统结构形式不同，主要有分配泵（Distributor Pump）、组合泵（Combined Pump）、泵喷嘴（Unit Injector）

和单体泵（Unit Pump）4 种，如图 6-37 所示。

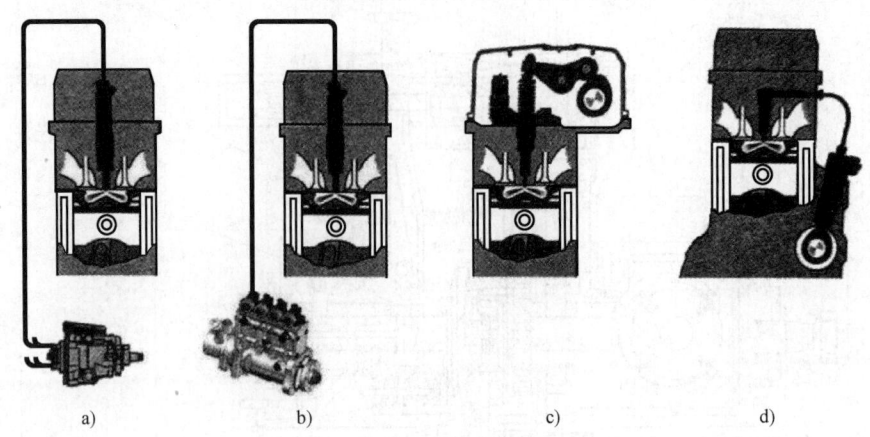

图 6-37 时间控制式电控燃油喷射系统
a) 电控分配泵 b) 电控组合泵 c) 电控泵喷嘴 d) 电控单体泵

在上述 4 种燃油喷射系统中，电控分配泵和电控组合泵的结构最接近，发动机缸体、缸盖、喷油器和高压油管等都和传统机械泵相同，只是高压油泵改为电控分配泵或电控组合泵，而电控泵喷嘴和电控单体泵除了喷射系统有差别，发动机缸体或缸盖也不同。从喷射系统本身看，这几种喷射系统的另一个不同体现在高压油泵和油管长度上。电控分配泵采用多缸共用一个泵油凸轮、泵油元件和电磁控制阀，然后按时序将高压燃油分配给不同发火缸的方式工作；电控组合泵采用直列泵结构形式，每缸一个泵油凸轮、泵油元件和电磁控制阀，分别控制各缸的喷油时刻和喷油量。这两种系统由于高压泵油组件和电磁阀集成在一个独立的高压油泵上，因而高压油管长度较长。电控单体泵将各个泵油组件独立，每缸一个泵油组件和电磁控制阀，泵油组件由安装于缸体上的凸轮轴驱动，由于单体泵安装在每个气缸旁边，因而高压油管较短；电控泵喷嘴采用顶置凸轮轴驱动方式，每缸一个泵油组件和电磁控制阀，不需要高压油管。

在具体应用上，电控分配泵和电控组合泵保留了传统柴油机的基本结构形式，只需将原来的直列泵或分配泵更换即可完成主要部件的升级，但由于保留了长油管，油管中复杂的压力波反射难以避免，因而各缸的油量一致性难以保证；电控泵喷嘴虽然避免了长油管的不利影响，但需要采用顶置凸轮轴这种柴油机上不常采用的结构形式，因而应用场合受限；电控单体泵保留了原有缸盖的基本结构，高压油管长度也较短，但因采用缸体内凸轮轴驱动方式，需要对缸体进行改造，因而应用范围也受到限制。这里以电控单体泵为例，简述时间控制式电控系统控制燃油喷射的基本原理。图 6-38 所示为电控单体泵的结构，在泵油行程中，柱塞在泵油凸轮驱动下上行，压缩进入柱塞腔的燃油，此时如果电磁铁控制的溢流阀处于开启状态（电磁阀断电），则柱塞腔中的燃油经泄压通道回流到低压油路；如果溢流阀处于关闭状态（电磁阀通电），则回油通道被关闭，柱塞腔及高压油管中的燃油压力快速提升，打开喷油器开始喷油。喷油结束时，断开溢流阀上电磁线圈的供电，打开泄压通道，高压管路中的燃油压力会迅速降低，喷油器关闭。在充油行程中，柱塞下行，溢流阀处于开启状态，低压油路中的燃油进入柱塞腔，完成充油。

该系统保持了传统的柱塞往复运动脉冲供油方式，取消了专用于调节油量和定时的机构，如调速器、提前器、供油调节杆、柱塞斜槽等，直接由电磁溢流阀控制油量和定时，柱塞副只起加压、供油作用，没有油量调节功能。这样，喷油泵机械系统的结构大为简化，油泵缸体及柱塞副的刚度加强，承压能力相应提高。

与位置控制式电控喷射系统相比，时间控制式电控喷射系统具有控制精度高、响应快、控制自由度大、可对各缸的喷油量和喷油定时分别进行调节等优点，喷油泵的机械结构也得到了简化和强化，系统的机械与液力特性得到改善，适合于高压喷射。存在的主要不足是：喷射压力仍然与发动机转速紧密相关，低速时喷射压力较低，喷射稳定性不足，喷油量难以实现更精确控制；难以实现多次喷射，发动机的燃烧噪声没有明显改善。

3. 压力-时间控制式电控燃油喷射系统（共轨系统）

虽然时间控制式电控喷射系统实现了分缸控制，但仍存在无法精确计量喷油量的问题，其原因在于喷油压力仍依赖凸轮型线、柱塞尺寸、高压系统结构参数等。将喷射压力与发动机转速解耦，在高压油泵和喷油器之间加装油压稳定装置（共轨），通过精确控制共轨中的燃油压力和喷油脉宽，可实现对喷油量的精确控制。由于喷油量的控制必须依赖于同时控制喷油压力和喷油时刻这两个量，因此这种方式被称为压力-时间控制式。其典型结构是如图6-39所示的共轨系统。

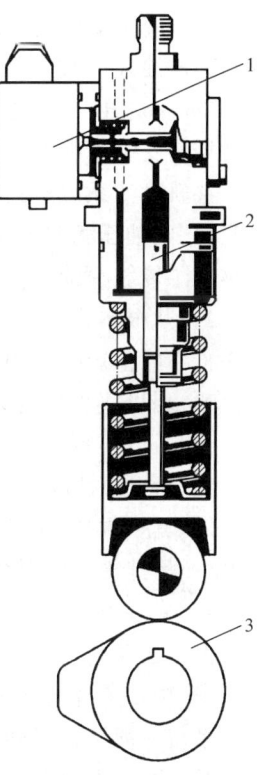

图6-38　电控单体泵

1—电磁溢流阀　2—柱塞
3—发动机凸轮轴

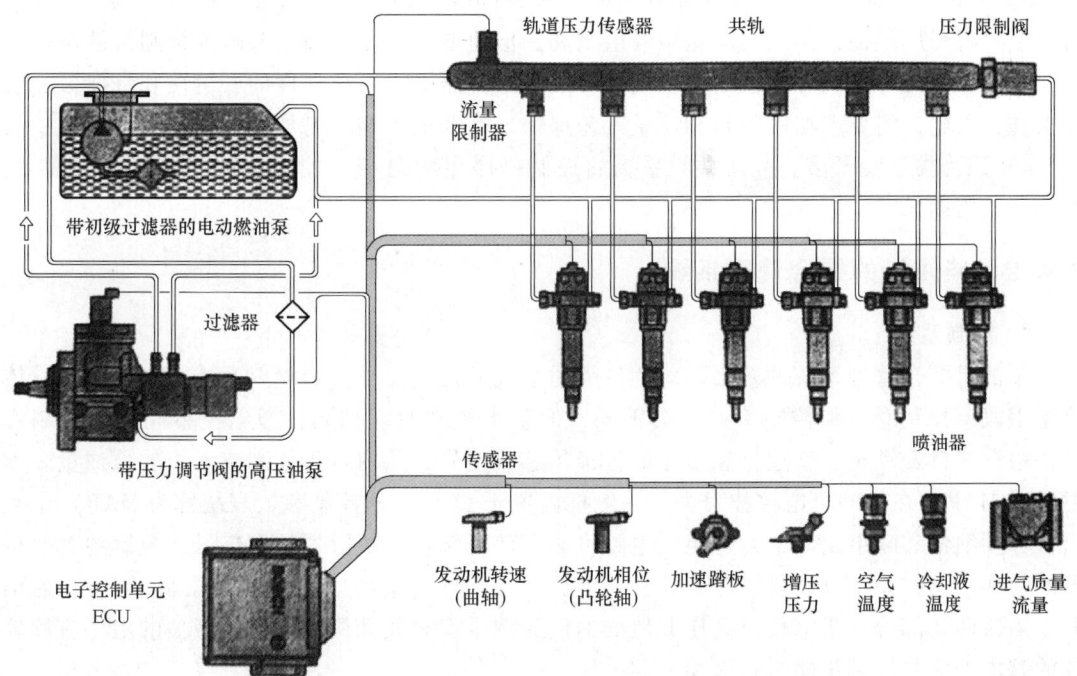

图6-39　高压共轨燃油喷射系统

该系统主要由高压油泵、共轨管、高压油管、电控喷油器、电控单元及各类传感器等组成。高压油泵（柱塞泵或转子泵）把来自低压输油系统的燃油泵入一个公共油道（共轨油道，Common Rail），通过设置于高压油泵上的电磁阀控制和调节其共轨中的压力，然后通过精确控制安装于喷油器上的电磁阀的开闭，实现燃油的高压喷射。

共轨喷油系统所具有的显著特点如下：

1）喷油压力与发动机转速无确定关系，只取决于共轨腔中按要求调整的压力，因而彻底解决了传统喷油泵高、低速时喷油压力差别过大以及性能难以兼顾的固有矛盾。

2）从根本上解决了传统喷油泵脉动供油时输出的峰值转矩过大，凸轮轴瞬间转速变化太快，不能稳定控制小喷油量的矛盾。这对预喷射的实现至关重要。

3）可以实现更高的喷射压力，喷射压力可比传统直列泵高出一倍，目前已达220MPa。

4）可以实现多次喷射，有利于降低燃烧时的压力升高率，从而降低燃烧噪声和振动。

5）可以柔性调节喷油速率、喷射定时和喷射量，从而改善发动机全工况范围内的综合性能。

6）其多次喷射能力为NO_x吸附还原式（NSR）催化转化器和柴油机微粒捕集器（DPF）等排气后处理系统的燃油后喷要求提供了可能。

7）安装方便，不需对发动机缸体进行大的改变即可取代原有的燃油喷射系统。

但高压共轨系统也存在一些不足，具体如下：

1）喷油规律为矩形喷射，不利于改善NO_x排放。如果不采用预喷射，只有一次喷射的共轨系统一般会比时间控制式喷射系统的NO_x排放高。

2）由于喷油器始终处于可随时喷油的状态，当针阀等密封部件因磨损、卡住等原因无法正常关闭时，可能在发动机非压缩行程产生喷射动作而损害发动机，因此，高压共轨系统对燃油品质的要求较高，对燃油品质的"容忍"度较小。

3）系统成本相对较高。由于存在恒高压密封问题，即传统喷油泵只在20°~40°曲轴转角内短时间高压供油，油泵驱动转矩峰值虽高，但泄漏时间短；高压共轨系统则持续保持高压，喷油器中的针阀偶件和控制活塞偶件长期处于高压下，系统偶件的密封性和抗疲劳性能要求高，为此，需要严格的材料和质量工艺保证，系统成本相应增加。

4）因为控制变量多，高压共轨系统的控制程序更为复杂，控制参数的标定工作量大，产品开发周期长。

6.4.2 柴油机的综合管理系统

1. 控制系统

柴油机综合管理系统的核心是对燃油喷射系统的控制。虽然因喷射系统类型不同，具体控制手段、控制对象和控制策略也会不同，但基本控制原理相同，即电控单元中的控制程序，根据来自发动机、变速器和整车的各个传感器信号，从内置于控制单元中的喷油量和喷射定时MAP（在发动机电控技术中，一般把内置于ECU中的控制参数表统称为MAP）中查出目标喷油量和喷射定时，经过驱动电路将数字信号转换为执行器的电信号，控制各个执行器的动作。电控系统分硬件、底层软件、上层应用软件（具体应用对象的控制策略）、通信和故障诊断几部分。本书仅以高压共轨柴油机为例，就和发动机性能紧密相关的上层应用软件的基本功能和控制策略进行简要介绍。

图6-40所示是某高压共轨柴油机电控系统的基本组成，包括传感器、电控单元和执行

器三个主要部分。

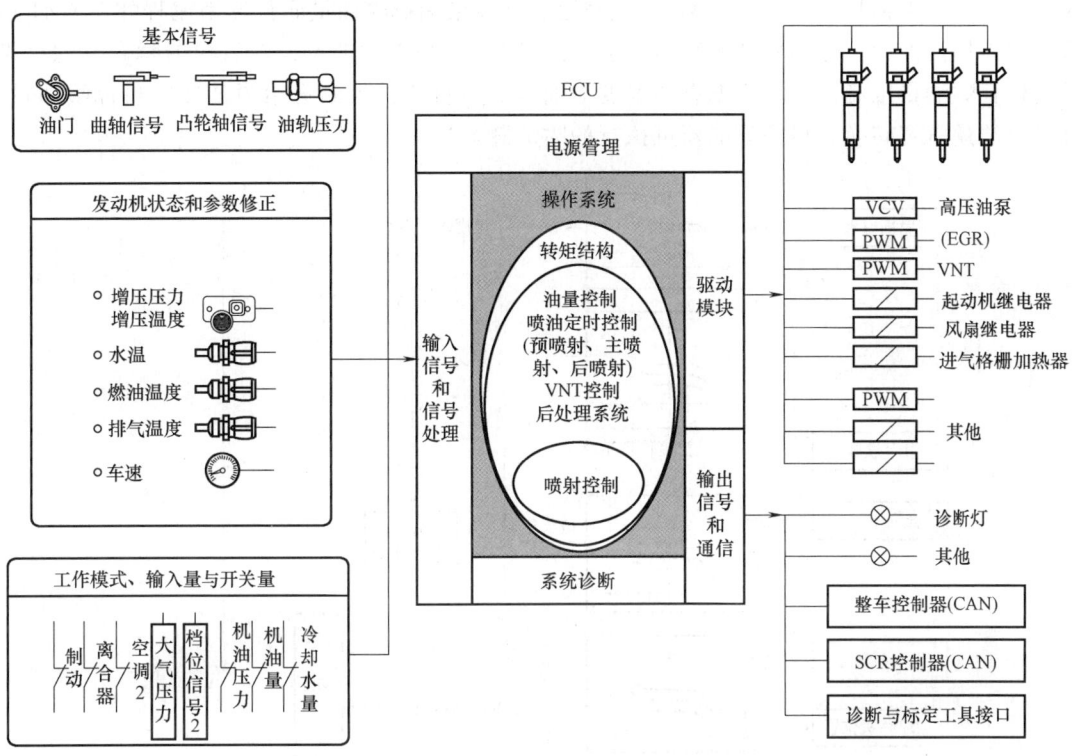

图 6-40　某高压共轨柴油机电控系统的基本组成

2. 高压共轨柴油机的基本功能和控制策略

应用对象不同，控制系统的功能配置不同。表 6-4 所列是一台较高配置高压共轨柴油机的主要控制功能。考虑到喷油量和定时控制是整个柴油机控制的基础，具有一般意义，下面就循环喷油量和喷油定时的简化控制方法，以及发动机起动、怠速及调速过程的主要控制 MAP 和共轨压力控制 MAP 进行简要介绍。

表 6-4　某高压共轨柴油机的主要控制功能

功能	功能	功能
发动机转速控制 　-低怠速 　-高怠速 　-调速 　-巡航 基于油量的发动机控制 　-调速特性 　-基于空燃比计算的冒烟限制 　-各缸均匀性补偿 发动机起动控制 　-油量控制 　-定时控制 　-预热控制	分缸平衡 失火检测 转矩控制 轨压控制 多次喷射控制 喷射定时控制 发动机保护 　-发动机超速保护 　-增压涡轮超速保护 　-过热保护 　-机械强度 空气系统控制 　-EGR 　-VNT	档位识别 巡航控制 整车窜振控制 最大车速限制 跛行回家 分档怠速控制 驾驶人指示灯控制（故障灯，OBD 灯，预热指示灯） 排气制动 故障诊断系统

（1）喷油量简化控制方法 除了怠速转速进行闭环控制时循环喷油量反馈调节外，其他工况的循环喷油量都通过查 MAP 方式确定。电控柴油机喷油量简化控制流程如图 6-41 所示。首先根据油门位置和发动机转速，查 MAP 图得到基本喷油量，然后根据瞬态空燃比设置进行冒烟油量限制，之后根据燃油温度对油量进行修正，得到送给喷油器的目标喷油量，再经过油量脉宽转换，得到喷油器可执行的喷油脉宽。

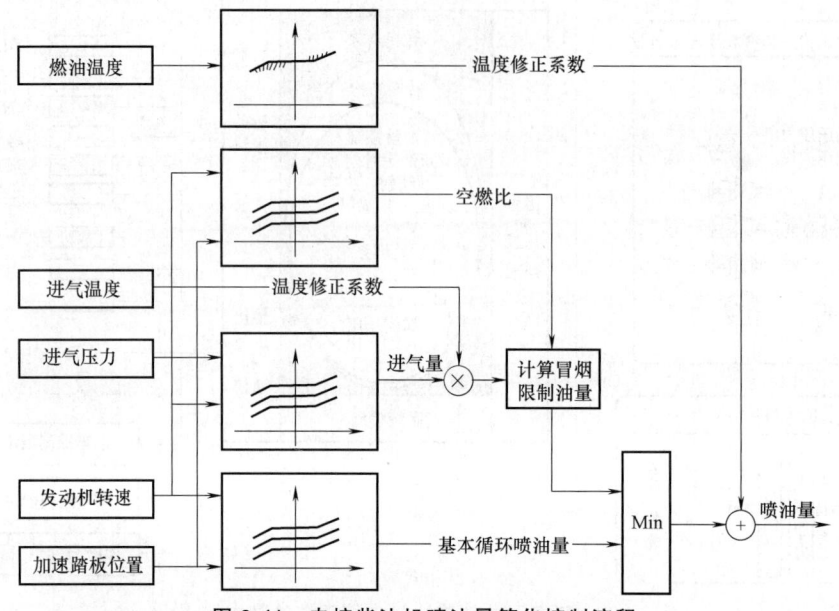

图 6-41 电控柴油机喷油量简化控制流程

（2）喷油定时简化控制方法 在所有工况下，喷油定时都采用相同的控制逻辑（图 6-42），即根据目标喷油量和发动机当前转速，查喷油定时 MAP，得到目标喷射定时，然后经过瞬态过程修正（如果不是瞬态过程，则修正量为零）、水温修正、进气温度修正和大气压力修正，最后给出喷油器执行的喷射定时。

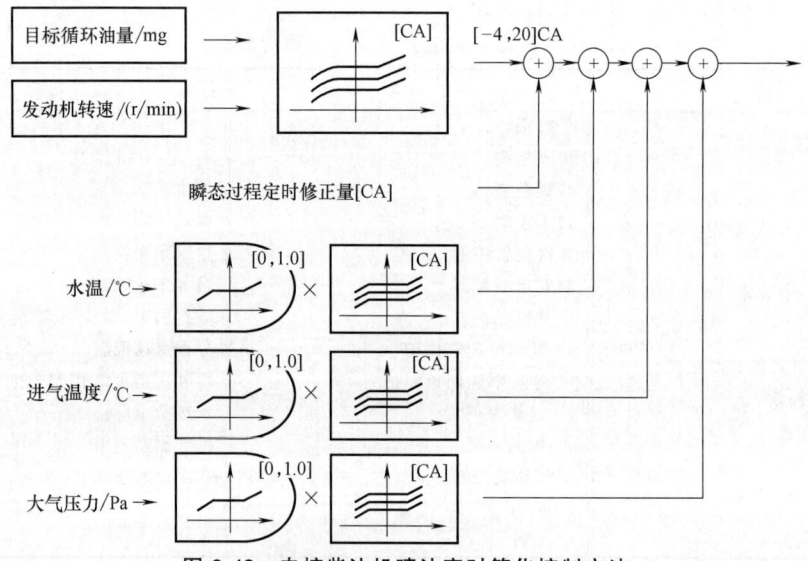

图 6-42 电控柴油机喷油定时简化控制方法

(3) 起动过程控制 MAP　起动过程中，发动机水温越低，摩擦阻力越大，需要的循环喷油量就越大。同时，油量越大，一般需要的喷油提前角越大。随着转速增加，循环喷油量和喷油定时应相应增加，但在起动过程中，因为经历时间短，循环喷油量和喷油定时随转速变化不宜剧烈。图 6-43 所示是某电控共轨柴油机起动过程循环喷油量和喷油定时的标定 MAP 实例。

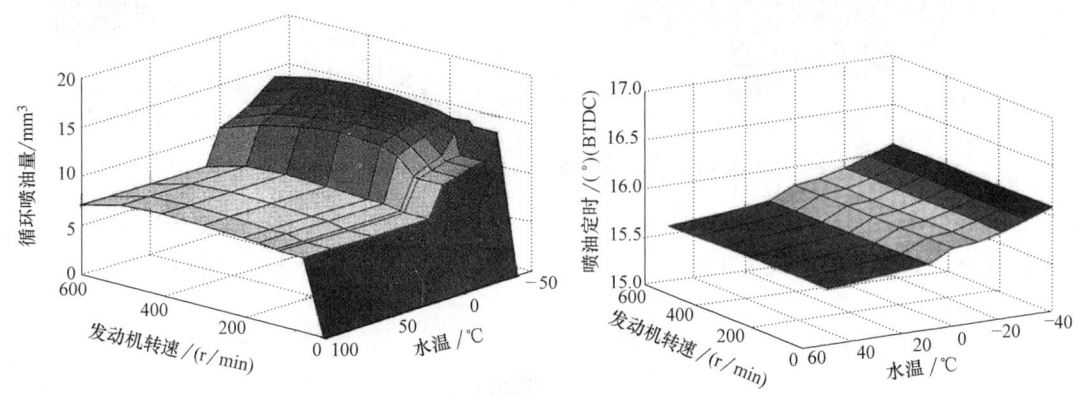

图 6-43　某电控共轨柴油机起动过程循环喷油量和喷油定时的标定 MAP 实例

(4) 怠速控制 MAP　发动机起动成功后，转速会上升至 300r/min 以上，当进入怠速转速闭环控制的窗口后，即转速大于怠速闭环控制的下限转速，发动机将根据当前水温查 MAP 得到该水温下的目标怠速，然后反馈控制循环喷油量，使发动机转速稳定在该目标怠速上。一般来说，为了能够快速热机，水温越低，目标怠速越高。图 6-44 所示是某电控共轨柴油机目标怠速随水温的标定实例。

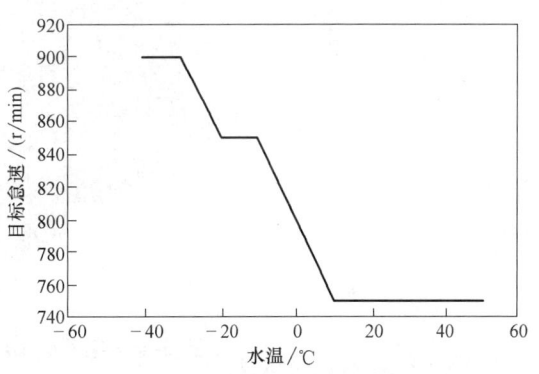

图 6-44　某电控共轨柴油机目标怠速随水温的标定实例

(5) 调速控制 MAP　柴油机实现电子控制以后，对循环喷油进行控制的传统两极调速或全程调速的界限被打破，发动机喷油量随转速变化的规律可以根据需要设定，从整个工况区域看，可以是两极调速或全程调速，或二者的混合。在喷油定时 MAP 的设计上，一般随转速增加，提前角会设置得越大，并且根据排放控制要求，在特定区域进行局部优化。从调速特性 MAP 和怠速闭环控制 MAP 中查到的循环喷油量在工况转换过程中存在衔接问题，一般通过算法保证。

图 6-45 所示是某电控共轨柴油机调速特性喷油量 MAP 和喷油定时 MAP 标定实例。可以看到，从起动时较大的喷油提前角到怠速时较小的喷油提前角，再随转速增加逐步增大的喷油提前角，符合柴油机燃烧中关于喷油正时的一般规律。

(6) 共轨压力 MAP　共轨压力的设定与高压油泵的泵油特性有关，虽然共轨系统名义上可以任意设定目标喷油压力，但必须综合考虑高压油泵泵油能力、功耗和发动机燃烧控制等因素。一般来说，发动机转速越低，油泵的供油能力越差，目标轨压就越低，反之越高；

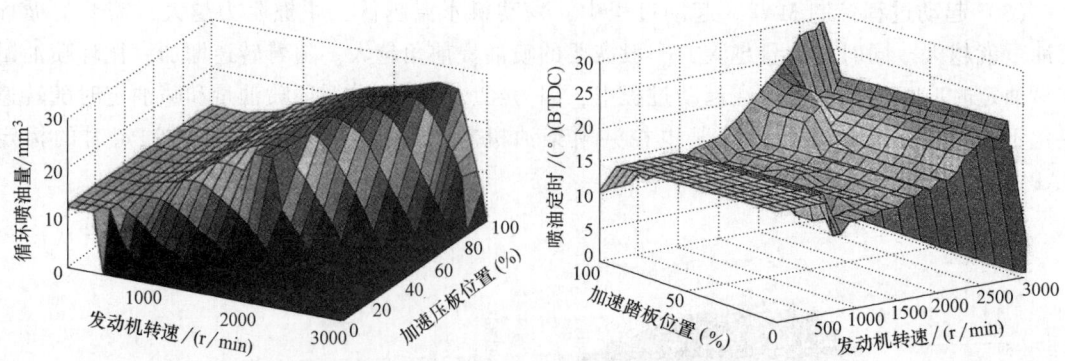

图 6-45 某电控共轨柴油机调速特性喷油量 MAP 和喷油定时 MAP 标定实例

而循环喷油量越大，目标轨压就应越高，反之越低。轨压的具体设置，需要参照油泵和喷油器特性设定，并且不宜出现大幅度剧烈变化。图 6-46 所示是某共轨柴油机轨压标定实例。

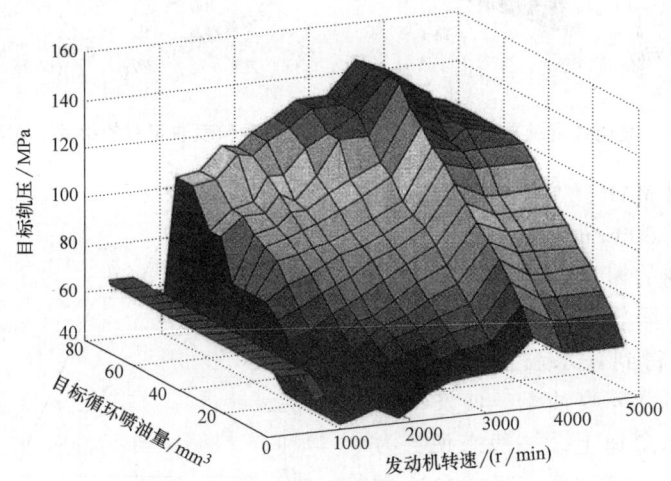

图 6-46 某共轨柴油机轨压标定实例

练习与实训

一、解释术语
1. 喷油提前角
2. 滞燃期
3. 缓燃期

二、选择题
1. 下面列出的（　　）属于柴油机燃烧特点。
   A. 缺氧　　　　B. 空气过量　　　　C. 扩散燃烧　　　　D. 混合气预先形成
2. 喷油速率在喷射初期（即滞燃期内）应（　　）。
   A. 较大　　　　B. 较小　　　　C. 不变　　　　D. 视情况而定
3. 下列四个时期对柴油机压力升高率有明显影响的是（　　）。

A. 滞燃期　　　B. 速燃期　　　C. 缓燃期　　　D. 后燃期
4. 为了衡量发动机工作的平稳性，用（　　）作为速燃期的重要评价指标。
A. 温度升高率　B. 压力升高率　　C. 最高温度　　　D. 最大压力

三、填空题

1. 油束特性可以用＿＿＿＿、＿＿＿＿和＿＿＿＿三个参数来描述。
2. 柴油机燃烧室基本要求是＿＿＿＿、＿＿＿＿、＿＿＿＿和＿＿＿＿。
3. 柴油机燃烧过程包括＿＿＿＿、速燃期、＿＿＿＿和＿＿＿＿。
4. 燃烧放热规律三要素是＿＿＿＿＿＿＿、燃烧放热规律曲线形状和燃烧持续时间。
5. 电控柴油机喷射系统的基本控制量是循环供油量和＿＿＿＿＿＿＿。
6. 柴油机内不均匀的混合气是在高温、高压下多点＿＿＿＿＿＿＿着火燃烧的。

四、简答题

1. 为什么柴油机的压缩比通常比汽油机要大一些？
2. 柴油机的燃烧过程分成哪几个阶段？它们的特点是什么？

第 7 章

发动机的排放与噪声控制

【教学目标】

通过本章的学习，要求读者能够掌握发动机有害排放物的成分和危害，了解影响汽油机、柴油机有害排放物的主要因素，了解发动机排气后处理技术，了解发动机排放法规与测试方法，了解发动机噪声源与控制方法。

【教学要求】

知识要点	能力要求
发动机有害排放物的生成及危害	了解发动机有害排放物的成分；了解各种有害排放物的生成机理
影响汽油机有害排放物的主要因素	了解混合气成分、点火正时、负荷、转速、过渡工况等影响汽油机有害排放物的影响因素
影响柴油机有害排放物的主要因素	了解混合气成分、喷油时刻、燃烧室类型等影响柴油机有害排放物的影响因素
排气后处理	了解汽油机排气后处理技术；了解柴油机排气后处理技术
发动机排放法规与测试	了解发动机排放物法规；了解发动机排放物测试方法
发动机噪声源与控制	了解发动机噪声的来源；了解发动机噪声控制的措施

本章首先介绍的是发动机有害排放物的主要成分，汽车有害排放物是大气环境恶化的主要原因之一；然后介绍影响汽油机、柴油机有害排放物的主要因素，并简要介绍相关的排气后处理技术；最后介绍发动机排放法规和测试方法，以及发动机噪声源和控制方法。

7.1 发动机有害排放物的生成及危害

内燃机在燃烧过程中产生的有害成分主要是一氧化碳（CO）、碳氢化合物（HC）、氮氧化物（NO_x）、硫氧化物（SO_x）、铅化合物和微粒等，由于这些有害成分最终由排气管排出，因而也称为排气污染物或排放物。另外还有因曲轴箱窜气和燃油系统油气挥发等原因排向大气的有害成分，称为非排气污染物。所谓有害排放物包括排气污染物和非排气污染物。

发动机排放的各种有害成分中，光化学烟雾是 HC 与 NO_x 反应生成的二次污染物，硫氧化物和铅化合物可以通过降低燃料中的含硫量以及采用无铅汽油来有效控制，目前排放法规限制的是 NO_x、CO、HC 和微粒四种排放物。以下介绍这四种有害排放物的危害及生成机理。

7.1.1 氮氧化物（NO_x）

NO 是一种无色气体，虽然 NO 本身毒性不大，但会在大气中缓慢氧化成 NO_2。与 NO 不同的是，NO_2 是褐色气体，具有强烈的刺激性气味，被吸入人体后与水结合生成硝酸，会引起咳嗽、气喘、肺气肿甚至心肌损伤。NO_x 是在地面附近形成含有毒臭氧的光化学烟雾的主要因素之一。

发动机燃烧过程中主要生成 NO，另有少量的 NO_2。NO_2 的生成量随过量空气系数 ϕ_a 而变化，汽油机的 ϕ_a 较小，一般 NO_2 占 NO_x 的 1%～10%；而柴油机由于 ϕ_a 较大，一般为 5%～15%，燃烧过程中产生的 NO 经排气管排至大气中，在大气条件下缓慢地与 O_2 反应，最终生成 NO_2。因而在讨论 NO_x 在燃烧中的生成机理时，主要讨论 NO 的生成机理。

NO 的生成途径有三种，即高温 NO、激发 NO 和燃料 NO。

1. 高温 NO

$$N_2 + O \longrightarrow N + NO, \Delta H = 75 \text{kcal/mol} \qquad (7-1)$$

$$N + O_2 \longrightarrow O + NO, \Delta H = -31.4 \text{kcal/mol} \qquad (7-2)$$

$$N + OH \longrightarrow NO + H, \Delta H = 40.8 \text{kcal/mol} \qquad (7-3)$$

在燃烧形成的高温条件下氧分子 O_2 裂解成氧原子 O，通过式（7-1）和式（7-2）的反应生成 NO。这一生成机理是 1946 年由苏联科学家捷尔杜维奇（Zeldovich）提出的，因此也称为捷氏反应机理（Zeldovich Reaction），并由后人的研究提出了式（7-3），合在一起称为扩展的捷氏反应机理（Extended Zeldovich Reaction）。反应式中的 ΔH 为反应吸热量（负值则为放热），也称活化能。其中式（7-1）和式（7-3）都是强烈的吸热反应，只有在大于 1800K 的高温下才能进行，因此被称为高温 NO 生成机理，或称热 NO 生成机理。同时，反应需要 $\phi_a > 1.0$ 在（或 0.9）的偏稀混合气中进行，因此该反应的特点是高温和富氧。

由于 N_2 的分解所需活化能最大，所以 O 与 N_2 的反应是整个链式反应中最慢的环节，因而式（7-1）也被称为控制反应。在整个链式反应中，每一个氧分子可生成两个 NO 分子，因此 O 起着活化链的作用。

2. 激发 NO

根据高温 NO 的生成机理，NO 应主要产生在火焰前锋面之后的区域。但试验中发现，过浓混合气（还原气氛）燃烧时，在火焰前锋面上也会产生大量的 NO，用高温 NO 机理不能很好地解释。20 世纪 70 年代，由佛尼莫尔（Fenimore）等人提出了激发（Prompt）NO

机理，也称为快速 NO 机理。

$$CH+N_2 \longrightarrow HCN+N \qquad (7-4)$$

$$CH_2+N_2 \longrightarrow HCN+NH \qquad (7-5)$$

首先由碳氢化合物在燃烧中裂解出 CH 和 CH_2，CH 和 CH_2 与 N_2 反应，生成 HCN、NH 和 N 等中间产物。HCN 和 NH 经过进一步反应生成 NO，而 N 则通过式（7-2）生成 NO，详细过程可参考有关的燃烧专业书籍。与高温 NO 相比，激发 NO 的生成过程是由一系列活化能不高的反应组成，因此并不需要很高的温度就可进行。例如，式（7-4）反应的活化能 $\Delta H=3.3 kcal/mol$，远远低于式（7-1）。激发 NO 生成速率主要受混合气浓度影响，一般在 $\phi_a=0.6 \sim 0.7$ 附近出现最大值。温度对激发 NO 的影响不是很大，只要达到一定温度即可发生，反应中随温度升高 NO 浓度仅略有上升。激发 NO 的现象主要出现在烃类燃料燃烧中，而在 H_2 和 CO 等非烃类燃料的燃烧中未曾发现。

3. 燃料 NO

燃料中所含氮化合物在燃烧中会生成 NO，称为燃料 NO。燃料中的氮化合物在高温下首先生成 HCN、CN、NH_2 和 NH 等中间产物，然后通过与上述激发 NO 相似的途径生成 NO。燃料 NO 的生成特点是，不需要很高的燃烧温度，在 700～900℃ 条件下有很高的生成速率；随 ϕ_a 降低，NO 生成量急剧下降，但在 $\phi_a \geq 1.0$ 时，NO 生成量几乎保持不变，随燃料含氮量的增加 NO 几乎呈线性上升。

化石燃料中，煤的含氮量高达 0.2%～3.4%，因而燃料 NO 占煤燃烧 NO_x 排放量的 75%～80%。内燃机的常规燃料中，汽油可看作基本不含氮，柴油的含氮率仅为 0.002%～0.03%（质量分数），含氮率最高的重柴油也只有 0.05%～0.4%。因此现阶段对于车用发动机可以不考虑燃料 NO，但随着燃烧技术的进步，NO 降至很低时，燃用重柴油的内燃机必须考虑燃料 NO 的问题。

4. 实际发动机的 NO 来源与生成条件

综上所述，在 NO 的三个生成途径中，由于内燃机很少用过浓混合气工作，以及车用燃料的含氮率极低，因此可以暂不考虑激发 NO 和燃料 NO，高温 NO 是内燃机和车用发动机 NO 排放的主要来源。一般在进行 NO 生成的模拟计算时，仅用扩展的捷氏反应机理就可基本满足工程所需精度要求。

根据高温 NO 反应机理，产生 NO 的条件是温度、氧浓度和反应时间，称为 NO 生成三要素。混合气过浓，则参与 NO 反应的氧气不够；而在足够的氧浓度条件下，温度越高，则反应速度越快，NO 平衡浓度越高，因而 NO 的生成量越大。

图 7-1 所示为根据高温 NO 反应机理计算得到的 NO_x 生成量与温度的关系，当温度大于 1800K 时，反应速度将随温度的升高而快速增加。由图中还可以看出，高温反应时间越长，NO

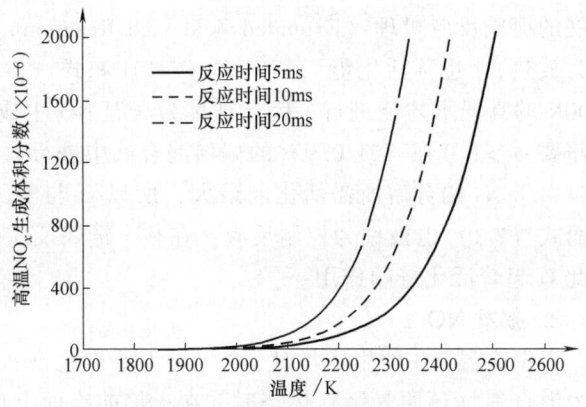

图 7-1 高温 NO_x 生成量与温度的关系

的生成量就越多。内燃机是一种高速燃烧的热能机械,其整个燃烧过程一般不超过5~10ms,由于NO的生成速度要比其他成分(如CO、CO_2、HC等)慢得多,因而燃烧终了时NO往往尚未达到平衡浓度。一般模拟计算时,NO应采用化学动力学计算,而其他成分可采用化学平衡计算。

7.1.2 一氧化碳(CO)

一氧化碳(CO)纯品为无色、无臭、无刺激性的气体。CO极易与血红蛋白结合,形成碳氧血红蛋白,使血红蛋白丧失携氧的能力和作用,空气中CO的浓度超过0.1%时,就会导致头痛、心慌等中毒病状,超过0.3%时,则可在30min内使人死亡。

CO是一种不完全燃烧的产物,其生成主要受混合气浓度的影响。对于采用均质混合气工作的汽油机来说,在过量空气系数$\phi_a<1$的浓混合气工况时,由于缺氧使燃料中的C不能完全氧化成CO_2,CO作为未燃产物生成。在$\phi_a>1$的稀混合气工况时,理论上不应有CO产生,但实际燃烧过程中,由于混合不均匀造成局部区域的$\phi_a<1$条件成立,由局部燃烧不完全产生CO。另外,已成为完全燃烧产物的CO_2在高温时产生热离解反应,生成CO。再有,未燃碳氢化合物在排气过程中进行的不完全氧化反应也会产生少量CO。

对于采用非均质混合气工作的柴油机来说,混合不均匀是产生CO的主要原因。燃烧终了时的CO浓度一般取决于燃气温度,但由于发动机膨胀过程中缸内温度下降很快,以至于温度下降速度远大于气体中各成分建立新的平衡过程的速度,使实际的CO浓度要高于排气温度相对应的化学平衡浓度,即产生"冻结"现象。根据经验,汽油机排气中的CO浓度近似等于1700K时的CO平衡浓度。

7.1.3 碳氢化合物(HC)

HC包括碳氢燃料及其不完全燃烧产物、润滑油及其裂解和部分氧化产物,如烷烃、烯烃、芳香烃、醛、酮、酸等数百种成分。烷烃基本上无味,它在空气中可能存在的含量对人体健康不产生直接影响。烯烃略带甜味,有麻醉作用,对黏膜有刺激,经代谢转化会变成对基因有毒的环氧衍生物;烯烃有很强的光化活性,是与NO_x一起在日光紫外线作用下形成有很强毒性的"光化学烟雾"的罪魁祸首之一;芳香烃有芳香味,具有危险的毒性,对血液、肝脏和神经系统有害;多环芳烃(PAH)及其衍生物有致癌作用;醛类是刺激性物质,对眼黏膜、呼吸道和血液都有毒害。

以下分别介绍HC在汽油机和柴油机燃烧中的生成机理,而对非排气HC仅做简要介绍。

1. HC在汽油机中的生成机理

在以均质混合气进行燃烧的汽油机中,HC的产生主要有不完全燃烧、壁面淬熄效应以及壁面油膜和积炭的吸附效应三个途径。液化石油气(LPG)和天然气(NG)等燃气发动机一般也采用均质混合气燃烧,因此其HC的生成机理与汽油机基本相同。

(1)不完全燃烧 汽油机中不完全燃烧的原因主要有起动、急速及高负荷工况时,可燃混合气浓度有时处于$\phi_a<1$的过浓状态,加之急速时残余废气系数较大,造成不完全燃烧,失火也是汽油机HC排放的重要原因。另外,汽车在加速或减速时,会造成暂时的混合气过浓或过稀现象,也会产生不完全燃烧或失火。当然,即使在$\phi_a>1$时,由于油气混合不均匀,也会因不完全燃烧产生HC排放。

（2）壁面淬熄效应　燃烧过程中，燃气温度高达2000℃以上，而气缸壁面温度在300℃以下，因而靠近壁面的气体受低温壁面的影响，温度远低于燃气温度，并且气体的流动也较弱。火焰前锋面受低温壁面和低温附面层的冷却，活化分子的能量被吸收，燃烧链反应中断，这种现象称为壁面淬熄效应。它使壁面附近形成厚0.1~0.2mm的不燃烧或不完全燃烧的火焰淬熄层，产生大量未燃HC。淬熄层厚度随发动机工况、混合气湍流程度和壁温的不同而不同，在冷起动、怠速和小负荷时会形成较厚的淬熄层。

作为壁面淬熄效应的一种极端情况，燃烧室中各种狭窄的缝隙，尤其是活塞头部与气缸壁之间形成的窄缝、火花塞中心电极周围、进排气门头部周围等处，由于面容比很大，淬熄效应十分强烈，火焰无法传入其中继续燃烧，而在膨胀和排气过程中，缸内压力下降，缝隙中的未燃混合气随废气一起排出，这种现象也称为缝隙效应。虽然缝隙容积较小，但其中气体压力高，温度低，因而密度大，HC的浓度极高。

图7-2所示为根据透明燃烧室的高速摄影结果获得的燃烧过程中淬熄层的变化。图7-2a表示在燃烧过程中，气缸盖底面1、气缸壁面2、活塞顶部3以及第1道活塞环以上的窄缝4等处，存在不燃烧的淬熄层。图7-2b表示燃烧结束排气门开启后，排气门周围的淬熄层随废气首先排出气缸。图7-2c表示在排气过程后半期，壁面和缝隙处的淬熄层开始剥离并排出气缸。

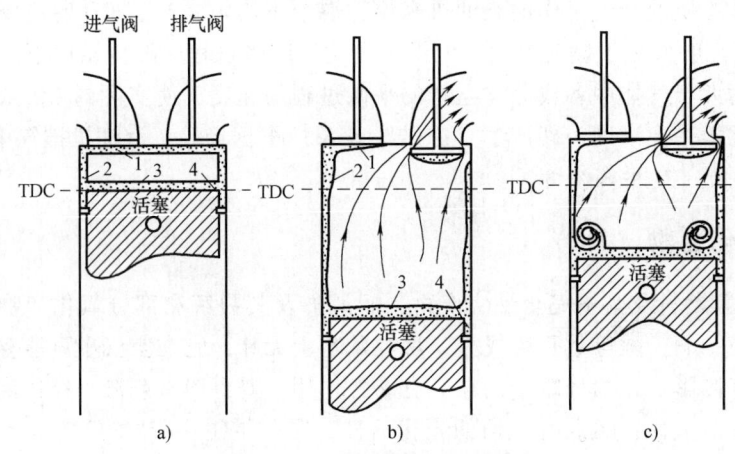

图7-2　淬熄层的变化过程

1—气缸盖底面　2—气缸壁面　3—活塞顶部　4—活塞环以上的窄缝

一些研究结果表明，由壁面淬熄效应产生的HC可占排气管排放HC的30%~50%。

（3）壁面油膜和积炭的吸附效应　在进气和压缩过程中，气缸壁面上的润滑油油膜，以及沉积在活塞顶部、燃烧室壁面和进排气门上的积炭（多孔性结构），会吸附燃料蒸气及未燃混合气，而在膨胀过程和排气过程中逐步脱附释放出，这种现象称为吸附效应。像上述淬熄层一样，这些HC的少部分被氧化，大部分则随废气排出气缸。据研究，这种由油膜和积炭吸附产生的HC占总数的35%~50%。

在一些使用中的发动机燃烧室壁面上，往往存在较多的积炭，当清除积炭后，HC排放会有明显降低。在汽油中添加清净剂可以起到清除积炭的作用。

2. HC在柴油机中的生成机理

由于柴油机采用扩散燃烧方式，燃油在燃烧室内的停留时间要比汽油机短得多，燃烧室周边区域的ϕ_a趋向于正无穷，即几乎没有燃油（尤其是小负荷时），因而受淬熄效应和油膜及积炭吸附效应的影响很小，这是柴油机 HC 排放低于汽油机的原因。一般柴油机中产生 HC 的主要原因是混合不均匀以及燃油雾化质量差。

（1）混合不均匀　柴油机混合气的浓度分布极不均匀，图 7-3 所示为柴油喷雾与 HC 生成的关系，靠近喷油射束中心域会形成过浓混合气（$\phi_a \ll 1$），而喷油射束的周边区域会因过度混合产生过稀混合气（$\phi_a \gg 1$）。在超出着火界限的过浓或过稀的混合气区域，会产生局部失火或不完全燃烧，造成 HC 的排放。

（2）喷油器压力室容积的影响　喷油器压力室容积对 HC 排放的影响如图 7-4 所示。由于制造工艺的需要，一般喷油器针阀密封座面以下有一小空间，称为压力室（或称盲孔）。喷油结束时，压力室容积中充满燃油，随燃烧和膨胀过程的进行，这部分柴油被加热和汽化，并以液态或气态低速进入燃烧室内。由于这时混合及燃烧速度都极为缓慢，使得这部分柴油很难充分燃烧和氧化，从而会产生大量的 HC。由图 7-4 可以看出，随压力室的容积减少，HC 排放明显下降，当压力室容积为 0 时，HC 排放的体积分数减小到约 150×10^{-6}。对比压力室容积为 1.35mm^3 时 HC 排放的体积分数（近 600×10^{-6}），可以认为由压力室容积造成的 HC 排放占原机总排放量的 3/4。将压力室形状由圆柱形改为圆锥形，可以减少压力室容积，而采用无压力室结构设计（图中容积为 0 的方案）可以彻底解决这一问题。

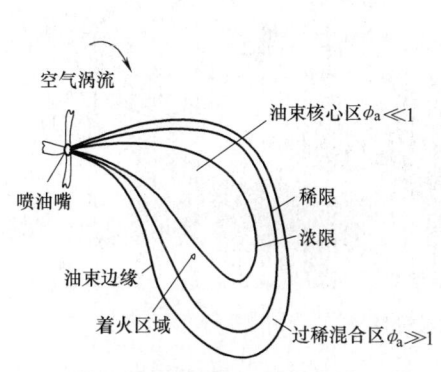

图 7-3　柴油喷雾与 HC 生成的关系

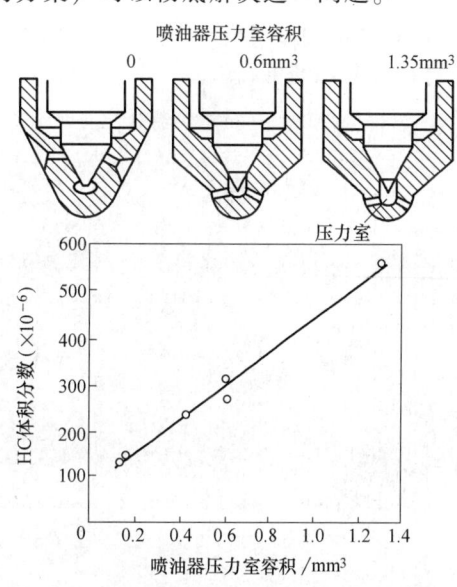

图 7-4　喷油器压力室容积对 HC 排放的影响

3. 非排气 HC 的生成机理

（1）曲轴箱窜气　曲轴箱窜气是指在压缩过程和燃烧过程中由活塞与气缸之间的间隙窜入曲轴箱的油气混合气和已燃气体，与曲轴箱内的润滑油蒸气混合后，由通风口排入大气的污染气体。柴油机的窜气中未燃成分较少，而汽油机属于均质混合气燃烧，因而窜气中含有较浓的未燃 HC。

（2）燃油蒸发　由于汽油的挥发性远比柴油强，因而一般所说的燃油蒸发主要是指汽油。燃油蒸发也是一种燃料的损失，因此也称为蒸发损失。蒸发损失主要来源于以下情况：连续停车时因昼夜温差造成的昼间换气损失、行驶期间因温度及行驶工况变化造成的运转损失。

7.1.4 微粒及碳烟

柴油机排放的微粒（PM），主要成分是碳，其粒度一般小于 $0.3\mu m$，可长期悬浮在大气中而不沉降，若吸入人体肺部会损伤肺内各种通道的自净机制，促进其他污染物的毒害作用。炭粒上还吸附有硫酸盐及多种有机物质，其中包含 PAH，PAH 具有不同程度的诱变和致癌作用。燃用含铅汽油的汽油机排放含铅微粒，对血液、骨骼和神经有毒害作用，对儿童的影响则更加严重。

由于汽油机采用预混合燃烧方式，除了因使用高含铅量汽油而引起含铅微粒排放，以及将润滑油混入汽油中进行润滑的二冲程发动机外，一般可以认为汽油机极少产生微粒。而柴油机采用扩散燃烧方式，这就决定了柴油机产生碳烟和微粒是不可避免的。

1. 微粒的构成与主要成分

柴油机微粒主要是由三部分组成的，即（干）碳烟（Dry Soot，DS）、可溶性有机物（Soluble Organic Fraction，SOF）和硫酸盐（Sulfate）。碳烟是以碳为主体的不完全燃烧产物。SOF 的成分主要是燃料和窜入气缸中的润滑油不完全燃烧剩余的重馏分。硫酸盐来源于燃料和润滑油中的硫，同时也包括其他金属盐和燃烧室金属表面脱落物。

如图 7-5 所示，PM 的核心是多个炭粒聚集成不规则的链状聚合物，在其表面附着了可溶性有机成分和硫酸盐。

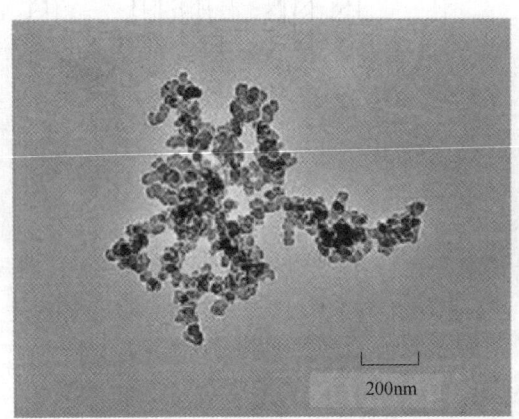
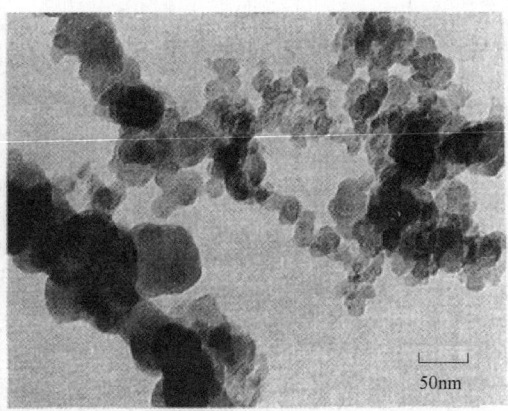

图 7-5 柴油机的微粒形貌

柴油机微粒中的三种成分在质量上所占比例并不是一成不变的，该比例随工况、发动机类型、燃烧特性以及油品特性等因素而变化。图 7-6 所示为柴油机微粒构成的变化是一重型柴油车采用美国 HDD-FTP 工况所做的试验结果，原机的微粒排放质量为 $0.48g/(kW·h)$，

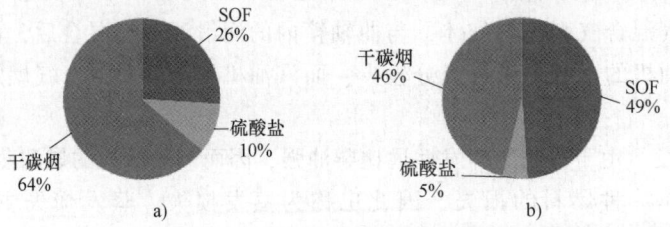

图 7-6 柴油机微粒构成的变化

a）原机　b）改进后

其中 DS 占 64%，SOF 占 26%，硫酸盐占 10%。通过改进喷油系统和燃烧系统以及换用含硫量 0.04% 的低硫柴油后，由于 DS 和硫酸盐的明显降低，使得微粒的排放质量降为 0.18g/(kW·h)，但 SOF 的比率却由此升高到了 49%。

需要指出的是，碳烟与微粒的关系是一个经常被混淆的问题，不少资料中将两者混为一谈。由以上讨论可以认为，碳烟只是微粒的主要组成部分之一，柴油机在高负荷工作时，碳烟在微粒中所占比例较高，而中低负荷时则降低，经常低于 SOF 所占比例。

2. PM 的粒径与排放数量

柴油机排放微粒的粒径与燃烧过程有密切关系。20 世纪 80 年代前的车用柴油机微粒粒径在 $1\sim10\mu m$ 范围内，后来随高压喷射技术的采用和油气混合过程的改善，排放微粒的粒径已基本在 $1\mu m$ 以下。

近二十年来，车用柴油机微粒的排放质量平均降低了 90% 以上，但研究表明其排放数量可能并未降低甚至有所上升。如前所述，粒径小于 $10\mu m$ 的 PM（记为 PM10）都称为可吸入颗粒物，对人体有危害，但其中小于 $0.5\mu m$ 的 PM 最容易被吸入肺部并且难以清除，对人体危害最大最直接。因此，近年来人们对 PM 排放数量以及细微 PM（或纳米微粒）的研究逐渐重视，欧 VI 排放法规将开始限制 PM 排放数量。

图 7-7 所示为典型柴油机 PM 排放的粒径分布，按粒径大小可分为四个区域：纳米微粒 (Nano Particles)、超细微粒 (Ultrafine Particles)、细微粒 (Fine Particles)、其余 PM10 微粒。按形态不同可分为三类：核态 (Nuclei Mode)、凝聚态 (Accumulation Mode) 和粗糙态 (Coarse Mode)。不论从微粒质量还是数量上看，占绝大多数的都是 $1\mu m$ 以下的微粒。从分布特征上来看，呈现双峰形态，分别对应核态及凝聚态，说明质量排放的主体在凝聚态微粒，而数量排放的主体在核态微粒。

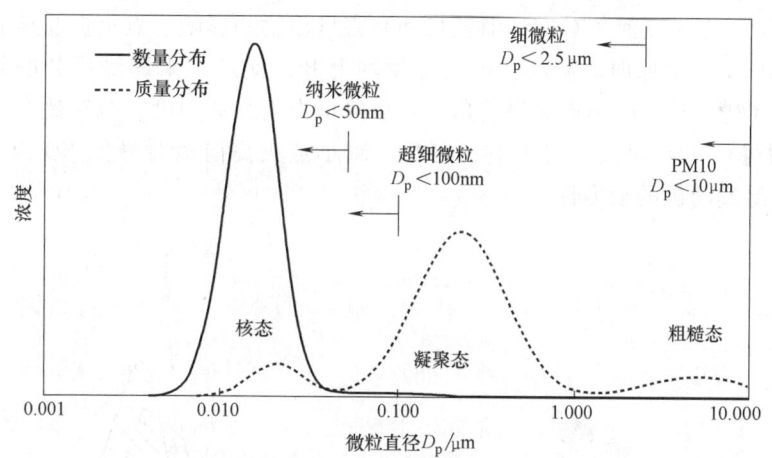

图 7-7 典型柴油机 PM 排放的粒径分布

核态微粒主要由可挥发性成分如 HC、硫酸组成，尺寸范围为 $1\sim50nm$，常见尺寸范围 $3\sim30nm$。尽管它只占排放总质量的 0.1%～10%，但数量超过 90%。凝聚态微粒即上述传统概念上的 PM，由碳烟（DS）、可溶性有机成分（SOF）和硫酸盐组成，尺寸范围为 $30\sim500nm$，它占排放总质量的 80% 以上，但排放数量不到 10%。粗糙态微粒主要来源于燃烧室和排气系统的积炭脱落，以及燃料喷雾质量不好或异常喷射造成的较大碳烟颗粒，其尺寸超过 $1\mu m$，它占排放总质量的 5%～20% 以内，但对排放数量基本没有贡献。

7.2 影响汽油机有害排放物生成的主要因素

7.2.1 混合气成分

汽油机的油气燃烧是一种预混燃烧，其可燃混合气浓度范围比较窄，而且在怠速和满负荷等工况下处于浓混合气工作，因此混合气成分是影响排放的最主要的因素。图7-8所示为混合气成分对CO、HC、NO_x的影响曲线。随空燃比α下降混合气变浓，燃烧时氧气相对不足，不完全燃烧生成物增加，使CO、HC迅速增加，在空燃比α大于14.7以后，CO浓度已经很低了，但当空燃比再增加时，因混合气不均匀造成局部缺氧，仍有少量CO生成。同时，因CO氧化反应速度慢，燃烧温度下降，使HC排放量也会增加。NO_x浓度峰值出现在理

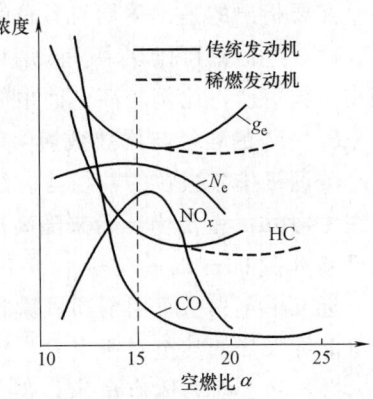

图7-8 混合气成分对CO、HC、NO_x的影响曲线

论空燃比靠稀的一侧，反映出高的NO生成率必须兼具高温、富氧两个条件。HC的走向则是两头高、中间低，与燃油消耗率的变化趋势基本一致。当浓混合气逐渐变稀，在缝隙容积与激冷层中混合气燃料比例减少，因此HC量减少。处于最佳燃烧的α范围内，HC及油耗均为最低。但当混合气过稀，火焰有可能熄灭，因而HC的生成量又会上升。

7.2.2 点火正时

图7-9所示为点火提前角对燃油消耗量和有害排放物的影响。点火提前角减小（推迟点火）时，后燃增加，膨胀时的温度及排气温度均上升，促进了未燃烧成分的氧化，这对降低HC排放很有利。同时减小点火提前角，可以降低燃烧最高温度，减少燃烧反应滞留时间（图7-10），对降低NO_x排放十分有利。可见，减小点火提前角对降低NO及HC排放均有利，但是会降低发动机的动力性。

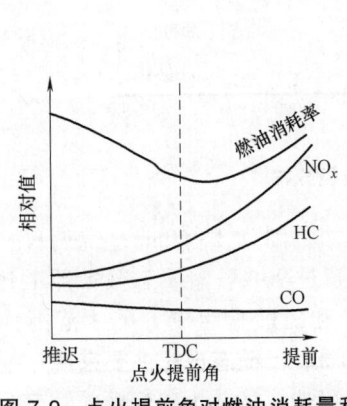

图7-9 点火提前角对燃油消耗量和有害排放物的影响

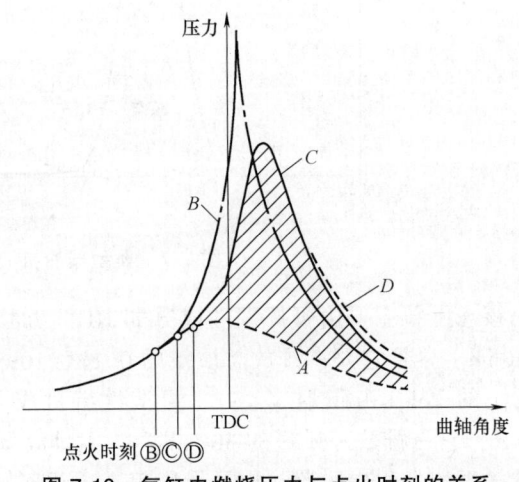

图7-10 气缸内燃烧压力与点火时刻的关系

7.2.3 负荷

负荷是通过混合气成分对燃烧产物中的有害物质产生影响的。汽油机在怠速及小负荷工况运行时，节气门分别在几乎关闭和小开度位置，新气进入量少，废气相对增多，供给的混合气偏浓，而且燃烧室温度较低，燃烧速度慢，易引起不完全燃烧，使 CO 排出量增加；又因为燃烧室温度低，燃烧室壁面激冷现象严重，未燃烧的燃油量增多，结果致使 HC 排放量增多。在中等负荷（节气门开度为 25%~80%）时，供给经济混合气，容易完全燃烧，废气中 CO 含量最少，HC 含量也较低。由于燃烧室温度提高，NO_x 生成量增多。在满负荷（节气门开度为 80%~100%）时，供给浓混合气，使燃烧气体压力、温度升高，致使 NO 生成量增多；同时还提高了排气温度，使 HC 在排气中继续燃烧，其排放量减少；但因混合气较浓，使 CO 排放量增加。

7.2.4 转速

随着发动机转速的升高，混合气经进气系统的流速及活塞运动速度也随之升高，缸内湍流加强，促进混合，改善了缸内的燃烧，减少了激冷层的厚度，使 CO、HC 排放减少。NO_x 的生成量与混合气成分有关，当用浓混合气时，由于转速升高，散热时间相对缩短，缸内燃烧温度升高，使 NO_x 生成量增加。当用稀混合气时，由于燃烧持续角增加，燃烧温度反而会下降，使 NO_x 生成量减少。提高怠速转速会使混合气变稀，CO 及 HC 的排放减少。因此，从减少发动机排气污染的角度出发，可适当提高怠速转速，但同时应注意到，随着怠速转速升高，油耗也会有所上升。

7.2.5 过渡工况

汽车发动机主要是在不稳定工况下工作，包括怠速运转、加速运转、定速运转、减速运转等。不同工况由于混合气浓度不同，有害物的排放量相差很大。表 7-1 所示为不同工况下汽油机有害物质的排放浓度。怠速与减速工况，是 HC 生成的主要工况。在怠速工况下，燃烧环境温度比较低，缸内残余废气量比较大，混合气比较浓，致使燃烧恶化，HC 排放浓度增加，在减速工况下，很高的进气管真空度使进气管内沉积的燃料油膜大量蒸发，这是 HC 增加的重要原因。

表 7-1 不同工况下的 CO、HC、NO_x 排放浓度

排气成分\工况	怠速(0)	定速(40km/h)	加速(0→40km/h)	减速(40km/h→0)
CO(%)	4.0~10.0	0.5~1.0	0.7~5.0	1.5~4.5
HC/($\times 10^{-6}$)	300~2000	200~400	300~600	1000~3000
NO_x/($\times 10^{-6}$)	50~100	1000~3000	1000~4000	5~50

7.2.6 废气再循环率

将一部分排气回送至燃烧室，利用排气中的气体比热容大的特点，可以抑制燃烧的最高温度，将有利于抑制 NO_x 的生成。在中高速工况选择恰当的废气再循环率能有效地控制

NO_x 的排放量，如果 EGR 率过大，NO_x 浓度虽然下降，但实际进入缸内的可燃混合气减少，燃烧的有效性降低，动力性也会变差。

7.3 影响柴油机有害排放物生成的主要因素

7.3.1 混合气成分

一般来说，柴油机的燃油供给是质调节，在工作过程中总有一定数量的过量空气，而且柴油的挥发性比汽油小，因此柴油机的 HC 及 CO 排放浓度一般比汽油机低得多。但在接近满负荷时（α 较小），CO 浓度骤增。混合气成分与柴油机排放的关系如图 7-11 所示，NO_x 生成率最高处仍出现在油量较大的高负荷工况。NO_x 浓度随 α 增加而减少。柴油机排气中有碳烟排出，随着混合气变浓，排烟浓度增多。

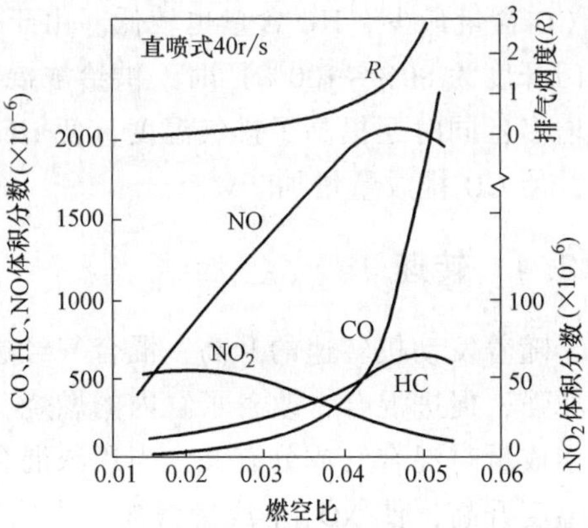

7.3.2 喷油时刻

延迟喷油是降低 NO_x 排放的主要措施之一。喷油定时对排放的影响如图 7-12 所示，延迟喷油可减少 NO_x 的生成，但减小喷油提前角将导致燃烧变差，最高爆发压力降低，因而使油耗及排气烟度增加。为了在延迟喷油以后燃烧不致恶化，加强缸内气流运动、促进混合气形成、提高喷油速率以及改善喷雾质量是很有必要的。实践证明，延迟喷油的同时提高喷油速率，效果要好于单纯延迟喷油时刻的。

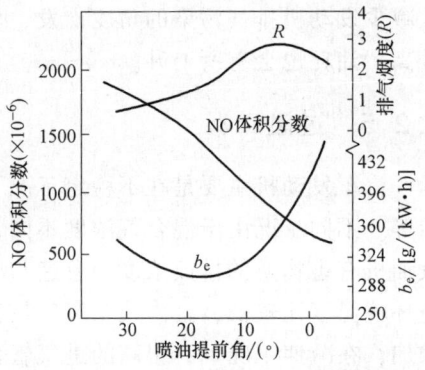

图 7-11 混合气成分与柴油机排放的关系

图 7-12 喷油定时对排放的影响

7.3.3 燃烧室类型

直喷式及分隔式两类燃烧室的排放特性不同，由表 7-2 可知，分隔式燃烧室生成的 NO_x、CO、HC 和碳烟的排放浓度均低于直喷式，特别是 NO_x 排放浓度一般比直喷式燃烧室的低 50% 左右。

表 7-2 两种燃烧室有害排放物的比较　　　　　　　　　［单位:g/(kW·h)］

排气成分 燃烧室类型	NO_x	CO	HC
直喷式	5.2~9	2~6	1.1~3
分隔式	3~6	1.5~4	0.4~1.5

分隔式燃烧室排放低的原因是，这种燃烧室的燃烧及排放物的生成分两个阶段进行。在喷油开始和燃烧初期，副燃烧室的空燃比较小，氧浓度较低，燃料不可能完全燃烧，从而形

成较多的 CO 及未燃烧的烃。副燃烧室在着火后温度较高，但氧浓度低，对生成 NO_x 仍有不利的影响。主燃烧室内有充足的新鲜空气，使来自副燃烧室的 CO 及 HC 进一步氧化。高温燃气进入主燃烧室后，温度有所下降，抑制了 NO_x 的生成。

然而，在非稳定工况下，一些排放物的浓度比稳定工况高，有的甚至是稳定工况的 6 倍，分隔式燃烧室起动性能比直喷式差，因此起动工况的污染物排放浓度将会比直喷式高。

7.4 排气后处理

随着对内燃机低排放的要求不断严格，能兼顾动力性、经济性以及排放性的内燃机越来越复杂，成本急剧上升。因此，世界各国都先后开发排气后处理技术，在不影响或者很少影响内燃机其他性能的同时，降低最终向大气环境的排放。

7.4.1 汽油机排气后处理

汽油机排气后处理技术主要包括热反应器、催化转化器、HC 捕集器。催化转化器又可以分为氧化型、还原型、氧化还原型（三效）以及稀燃型，目前单纯还原型的催化剂已很少用。

1. 热反应器的工作原理

热反应器是通过均质气体的非催化反应来氧化汽油机排气中烃和 CO 的装置。其原理是基于这类反应器在一段时间内（平均为 100ms）能保持排气高温（800~900℃），排气离开气缸后，在排气过程中继续进行氧化反应。热反应器属氧化装置，不能除去 NO_x。它通常是一种大型容器，备有绝热良好的隔热套，取代了常规排气歧管，被安装在紧靠发动机处。根据发动机内的空燃比，热反应器可分为两类。在富燃料燃烧的情况下，热反应器需要二次空气喷射系统，以完全氧化排气中较高浓度的 H 和 CO（通常为百分之几），并维持较高的反应温度，故其转化效率较高。在贫燃料燃烧的情况下，不需要二次空气喷射系统，其运转温度主要由排气温度决定，运行温度较低，导致转化效率较低。

近年来由于有效的催化转化器的发展特别是三效催化剂的普及，对热反应器的需要已大为减少。

2. 催化转化器的结构与工作原理

催化转化器是汽车排气系统的一部分。催化转化装置是利用催化剂的作用，将排气中的 CO、HC 和 NO_x 转换为对人体无害的气体的一种排气净化装置，也称作催化转化装置。

（1）催化转化器结构　如图 7-13 所示，催化转化器由壳体、减振垫、载体及催化剂涂层四部分组成。所谓催化剂（Catalyst）是指涂层部分或载体和涂层的合称。催化剂是整个催化转化器的核心部分，它决定了催化转化器的主要性能指标。

（2）催化剂的分类及工作原理　按工作原理不同，催化剂可分为氧化型催化剂、还原型催化剂、三效催化剂和稀燃催化剂。目前单纯还原型的催化剂已很少用，而氧

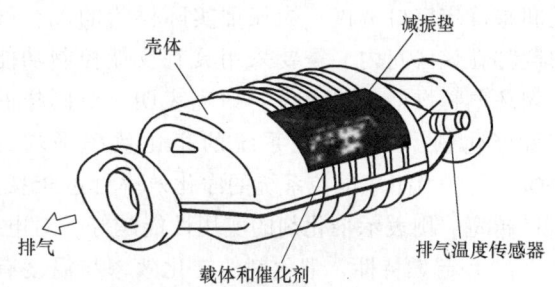

图 7-13　催化转化器的结构及组成

化型催化剂和最常用的三效催化剂的主要反应如下。

1) 氧化型催化剂。在氧化型催化剂（Oxidation Catalyst，OC）中，CO 和 HC 与 O_2 进行氧化反应，如式（7-6）~式（7-8）所示，生成无害的 CO_2 和 H_2O，但对 NO_x 基本无净化效果。

$$2CO+O_2=2CO_2 \tag{7-6}$$

$$4HC+5O_2=4CO_2+2H_2O \tag{7-7}$$

$$2H_2+O_2=2H_2O \tag{7-8}$$

2) 三效催化剂。所谓三效催化剂（Three Way Catalyst，TWC）是指同时净化 CO、HC 和 NO_x 的催化剂。当混合气浓度正好为化学计量比时，在 TWC 中进行式（7-9）~式（7-11）所示的氧化还原反应，即 CO 和 HC 与 NO_x 三种有害成分互为氧化剂和还原剂，生成无害的 CO_2、H_2O 及 N_2。三效催化剂这种巧妙的构思和显著的效果，使它成为汽油机最主要的排气净化技术。

$$2CO+2NO=2CO_2+N_2 \tag{7-9}$$

$$4HC+10NO=4CO_2+2H_2O+5N_2 \tag{7-10}$$

$$2H_2+2NO=2H_2O+N_2 \tag{7-11}$$

不同贵金属成分对排气污染物的催化净化效果是不同的，Pt 和 Pd 主要催化 CO 和 HC 的氧化反应，Rh 用于催化 NO_x 的还原反应。为了满足对催化剂综合性能指标的要求，三种贵金属成分往往是搭配使用的，实际三效催化剂中应用最广泛的是 Pt-Rh 系催化剂。

3. 催化转化器的主要性能

催化转化器是一个耦合化学反应、流动、传热和传质等现象的复杂系统，其外在性能主要为活性、耐久性和流动特性。

(1) 转化效率　催化器的转化效率是催化剂活性和催化器设计的综合结果，其定义为

$$\eta_{Ci}=\frac{C(i)_1-C(i)_2}{C(i)_1}\times 100\% \tag{7-12}$$

式中，η_{Ci} 是排气污染物在催化器中的转化效率；$C(i)_1$ 是排气污染物在催化器入口处的浓度；$C(i)_2$ 是排气污染物在催化器出口处的浓度。

(2) 空燃比特性　催化剂转化效率随空燃比的变化称为催化剂的空燃比特性，如图 7-14 所示。三效催化器在所标狭窄区间内对 CO、HC 和 NO_x 的转化效率同时达到最高，这个区间被称为"窗口"。实际中常取三项转化效率都达到 80% 的区间来确定窗口宽度。为保证实际供给的混合气浓度都在该区间内，需要采用具有反馈控制功能的闭环电控燃油供给系统。研究表明，对同样的三效催化剂，开环电控系统的净化效率平均为 60% 左右，而闭环电控系统的净化效率可达 95%。

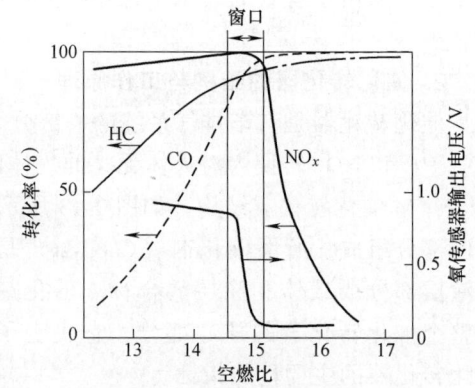

图 7-14　三效催化剂空燃比特性

窗口越宽，则表示催化剂的实用性能越好，对电控系统控制精度的要求越低。

(3) 起燃特性　催化剂的转化效率与温度有密切关系，催化剂只有在达到一定温度时才能开始工作，即起燃。催化转化器的起燃特性有两种评价方法，即起燃温度特性和起燃时

间特性。

三效催化转化器的起燃温度特性如图7-15所示,它表示了转化率随催化器入口温度 t_i 的变化,而转化率达到50%时所对应的温度称为起燃温度 T_{50}。显然 T_{50} 越低,催化器在汽车冷起动时越能迅速起燃,因此 T_{50} 一直是催化器活性的重要特征值。起燃温度特性是在化学试验室或发动机台架上测取的。

起燃时间特性试验在转鼓试验台或发动机台架上进行,即控制车辆或发动机以一定的循环工况运转,将达到50%转化率所需要的时间,称为起燃时间 τ_{50}。

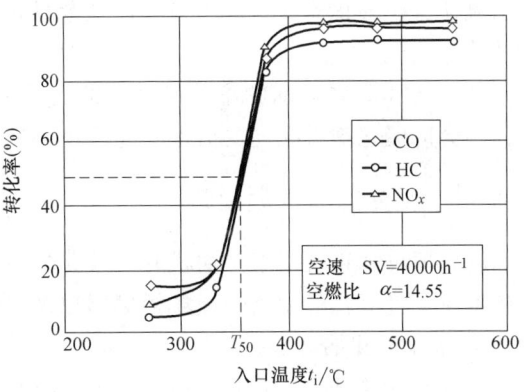

图7-15 三效催化转化器的起燃温度特性

起燃温度特性主要取决于催化剂本身的性能,它评价的是催化剂的低温活性。而起燃时间特性除与催化剂有关外,在很大程度上取决于催化转化器总体的热惯性、绝热程度以及流动传热传质过程,其评价试验结果与实车冷起动特性的关系更为直接。

(4) 空速特性　单位时间流过催化剂的排气流量(换算到标准状态)与催化剂容积之比称为空间速度,简称空速(Space Velocity,SV)。一般用小时(h)做时间量纲,因此空速的量纲为 h^{-1}。催化剂转化效率随空速的变化称为空速特性。空速越高表示反应气体在催化剂中的停留时间越短,因此为保证高的转化效率,高空速工作时的催化剂活性也要高。

汽油机在怠速时,SV为 $(3000\sim6000)h^{-1}$;全负荷工作时,SV为 $(120000\sim150000)h^{-1}$;而一般三效催化剂性能评价(空燃比特性和起燃温度特性等)时,常用SV为 $(40000\sim60000)h^{-1}$。设计排气后处理系统时,一般三效催化剂容积与汽油机排量之比取0.5~1.2,明显小于柴油机用催化剂(如后述的选择还原催化剂)。

(5) 催化剂的耐久性与快速老化试验　催化剂经长期使用后,其性能会发生劣化,亦称失活,表现为起燃温度上升和转化效率下降等。一般要求新车催化剂在至少使用10万~16万km后整车排放仍能满足法规限值。影响催化剂寿命的因素有四类,即高温失活、化学中毒、结焦与机械损伤。化学中毒的来源主要是燃料和润滑油中的Pb、S、P和Mn等,通过严格限制燃料和润滑油中的有害成分含量可以将化学中毒控制到最小。而目前汽车三效催化剂最主要的失活方式是高温失活。

高温失活的原因是在高温氧化氛围中,原本散布均匀的细小贵金属颗粒和助催化剂成分聚合成大颗粒,导致活性下降;同时涂层中的 γ-Al2O3转变为 α-Al2O3,导致催化剂活性表面大大减少。汽车在实际行驶中产生高温富氧或极高温的情况有,发动机失火使未燃混合气在催化剂中发生剧烈氧化放热反应,汽车连续高速大负荷运行等工况。快速老化试验(Rapidaging Test)就是模拟这些极为苛刻的条件,在发动机台架上对三效催化剂进行耐久性考核。例如最常用的断油模式快速老化试验,可以用100h的台架试验替代8万km的实车道路试验,大大节省了试验成本和研发周期。

(6) 催化器的流动特性　流动特性包括流动阻力和流场均匀性。催化器流动阻力增加会使发动机动力性和油耗恶化。排气在催化剂细小孔道中以层流状态流动,主要产生沿程流动损失，与陶瓷蜂窝载体相比，金属载体具有较低的流动阻力。在催化剂之外，排气以湍流状态流动，在催化器入口和出口，以及前后过渡管等截面突变处产生局部流动损失，需要精心设计。

催化剂（载体）前的流动截面上的流速分布如果不均匀，会降低催化剂整体的转化效率，还会使催化剂沿径向的活性劣化程度不同，导致催化剂整体寿命缩短。

7.4.2 柴油机排气后处理

后处理技术正式用于柴油机是从欧Ⅳ排放阶段开始的，目前已实用化的柴油机排气后处理技术主要有氧化催化器、微粒捕集器以及NO_x还原催化器。

1. 氧化催化器

柴油机氧化催化剂（Diesel Oxidation Catalyst, DOC）一般用Pt或Pd做活性成分。氧化催化剂可以使本来已不成问题的柴油机HC和CO排放进一步降低，并显著降低PM中的SOF，因而使PM总质量降低。同时，DOC对目前法规尚未限制的一些有害成分（如PAH、乙醛等）以及柴油机排气臭味也有净化效果。

柴油中所含的硫在燃烧后生成SO_2，经催化器氧化后变为SO_3，然后与排气中的水分化合生成硫酸盐。催化剂的氧化效果越好，硫酸盐生成越多，甚至达到没有催化剂时的数倍。柴油机用氧化催化剂的使用效果如图7-16所示，硫酸盐的大量生成，不但抵消了SOF的减少，甚至使微粒排放上升。同时，S也是催化剂中毒劣化的重要原因。因此，减少柴油中的硫含量就成了氧化催化器实用化的前提条件。例如，有研究结果表明，为满足国Ⅲ及以上的排放法规，至少要使柴油硫含量降至$100\mu g/g$以下才能使用氧化催化器。近年来，通过催化剂本身材料和制备工艺的改进，有些氧化催化剂也能耐较高的含硫柴油。

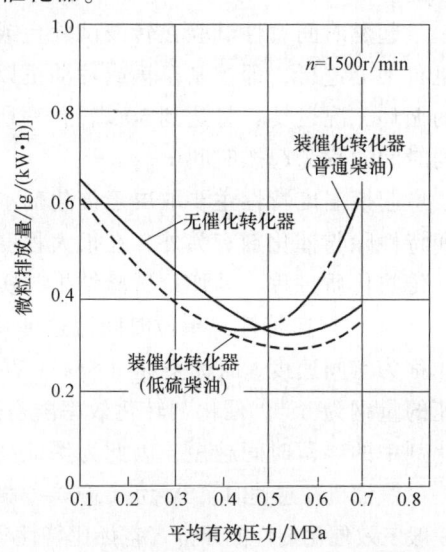

图7-16 柴油机用氧化催化剂的使用效果

2. 微粒捕集器

微粒捕集器也称为柴油机微粒过滤器（Diesel Particulate Filter, DPF），主要通过过滤等物理方法捕集排气中的微粒。以下主要介绍DPF的捕集方法和再生问题，并简要介绍与一般DPF有所不同的通流式过滤器。

（1）过滤捕集方法 一个好的微粒过滤器除了要有高的过滤效率外，还应具有低的流通阻力，所用材料应耐高温并有较长的使用寿命，同时还应尽可能减小DPF的体积。

作为DPF的过滤材料可以是陶瓷蜂窝载体（如堇青石，$Mg_2Al_4Si_5O_{18}$）、陶瓷纤维编织物（如$Al_2O_3\text{-}B_2O_3\text{-}SiO_2$）和金属纤维编织物（如Cr-Ni不锈钢），其结构如图7-17所示。另外，也有用金属蜂窝载体的，甚至还有用空气滤清器等纸滤芯做过滤材料的。在图7-17a所示的壁流式陶瓷过滤体中，排气进入入口开放而出口堵塞的孔道，经多孔性壁面过滤后，由入口堵塞而出口开放的相邻孔道排出，过滤效率可达90%以上，这种方法目前使用最多。

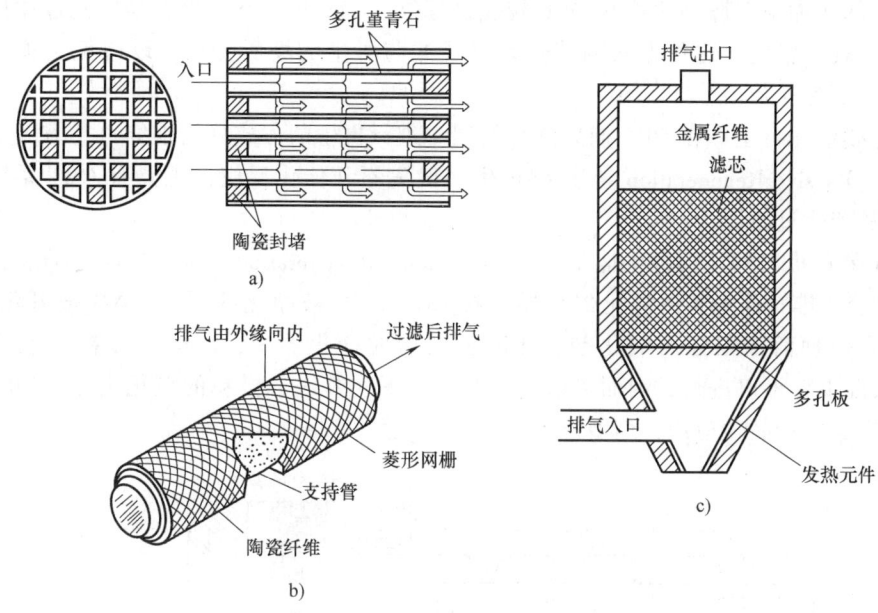

图 7-17 微粒捕集器的过滤材料
a) 陶瓷蜂窝载体　b) 陶瓷纤维编织物　c) 金属纤维编织物

（2）DPF 的再生及方法　随着过滤下来的微粒的积存，DPF 的过滤孔逐渐堵塞，使排气背压增加，导致发动机动力性和燃油经济性恶化，因此必须及时除去 DPF 中的微粒。除去 DPF 中积存微粒的过程称为再生（Regeneration）。微粒氧化需要足够的高温、富氧和氧化时间，例如在氧浓度 5% 以及排气温度 650℃ 条件下，微粒的氧化时间需要 2min，而实际柴油机排气温度一般低于 500℃，城市公交车的排气温度一般不超过 300℃。另外，捕集的微粒如不及时清除，积存过多，一旦遇到合适的温度和氧化气氛就开始氧化燃烧，温度可达 2000℃ 以上，很容易将陶瓷过滤体烧熔，而保证陶瓷过滤体寿命的工作温度应控制在 1000℃ 以下。因此，DPF 的再生问题具有很大难度。

目前主要的 DPF 再生方法可分为两类，即断续加热再生和连续催化再生。

1）断续加热再生。断续加热再生是指在 DPF 每工作一段时间后，采用加热的方法来氧化清除积存的微粒，也称为主动再生（Active Regeneration）。加热方式主要有电加热和燃烧加热。微波加热具有选择性地加热微粒而不加热陶瓷过滤体的优点，但尚处于实验室研究阶段。

电加热是在 DPF 前设置电加热器，或直接将电加热丝深入 DPF 入口孔道内进行加热，以促使微粒起燃。前部微粒的氧化放热引起的高温顺序向后传播，使 DPF 内的微粒全部被氧化清除。电加热方法的主要缺点是耗电太多。

燃烧器加热是在 DPF 前设置燃烧器，喷入柴油（或其他燃料）和二次空气进行燃烧，形成高温气氛引燃微粒。燃烧器方法要比电加热效果更好，但装置和控制会更复杂。

提高排气温度是用柴油在缸内后喷（Post Injection）、进气节流提高混合气浓度、排气节流提高排气背压以及推迟喷油时刻等方法，可以提高排气温度，促使微粒氧化再生。这些方法结构最简单，但效果都不如电加热和燃烧器加热。

反吹法是由日本五十铃公司开发，在 DPF 后方（下游）设置空气喷射器，用（0.6～

0.8）MPa 的压缩空气脉动地喷吹 DPF 陶瓷过滤体，将吹掉下来的微粒聚集到过滤体之外的燃烧室进行氧化燃烧。这种方法的特点是将过滤与再生的场所分离，以避免烧损陶瓷过滤体，但装置更为复杂。

2）连续催化再生。在 DPF 捕集微粒的同时进行再生的方式称为连续再生方式，也称为被动再生（Passive Regeneration）。连续再生一般离不开催化反应，主要有 CRT 系统、催化添加剂以及催化过滤器。

由 JM 公司提出的连续再生捕集器（Continuous Regeneration Trap, CRT）的工作原理如图 7-18 所示。排气首先经过氧化催化器，在 CO 和 HC 被净化的同时，NO 被氧化成 NO_2，NO_2 本身是一种活性很强的氧化剂。在随后的微粒捕集器中，NO_2 与微粒的氧化反应在 200℃ 的低温下就可以进行，因而可以在所有工况下连续进行微粒的氧化去除。CRT 系统目前获得了广泛的产品化应用，但要求柴油硫含量极低。

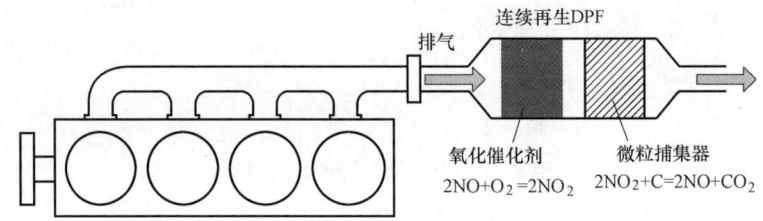

图 7-18 CRT 的工作原理

① 催化过滤器。在微粒捕集器的陶瓷载体表面（主要是入口处）涂覆氧化催化剂（Pt 等），是最早被研发的连续催化再生方法（20 世纪 80 年代）。这种方法可以使微粒与 O_2 反应的起燃温度降至 450℃ 左右，同时为保证足够的排温往往进行进气节流。由于起燃温度仍然较高，并且微粒与催化剂表面活性成分接触不充分，因而再生的效果不如上述 CRT 方法。

② 催化添加剂。在柴油中加入含铈 Ce（或其他金属）添加剂，经燃烧产生的排气微粒中就含有铈的化合物，由此可将微粒的起燃温度降至 300℃ 以下，可以在柴油机大部分工况下自动进行再生。这种方法目前应用较少，其原因是添加剂用量较大、成本高，金属铈（或其他金属）的氧化物会残留在 DPF 过滤体表面造成慢性堵塞等。

③ 通流式过滤器。介于氧化催化器和微粒过滤器之间，近年来出现了一种被称为通流式（或部分分流式）过滤器（PFT）的 PM 净化系统。排气流经 PFT 时，一部分被引导经过滤区域后排出，其余部分经直通道直接排出。PFT 像上述 CRT 系统那样在入口处设有氧化催化器，产生 NO_2，在过滤区域捕集到的 PM 被 NO_2 氧化掉。当过滤区域被堵时，排气可经直通道排出，不会影响发动机正常工作。PFT 系统可降低 50% 以上的 PM，降低 80% 以上的 CO 和 HC，据称能够使用硫含量 350μg/g 的柴油。

3. NO_x 还原催化器

在柴油车上应用 NO_x 还原催化剂要比汽油机难度大，主要原因是柴油机稀燃使排气具有很高的氧化氛围，难以进行 NO_x 还原反应；还原催化剂要求的工作温度一般要高于氧化催化剂或氧化还原催化剂（三效催化剂），而柴油机排温明显低于汽油机。

柴油机 NO_x 还原方法主要有四种：SNCR、选择性催化还原（SCR）、非选择性催化还原（NSCR）和吸附还原。其中，选择性非催化还原和非选择性催化还原具有成本低但转化效率也低的特点，在车用柴油机上很少应用。以下将主要介绍，以尿素为还原剂的 SCR 催化剂（尿素-SCR），它是目前应用最广泛的 NO_x 催化净化技术，而对有应用可能的以碳氢化合物为还原剂的 SCR 催化剂（HC-SCR）则做简要介绍。吸附还原催化剂与上述稀燃汽油机所用的基本相同，这里仅做补充性介绍。

(1) 尿素-SCR 催化剂　目前产业化的尿素-SCR 催化剂主要用 V_2O_5-TiO_2，这种钒基催化剂具有对 NO_x 选择性好、高效温度窗口宽以及抗硫中毒的特点。尿素-SCR 催化反应中的还原剂实际是氨（NH_3），但由于氨有较强的腐蚀性，储运及车载较困难，因而现在都使用尿素水溶液作为还原剂。尿素水溶液浓度为 32.5% 时的凝固点最低（-11℃），国际上将此浓度作为 SCR 还原剂的标准，将这种还原剂命名为 AdBlue。

尿素 SCR 催化剂的主要反应机理如下：

$$4NO + 4NH_3 + O_2 = 6H_2O + 4N_2 \tag{7-13}$$

$$6NO + 4NH_3 = 6H_2O + 5N_2 \tag{7-14}$$

$$2NO_2 + 4NH_3 + O_2 = 6H_2O + 3N_2 \tag{7-15}$$

$$6NO_2 + 8NH_3 = 12H_2O + 7N_2 \tag{7-16}$$

$$NO_2 + 2NH_3 + NO = 3H_2O + 2N_2 \tag{7-17}$$

由于柴油机 NO_x 排放中 90% 以上是 NO，因此 NO_x 还原反应的主要途径是式 (7-13)，这一反应也被称为"标准 SCR 反应"，O_2 在此反应中是不可缺少的。低温时，式 (7-17) 的反应速率比式 (7-13) 快 17 倍，被称为"快速 SCR 反应"，这有利于提高催化剂低温活性，应对柴油机排温偏低的问题。实际研究也表明，当 NO_2/NO 等于 1 时，可以获得最佳 NO_x 转化效率。

但 NO_2 比例过高时，转化效率反而下降，这是因为经由式 (7-16) 的反应增多，而该途径的反应速率非常缓慢。

尿素-SCR 在反应温度为 250～450℃ 时可得到最佳转化效率，低于 200℃ 时反应难以进行，尿素也不能充分水解；温度过高时不仅由于 NH_3 与 O_2 发生氧化反应导致还原剂损耗，而且还由此反应生成新的 NO，以及强温室气体 N_2O（氧化亚氮）。

图 7-19 所示为一例重型柴油车尿素-SCR 后处理系统。尿素喷射电控单元（也可以放在柴油机电控系统中）根据由 CAN 总线获得的发动机工况参数以及排温传感器测得的排气温度等条件，确定尿素水溶液喷射量。经过供给单元和喷射装置的精确计量，尿素水溶液在压缩空气的辅助下喷入排气管，受热分解出氨气（NH_3），与排气均匀混合后进入 SCR 催化剂进行 NO_x 还原反应。为保证高的转化效率，SCR 催化剂容积一般是发动机排量的 1.5～2.5 倍，载体孔密度一般为 400 孔/in^2。前置的汽化催化剂是为了应用上述"快速 SCR 反应"原理，生成足够的 NO_2，提高转化效率。后置的氧化催化剂是为了氧化 SCR 反应剩余的 NH_3，一般要求排入大气的 NH_3 浓度小于 10×10^{-6}。

尿素-SCR 催化剂具有很多优点：NO_x 转化效率高（90% 以上）；工作温度较低且宽广；催化剂不用贵金属，成本较低；催化剂耐久性好，欧洲的钒基催化剂系统被证明能持续工作 100 万 km 以上；钒基催化剂原理上是耐硫的，甚至可用 (350～500) $\mu g/g$ 的含硫柴油正常工作。但为了满足更严格的排放法规（如欧 V 及其以上），加装前置氧化催化剂时，必须使用硫含量低于 30$\mu g/g$ 的柴油。尿素-SCR 催化剂最大的问题是系统庞大复杂，成本较高，使用中要消耗尿素。

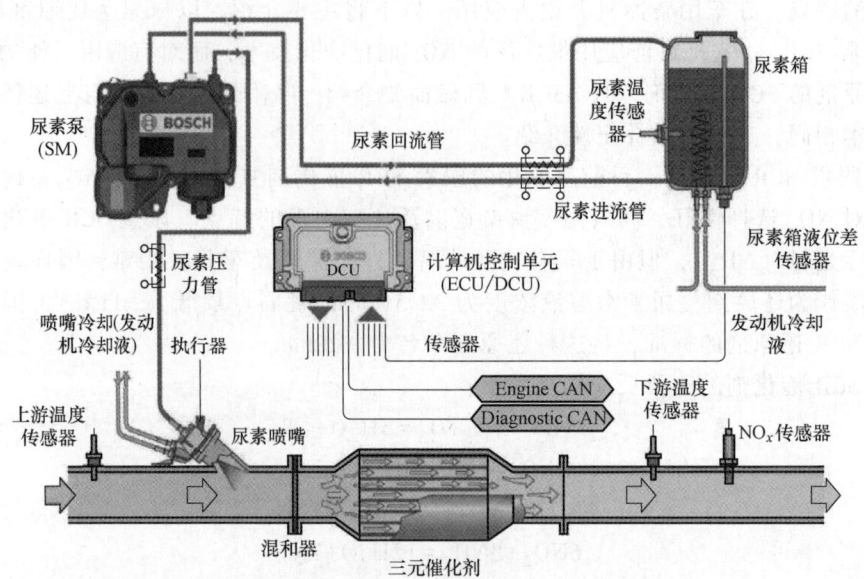

图 7-19 重型柴油车尿素-SCR 后处理系统

（2）HC-SCR 催化剂　利用燃料或未燃碳氢做还原剂进行 NO_x 催化还原是 HC-SCR 催化剂的最大优势，主要催化剂材料有 $Cu-ZSM_5$、$Ag-Al_2O_3$ 以及 $Pt-Al_2O_3$。研究表明，用柴油机排气中的 HC 做还原剂的 $Cu-ZSM_5$ 催化剂对 NO_x 的转化效率可达 60% 以上，用排气管喷射乙醇做还原剂的 $Ag-Al_2O_3$ 催化剂可达 90% 以上。

HC-SCR 催化剂的主要问题是工作温度高于尿素-SCR 催化剂，转化效率较低，耐水蒸气中毒性能不理想，因此目前尚未得到产业化应用。

（3）吸附还原催化剂　用于柴油机的吸附还原催化剂也称为稀燃 NCX 捕集器（Lean NOX Trap, LNT），工作原理与上述汽油机用吸附还原催化剂（ARC）相同，但贵金属成分除铂（Pt）外也广泛使用铑（Rh），以更好地进行 NO_x 还原反应。

LNT 可以用燃料和未燃 THC 做还原剂，省却复杂的还原剂喷射装置。但由于使用贵金属，因而成本高于 SCR 催化剂，而且要求柴油含硫量小于 $10\mu g/g$。需要多喷燃料进行 NO_x 还原反应，导致发动机油耗增加。由于 LNT 的这些特点，尤其是系统简单占用空间小，因此主要用于欧Ⅳ以上排放水平的轻型柴油车，以及尿素供应不便地区的重型柴油车。

4. 四效催化剂

如果能使微粒 NO_x、CO 和 HC 互为氧化剂和还原剂，则有可能在同一催化剂上同时除去四种有害成分。这种四效催化剂将是最理想的柴油机排气净化方法，国内外研究者围绕这一目标正在进行研究开发。

丰田公司的柴油机微粒-NO_x 净化系统（Diesel Particulate NO_x Reduction, DPNR）是目前唯一商品化的四效催化器。DPNR 系统将 NO_x 吸附还原技术与 DPF 技术组合在一起，采用壁流式陶瓷滤芯，NO_x 吸附还原催化剂涂抹在滤芯上。通过稀、浓混合气的切换对 NO_x 进行吸附和还原，过滤下来的微粒通过 Pt 基催化剂进行连续再生。NO_x 吸附后进行还原反应时的稀、浓混合气切换过程为：稀混合气 60s，浓混合气 1~3s。

丰田公司对 DPNR 系统的研究和改进还在进行中，一些详细的反应机理并未完全明晰。

例如，研究表明，DPNR 系统中 DPF 再生性能会优于常规催化再生 DPF，这是否因为 NO_x 吸附过程中生成的 NO_2 和活性含氧成分的作用等问题，尚需进一步研究。

7.5 发动机的排放法规与测试

7.5.1 排放法规

1. 评定标准

为了评定内燃机对环境的污染程度或排放特性，常用下列指标。

（1）排放物体积分数和质量浓度　单位排气体积中排放污染物的体积，称为排放物的体积分数，通常以百分比和 10^{-6}（百万分比）表示，质量浓度常用 mg/m^2 等计量。

（2）质量排放量　在环境保护实践中，要求对污染物进行总量控制。因此，作为污染源的内燃机或装内燃机的车辆，要确定运转单位时间、按某标准进行一次测试或车辆按规定的工况组合形式后折算到单位里程的污染物排放量。质量排放量用 g/h、g/N 或 g/km 等单位表示。

（3）比排放量　内燃机每做单位功所排放的污染物质量称为比排放量，用 $g/(kW \cdot h)$ 作为单位表示，可以更客观地评价内燃机的排放性能。这个指标与燃油消耗率类似，也可以称为污染物排放率。

2. 排放法规

针对日益严重的环境污染问题，世界各国都在不断制定更加严格的排放法规。美国加州大气资源局（CARB）提出低排放车和零排放车计划，欧洲从 2014 年开始执行欧Ⅵ标准。

我国从 1983 年开始颁布汽车排放污染物控制标准，之后经过不断补充、调整和修订，到 1993 年，已陆续颁布和修订了 GB 14761.1—1993《轻型汽车排气污染物排放标准》、GB 14761.2—1993《车用汽油机排气污染物排放标准》、GB 14761.3—1993《汽油车燃油蒸发污染物排放标准》、GB 14761.4—1993《汽车曲轴箱污染物排放标准》、GB 14761.5—1993《汽油车怠速污染物排放标准》、GB 14761.6—1993《柴油车自由加速烟度排放标准》以及 GB 14761.7—1993《汽车柴油机全负荷烟度排放标准》等七项汽车排放标准，以及相对应的七项测量方法标准，初步形成了我国的汽车排放标准体系。

随着我国国民经济的不断发展，过去制定的这些排放标准中有些已与保护环境的要求和汽车工业的发展不相适应。因为随着我国汽车产量和保有量的逐年增多，汽车对大气的污染日益加剧，环保部门已经多次要求汽车行业更加严格地控制汽车污染物的排放，特别是要求大幅度降低大城市大量使用的轻型汽车的污染物排放量。对于汽车工业本身来讲，如果不马上采取有力措施加以控制，也必将影响汽车工业的持续发展。为使有关机动车环保的标准与国际接轨，我国等效采用欧洲的排放标准，见表 7-3。从 1998 年 7 月 1 日起，我国汽车行业开始执行相当于欧洲 20 世纪 80 年代中期的排放限值，即 83/351/EEC（或 ECER 15-04 法规），具体值见表 7-4。

2016 年，我国发布 GB 18352.6—2016《轻型汽车污染物排放限值及测量方法（中国第六阶段）》，该标准将于 2020 年 7 月 1 日起实施，所有销售和注册登记的轻型汽车应符合该标准要求。具体排放限值见表 7-5、表 7-6。

表 7-3　欧洲轻型车排放限值[①]　　　　　　　　　　　　（单位：g/km）

法规	生效日期	汽油车			柴油车			
		CO	HC	NO_x	CO	HC	NO_x	微粒
欧洲 1	1992 年	2.72	0.97		2.72	0.97		0.14
欧洲 2	1995 年	2.2	0.50		1.0[②] 1.0[③]	0.70[②] 0.90[③]		0.08[②] 0.10[③]
欧洲 3	2000 年	2.3	0.2	0.15	0.64	0.56	0.50	0.05
欧洲 4	2005 年	1.0	0.1	0.08	0.50	0.30	0.25	0.025
欧洲 5	2009 年	0.1	0.1	0.06	0.50	0.05	0.18	0.0045
欧洲 6	2014 年	0.1	0.1	0.06	0.50	0.09	0.08	0.0045

① 表内值为新车型型式认证限值，对新产品一致性质量检验限值为表内值的 1.2 倍。
② 非直喷式柴油机。
③ 直喷式柴油机。

表 7-4　ECER 15-04 法规

汽车基准 质量/kg	排放量/(g/测试循环)			
	CO		$HC+NO_x$	
	型式认证	产品一致性	型式认证	产品一致性
≤1020	58	70	19.0	23.8
≤1250	67	80	20.5	25.6
≤1470	76	91	22.0	27.5
≤1700	84	101	23.5	29.4
≤1930	93	112	25.0	31.3
≤2150	101	121	26.5	33.1
>2150	110	132	28.0	35.0

表 7-5　Ⅰ型试验排放限值（6a 阶段）　　　　　　　　（单位：g/km）

车辆类型		测试质量(TM)/kg	限值					
			CO	THC	NMHC	NO_x	N_2O	PM
第一类车		全部	0.7	0.1	0.068	0.06	0.02	0.0045
第二类车	Ⅰ	TM≤1305	0.7	0.1	0.068	0.06	0.02	0.0045
	Ⅱ	1305<TM≤1760	0.88	0.13	0.09	0.075	0.025	0.0045
	Ⅲ	TM>1760	1.0	0.16	0.108	0.082	0.03	0.0045

表 7-6　Ⅰ型试验排放限值（6b 阶段）　　　　　　　　（单位：g/km）

车辆类型		测试质量(TM)/kg	限值					
			CO	THC	NMHC	NO_x	N_2O	PM
第一类车		全部	0.5	0.05	0.035	0.035	0.02	0.003
第二类车	Ⅰ	TM≤1305	0.5	0.05	0.035	0.035	0.02	0.003
	Ⅱ	1305<TM≤1760	0.63	0.065	0.045	0.045	0.025	0.003
	Ⅲ	TM>1760	0.74	0.08	0.055	0.050	0.03	0.003

7.5.2 排放物测试方法

1. 气体污染物测试方法

世界各国在其工况法排放检测标准中都一致规定，用不分光红外法测量 CO 和 CO_2；用氢火焰离子法测量 HC；用化学发光法测量 NO_x。但怠速法和简易工况法的检测标准有所不同，一般用不分光红外法测量 CO、CO_2 和 HC，用电化学法测量 NO_x。

作为非在线测试方法，也可以用气相色谱仪（Gas Chromatography，GC）分析排气气体的成分和浓度。GC 方法可以区分出各种碳氢化合物，常被用于研究性试验测试，但测试分析所需时间较长。

以下简要介绍在汽车排放专用测试仪器中最常用的不分光红外法、化学发光法以及氢火焰离子法三种气体污染物测试方法。

（1）不分光红外分析仪（Non-Dispersive Infrared，NDIR） 红外线是波长为（0.8~600）μm 的电磁波，大多数非对称分子（不同原子构成的分子）的气体都具有吸收红外线的特性，如 CO 能吸收（4.5~5.0）μm 波长的红外线，NO_x 能吸收 5.3μm 波长的红外线。吸收红外线程度与气体浓度有关，不分光红外分析法则是利用这一原理测量气体浓度。所谓"不分光红外"是指对于特定的被测气体，测量所用的红外光波长是一定的。

设 I_0 为红外光对气体的入射强度，I 为经气体吸收后的红外光透射强度，则两者关系遵循比尔（Bill）定律：

$$I = I_0 \exp(-K_\lambda \cdot c \cdot l) \tag{7-18}$$

式中，K_λ 是气体对波长为 λ 的红外光的吸收系数，对于某一气体成分，K_λ 为常数；c 是气体密度；l 是气体厚度。

图 7-20 所示为 NDIR 分析仪的工作原理。被测气体流过分析室，同时参比室内充满不吸收红外线的参比气体，由光源射出的入射红外线 I_0 经旋转光栅和滤波室分别射入分析室和参比室。由于被测气体吸收红外线使光强衰减为 I，而参比气体不吸收红外线仍保持光强为 I_0，因而进入检测器上下两个接受室的红外光强度不同，下接受室内的气体吸光致热量大于上接收室，导致金属膜片上凸，感应电容量变化，信号经放大调制后输出。

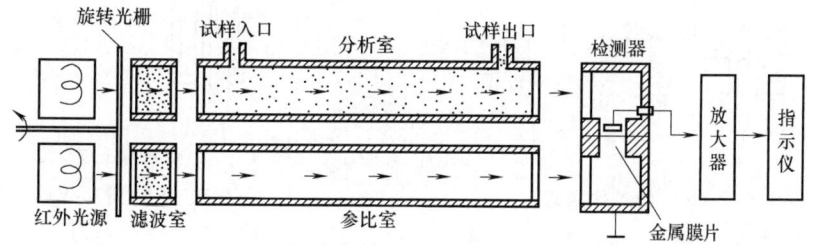

图 7-20 NDIR 分析仪的工作原理

NDIR 法可以测量 CO、CO_2、CH_4、SO_2、NO_2 和 NH_3 等 70 余种气体成分，但测量 NO 等气体时，由于输出信号非线性以及易受干扰，导致测试精度较低，因而用于汽车排放测试时主要测量 CO 和 CO_2，以及精度要求不高时（如怠速）测量 HC。应当指出的是，随检测器接受室内充入气体的不同，NDIR 只能检测某一波长段的 HC。例如充入正己烷时，仪器对饱和烃敏感，对非饱和烃及芳香烃不敏感，因而测试结果会显著低于实际的总碳氢

（THC）浓度。这也就是前述用 NDIR 法测得的碳氢化合物一般记为 HC 的原因。

（2）化学发光分析仪（Chemi-Luminescent Detector，CLD）　用化学发光法测量 NO_x 的原理如下：

$$NO+O_3=NO_2^*+O_2 \qquad (7\text{-}19)$$

$$NO_2^*=NO_2+h\nu \qquad (7\text{-}20)$$

式中，NO_2^* 是激发态 NO_2；h 是普朗克常数；ν 是光量子频率。

测试分析时，首先使被测气体中的 NO 与 O_3 反应，生成 NO_2^*（激发态 NO_2），在 NO_2^* 由激发态衰减到基态 NO_2 的过程中，会发出波长为 （0.6~3.0）μm 的光量子 $h\nu$，称为化学发光，其强度与 NO 浓度成正比。

图 7-21 所示为 CLD 分析仪的工作原理。O_2 连续进入臭氧发生器，产生 O_3 进入反应室。在检测 NO 时，被测气体经转换开关由 A 管路进入反应室，NO 与 O_3 反应产生化学发光，经滤光片被光电倍增管转换成电信号，由放大器调制输出，其测量结果是 NO 的浓度。在检测 NO_2 时，被测气体经转换开关由 B 管路先流经催化器，NO_2 在此被还原为 NO，然后进入反应室。这样测得的结果是 NO_x，而 NO_2 浓度则等于 NO_x 与 NO 的浓度之差。

（3）氢火焰离子分析仪（Hydrogen Flame Ionization Detector，HFID）　HFID 的工作原理是利用碳氢化合物在氢火焰的高温（2000℃左右）中热致电离形成自由离子，而离子数与碳原子数基本成正比。

如图 7-22 所示，被测气体与含有 40%H_2（其余为 He 气）的燃料气体混合后进入燃烧器，在氢火焰的高温氛围中，碳氢化合物裂解形成碳离子 C^+，在 （100~300）V 的外加电压作用下形成离子流，微弱的离子电流（约 10^{-12}A）经放大后输出。

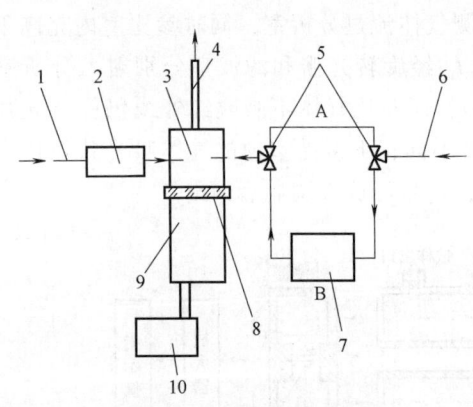

图 7-21　CLD 的工作原理

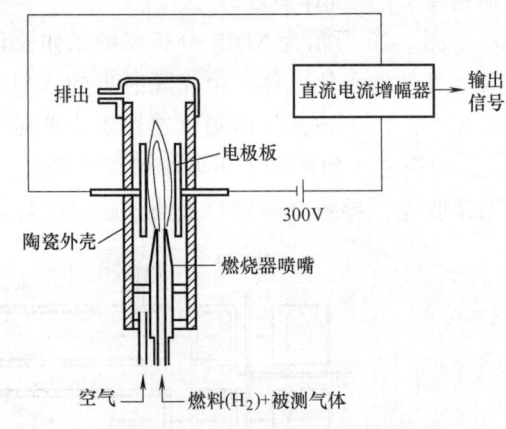

图 7-22　FID 分析仪的测量原理

1—氧气入口　2—臭氧发生器　3—反应室　4—反应室出口
5—转换开关　6—气样入口　7—$NO_2\rightarrow NO$ 转化器
8—滤光片　9—检测器　10—信号放大器

2. 微粒及烟雾的测量

柴油机排放的微粒和黑烟虽然是两个不同的测量指标，但两者有着密切的关系。如前所述，排放法规中主要限制微粒排放，但由于碳烟在微粒中所占比例最大，加之测试仪器价格低廉，所以表征碳烟多少的排气烟度测量方法长期以来也得到了广泛应用。

（1）柴油机排气微粒　由上述微粒采样系统采集到的微粒，用微克级精密天平称得滤纸在收集微粒前后的质量差，即可得到微粒的质量，并根据需要计算出单位行驶里程的比排放量（g/km，对于整车试验）或单位功率的比排放量（g/(kW·h)，对于发动机台架试验）。

研究工作中经常要对微粒的成分进行分析，以确定其产生的原因。常用的方法有索氏萃取法，这种方法用二氯甲烷做溶剂，将 SOF 由微粒中分解出来；硫酸盐的萃取可以用纯净水或二甲基丙酮溶液做溶剂；由此可以将 PM 分解成干碳烟、可溶性有机成分以及硫酸盐。另外，热解质量分析法（TG）可以将可挥发性有机化合物（VOC）由微粒中分解出来，VOC 与 SOF 的区别在于，SOF 中只有高沸点的碳氢化合物，而 VOC 中实际上还包括硫酸盐。

通过液相色谱仪可以对分解出的 SOF 做进一步详细分析，以弄清各种的来源。一般认为，低于 C19 的 HC 来自燃油，而高于 C28 的 HC 则来自润滑油。如果将色谱仪与质谱仪连用（色质联机分析 GC-MS），则可对复杂有机物进行更仔细的分析。

（2）排气烟度　烟度的测量方法主要有两大类，一类是根据收集了黑烟的滤纸表面的光谱反射比来测量烟度，这种方法称为滤纸法或反射法，如波许（Bosch）烟度计；另一类是根据光从排气中透射的程度来确定烟度，称为不透光法或消光法。

1）滤纸式烟度计。最早问世和目前使用最广泛的烟度测试方法是波许烟度计，它主要由定容采样泵和检测仪两部分组成。定容采样泵从排气中抽取一定容积的样气（一般为 330mL 或 1000mL），当样气通过一张滤纸时，其中的碳烟被收集在滤纸上。然后用反射式亮度计测量滤纸黑度，即射向滤纸的光线一部分被滤纸上的碳烟所吸收，另一部分被反射到光电管上产生光电流。光电流的大小反映了滤纸光谱反射比的大小，滤纸黑度越高，则光谱反射比越低，检测结果以波许烟度单位（BSU）表示。

冯·布兰德（Von Brand）烟度计的原理与波许烟度计类似，不同之处在于它采用带状滤纸，自动进行送纸、抽气、过滤碳烟、检测滤纸黑度以及清吹采样系统等环节，因而也被称为自动烟度计。

滤纸式烟度计结构简单、成本低廉，但不能用于瞬态烟度测钜，也不能测量蓝烟和白烟。

2）不透光式烟度计。不透光式烟度计也称为哈特里奇（Hartridge）烟度计，其测量原理如图 7-23 所示。用废气取样头从汽车排气管中将部分废气连续导入测量腔，由光源（绿色发光二极管）发出的光束穿过测量腔中的被测废气，由光电转换器接受透过光并转换为电压信号。

光束的减弱程度用不透光度 T（%）或吸收系数 K 来表示。为保证测量腔的光学窗口不被烟尘污染，采用气幕（切向气流）保护措施。分析和显示装置给出瞬态烟度曲线，并确定最大烟度和平均值。不透光度测量实例如图 7-24 所示。

不透光式烟度计可以进行连续测量，以研究柴油机的瞬态碳烟排放特性，可以按排放法规要求测量加速烟度，而且所测烟度不仅包含黑烟，也包含排气中的水气、白烟（冷起动时）和蓝烟（窜机油时）等成分。

3. 非常规排放测试

在排放法规规定的 CO、THC、NO_x 和 PM 四种成分之外，汽车排气中还会不同程度地

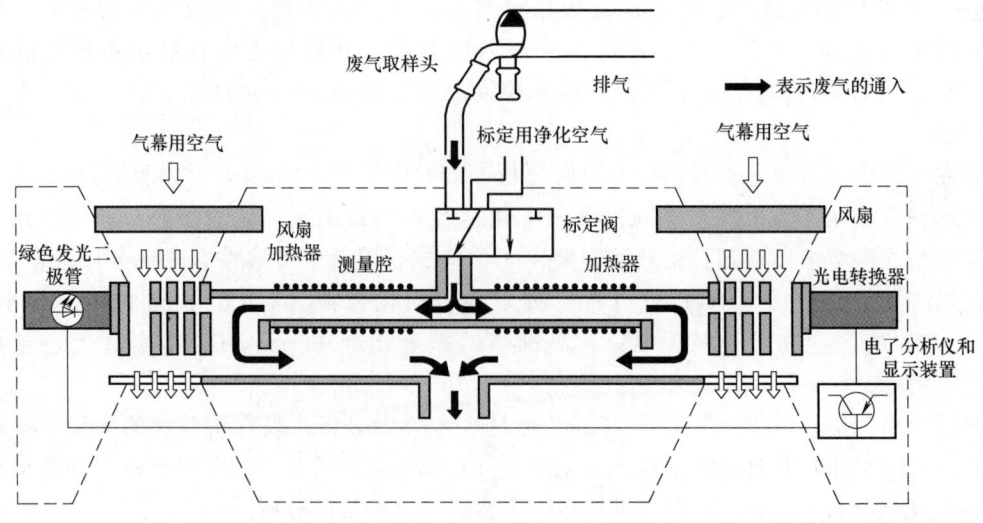

图 7-23 不透光式烟度计测量原理示意图

含有醛类、酮类、烯烃类和苯类等有害的非常规排放成分,尤其近年来甲醇、乙醇、生物柴油等替代燃料逐渐被应用,是否会带来法规尚未限制的新的排放污染成分问题一直深受关注。

测量甲醇和乙醇燃料的排放时,可以将抽取的样气采袋后用气相色谱仪(GC)分析,也有人尝试将排气直接导入气相色谱仪的方法。另外,也可先将排气中被测成分用某种物质吸附,溶解后再用液相色谱法分析。但这些方法都不能在线测试,因而存在耗时费工和测试误差大等问题。

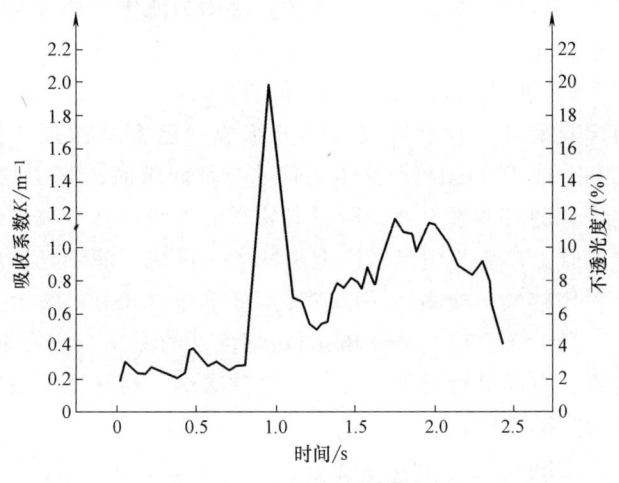

图 7-24 不透光度测量实例

近年来开始使用的傅里叶红外光谱仪(FTIR)是一种便捷可靠的汽车非常规排放在线测试方法。FTIR 利用干涉仪干涉调频的工作原理,通过干涉图和红外光谱图之间的对应关系以及傅里叶变换,可同时测得甲醇、乙醇、甲醛、乙醛、乙烯、丁二烯、甲苯、胺以及二氧化硫等 20~30 种组分的浓度。测试灵敏度可达 10^{-6} 体积分数,相对误差不超过 1%。

7.6 发动机的噪声源与控制

随着内燃机动力装置的数量日益增多,机动车辆的噪声已成为主要的噪声源,占城市环境噪声的 30%~50%。研究结果也已证明,(45~50)dB 的噪声就会影响人们的睡眠;50dB 的噪声能干扰人的思考;60dB 的噪声开始令人心烦;长期生活在 65dB 的噪声中,会使人体的心血管系统、消化系统以及神经系统受到损害;若在 90dB 以上的噪声环境下连续工作将会使人耳聋。因此，国际标准规定，城市住宅噪声的容许声级白天为42dB，夜间为37dB。

汽车和其他运输工具在行驶过程中会产生交通噪声，而发动机是汽车的主振动源和噪声源。一般说来，柴油机的噪声比汽油机高，这是它的一大缺点，应该加以限制。

7.6.1 发动机噪声的来源

在汽车噪声中，发动机噪声是主要噪声源之一，它对整车噪声级有决定性影响。

发动机的噪声源，按照噪声辐射的方式来分，有通过发动机表面辐射和直接向大气辐射两大类。发动机内部结构的机械振动产生的噪声，是通过发动机表面以及与发动机表面刚性连接的零部件的振动向大气辐射的，因此称为发动机表面噪声。按其产生的机理，又可分为燃烧噪声和机械噪声。

直接向大气辐射的噪声源包括进气噪声、排气噪声、风扇噪声等。它们是由气流的振动而产生的空气动力噪声。

1. 燃烧噪声

燃烧噪声是在燃烧时气缸内压力急剧上升的气体冲击而产生的，其中包括由气缸内压力剧烈变化引起的动力载荷以及冲击波引起的高频振动。一般认为燃烧噪声经由两条路径传播并辐射出来。一条是经过气缸盖及气缸套经由气缸体上部向外辐射，另一条是经过曲柄连杆机构，即活塞、连杆、曲轴和主轴承经由气缸体下部向外辐射。由于气缸套、机体、气缸盖这些结构件的刚性较大，自振频率处于中、高频范围，低频成分不能顺利地传出。因此，人耳听到的燃烧噪声的主要成分处于中、高频范围内。

在功率相同的条件下，柴油机由于压缩比高，压力升高率大，其燃烧噪声要比汽油机大得多。柴油机燃烧噪声主要集中在速燃期，其次是缓燃期。

汽油机在压缩比高、汽油质量不良和点火提前角过大时，易引起爆燃，因燃烧室积炭引起表面点火等，都会使燃烧最高压力及压力升高率剧增而产生噪声。柴油机在转速升高、喷油推迟、负荷增大时还会引起工作粗暴而产生噪声。在使用过程中，对于结构一定的发动机来说，噪声的强度受发动机转速、负荷、点火或喷油时间、加速运转和不正常燃烧等因素影响。转速升高，负荷加大而噪声增大，点火或喷油推迟而噪声减小，加速和不正常燃烧时噪声增大。

2. 机械噪声

机械噪声是指内燃机各运动件在工作过程中，由于相互冲击而产生的噪声。内燃机的机械噪声随着转速的提高而迅速增强。随着内燃机的高速化，机械噪声显得越来越突出。

（1）活塞敲缸噪声　活塞对气缸壁的敲击往往是内燃机最强的机械噪声源。由于活塞与缸壁之间有间隙，在燃烧时气体压力及运动惯性力的作用下，活塞对缸壁的侧向推力在上下止点处改变方向，且呈现周期性变化，所产生的侧压力敲击不但在上止点和下止点附近发生，而且也发生在活塞行程的其他位置上，从而形成活塞对缸壁的强烈敲击声。当气缸内的最大压力及缸壁间隙增大、转速及负荷提高、缸壁润滑条件变差，则敲击声随之增大。此外，活塞对气缸壁的敲击还会引起气缸壁的高频振动。减小活塞与气缸壁的间隙（如采用可控膨胀活塞），使活塞销孔向气缸壁的主推力面偏移，加长活塞裙部和减少活塞环数量，增加气缸套的刚度，增加活塞敲击气缸壁时的阻尼，如在裙部外表面增加润滑油的积存等方法，可以降低活塞敲击噪声。

（2）配气机构噪声　配气机构噪声包括气门与气门座的冲击、气门间隙引起的机械冲击、配气机构本身在上述周期性冲击力作用下产生的振动。配气机构产生的噪声在低速和中速内燃机中一般并不突出，但对高速内燃机来说，往往会在机械噪声源中占有较高份额。

降低配气机构噪声可采用顶置凸轮、采用液力挺柱以消除气门间隙、采用新型函数凸轮轮廓线以及对缓冲过渡曲线合理设计，使气门升起和落座时的速度控制在较低值，以有效地抑制气门的跳动。

（3）正时齿轮噪声　正时齿轮噪声是在齿轮啮合过程中，齿与齿之间的撞击和摩擦产生的。正时齿轮噪声与齿轮的结构形式、设计参数、制造精度及运转状态有很大关系。

正时齿轮一般都采用斜齿，由于其重合度较大，轮齿上分担的载荷较小，故较直齿噪声大为降低。有些汽油机采用夹布胶木做凸轮轴正时齿轮，也可有效地减小齿轮噪声。

（4）不平衡惯性力引起的机械振动及噪声　内燃机中的活塞曲柄连杆机构在运转过程中将产生往复运动惯性力、离心惯性力及其惯性力矩。这些周期性变化的惯性力和惯性力矩将通过曲轴主轴颈传给机体及其支承（或动力装置），引起振动和噪声。

出于对内燃机运转可靠性、耐久性和动力装置舒适性的考虑，要通过各种平衡措施力求使这些惯性力和惯性力矩尽可能地被减小乃至完全消除，最终达到降低内燃机振动和噪声的目的。

此外，曲轴的扭转振动也会引起机体及其支承的附加振动，激发出噪声。这类噪声的大小与发动机的结构参数（缸径、行程、缸数、缸心距、行程数）、材料、动力参数（转速、功率）、平衡状况以及支承隔振措施等多种因素有关。一般而言，在内燃机总体设计规划时就应给予考虑。

（5）喷油泵及其他机械噪声　内燃机还附加有若干种机械装置，如喷油泵、压气机、发电机、水泵等，它们在运转时同样会产生机械噪声。除喷油泵外，它们和前述几种机械噪声相比所占份额较小。除了上述对内燃机各主要噪声源采用降噪措施外，按照低噪声的原则设计发动机或者采用局部或整体隔声罩的方法，都可以在较大幅度内降低发动机噪声。

3. 进、排气噪声

进、排气噪声是由于发动机在进、排气过程中，气体压力波和气体流动所引起的振动而产生的噪声，主要包括吸气、排气部位放射出的空气声和排气系统的漏气声。对非增压内燃机来说，排气噪声最强，进气噪声通常比排气噪声低（8dB～10dB）；对于增压内燃机，进气噪声往往超过排气噪声，而成为最强的噪声源。

进气噪声主要包括空气在进气管中的压力脉动，产生低频噪声；空气以高速通过气门的流通截面，产生高频的涡流噪声；此外还有增压内燃机增压器中压气机的噪声。进气噪声在很大程度上受到气门尺寸、转速和气道结构形式的影响。

排气噪声主要包括：排气在排气管中的压力脉动，产生低、中频噪声；排气门流通截面处的高频涡流噪声；排气噪声的强弱与内燃机的排量、转速、平均有效压力以及排气口的截面积等因素直接有关。

进、排气噪声都随发动机的转速及负荷状态变化而变化。随着发动机转速提高，进排气噪声增大；随着发动机负荷增加，进排气噪声增大。

4. 风扇噪声

风扇噪声由旋转噪声和涡流噪声组成。旋转噪声是由风扇叶片对空气分子的周期性扰动而产生的，它的强弱与风扇转速和叶片数成正比；而涡流噪声是空气在受叶片扰动后产生的涡流形成的，它的强弱主要与风扇气流速度有关。风扇噪声在空气动力性噪声中，一般都小于进、排气噪声，但由于普遍装设空调系统和排气净化装置，冷却风扇负荷加大，该噪声变得更为严重。

不同形式的发动机，各种噪声源所占发动机噪声的比例是不同的。一般来说，汽油机的主要噪声源是风扇噪声和配气机构噪声；柴油机的主要噪声源是燃烧噪声。

7.6.2 噪声控制的措施

可以采取措施将发动机噪声控制在法规之内，具体措施有以下几种。

1. 降低燃烧噪声

对于柴油机，采用分隔式燃烧室和"M"燃烧系统较好。对使用众多的直喷式柴油机而言，推迟喷油始点对降低噪声有显著效果。图7-25所示为通过大量试验得出的喷油定时对柴油机噪声的影响，它说明在直喷式柴油机上喷油定时每迟后10°，噪声平均降低约6dB。降低噪声的关键应是将滞燃期内喷入的燃油量减少到只够着火需要，而使主要的燃油量于着火后在受到喷油泵的控制下喷入，从而使气缸内压力上升率不至于过大。分两阶段喷油的二级喷射可以在整个转速和负范围内将噪声降低4dB。

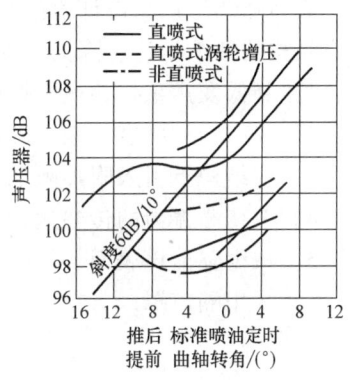

图7-25 喷油定时对柴油机噪声的影响

2. 加强结构强度

加固主轴承，使全部机械负荷和振动都由加固了的结构来承受，使油底壳和发动机的两侧壁都连到刚度最大的地方，油底壳和侧壁最好用高度消振的材料来制造。在V形机中，两列气缸的音叉振动方式也可能产生大的噪声，降低噪声的措施是在V形空间铸出有足够刚度的横隔板。

通过在曲轴箱中加特殊的筋以及增强发射噪声的罩壳的刚度，可以降低总噪声3dB；对摇臂罩和油底壳采取消振和隔振措施，可使其辐射的噪声降低10dB。这两处噪声有可能是主要噪声声源。通过改进喷油泵的支承，增强支承的刚度和将定时齿轮室盖加筋以增加刚性，可以降低噪声3dB。

3. 采用隔声罩

用钢板和玻璃纤维做成隔声罩壳，在其内部贴一层玻璃纤维和其他吸声材料，将这些隔声罩壳尽可能安装在发动机的主要噪声声源处（如曲轴箱侧壁和排气总管）。隔声罩和发动机结构之间用橡胶件支承，这样一般可降低噪声（3~4）dB。

4. 采用排气消声器

消声器是声滤波器，其性能随频率发生变化。消声器有阻性、抗性和复合式三大类。常用的基本消声单元如图7-26所示。

1) 阻性消声器。其声学性能主要取决于声吸收构件和材料的流阻。这种消声器通常具有较宽广的频带的降声特性，一般用于小轿车。

2）抗性消声器。其声学性能主要取决于它的几何形状，一个或多个空腔、共鸣腔和有限长度管段制成的抗性消声器，使沿通道传播的声能造成阻抗失配。这种阻抗失配使部分声能向声源反射或在空腔内来回，阻碍那部分声能通过消声器向外发散。此类消声器多用于载货汽车。

3）阻抗复合式消声器。这种消声器一般是在抗性消声器的基础上发展而成的。这是因为抗性消声器往往在其内部伴随发生交变的声压和质点速度的增强效应，只要用很少的吸声材料便可吸收很大的声能。

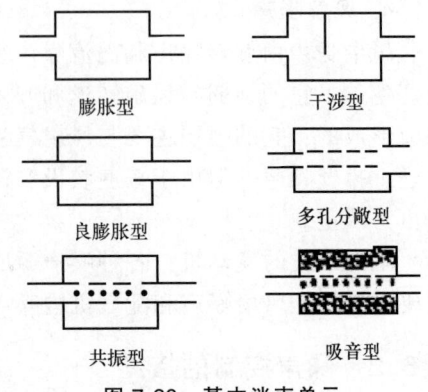

图 7-26　基本消声单元

5. 低噪声发动机设计

必须强调，产品设计阶段在满足基本性能的前提下，应同时按降声要求选择结构参数，注意结构的细节设计。降低发动机噪声的一般方法有：

1）降低发声重要频域内燃烧和机械激振力的数量级。
2）提高结构刚度，减少外部声发射表面的振动。
3）在结构上引入附加阻尼，衰减振动能量。
4）改变激振力的传递途径，在传递途径上加隔板。
5）减少辐射声表面。
6）采用隔声罩。

练习与实训

一、解释术语

1. 废气再循环（EGR）
2. 排气后处理

二、选择题

1. 发动机排出的废气中，主要有害污染物质是（　　）。
   A. CO、HC、NO_x　　B. CO_2、HC、NO_x　　C. SO_2、HC、NO_x　　D. SO_2、Pb、P
2. 对于汽油机而言，随着空燃比 A/F 的增加，NO_x 的浓度（　　）。
   A. 逐渐增加　　B. 不变　　C. 逐渐减少　　D. 逐渐增加然后减少
3. 对于柴油机而言，随着空燃比 A/F 的增加，NO_x 的浓度逐渐（　　）。
   A. 增加　　B. 不变　　C. 减少　　D. 增加然后减少
4. 从化学当量角度看，CO 的生成原因中，主要是（　　）。
   A. 氧气充足　　B. 氧气不足　　C. 温度偏高　　D. 温度偏低
5. 发动机排放的未燃烃 HC，除了来自于废气外，还可能来源于（　　）。
   A. 排气系统　　B. 进气系统　　C. 冷却系统　　D. 燃料系统
6. 进气温度控制系统主要用来降低的排放物是（　　）。
   A. CO 和 HC　　B. HC 和 NO_x　　C. CO 和 NO_x　　D. 排气微粒
7. 下列哪一项措施对降低 NO_x 有利（　　）。

A. 进气温度控制　　　B. 氧化催化转换器　　C. 热反应器　　　　　D. 废气再循环

8. 三元催化转换器要求的空燃比范围是（　　）理论空燃比。

A. 小于　　　　　　　B. 小于并接近　　　　C. 大于　　　　　　　D. 大于并接近

三、填空题

1. NO_x 的形成条件是_____、_____和_____。
2. 为同时减少 CO、HC 和 NO_x 的排放量，可采用_____转换器。
3. 缝隙效应易产生_____。
4. 发动机的噪声主要由气体动力噪声、机械噪声、_____三部分组成。

四、简答题

1. 影响汽油机有害排放物生成的主要因素是什么？
2. 影响柴油机有害排放物生成的主要因素是什么？
3. 简述发动机噪声的来源。
4. 论述降低发动机噪声的措施以及这些措施可能会对发动机动力性和经济性等性能带来的影响。

第 8 章

发动机的运行特性

【教学目标】

通过本章的学习，要求读者能够掌握发动机的运行特性，深入理解运行特性与整车匹配的关系，了解由发动机运行特性得到的某些汽车运行特性，如驱动力特性、燃油经济性、运行稳定性等。

【教学要求】

知识要点	能力要求
发动机的运行特性	掌握汽、柴油发动机的速度特性、负荷特性和万有特性等的变化规律
提高发动机燃油经济性措施	掌握发动机与整车匹配和汽车使用管理的内容，了解政府能源法规的规定
发动机外特性曲线对动力性的影响	掌握发动机外特性曲线对汽车动力性的影响，以及最高车速、最大爬坡度和减速时间的确定
发动机各运行工况	了解发动机的点工况、线工况和面工况的含义

本章主要介绍了发动机的运行特性和整车匹配问题。发动机运行特性是指发动机主要的性能指标随转速和负荷工况参数变化的规律，在与整车的匹配过程中最为重要。由发动机运行特性转化而得到的某些汽车运行特性，如驱动力特性、燃油经济性、运行稳定性等，都有一个能否全面满足汽车使用要求的问题。

近年来，混合动力汽车得到越来越广泛的应用。与常规内燃机动力汽车相比，油电混合动力汽车具有更好的燃油经济性，这主要是由于混合动力系统能使发动机一直处在高效区工作。混合动力汽车的运行特性本质上是一个发动机与电机的匹配优化问题。

8.1 发动机的工况与特性

8.1.1 工况与功率标定

1. 发动机运行工况

汽车的运行工况是用车速和行驶时克服的总阻力两个参数来表示的。相应的，发动机的运行工况则用转速和输出功率两个参数表示。因此，一组确定的转速和输出功率（或负荷）就形成了发动机的一个运行工况。

发动机在运行过程中，如果转速和输出功率保持不变，则该运行工况为稳定工况；如果转速或负荷随时间而变化，如在汽车起动、加减速以及行驶路面状态变化时，则该运行工况为动态工况。

发动机在转速固定的运行条件下，其输出功率 P_e 与输出转矩 T_{tq}、有效平均压力 p_{me} 成正比，也与汽油机的节气门位置、柴油机的油量调节杆位置和循环供油量有确定的单值比例关系。所以，发动机的负荷既可用输出功率 P_e 表示，也可用上述参数之一来表示。

2. 工况平面与发动机的工作区域

以转速和负荷为坐标的平面叫作发动机的工况平面。发动机实际工作区域可在这个平面上表示出来。根据发动机配套工作机械运行的特点，发动机实际的工作区域有下面三种情况。

（1）点工况运行

发动机只在某一固定工况点下工作，如图 8-1 所示的工况面上的①点。在水库或江河上日夜抽水的发动机，可以认为是按点工况运行。

（2）线工况运行　发动机只在工况面上某一确定的线段上工作。有两种常见情况：一种是发电机组、粮食加工、排灌等固定作业机组，工作时都保持在转速变化不大的调速线上运行，如图 8-1 所示的工况面上的②线；另一种则是船舶发动机行驶的工况，由于靠螺旋桨推进，发动机输出功率 P_e 与转速 n 呈三次方关系，即 $P_e = K \cdot n^3$，形成图 8-1 工况面上③线所表示的螺旋桨运行工况。

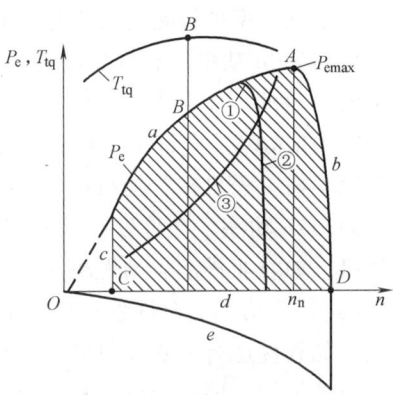

图 8-1　发动机的工况面、工况线及典型工况点

（3）面工况运行　各种陆上运输车辆，如汽车、拖拉机、坦克及工程运输机械等，都可在较宽的转速和负荷范围内工作，其工作区域涵盖了工况平面上某一确定面积，属于面工况运行。

汽车发动机运行的工况面范围很广，但也有一定的限制。图 8-1 中剖面线所包围的面积为一般汽车发动机的工作区域，它由下述各条曲线所界定：

1）上缘 a 曲线是各转速的最大功率限制线，到标定点 A 为止。

2）右侧 b 曲线是各负荷条件下的最高转速限制线。

a、b 曲线都是在驾驶人操纵加速踏板达到最大位置时获得的。对于汽油机，a、b 曲线是在节气门全开（Wick Open Throttle，WOT）时获得的，称为速度外特性曲线。对于柱塞泵式柴油机，a 曲线为校正外特性曲线，b 曲线则是调速器起作用的调速特性曲线。

3）左侧 c 曲线是发动机最低稳定工作转速限制线。低于此转速时，由于燃烧波动和运动件惯性过小，发动机无法稳定工作。

4）横坐标上的 d 曲线是各个加速踏板位置下的空转线。此时有效输出功率为零，发动机的指示功率与空转的机械损失功率相平衡。

5）输出功率为负值的 e 曲线是发动机熄火、外力倒拖时的工况线，此时倒拖功率与熄火后空转的机械损失功率相平衡。e 曲线不属于发动机的正常工作范围，只是在汽车挂档下坡时起制动作用，维持汽车不再加速而具有某一稳定车速。在发动机台架上用电机反拖测试机械损失功率，也属此种工况。

汽车发动机运行工况范围宽广，常选用几个典型工况点的性能指标来近似反映全工况面的情况。常用的典型工况为如图 8-1 所示的标定工况 A、最大转矩工况 B、最低稳定怠速工况 C 和最高空转工况 D。有时还利用速度外特性曲线上的最低燃料消耗率点和全工况面的最低燃料消耗率点来补充说明。汽车发动机铭牌和说明书上标出的一般就是上述典型工况点的指标。

3. 发动机的功率标定

发动机铭牌上规定的最大输出功率 P_{emax} 及其对应转速 n_n 所确定的工况叫作标定或额定工况。标定工况并不是发动机所能达到的极限最大功率点，而是根据发动机用途、使用特点，综合考虑各种性能要求和使用寿命后，人为规定的一个限制使用的最大功率点。

发动机功率的标定可按下述四种方法之一来确定。

1) 15min 功率。允许发动机连续运转 15min 的最大有效功率，适用于短时间使用最大功率的发动机，如汽车、舰艇、坦克等用途发动机的功率标定。

2) 1h 功率。允许发动机连续运转 1h 的最大有效功率，适用于有较长时间重载使用的发动机，如工程机械、拖拉机、船舶等用途发动机的功率标定。

3) 12h 功率。允许发动机连续运转 12h 的最大有效功率，适用于连续重载运行 12h 的发动机，如农业排灌、内燃机车、内河船舶等用途发动机的功率标定。

4) 持续功率。允许发动机长期连续运转的最大有效功率，适用于长时间连续工作的发动机，如昼夜运行的农业排灌、远洋轮船及发电等用途发动机的功率标定。

由此可知，同一台发动机配套不同用途的工作机械时，其标定功率是不一样的。标定功率下使用的时间越长，标定功率应越小。

8.1.2 发动机特性的分类

发动机特性是指在一定条件下，发动机的性能指标与特性参数随各种可变因素变化的规律。此规律若以曲线表示，则称为特性曲线。发动机特性的范围很广泛，从发动机的工作特点来看，有稳态特性和动态特性之分；从可变因素的特点来看，有调整特性和运行特性之分。

本节重点讨论发动机稳态工况条件下的运行特性，而对发动机的动态特性和调整特性仅进行简要说明。

1. 动态特性

汽车在实际道路尤其在市内道路行驶时，动态过程占有相当大的比例。在动态条件下，若以转速和节气门位置来表示动态工况的话，则各种性能数值与稳态工况有较大差别，而且在分析动态特性时还要考虑时间变量，情况十分复杂。

一般是在底盘测功机或发动机动态试验台上模拟实际加、减速等动态过程，进行动态测试分析，或者进行实际动态过程的模拟计算。下面以电控喷射汽油机的节气门由关闭到全开的加速过程的测试结果为例进行说明。

图 8-2 所示是这一过程中测出的转速 n、转矩 T_{tqd} 和节气门开度等参数随时间的变化曲

线。为进行对比，还用虚线画出对应稳态工况转矩 T_{tq} 的变化曲线。图中，n_d 是加速前发动机的怠速转速，Δt 是节气门开启所需的时间。

由图可以看出，按一定速率开启节气门后，转速 n 和转矩 T_{tqd} 都要延迟一段时间才开始上升；节气门全开后，仍要经历一段时间的加速和转矩上升过程，才能再次达到稳定状态；此外，加速过程的转矩要比对应稳态过程的低，即动力性、经济性指标都有不同程度的下降。出现这些情况的原因如下：

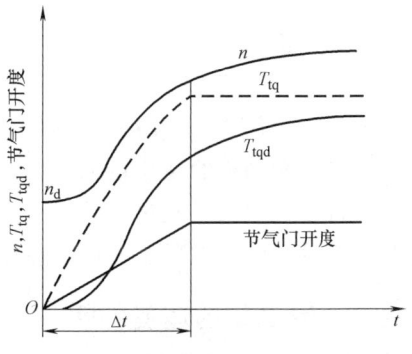

图 8-2 汽油机节气门由关闭到全开时的动态过程示意图

1）加速过程中，由于运动件和气流惯性的影响，会出现各种延迟和惯性阻力，从而减少有效动力输出。

2）加速过程中，进气充量的惯性以及气流动态效应会破坏正常的流动过程，产生额外的气流扰动，一般会降低气缸的充量系数。

3）加速过程中，节气门加大使得进气管中真空度减小，气道油膜蒸发条件变差，使得混合气变稀。

4）加速过程中，机内水温、油温、油压等都未达到稳定状态，点火提前角等调整参数也因机构惯性和动态特点与稳态工况不符。

以上各种因素的综合效果使得加速时转矩 T_{tqd} 显著下降，转速及转矩上升的相位也明显延迟。

上述例子充分反映了动态过程的复杂性和分析的难度。尽管如此，对动态过程分析的基础仍然是对稳态过程的深入理解，所以本节仍以分析稳态过程为主。

2. 调整特性

调整特性是指发动机在转速和油量调节位置（如节气门开度或油量调节杆位置或加速踏板位置）不变的条件下，各种性能指标随调整参数变化的规律。

影响汽、柴油机性能的调整参数很多，其中最重要的是汽油机点火提前角 θ_{ig}、过量空气系数 ϕ_a、柴油机喷油提前角 θ_{fj} 以及残余废气系数 ϕ_r 等。事实上，只要是对性能有明显影响而又能变动的参数，都可归入调整参数之列，如配气相位角、气门升程、进气管长度、压缩比、涡轮机喷嘴环面积等。可见，调整参数是一个涉及面很广的概念。

研究调整特性的意义在于对发动机的性能进行优化。若从达到单一最佳性能的角度提出要求，可找出调整参数的最优值，如汽油机最大输出转矩的最佳点火提前角。但从综合性能的角度来看，单项最优未必能保证整体最优，如上述最佳点火提前角未必能保证发动机的排放性能最优，因此一般要折中选出合适的参数值以获得最佳的匹配性能。

从发动机的发展历程来看，对于一些重要的调整参数，早已使用了实时调控的装置来改善某些性能指标。例如，利用真空点火提前器和自动供油提前器分别调整汽油机的点火提前角 θ_{ig} 和柴油机的喷油提前角 θ_{fj}。但是传统发动机大多数的参数是无法实时调控的，只能在设计时选用一个折中值。发动机电控技术的普及，使得更多参数有了实时自动调控的可能，不仅全方位地改善了发动机的性能，也使调整特性的研究更具有现实意义。

8.2 速度特性

若汽油机保持节气门开度不变或柴油机保持油量调节杆位置不变,而各工况又在最佳调整状态时,发动机的性能指标和特性参数随转速的变化规律称为发动机的速度特性。这是广义速度特性的概念,既包含动力、经济性能指标的速度特性,也包含排放、排温、过量空气系数、充量系数、循环供油量等指标的速度特性。这里重点讨论动力、经济性的速度特性。

8.2.1 汽油机的速度特性

在测定汽油机的速度特性曲线时,除了保持节气门开度不变外,各工况还需调整到各自的最佳点火提前角和理想过量空气系数。此外,水温、油温、油压等也应保持正常稳定的状态。

汽油机各性能指标随转速的变化,取决于 η_{it}、η_m、ϕ_c、ϕ_a 各值随转速的变化。于是,先在图 8-3 上作出各种负荷(此处取全、中、小三种节气门开度)条件下各参数的变化曲线,然后再叠加合成如图 8-4 所示的速度特性曲线。

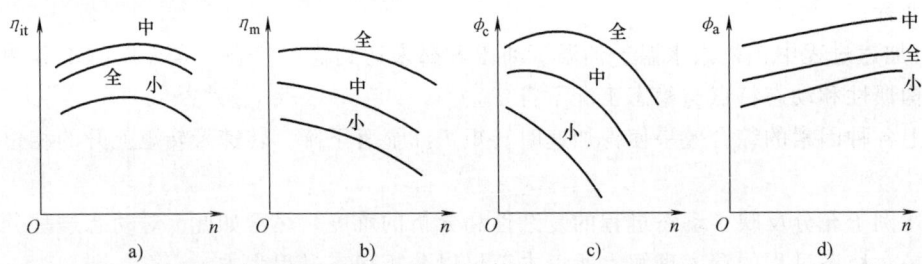

图 8-3 汽油机全、中、小三种节气门开度(负荷)条件下各特性参数随转速变化的曲线
a) 指示效率 b) 机械效率 c) 充量系数 d) 过量空气系数

下面先对图 8-3 中的各条曲线进行分析。

1) 图 a 所示指示效率 η_{it} 曲线具有中间平坦、两头略低的特点。低转速时,缸内气流减弱,火焰传播速度降低,同时漏气及散热损失增大,导致 η_{it} 下降。高转速时,燃烧所占曲轴转角增大,等容度变小,有时燃烧进行不充分,致使 η_{it} 降低。以上影响在小节气门开度时加大。

2) 图 b 所示机械效率 η_m 曲线的总趋势是随转速上升而下降,主要原因是随转速上升,摩擦损失、附件消耗、泵气损失等均大幅度增大。小节气门开度时,除整体上因负荷减小而使 η_m 下降外,也因充量系数 ϕ_c 随转速上升更加急剧减小,致使同转速下的负荷降得更低,从而使曲线变得更陡。

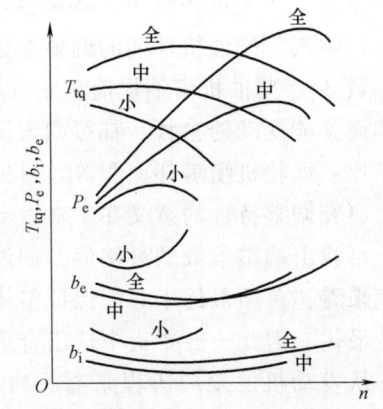

图 8-4 汽油机全、中、小节气门开度(负荷)时动力、经济性的速度特性曲线

3) 图 c 所示充量系数 ϕ_c 曲线总体上随转速上升而下降。节气门开度减小时,ϕ_c 更是急剧减小。

4) 图 d 所示过量空气系数 ϕ_a 曲线总体上随转速上升而略有增加，这是因为转速增加，缸内气流扰动加强，燃烧速度加快，混合气更稀。对于未加装三效催化转化器装置的汽油机，中、小负荷为经济混合气，中负荷保持 $\phi_a = 1.05 \sim 1.10$，小负荷要浓一些，大负荷则适当加浓为功率混合气。对于加装氧传感器和三效催化转化器的汽油机，在相当大的负荷范围内都保持 $\phi_a = 1.0$ 的水平。这里仅考虑未加装三效催化转化器汽油机的 ϕ_a 变化特性。

以上四组曲线的变化规律决定了图 8-4 中 T_{tq}、P_e、b_i 和 b_e 等指标的速度特性曲线，它们的变化趋势和特点如下。

1) 转矩 T_{tq} 曲线主要受 ϕ_c 和 η_m 的影响，在某一较低转速处有最大值，然后随转速上升而快速下降。部分特性曲线则随节气门开度减小而急剧降低。指示效率 η_{it} 对 T_{tq} 曲线的影响不大，仅使高、低转速处的 T_{tq} 略有降低。

2) 功率 P_e 曲线按 $P_e \propto T_{tq} \cdot n$ 的关系，先随转速 n 上升而增大，到一定转速后，由于 T_{tq} 的下降率高于 n 的上升率，致使 P_e 转而下降。汽油机外特性上这一转折点，即 P_{emax} 点，一般都处在标定功率点的附近。节气门开度减小时，各自的最高功率转速必然比标定转速低。

3) 指示燃料消耗率 b_i 与指示效率 η_{it} 成反比，故其速度特性曲线呈中间平坦、两头抬高，可参看图 8-3a 中的 η_{it} 曲线。

4) 有效燃料消耗 $b_e \propto 1/(\eta_{it} \cdot \eta_m)$。在 b_i 曲线的基础上加上 η_m 因素，使得 b_e 随转速上升上翘幅度加大，节气门开度越小，则弯曲度越大。

8.2.2 柴油机的速度特性

在测定柴油机的速度特性曲线时，除保持油量调节杆位置不变外，各工况还需调整到各自的最佳供油提前角。此外，水温、油温、油压等参数也应保持正常稳定的状态。

对于采用位置控制式燃油喷射系统的柴油机，其油量调节杆位置变化与驾驶人控制的加速踏板位置变化不一定成正比，所以保持加速踏板位置不变得到的速度特性曲线与保持油量调节杆位置不变得到的速度特性曲线有区别。加速踏板位置不变时，各转速对应的油量调节杆位置往往会通过校正或调速而有变动。

柴油机的速度特性取决于 g_b、η_{it}、η_m。图 8-5 所示是在全、中、小三个油量调节杆位置时的上述各特性参数随转速变化的曲线，然后再叠加合成如图 8-6 所示的速度特性曲线。

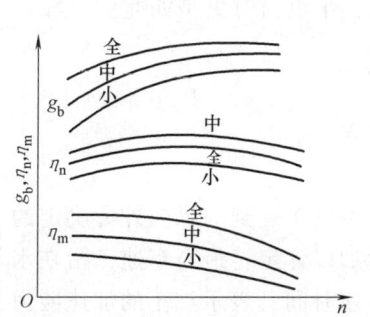

图 8-5 柴油机在全、中、小三个油量调节杆位置（负荷）时各特性参数随转速变化的曲线

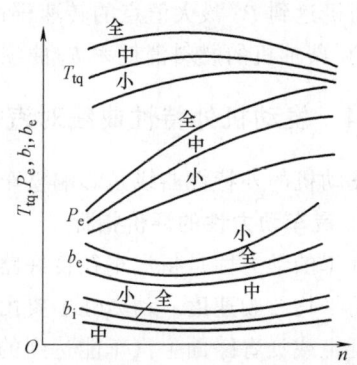

图 8-6 柴油机在全、中、小三个油量调节杆位置（负荷）时动力、经济性的速度特性曲线

下面先分析图 8-5 中各参数的变化规律。

1) 循环燃料消耗量 g_b 曲线随转速增加而上升。根据柱塞式供油泵的供油原理，在油量调节杆位置不变时，由于进、回油孔节流和燃料泄漏的影响，g_b 随转速增加而上升，只有在很高转速时，曲线才会转平。小负荷时，g_b 上升的斜率有所加大。

2) 指示效率 η_{it} 曲线与汽油机的相似，呈两头低、中间略凸的形状。低速时，燃料喷射压力减小，缸内气流运动减弱，对混合气形成及燃烧不利，再加上传热损失增多等因素的影响，使 η_{it} 下降。高速时，因喷油及燃烧持续角加大，以及 ϕ_c 下降，g_b 上升，致使 ϕ_a 变大而 η_{it} 降低。

3) 机械效率 η_m 曲线仍保持随转速上升而下降的特点。柴油机因无节气门流动损失，各负荷条件下 η_m 的变化趋势大致相同，但数值有所差别。

以上三组曲线所叠加合成的图 8-6 所示的速度特性曲线的特点如下。

1) 转矩 T_{tq} 速度特性曲线因 g_b 及 η_m 曲线有相反的变化趋势而总体上变化较平坦。η_{it} 影响虽不大，但可使 T_{tq} 曲线两端加大一些下垂量。总体上看，低速有上升趋势，小负荷时上升加剧，而高速均略为下降，大负荷时下降多一些。

2) 功率 P_e 随转速上升而增大。由于 T_{tq} 曲线较平坦，所以可达到的最大功率点远离最高使用转速，换句话说，高于标定转速时，功率仍持续加大。

3) 指示燃料消耗率 b_i 与 η_{it} 成反比例关系，b_i 曲线变化规律与 η_{it} 曲线相反，变化较平缓。

4) 有效燃料消耗率 b_e 曲线是在 b_i 曲线的基础上作了 η_m 的修正，随转速上升而上翘幅度加大。

8.2.3 汽、柴油机速度特性曲线的对比

对比图 8-4 和图 8-6，可以看出汽、柴油机速度特性具有以下主要区别。

1) 汽油机的 T_{tq} 曲线总体上向下倾斜较大，小负荷时倾斜更大，而柴油机的 T_{tq} 曲线总体变化比较平缓，小负荷时甚至上扬。这种差别引起了这两种机型配套汽车时存在动力性和运行稳定性的巨大差异。总的来说，汽油机的速度特性曲线更符合汽车的动力性和使用要求，而柴油机的速度特性曲线需要校正和调速才能满足汽车的动力性和使用要求。

2) 汽油机的 P_e 外特性曲线存在最大值点，一般将标定功率点设在 P_e 最大值点附近，而柴油机达到 P_e 最大值点的转速很高，所以其标定点并非该特性曲线的极值点。

3) 柴油机的燃料消耗率 b_e 曲线要比汽油机的平坦，小负荷时更是如此。

8.2.4 发动机外特性曲线对汽车动力性的影响

发动机的外特性曲线是影响整车动力性最主要的因素。

1. 汽车动力性的评价指标

汽车的动力性是指汽车在良好路面上直线行驶时，由汽车受到的纵向外力决定的、所能达到的平均行驶速度。动力性主要由以下三方面的指标加以评定：最高车速，指在水平良好的混凝土或沥青路面上汽车能达到的最高行驶车速；加速时间，表示汽车的加速能力，常用原地起步加速时间和超车加速时间表示；最大爬坡度，指用满载或某一载质量时，汽车在良好路面上 1 档行驶时的最大爬坡度。

一般在汽车的驱动力-行驶阻力平衡图和汽车功率平衡图上表示汽车行驶时的动力性能指标。图 8-7 和图 8-8 所示分别是某小轿车的驱动力-行驶阻力平衡图和功率平衡图。

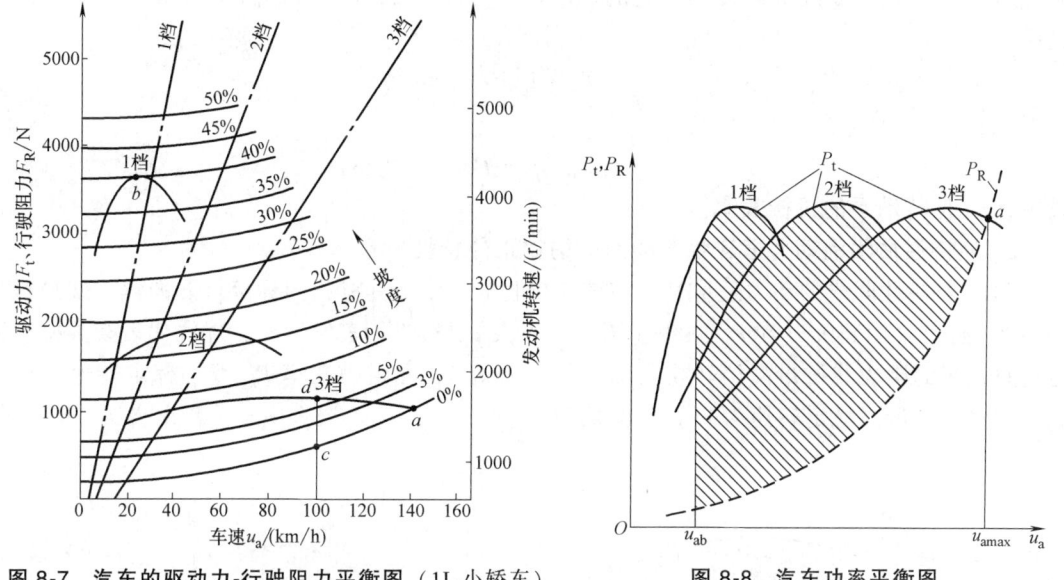

图 8-7 汽车的驱动力-行驶阻力平衡图（1L 小轿车）　　图 8-8 汽车功率平衡图

（1）最高车速与最大爬坡度的确定　图 8-7 所示驱动力-行驶阻力平衡图的横坐标为车速 u_a，纵坐标为驱动力 F_t 和行驶阻力 F_R。图中标有排档数的三条曲线是该排档全油门时的汽车驱动力 F_t 随车速的变化曲线；而标有百分数的一系列线族代表不同坡度时汽车行驶阻力 F_R 随车速的变化关系，此时规定风速为零，即不出现自然风阻力；点画线所示的三条直线是不同排档时车速与发动机转速的换算关系，即

$$u_a = 0.377 \frac{r \cdot n}{i_g \cdot i_0} \tag{8-1}$$

式中，u_a 是汽车行驶速度，单位为 km/h；n 是发动机转速，单位为 r/min；r 是驱动车轮半径，单位为 m；i_g 是变速器传动比；i_0 是主减速器传动比。

根据驱动力与阻力的平衡关系，最低一条水平路面的阻力线与最高档 3 档驱动力线的交点 a 就是最高稳定车速工况点，而最低档 1 档的驱动力线与某坡度阻力线的切点 b 就是能克服的最大坡度稳定车速工况点。图例所能克服的最大坡度值是 40%。

（2）加速时间的确定　图 8-8 所示汽车功率平衡图的横坐标为车速 u_a，纵坐标是驱动功率 P_t 和阻力功率 P_R。图上实线是全油门时各排档的 P_t 随 u_a 的变化曲线，虚线则是在水平路面上 P_R 随 u_a 的变化曲线。

根据功率平衡原理，a 为最高车速 u_{amax} 工况点。假定各档 P_t-u_a 线的交点是换档工况点，而又忽略换档时间不计，即认为换档是瞬时完成，则汽车由低速 u_{ab} 全油门加速到最高车速 u_{amax} 时，途经的每个速度点处的功率差值（P_t-P_R）或转矩差值（$T_{tq}-T_R$）就是该点的加速功率或加速转矩，（P_t-P_R）称为后备功率。整个加速过程总的后备功率，可由图上剖面线所示的面积求得。由此面积和整车的惯量可计算出由 u_{ab} 加速到 u_{amax} 所需的加速时间。

汽车加速过程是动态过程，此时由发动机传到驱动轮的转矩已不是稳态工况时的数值，计算时应该注意到这一点。

不难看出,图 8-7 和图 8-8 上决定汽车最大动力性的 F_t 和 P_t 曲线,就是分别由发动机的 T_{tq} 和 P_e 外特性曲线直接转换得到的。由汽车理论知识可得出它们在稳态工况下的换算关系

$$F_t = \frac{T_{tq} \cdot i_g \cdot i_0 \cdot \eta_T}{r} \tag{8-2}$$

$$P_t = \eta_T \cdot P_e \tag{8-3}$$

式中,η_T 是传动系的机械效率。

2. 外特性曲线的动力适应性与柴油机的校正外特性

(1) 外特性曲线的动力适应性 在图 8-9 上示意作出具有相同标定点 a 的汽、柴油机外特性 T_{tq} 曲线(图 8-9a)和 P_e 曲线(图 8-9b)。图中实线代表汽油机,虚线代表柴油机。同时还将汽车的阻力线按最高档转换为图上的阻力矩 T_R 和阻力功率 P_R 线。标定转速均设为 n_n,而汽油机最高稳定转速为 n_g,柴油机为 n_d。

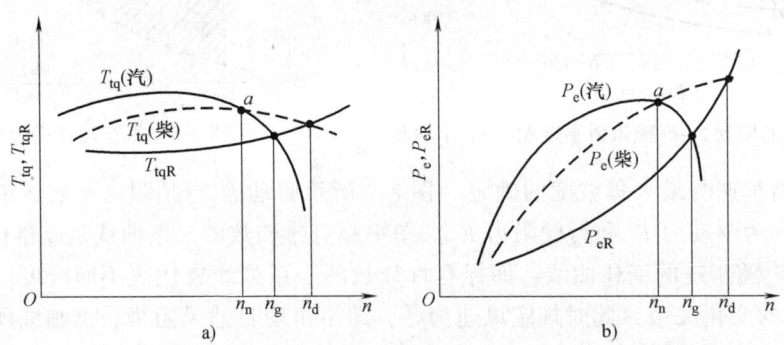

图 8-9 汽、柴油机外特性曲线与阻力线的稳态平衡关系
a) 转矩 b) 功率

由图 8-9 可以得出以下结论。首先,就同一排档的加速能力和克服阻力的能力而言,在相同标定点前提下,汽油机的动力性明显优于柴油机,因为在低于标定转速下,汽油机各点的转矩和功率都比柴油机高。其次,就最高档可达到的最高稳定转速而言,柴油机的 n_d 比汽油机的更远离标定转速点 n_n,这是因为汽油机的 T_{tq} 曲线随转速升高而急剧下降,而柴油机的比较平缓。这正是汽油机的优点,因为标定转速本来就足够高,若最高稳定转速超越过多,就会带来发动机超速或"飞车"的危险。

上述分析表明,汽油机的外特性曲线要比柴油机的动力适应性好,所以汽油机一般不需要进行外特性曲线的校正或调速。柴油机往往要在低于标定转速段处进行校正,使 T_{tq} 加大,而在高于标定转速段处进行调速,以避免超速或"飞车"。

(2) 转矩与转速适应系数 汽车发动机特别是负荷率较高的载货车用发动机,一般都要求低转速段的转矩高一些。这不仅有利于加速和爬坡能力的提高,而且在碰到短距离阻力过大时,有可能在不换档的条件下,利用低速时的较大转矩和整车运动件的动能使发动机不熄火,有利于提高汽车的工作效率。评价这一能力的指标有以下两个。

1) 转矩适应系数和转矩储备系数。发动机转矩外特性线上最大转矩 T_{tqmax} 与标定功率点转矩 T_{tqn} 之比称为转矩适应系数 K_T。

$$K_T = \frac{T_{tqmax}}{T_{tqn}} \tag{8-4}$$

也可以用上述转矩差值与标定转矩之比来表示同一概念，称为转矩储备系数 μ_T。

$$\mu_T = \frac{T_{tqmax} - T_{tqn}}{T_{tqn}} = K_T - 1 \tag{8-5}$$

2）转速适应系数。转速适应系数 K_n 定义为标定转速 n_n 与外特性曲线的最大转矩点对应转速 η_m 的比值，即

$$K_n = \frac{n_n}{n_m} \tag{8-6}$$

显然，发动机的 K_T 或 μ_T 越大（即 T_{tqmax} 越大）且 K_n 也越大（即 n_m 越低）时，克服阻力的能力越强。

图 8-10 所示为不同 K_T 和 K_n 外特性曲线克服阻力的能力。在图上过同一标定点 a 的三条外特性曲线中，1、2 曲线具有相同的 K_n，但 2 曲线的 K_T 较大。2、3 曲线具有相同的 K_T，但 3 曲线的 K_n 较大。显然，克服阻力的能力（用与外特性曲线相切的坡度阻力矩线 T_R 表示），以 3 曲线为最高，1 曲线为最低。由于汽油机的动力适应性比柴油机好，所以其 K_T、K_n 均较未校正柴油机的高。

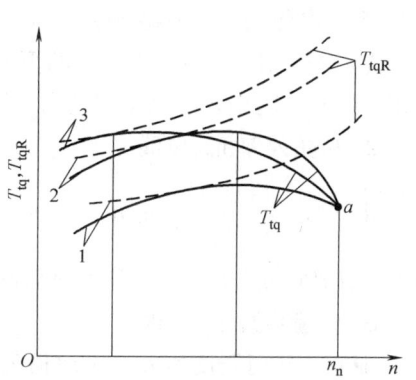

图 8-10 不同 K_T 和 K_n 外特性曲线克服阻力的能力

汽油机 $K_T = 1.25 \sim 1.35$；$K_n = 1.6 \sim 2.5$。

柴油机（未校正）$K_T \leq 1.05$；$K_n = 1.4 \sim 2.0$。

8.3 负荷特性

当发动机保持转速不变时，其稳态性能指标随负荷而变化的规律叫作发动机的负荷特性。汽车在阻力变化的路面上保持等速行驶，以及发电、排灌等发动机组运行时，转速均在很小范围内变动，可认为近似按负荷特性运行。

负荷特性曲线的横坐标是负荷，纵坐标主要是燃料消耗率指标，因此，负荷特性曲线一般用来分析发动机的燃油经济性，如有效燃料消耗率 b_e。其余指标如排放、噪声等的负荷特性也有其应用场合，此处不做重点论述。

在测定负荷特性曲线时，负荷可逐渐加大而不像速度特性曲线那样受到标定功率的限制，所以负荷特性可用于分析发动机所能达到的极限动力性。此外，在发动机试验台架上，负荷特性曲线比速度特性曲线更易于测定，所以发动机的性能研究多采用负荷特性曲线。

8.3.1 汽油机的负荷特性

在测定汽油机的负荷特性曲线时，除保持转速不变外，各工况还需调到各自的最佳点火提前角和理想过量空气系数，并按规定保持水温、油温、油压等参数在合理的范围。b_e 只取决于 η_{it} 和 η_m 的变化规律。而 B 也只与 ϕ_c、ϕ_a 的变化有关。为此，在图 8-11 上示意给

出了 n 不变时，η_{it}、η_m、ϕ_c 和 ϕ_a 各特性参数以及经济性指标 b_i、b_e 和 B 随负荷变化的曲线。各特性曲线的变化规律分析如下。

1. 指示效率 η_{it} 曲线

在高、低负荷两端均呈下降趋势，总体上则随负荷减小而变小。这是因为在中、小负荷，随着节气门开度的减小，缸内循环进气量下降而使残余废气系数 ϕ_r 加大，从而燃烧速度下降，加上负荷变小时，过量空气系数 ϕ_a 变小，燃烧不完全，以及燃料汽化条件恶化（温度下降）和单位工质传热量增加（工质总量减少，但传热面积不变）等因素，均使 η_{it} 逐渐减小。在大负荷节气门开度高于 85% 左右时，由于功率混合气的要求，ϕ_a 将逐渐减小到 0.85~0.90，因燃烧不完全致使 η_{it} 也降低。

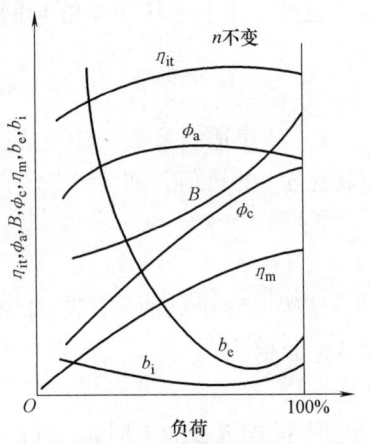

图 8-11 汽油机各种参数和指标的负荷特性曲线

2. 机械效率 η_m 曲线

由式 $\eta_m = 1 - \dfrac{P_m}{P_e - P_m}$ 可知，急速时 $\eta_m = 0$，之后随着负荷 P_e 增加而 η_m 上升，中等负荷后渐趋平坦。

3. 充量系数 ϕ_c 曲线

随着节气门开度加大，流动损失减小，ϕ_c 大致成正比上升。但在大负荷工况，随着负荷加大，进气温度上升，ϕ_c 增幅略有下降。

4. 过量空气系数 ϕ_a 曲线

这里仅考虑按理想混合气的要求，在大负荷供给功率混合气 $\phi_a = 0.85~0.90$，中负荷供给经济混合气 $\phi_a = 1.05~1.10$，低、急速则加浓到 $\phi_a = 0.60~0.90$。对带氧传感器和三效催化转化器的电喷汽油机，则要求大部分负荷供给 $\phi_a = 1.0$ 的化学计量比混合气。

以上四条曲线的变化规律决定了图 8-11 中 b_i、b_e 和 B 三条负荷特性曲线，它们的变化规律和特点如下。

1) 指示燃料消耗率 b_i 曲线与 η_{it} 曲线的变化规律相反，总体上呈两端上翘形状，在中、低负荷区，随负荷上升而下降。

2) 有效燃料消耗率 b_e 曲线在 b_i 曲线上叠加 η_m 的影响而得到。急速时 b_e 为无穷大（因 $\eta_m = 0$），之后随负荷上升而急剧下降，约 80%~85% 负荷时达最低值，此后随负荷继续增大，由于混合气加浓又有所回升。

3) 整机燃料消耗率 B 曲线。B 正比于 ϕ_c/ϕ_a，主要受 ϕ_a 曲线的影响而呈凹升的趋势。

8.3.2 柴油机的负荷特性

在测定柴油机的负荷特性曲线时，除保持转速不变外，各工况的供油提前角还需调整到最佳值，且油温、油压、水温均应保持正常稳定的状态。由于柴油机是负荷质调节，负荷的变化也就是平均过量空气系数 ϕ_a 的变化，所以负荷特性也就是 ϕ_a 的调整特性。

b_i、b_e 和 B 等指标的负荷特性，只取决于 η_{it}、η_m 和 g_b 随负荷的变化规律。为此，在图 8-12 上示意做出柴油机 η_{it}、η_m 和 g_b 随负荷的变化曲线。各特性曲线的变化规律分析如下。

1. 指示效率 η_{it} 曲线

高、低负荷两头均呈下降趋势，总体上随负荷降低而增加，此趋势与汽油机正好相反。这是因为，作为质调节的柴油机，一方面负荷减小意味着喷油量下降，喷油及燃烧持续时间都会缩短，燃烧等容度有所上升；另一方面喷油量下降意味着混合气变稀，工质等熵指数增大。

以上两方面的因素都使循环热效率上升。但是，负荷太小，缸内温度太低，燃烧反而会恶化；而负荷过大，混合气加浓到一定程度后混合与燃烧均不完全。因此，高、低负荷两头都呈下降趋势，尤以超负荷时最为严重。

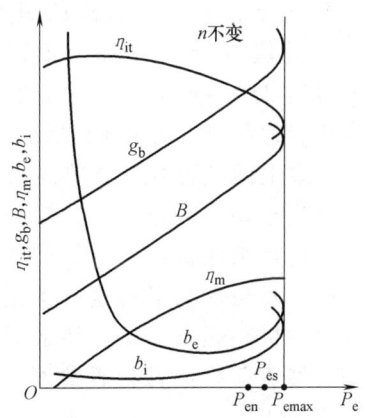

图 8-12　柴油机各种参数和指标的负荷特性曲线

2. 机械效率 η_m 曲线

机械效率 η_m 曲线变化趋势及原因与汽油机相同。

3. 循环供油量 g_b 曲线

总体上随负荷加大近似线性增加，但高负荷后，由于燃烧恶化，g_b 会加速上升。

以上三条曲线的变化规律决定了图 8-12 中 b_i、b_e 和 B 三条负荷特性曲线，它们的变化规律与特点如下。

1) 指示燃料消耗率 b_i 曲线与 η_{it} 曲线的变化规律相反，总体上随负荷上升而增大，两头呈上翘趋势，大功率时增长较大。

2) 有效燃料消耗率 b_e 曲线。由 b_i 曲线叠加 η_m 曲线得到，从总的趋势看，与汽油机有相似之处。但值得注意的是，由于 η_{it} 曲线和 η_m 曲线的总变化趋势正好相反，因此在中负荷区有较宽阔的平缓段，在接近 80%~90% 负荷率处达最低值，之后因负荷增大、燃烧恶化而上升。

b_e 曲线还有一个明显的特点，即过标定功率点 P_{en} 后，若继续增大供油量，则随着燃烧的恶化，b_e 继续上升到 P_{es} 点时，排烟将达到法规的限值。再增大供油量，燃烧更加恶化，b_e 持续上升，到 P_{emax} 点达此柴油机的极限功率值。若再增大供油量，P_e 反而会下降。这就是图上各曲线出现折返拐点的原因。

对于增压柴油机，高负荷时，增压比上升，进气量增多，过量空气系数变化不大，以致 b_e 在很高负荷时也能保持较低水平，这时限制负荷进一步提高的因素不是烟度，而是机械负荷和热负荷。

3) 整机燃料消耗率 B 曲线。由于 g_b 曲线与负荷基本保持线性关系，所以 B 曲线的大部分区段近似线性变化，但大负荷后呈凹升趋势。由于汽油机的 B 曲线与负荷不呈线性关系，所以无法应用油耗线法测出机械损失。

8.3.3　汽、柴油机负荷特性的区别

将标定功率和转速接近的汽、柴油机负荷特性曲线进行对比，如图 8-13 所示，不难看出两者存在以下主要差别。

1) 汽油机的有效燃料消耗率 b_e 比同负荷的柴油机高，这是由于两种机型的混合气形成、着火燃烧以及负荷调节方式不同造成的。

2) 中、低负荷区 b_e 的差值明显比最低油耗点和标定功率点大，见图上 $\Delta b_{e1} > \Delta b_{e2} > \Delta b_{emax}$。这是因为汽油机的 b_e 曲线过于陡尖，而柴油机的 b_e 曲线有较宽平坦段的缘故。统

计资料表明，汽、柴油机的最低燃料消耗率 b_{emin} 的差值为 15%～30%，而综合使用油耗的差值可达 25%～45%，这是由于汽车大部分时间在中、低负荷工况下运行所致。

由以上两点可知，若单纯从燃油经济性考虑进行汽车动力的选择，自然是柴油机优于汽油机，这是柴油机最明显的优势。实际选配发动机时，不可能只考虑这一个因素。此外，无论是汽油机还是柴油机，都希望尽可能提高负荷率，使负荷率经常接近最经济的 80%～90% 负荷率区工作，这一点对汽油机尤为重要。提高运行负荷率已成为改善发动机燃油经济性、降低实际使用油耗的一个极为重要的原则。

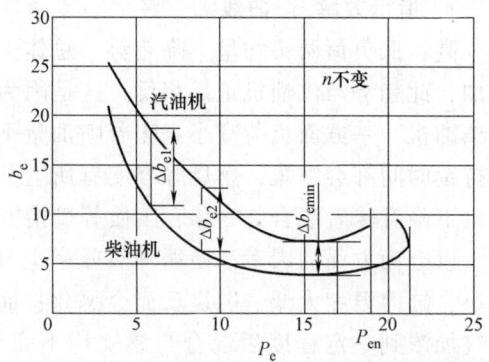

图 8-13　汽、柴油机负荷特性曲线的对比

8.4　万有特性

万有特性是指负荷和转速都变化时发动机性能参数的变化规律。若在以转速和负荷为自变量的三维坐标上表示，此规律就是性能指标的特性曲面。万有特性实质上是全工况面内速度特性与负荷特性的综合，适用于分析多任务工况的性能。

发动机的负荷特性和速度特性曲线只反映转速或负荷之一不变时的性能变化规律，若用来分析变转速、变负荷的综合性能，显然不太方便和直观。为此，需要使用转速和负荷同时变化的万有特性（又称全特性）图。

运行工况的万有特性在三维坐标图上可以表示为以工况面为自变量域的特性曲面，在工况面的二维坐标图上则表示为各种指标或参数的等值线，如等有效燃料消耗率线、等功率线等，后一种表示法最常用。图 8-14 所示为汽、柴油机有效燃料消耗率全特性图的实例。图

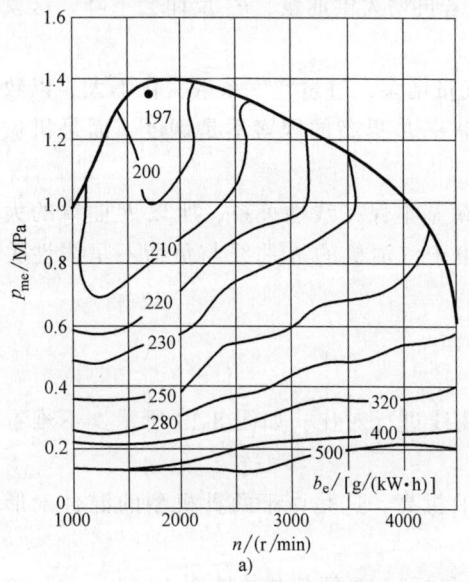
a)

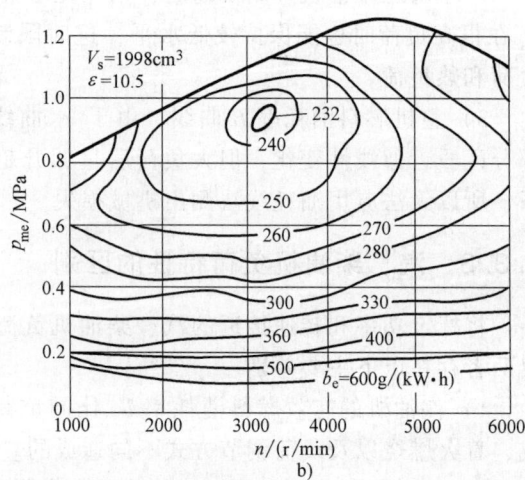
b)

图 8-14　轿车汽、柴油机有效燃料消耗率全特性图的实例

a) 1.9L 轿车柴油机　b) 2.0L 轿车

中细实线及数字表示等有效燃料消耗率 b_e 线。不难看出,柴油机的 b_e 大大低于汽油机,尤其在部分负荷区域。但汽油机的转速运行范围要大大高于柴油机,主要原因是柴油机缸内喷射,柴油喷雾混合需要一定的时间,而且运动件质量比汽油机的大,运动惯性负荷也大,所以转速不能太高。

万有特性图实质上是所有负荷特性和速度特性曲线的合成,可由多条负荷特性曲线或速度特性曲线转化得到。反过来,也可由全特性图求得各条负荷特性曲线或速度特性曲线。现以有效燃料消耗率 b_e 等值线为例,说明其作图法,如图 8-15 所示。

1) 将各转速的负荷特性曲线集中画在 b_e-p_{me} 坐标图上,见图上部所示。

2) 在此图下方以相同 p_{me} 比例尺布置 n-p_{me} 坐标面,即工况面。

3) 在 n-p_{me} 工况面上,作等 b_e 线。

以 b_e = 231g/(kW·h) 等值线为例。先在上方图上作 b_e = 231g/(kW·h) 的水平线,与各负荷特性曲线交于 a、b、c、d、e、f 六点;再将此六点移到 n-p_{me} 面上;连接各点所形成的封闭曲线,就是所求的等 b_e 线。

4) 以此类推,作出其他各等 b_e 线族。为观察方便,把 n-p_{me} 图转为 p_{me}-n 图,就是类似图 8-15 所示的 b_e 全特性图。

还可以按 $P_e \propto p_{me} \cdot n$ 的关系作出等功率线,它们是一组双曲线(参见图 8-15 上部虚线所示)。如果同时把工况的各边界线如 p_{me} 外特性曲线也画上,就形成了实际发动机全特性图的边界,如图 8-15 中上方的速度外特性粗实线所示。

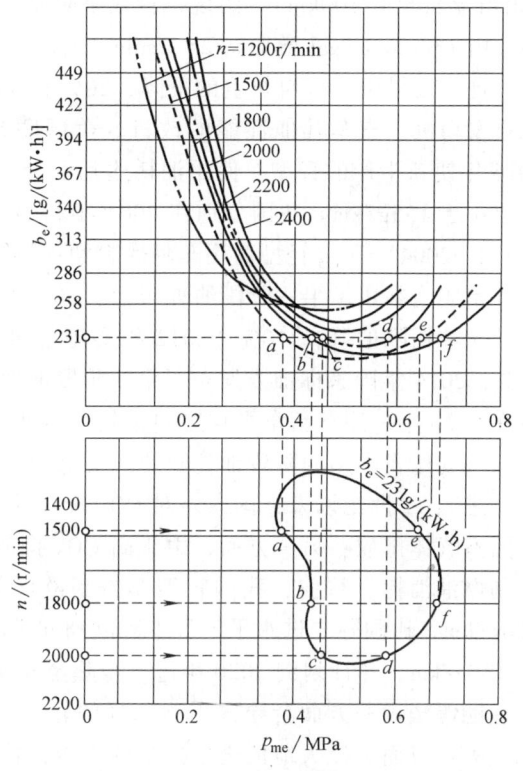

图 8-15 全特性曲线的作图法

8.5 提高汽车燃油经济性的措施

从技术层面上讲,提高汽车的燃油经济性,应该从提高发动机的燃油经济性、降低整车运行阻力和完善发动机与汽车传动系统的匹配三方面着手。但是,汽车的使用油耗还与政府法规、道路交通状况、营运管理和维修驾驶等方面有密切关系,是一个涉及面很广的复杂问题。

改善发动机经济性能和降低整车行驶阻力分别是发动机原理和汽车理论课程的主要内容之一,此处不再赘述。下面从政府的能源法规,发动机与汽车传动系统的合理匹配,汽车的使用与管理等三方面进行简要介绍。

8.5.1 政府的能源法规

随着各国对环境污染与能源消耗的进一步关注,不少国家在加严排放法规的同时,又推出了能源法规。能源法规主要是对出厂车辆的行驶油耗（百公里使用油耗或单位燃油值的行驶里程）或 CO_2 排放提出限值，超过此限值政府将对汽车生产厂家采取罚款等强制措施。

美国联邦政府 1975 年制定的能源法规设定了"公司平均燃油经济性（CAFE）"标准，要求轿车的行驶油耗应逐年下降，到 1985 年新生产轿车的使用油耗达到 27.5mile/USgal（相当于 8.55L/100km）。法规执行效果明显，1981 年已将轿车实际油耗降低为 1975 年的一半，由 13mile/USgal 增加到 25.2mile/USgal，超过法规 22mile/USgal 的要求。据有关资料分析，这一效果中，来自车重的下降，20%来自用先进的子午线轮胎替代普通轮胎，余下的则来自发动机、汽车其他性能的改进。美国联邦政府 2010 年 4 月颁布了 CAFE 标准，并于 2016 年使新生产的轻型车使用油耗达到了 35.5mile/USgal（相当于 6.6L/100km），CO_2 排放量也小于 155g/km。我国分别在 2004 年和 2007 年颁布了《乘用车燃料消耗量限值》（GB 19578—2004）和《轻型商用车辆燃料消耗量限值》（GB 20997—2007）标准。自 2005 年 7 月开始实施乘用车第一阶段油耗限值，2008 年 1 月实施第二阶段油耗限值，第二阶段比第一阶段油耗限值降低 10%，2012 年实施至第三阶段，第三阶段油耗限值比第二阶段降低 20%，2014 年国家标准委发布了第四阶段油耗法规，且从 2016 年 1 月 1 日起实施至今，目标在 2020 年乘用车新车平均燃料消耗量水平降至 5 L/100 km 左右。欧洲于 2015 年实施的油耗法规比我国第四阶段油耗限值还要低 20%。

进入 21 世纪以来，国内外对 CO_2 排放的控制日益关注。控制 CO_2 排放一方面是为了减少温室气体排放；另一方面，由于高 CO_2 排放意味着高油耗，所以控制 CO_2 排放也意味着控制燃油消耗。目前，我国轻型车按新欧洲驾驶循环（NEDC）的平均 CO_2 排放为 200～220g/km，比国际先进水平的日本和欧洲同类车高 20%～30%。欧洲在 2015 年将 CO_2 排放降至 130g/km，并计划到 2020 年进一步降至 95g/km。

能源法规一方面会导致车型选择的轻量化和小型化，以及动力选择的小排量化和多元化；另一方面又极大地促进了技术的进步，特别是能源法规和排放法规同时执行时，由于二者之间有时存在难以调和的矛盾，促使人们千方百计地寻找各种新技术措施来同时满足能源法规和排放法规的要求。

8.5.2 发动机与汽车传动系统的合理匹配

发动机与整车传动系统的匹配，既对汽车的动力性有很大的影响，也对汽车的燃油经济性有直接的影响。汽车燃油经济性的指标之一是稳态工况百公里行驶油耗 g_{100}（L/100km），有如下计算公式：

$$g_{100} = \frac{100B}{\rho_f \cdot u_a} = \frac{P_e \cdot b_e}{10\rho_f \cdot u_a} \tag{8-7}$$

式中，B 是整机燃料消耗率，单位为 kg/h；ρ_f 是燃料密度，单位为 kg/L；u_a 是车速，单位为 km/h；P_e 是有效功率，单位为 kW；b_e 是有效燃料消耗率，单位为 g/(kW·h)。

$$g_{100} = 0.00884 \frac{i \cdot V_S}{\rho_f \cdot \tau \cdot r} i_g \cdot i_0 \cdot p_{me} \cdot b_e = K \cdot i_g \cdot i_0 \cdot p_{me} \cdot b_e \tag{8-8}$$

式中，K 是一个综合常系数；i_g、i_0 分别是汽车主减速器传动比和变速器传动比。

式（8-8）表明，在汽车的有关结构参数（如气缸数 i、行程数 τ、单缸工作容积 V_S、轮胎工作半径 r、主减速器传动比 i_0 等）和所用燃料（ρ_f）确定的条件下，对于汽车的任一工况，理论上可以通过合理选择 i_g、p_{me} 和 b_e，使 g_{100} 获得最佳值。这一匹配标定工作可以基于汽车万有特性进行。

汽车万有特性是以发动机万有特性为基础建立的。在发动机等油耗、等功率的万有特性（全特性）曲线上，绘出不同档位的驱动功率线、等百公里油耗线，以及车速与发动机转速的对应关系线，从而把发动机的万有特性和汽车的行驶特性结合起来，以便更全面地反映汽车的各项性能指标。图 8-16 所示是一辆轻型载货汽车的万有特性曲线。图中上部是发动机的等油耗和等功率（虚线）万有特性曲线，中部是不同档位的驱动功率线（图中 Ⅰ、Ⅱ、Ⅲ、Ⅳ 为原车四个排档线，Ⅰ′、Ⅱ′、Ⅲ′、Ⅳ′ 为改进后四个排档线）以及等百公里油耗线（图中竖向凹曲线），下部则是不同档位的车速与发动机转速的对应关系线。

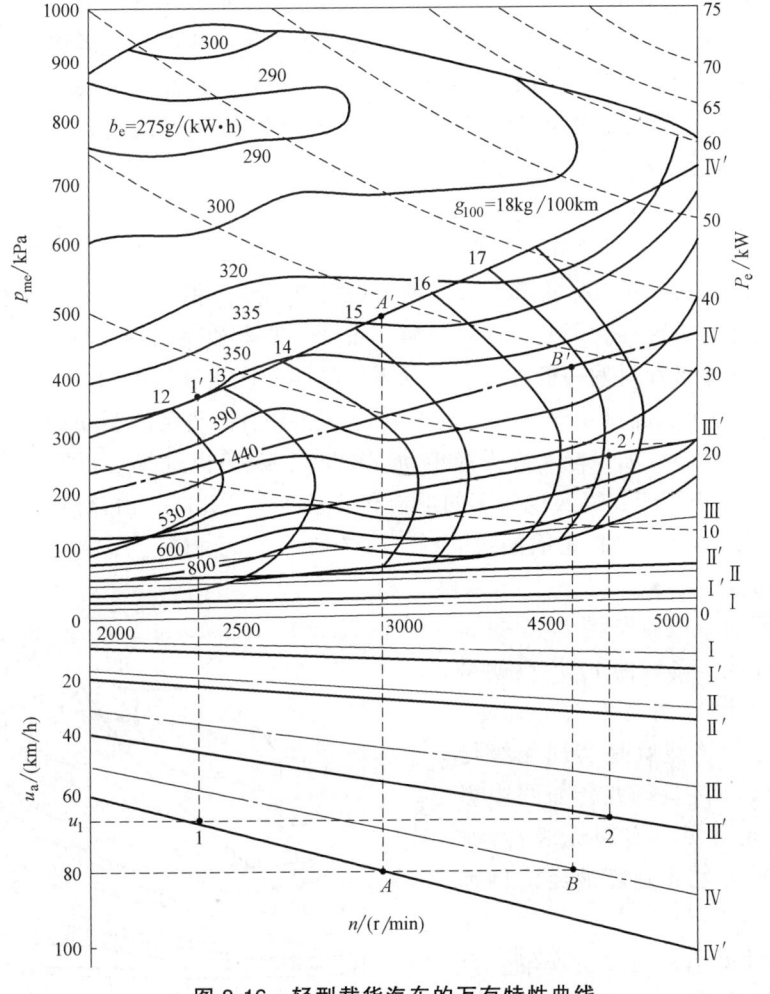

图 8-16 轻型载货汽车的万有特性曲线

从汽车万有特性曲线上可以很方便地确定发动机的运行工况和动力性、经济性指标。在已知车速与档位的前提下，在汽车万有特性的下部可确定该车运行点位置，从而确定发动机的转速，然后从该点引垂直线向上，在中部与该档位对应的驱动功率曲线相交，此交点即为发动机的工况点，从而可以得到发动机此时的 b_e、P_e 和整车的 g_{100}。

在汽车万有特性图上，要求常用档的道路阻力曲线即驱动功率曲线靠近发动机低油耗区,且范围要大,这是判断发动机与整车在经济性能匹配方面是否成功的最直接的方法。在可能的情况下,可适当减小主减速器传动比 i_0,或略加大轮胎半径 r,以降低整车使用油耗。

从汽车万有特性曲线上可以看出,等 g_{100} 线与等 b_e 线大相径庭,g_{100} 随车速增加而增大。在车速不变(如取 $u_1 = 73$km/h)的情况下,两种排档(Ⅳ′档和Ⅲ′档)对应的 g_{100} 差别较大(1′点和2′点)。显然,在相同的车速条件下,高档的 g_{100} 低于抵档的 g_{100}。这是因为在发动机等功率线上(此处1′、2′点接近 $P_e = 18$kW 等功率线),低档2′点处于发动机高速、低负荷区,燃料消耗率 $b_{e2'}$ 约为 460g/(kW·h),而高档1′点则处于发动机低速、中低负荷区,燃料消耗率 $b_{e1'}$ 仅为 350g/(kW·h),大大低于2′点的燃料消耗率。因此,汽车在行驶时应尽量使用高档,在高档不能行驶时才换入低档。

从图 8-16 中还可以看出,由于改进前四档的变速器传动比 i_g 分别为 5.56、2.77、1.64 和 1,各档间隔太小,导致各档的利用率降低,其驱动功率曲线位于发动机万有特性偏下部位,使用油耗偏高。而改进后四档的 i_g 分别为 5.08、2.57、1.28 和 0.834,档位分布较为合理,使得 g_{100} 显著降低。以四档、车速 80km/h 为例,改进前(B' 点)$g_{100} = 16.8$kg/100km,改进后(A' 点)$g_{100} = 15.3$kg/100km,可节油 9%。显然,各排档传动比 i_g 的分配和取值对 g_{100} 有直接影响。

由 g_{100} 的计算式(8-8)可知,一旦汽车结构参数确定后,当 i_g、p_{me} 和 b_e 三者乘积为最小时,g_{100} 可达到整车各工况的最小值。可知,当 P_e 和 u_a 相同时,b_e 最小值点则是 g_{100} 能达到最小值的运行工况点。因此,必须从整车设计、匹配和使用等环节着手,以实现汽车节能的目的。下面重点针对发动机与整车传动系统的匹配优化进行说明。

1)汽车的每一个工况(由车速和驱动力确定)都要消耗确定的驱动功率,即要求发动机输出一个确定的功率。如果能实现无级传动(CVT),就可以选择在该等功率线上的最低燃料消耗率 b_{emin} 点来配套,以实现整车的最佳燃油经济性。此时,由该点的 n 和 u_a 来确定汽车的 i_g 和 i_0。具体来说,首先依据式(8-7),已知 P_e、u_a 和 b_{emin},可求得 g_{100};再依据式(8-8),已知 g_{100}、p_{me} 和 b_{emin},可求得 i_g 和 i_0。

发动机的等功率线就是图 8-17 中虚线所示的双曲线族。各线的 b_{emin} 点就是该等功率线与等燃料消耗率线的切点。于是,这些切点的连线就是实现无级传动时发动机的最经济运行线,如图中黑点线所示。由此可见,实现无级传动,无论是整车的动力性还是燃油经济性都能达到最优。

2)对于大多数有级传动的车辆,合理匹配的关键是排档数与各档传动比、主减速器传动比的选择与分配。

发动机与传动系统的经济性匹配如图 8-17 所示。汽车大多数时间以最高档

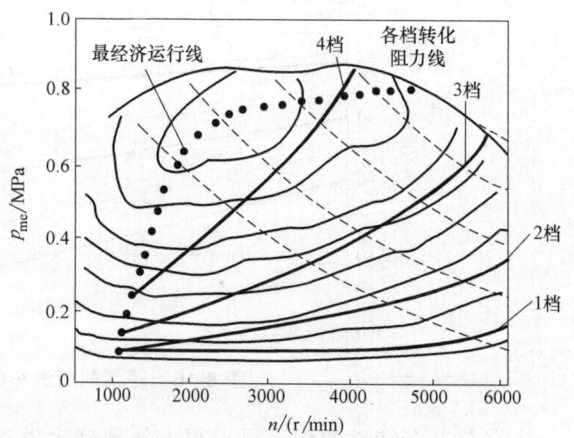

图 8-17 发动机与传动系统的经济性匹配

行驶。因此该档传动比应更多地从经济性要求出发来选择。如果常用路面最高档的阻力线(图 8-17 中为第 4 档阻力线)能更接近无级传动的最经济运行线(图中黑点线)的话,则

更符合燃油经济性的要求。

排档数的多少对燃油经济性也有很大影响。既然无级传动可以获得最佳的动力性、经济性,那么从理论上看,排档数越多,越接近无级传动,也就越能获得良好的性能。在这一点上,经济性和动力性的匹配要求是不矛盾的。实际上,问题并不是这样简单。排档数多了,换档就要多花时间,变速器成本也高,总的经济性未必就好。

至于最低档传动比的选择,更多是从动力性的要求来考虑。各档传动比的分配和取值,与加速性能、起动性能和燃油经济性都有关系。

3) 使发动机的全特性曲线更好地满足整车燃油经济性的要求,是合理匹配的另一个重要方面。

一般来说,应根据不同车辆行驶的特点,尽量使 b_e 全特性线族内层的最经济圈能包容发动机最经常运行的区域。对于车用发动机,最经济圈应该位于最高档阻力线中速略偏低的部位,并使等 b_e 线圈沿横向拉长一些,如图 8-18a 所示。对于拖拉机及工程机械用发动机,其经常使用的转速在标定点附近且负荷较大,故最经济圈宜挪到高转速、较高负荷区域,并使等 b_e 线圈沿纵向拉长一些,如图 8-18b 所示。

实际上,发动机很难满足这些要求。如果发动机的全特性曲线与匹配要求差距太大,可重新选择发动机或对发动机的参数重新匹配、标定以改善其全特性。例如,选择对转速不太敏感的燃烧系可以使最经济圈沿横向扩展,降低发动机的机械损失有利于最经济圈沿纵向扩展。

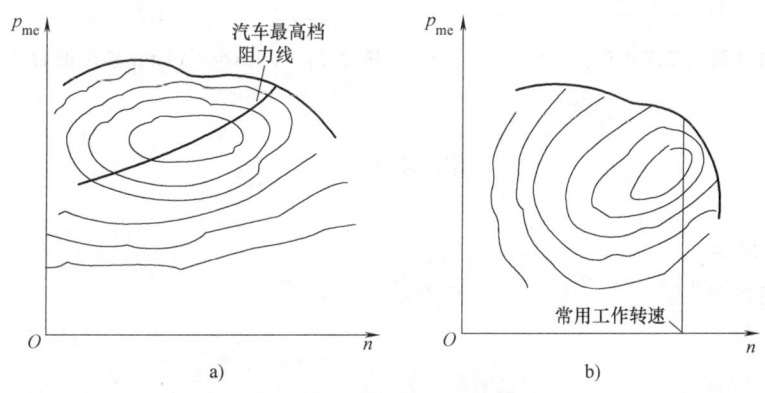

图 8-18 发动机理想的全特性示意图
a) 汽车用发动机 b) 拖拉机及工程机械用发动机

4) 确定几个初步匹配方案后,轻型车可在转毂测功机上,重型柴油机可在动态试验台架上,按循环工况测定其百公里油耗进行对比,以确定最终方案。也可以根据该车实际行驶时发动机转速和负荷的连续记录,定出发动机各工况小区的使用时间百分比,然后利用 b_e 全特性图计算加权平均的燃料消耗率进行对比,这样测算的结果更符合实际情况。图 8-19 所示是 b_e 全特性图上工况小区分割的示意情况。这种测算方法需要大量的、有代表性的路试资料的积累,十分复杂和繁琐。

以上有关发动机和汽车传动系统的匹配分析,可以看作是有效燃料消耗率 b_e 全特性图的应用例证。广义来说,各种性能指标,如有害物排放、噪声等的全特性图都可以获得类似的应用。

8.5.3 汽车的使用与管理对燃油经济性的影响

使用与管理措施改善汽车燃油经济性的理论依据，就是设法提高汽车运行时发动机的负荷率，使得汽车更多的时间行驶在燃油经济区。这样的措施非常多，例如，车辆合理调度降低回程空车率；载货车在平坦路面上加拖、挂车，增大货运量，但又不超载；低负载时汽油车关闭部分缸行驶；驾驶人少用低档，少踩全负荷加速踏板，不急加速等。

此外，按规范对发动机和汽车进行正常的维护与保养以及节油也很重要。图 8-20 所示为 Vauxhall Victor 轿车燃油经济性试验结果。因调整不当出现四种故障时，会使燃料消耗量上升 62%，百公里行驶油耗由 14.6L 增至 23.7L。

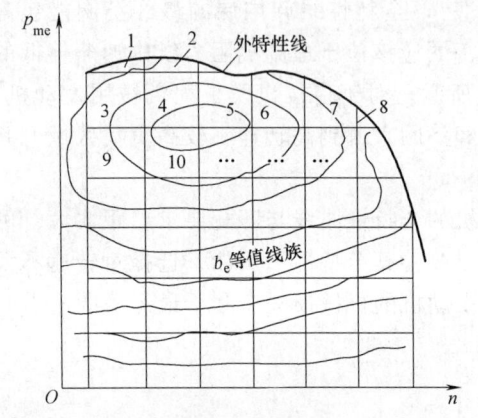

图 8-19 b_e 全特性图上工况小区分割的示意情况　　图 8-20 Vauxhall Victor 轿车燃油经济性试验结果

练习与实训

一、解释术语
1. 速度特性
2. 负荷特性
3. 发动机特性

二、选择题
1. 发动机的外特性是一种（　　）。
   A. 负荷特性　　B. 速度特性　　C. 调整特性　　D. 万有特性
2. 汽车发动机的工况变化范围在转速、功率坐标图上是（　　）。
   A. 一个点　　B. 一条直线　　C. 一条曲线　　D. 一个平面
3. 发动机的外特性曲线有（　　）。
   A. 4 条　　B. 3 条　　C. 2 条　　D. 1 条
4. 发动机的工况变化取决于工作机械的（　　）。
   A. 运转情况　　B. 功率　　C. 速度　　D. 转矩
5. 万有特性是把发动机的性能参数看作是工况参数的（　　）函数。
   A. 一元　　B. 二元　　C. 三元　　D. 四元

6. 万有特性图中，最内层的区域是（　　）。

A. 功率最高区域　　B. 油耗最小区域　　C. 转矩最大区域　　D. 转速最小区域

三、填空题

1. 汽油机节气门部分开启时所测得的速度特性称为_____。
2. 发动机的负荷特性是指发动机_____不变，其性能指标随负荷变化的关系。
3. 发动机的速度特性是指发动机_____不变，其性能指标随转速变化的关系。

四、综述题

何谓汽油机的速度特性？当汽油机转速由低到高时其功率曲线和油耗曲线如何变化？

第 9 章

发动机新技术

【教学目标】
　　通过本章的学习，要求读者能够掌握发动机新技术的现状及进展，了解发动机新技术的定义、工作原理、关键技术、发展趋势、实用性及意义。

【教学要求】

知识要点	能力要求
发动机新技术的定义	掌握各种发动机新技术的定义，了解各种发动机新技术分类；了解各种发动机新技术的现状及背景，以便丰富读者的知识，加深对前面章节知识的学习
发动机新技术的工作原理	了解各种发动机新技术的工作原理；了解其工作过程，以便更好地理解发动机新技术研发过程中的思路
发动机新技术的关键技术及发展趋势	了解发动机新技术的关键技术和发展趋势，可以指导发动机新技术的发展
发动机新技术的实用性及意义	了解各种发动机新技术在研发之初的目的以及解决的实际问题；了解各种发动机新技术对发动机发展的重要意义

　　近年来，随着经济社会的发展，人们的物质生活水平不断提高，伴随汽车保有量不断增多，汽车越来越成为人们生活中必不可少的一部分，因此人们对于汽车的要求也越来越高。随着工业科学技术的迅速发展，同时为了让我们的汽车更加"舒适"，汽车新技术得到了迅猛的发展。面对日新月异的汽车实用技术，本章对近年来比较新颖的、未来很有可能应用于汽车的实用技术进行简单介绍，帮助读者拓宽眼界，若想要深入学习，还需对相关文献进行进一步的阅读。

9.1　爆燃

　　早在 1938 年，麻省理工学院的泰勒兄弟就在《内燃机原理》中提出了爆燃的理论，即被人们熟知的"尖锐爆声""发火撞振""积炭过多"等。爆燃就是当发动机吸入燃油蒸汽与空气的混合物后，在压缩行程还未到达设计的点火位置，种种控制之外的因素却导致燃气混合物自行点火燃烧，此时，燃烧所产生的巨大冲击力与活塞运动的方向相反、引起发动机振动。爆燃会导致发动机动力下降、油耗增加、噪声加大、汽车舒适性变差，严重时会引起敲缸、发动机熄火及发动机机械部件损坏。而抑制爆燃最有效的方法就是延后点火提前角，降低燃烧压力。这就需要使用爆燃传感器。此外，国内外也有人将研究方向放在不同种燃料对内燃机爆燃的影响上。

补充集合经验模态分解（CEEMD）的应用主要是针对在对爆燃特征进行诊断时经验模态分解（EMD）的模态混叠问题与集合经验模态分解（EEMD）的白噪声不能被完全中和的问题。利用 CEEMD 算法对实际爆燃信号进行分解，并与滤波方法、小波变换方法的计算结果进行对比，可得出以下结论：CEEMD 分解可以有效地从单一缸体的振动信号中识别出多个气缸的爆燃特征，尤其是可以成功识别出轻微爆燃工况，其效果要优于滤波方法和小波变换方法；CEEMD 分解方法相比于 EEMD 方法在改善模态混叠的同时可以有效地去除白噪声对分解结果的干扰，且降低了特征分量中的信息丢失情况，更有利于爆燃特征提取过程。

轴功率输出装置是指热力发动机和其他一些动力输出装置。其中热力发动机的应用最为广泛，它是一种将燃料燃烧释放的热能转化为机械能的动力装置。常用的热力发动机有内燃机（汽油机、柴油机）、燃气轮机和喷气式发动机等。脉冲爆燃发动机（Pulse Detonation Shaft Power Device，PDSPD）是一种利用脉冲爆燃燃烧室替代传统涡轴发动机定压燃烧室的新型动力装置。脉冲爆燃燃烧产物的能量基本上被涡轮提取并输出轴功率。与传统定压燃烧不同，爆燃燃烧具有传播速度快、自增压、燃烧过程熵增低等特有优点。因此，发动机采用爆燃燃烧后可提高其循环热效率、增大功重比、降低燃油消耗率、简化结构、减少污染物排放。PDSPD 作为一种新概念推进系统，结合了爆燃燃烧和涡轮发动机的优势来提高整个系统的工作效率。

基于脉冲爆燃燃烧的轴功率输出装置结构简图如图 9-1 所示。自由来流经过带有粒子分离器的进气道进入压气机，在压气机中等熵压缩后进入爆燃室。通过爆燃燃烧产生高温高压燃气，并在涡轮内等熵膨胀。燃气在动力涡轮

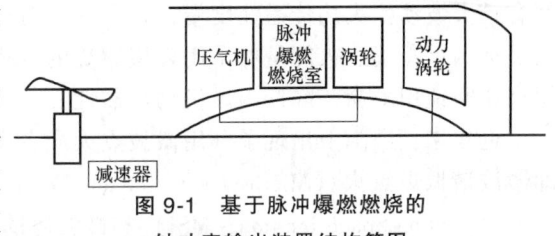

图 9-1 基于脉冲爆燃燃烧的轴功率输出装置结构简图

中进一步膨胀，驱动其高速旋转并发出功率，通过压气机前的减速器减速后输出轴功率。

爆燃室内预先填充一定的隔离气体，以防止新鲜可燃混合物与燃烧产物接触提早燃烧。待进入爆燃室的可燃混合物填充完后，关闭爆燃室封闭端的阀门。经过点火、爆燃波起爆传播至开口端，最终爆燃产物持续排出，直至爆燃室压力略低于填充压力时，新的循环开始。

采用缸内直喷和涡轮增压技术，是目前国内外车用汽油机的主流发展方向。通过缸内直喷和涡轮增压，可以实现发动机小型化，大幅提高汽油机的功率密度，而小型化发动机因质量轻、摩擦损失小，节油效果较明显。随着小型化发动机性能的进一步提高，在低转速高负荷工况出现了一种强烈的敲缸现象，这种现象就是超级爆燃。超级爆燃是一种强烈的敲缸现象。超级爆燃发生时，火焰前锋面传播速度极快，缸压急速上升，并伴随剧烈压力波动和极大的噪声，破坏性远强于普通爆燃。图 9-2 所示为超级爆燃和正常燃烧的缸压曲线。超级爆燃一般发生在低速大负荷区域，燃烧开始的非常早，在正常点火之前，并具有偶发性及间隔性等特点。

超级爆燃发生时，缸内最高燃烧压力极高，并出现高频大幅压力振荡，压力振荡幅度可超过 20MPa，极易造成火花塞、气门、活塞烧蚀或断裂，损坏发动机。与常规敲缸不同的是，该超级爆燃不会因推迟点火提前角而消除。超级爆燃一般认为由火花塞正常点火之前的早燃导致，但通过统计发动机早燃与超爆的燃烧特征参数，发现发动机早燃不一定会引发超级爆燃，而超级爆燃是由早燃引起的。针对超级爆燃，可以在超级爆燃发生前，喷油采用三次喷射控制策略，通过

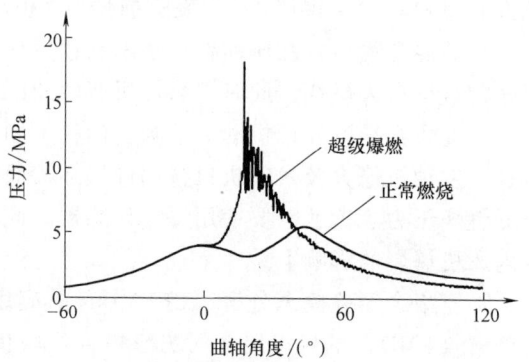

图 9-2　超级爆燃和正常燃烧的缸压曲线

一个超级爆燃试验循环内单次喷射和三次喷射超级爆燃发生次数的对比，优化后的三次喷射喷油参数有效地降低了超级爆燃的发生频率；在超级爆燃发生后，采用加浓混合气、限制负荷、单缸断油及关闭增压控制等控制策略，抑制超级爆燃的再次发生，保证发动机安全工作。

9.2　点火

稀薄燃烧是能够大幅度提高内燃机热效率和降低内燃机排放的最有潜力的技术之一。稀薄燃烧技术是指利用高空燃比和高压缩比来提高燃油经济性并提高尾气排放水平的新型技术。然而，高空燃比会导致汽油机或者天然气发动机点火困难，点火火焰核心位置以及尺寸都有较大波动，火焰传播速度慢，在内燃机运行过程当中容易造成失火等问题。传统解决办法是提高火花塞点火能量并采用分层燃烧的方式，但效果并不明显，而且点火能量过高会缩短火花塞使用寿命，降低内燃机的可靠性。

近年来，国际上出现了利用微波点火或者微波协助点火的燃烧技术，具体可分为 3 类，即微波谐振炬点火（Microwave Resonator Torch Ignition，MTI）、微波辐射空间点火（Microwave Radiation Space Ignition，MSI）和微波协助点火（Microwave Assisted Ignition，MAI）。其中，MAI 模式利用传统火花塞放电击穿稀薄混合气（点火能未增加，故稀混合气未被点燃）产生初始等离子体团，随后向该等离子体团辐射微波，电子耦合微波能之后与其他粒子发生碰撞，扩大等离子体团并产生一些高活性基团，继而点燃稀薄燃气。这种模式同时结合了传统火花塞点火与微波点火的优点，规避了 MTI 和 MSI 模式下单靠微波谐振击穿高压混合气难的问题，具有很强的实用性。

2009 年，美国普林斯顿大学与日本 Imagineering Inc. 公司合作，率先提出微波协助点火的概念。同年，Yuji Ikeda 等人利用自行研发的耦合火花塞（图 9-3）成功在一台试验用四冲程四气门水冷单缸机上点燃了甲烷-空气的稀薄混合气。该耦合火花

图 9-3　耦合火花塞（传统火花塞与微波发生器的耦合）

塞将传统火花塞和微波助燃装置耦合在一起,不需进行内燃机的结构改造就可以直接安装使用,是最有潜力的能直接应用在内燃机上的新型点火技术。

稀薄燃烧能够提高内燃机的热效率并降低污染物的排放,但稀薄燃烧的火焰传播速度慢且在高压下易出现局部淬火现象。为了解决这一问题,激光点火技术就进入了人们的视野。激光点火就是将脉冲激光聚焦,用聚焦后的激光束通过各种物理过程点燃燃料的技术。激光点火主要有两种方式:激光热点火、激光诱导火花点火。这两种点火的机理及使用对象是完全不同的。其中,激光热点火是激光直接作用到燃料上通过高温加热进而点燃,由于可燃气体在激光波长具有强吸收、光离解的特性,因此激光热点火不适合于点燃气体。

与之相比,激光诱导火花点火能够有效解决燃料在低当量比和高压下燃烧遇到的问题。此外,激光点火能够实现多点点火从而缩短燃烧时间并增大燃烧室压力,相较于传统的电火花塞点火技术具有很大优势。

2011年6月,马自达公司成功研制出激光点火转子发动机——马自达新一代转子发动机16X Renesis,如图9-4所示。该发动机由一陶瓷激光器火花塞点火,发动机的排量为1600 cm^3,体积更小,并部分采用铝制结构,解决了转子发动机的燃油经济性差和转矩输出不足这两个问题,这是汽油发动机历史上的一个里程碑。

图9-4 马自达16X Renesis激光点火发动机

9.3 燃油喷射

截至2018年底,中国的机动车保有量达3.27亿辆,汽油机因其燃烧柔和、升功率高、振动噪声小和结构紧凑等优点,被广泛用作轻型车辆和乘用车的主要动力。汽油机排放的有害污染物主要有CO、HC、NO_x、固体悬浮颗粒、铅及硫氧化合物等,这些污染物将直接危害人类的身体健康。汽油机电控技术能够精确控制发动机在各工况下的空燃比和点火定时,改善混合气体的形成、分配与燃烧,从而降低油耗和减少有害物质排放。自20世纪60年代以来,美、德、日、韩等工业发达国家相继研发出多种汽油机电控喷射系统以改善汽油机的排放性。

2014年,丰田推出了全新凯美瑞车型,其中2.0L车型搭载了丰田最新研发的双喷射系统直喷发动机,其核心包括D-4S双燃油喷射系统、VVT-iW可变气门正时智能广角系统、水冷EGR再循环系统和超高压缩比等技术。顾名思义,D-4S双燃油喷射系统就是除了缸内直喷的喷嘴外,在进气歧管内还设计了一个喷嘴。发动机冷起动时,采用进气歧管喷射;低中负荷时,采用混合喷射,提升转矩,降低油耗;高负荷时,采用缸内直喷,提升功率。通过双喷射系统,直喷发动机的积炭问题也得到了很好的解决。搭载这款发动机的2.0L凯美瑞车型最大功率123kW,峰值转矩达到199N·m,综合工况油耗仅为7L/100km。

一般而言,应用了缸内直喷技术的发动机要比同排量的多点喷射发动机的峰值功率提升10%~15%,而峰值转矩能提升5%~10%。这样的提升,可谓是一种质变,而单靠增加气门数量是难以达到这一效果的。

GDI 发动机由于独到的优势而备受追捧,但燃油碰壁现象不可避免,将形成壁面油膜。尤其是在冷起动阶段,由于缸内温度较低,雾化较差,这种现象会更加明显。针对这个问题,研究人员提出了二次喷射策略,可有效降低碰壁趋势,促使燃油的蒸发,进一步形成质量更佳的可燃混合气,提高燃油经济性。

固定两次喷油时刻,点火时刻缸内混合气均匀性及蒸发量随第二次喷油比例的降低而上升,如图 9-5 所示,在喷油比例为 7∶3 及 6∶4 时缸内混合气浓度分布最佳,形成缸内整体浓度较稀而火花塞处较浓的分层混合气;喷油比例对燃烧特性有重要的影响,两次喷油比例分别为 7∶3 及 6∶4 时燃烧特性最佳。

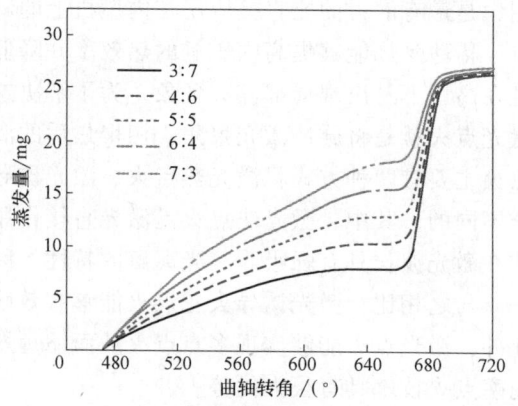

图 9-5 燃油蒸发量随喷油比例的变化

9.4 增压

涡轮增压发动机指的是配备涡轮增压器的发动机,分为涡轮增压汽油机和涡轮增压柴油机。涡轮增压器实际上是一种空气压缩机,通过将空气压缩来增加进气量。它是利用发动机排出的废气惯性冲力来推动涡轮室内的涡轮,涡轮又带动同轴的叶轮,叶轮压送由空气滤清器管道送来的空气,使之增压进入气缸。

废气再循环系统(Exhaust Gas Recirculation,EGR),将柴油机或汽油机产生的废气的一小部分再送回气缸。再循环废气由于具有惰性将会延缓燃烧过程,也就是说燃烧速度将会放慢从而导致燃烧室中的压力形成过程放慢,这就是氮氧化合物会减少的主要原因。另外,提高废气再循环率会使的废气流量减少,因此废气排放中总的污染物输出量将会相对减少。

以涡轮增压汽油机为例,如图 9-6 所示,讲述高、低压 EGR 系统对涡轮增压发动机性能的影响。EGR 系统可抑制增压汽油机爆燃,提升发动机压缩比和燃油经济性,有效改善 NO_x 排放性能。对加载了高、低压 EGR 系统的涡轮增压 GDI 汽油机性能进行仿真研究可以发现:无论加载高压还是低压 EGR 系统,随着 EGR 率的增加,都出现了缸内燃烧压力下降,燃烧持续期变长,燃油消耗量降低,NO_x 排放量降低。这说明 EGR 系统能改变缸内燃烧相位,提升发动机的燃油经济性和排放性能;高压 EGR 系统和低压 EGR 系统相比,在高

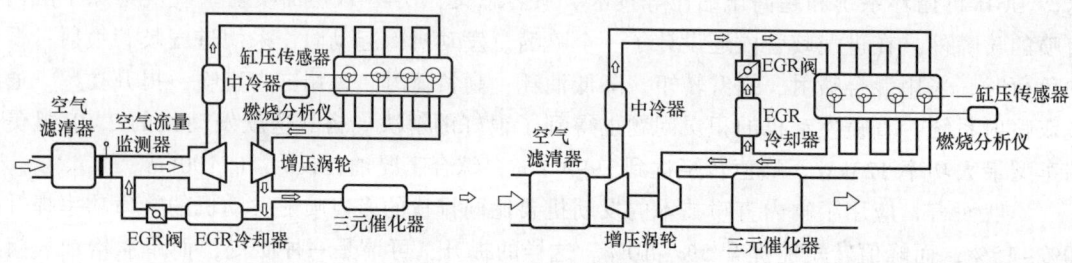

图 9-6 高、低压 EGR 系统

转速时，高压 EGR 系统比低压 EGR 系统具有更好的燃油经济性；在排放方面，在低转速时，低压 EGR 系统 NO_x 排放降幅更大。

随着各个国家的排放法规日益严格，在降低发动机 CO_2 排放方面的压力越来越大，不仅要通过全球统一的轻型车试验循环（WLTP）法规认证，而且还要满足实际行驶排放（RDE）法规的要求。液化石油气（LPG）作为商用车用气体燃料，为汽油机降低 CO_2 排放和满足欧Ⅵ颗粒数（PN）限值提供了很大的潜力。早在几年前，西班牙 Repsol 公司与奥地利 AVL 公司就已经展开合作，在 1 台 1.4L 涡轮增压气缸内直喷汽油机上进行了汽油与纯液化石油气燃料转换使用的试验研究。

研究表明：在缸内直喷汽油机上使用 LPG 作为燃料可充分利用 LPG 资源；可利用现有的加油站公共设施，易于扩展供气网络；有利于冷起动和全负荷运行的燃烧参数优化；由于 LPG 的化学特性较好，以及在发动机中的良好燃烧性能，可显著降低 CO_2 排放；发动机使用 LPG 运行时 PM 排放近乎为零，类似于使用其他气体燃料运行。

目前，在柴油机上普遍采用的涡轮增压系统是利用发动机燃烧排出的尾气驱动增压器中的涡轮叶片旋转，而在增压器另一侧的压气机利用涡轮传递的动力对进气管路中的气体进行压缩，从而实现进气的增压。但是这种增压系统在发动机低转速时很难将涡轮的转速提升到期望的水平；同时，高转速时涡轮转速过高导致增压压力过大，从而降低了增压器的增压效果、使用寿命和可靠性。

因此，出现了一种可变截面的涡轮增压系统，该系统的结构如图 9-7 所示，原理图如图 9-8 所示。在涡轮增压器的涡轮机一侧的叶片外圈均布一圈叶片，叶片与叶轮之间形成一个喷嘴。叶片在真空执行器的控制下可以转动，从而改变喷嘴开度的大小。喷嘴开度的变化一方面能够改变废气冲击涡轮叶轮的角度，同时也可以改变喷嘴的等效流通面积，进而就可以改变涡轮转速。这样，当发动机转速较低时，ECU 控制电磁阀开度变大，使进入真空执行器中的气体负压变大，真空执行器阀杆的上升行程变大，进而使叶片发生位置变化。此时，喷嘴的开度变小，流经喷嘴的废气

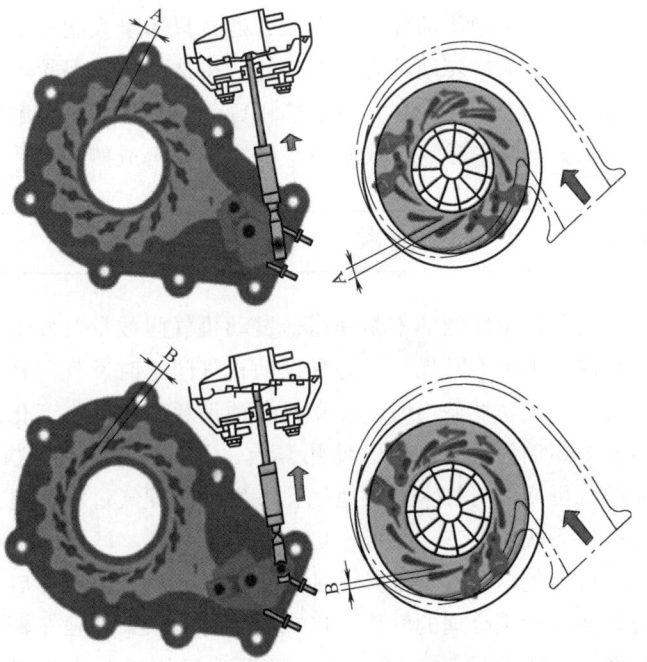

图 9-7 可变截面的涡轮增压系统结构

的转速变大。废气对涡轮的冲击力较大，涡轮的转速也较大，而涡轮对进气的压缩效率较小。此时，增压器的增压效果比比普通涡轮增压器要好。这样，就提高了在高负荷时发动机的动力输出，同时也降低了发动机的排放。当发动机转速较高时，ECU 控制电磁阀开度变大，使进入真空执行器中的气体负压变小，真空执行器的阀杆上升行程变小，进而使叶片发

生位置变化。此时，喷嘴的开度变大，流经喷嘴的废气的转速变小。废气对涡轮的冲击力也变小，涡轮的转速变小；涡轮对进气的压缩效率也变弱。此时，增压器的工作状态和不配可变截面的增压器的工作状态是一致的。

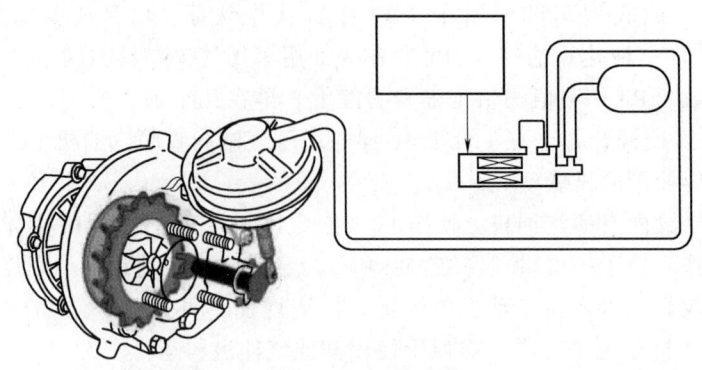

图 9-8　可变截面涡轮增压器原理图

现阶段发动机的增压技术主要是涡轮增压和机械增压，其中最为普遍的是涡轮增压。除了这两种增压技术外还有气波增压和电子增压。

气波增压是使用发动机做功后尾气的动力，借助一系列由发动机带动的转子和定子的调节箱，直接将进气压缩输入气缸。气波增压器具有良好的速度特性和负荷特性，但该增压方式噪声很大，增压部件体积很大，通常只用于大型柴油机，而民用汽车不常见。

根据发动机转动状态，在合适时机选择废气涡轮增压和电动机对进气进行压缩，低转速运用电动机增压，中高转速下使用废气涡轮增压，可解决低转速下的涡轮迟滞问题，使发动机动力输出较平顺。但成本高，技术未完全成熟，目前只有豪华品牌汽车在使用。

9.5　可变气门技术

随着汽车性能的不断提高，发动机气门数量及发动机转速不断增加，发动机的功效要求及环保要求也不断提高。如果发动机气门正时及气门升程是固定的，当发动机转速过高、转速过低或大功率输出时，发动机燃油消耗不能随之变化，不仅影响发动机效率，而且会造成额外的燃油消耗。因此，使用具有"可变性能"的气门有利于降低燃油消耗和减少排量。发动机可变气门技术有效地优化了发动机配气过程，提高了发动机整体性能及使用寿命，使发动机系统更加节能环保、更具经济性。

可变气门正时系统是一种改变气门开启时间或开启大小的电控系统，通过在不同转速下为车辆匹配更合理的气门开启或关闭时刻，来增强车辆转矩输出的均衡性，提高发动机功率并降低车辆的油耗。可变式气门驱动机构就是在发动机急速工作时减少气门行程，缩小"帘区值"，而在发动机高速工作时增大气门行程，扩大"帘区值"，改变"重叠阶段"的时间，使发动机在高转速时能提供强大的功率，在低转速时又能产生足够的转矩，从而改善了发动机的工作性能。气门可变驱动机构能根据汽车的运行状况，随时改变配气相位，改变气门升程和气门开启的持续时间。

"Tripower"可变气缸技术是搭载在凯迪拉克 XT4 的可变气缸技术。该款发动机凸轮轴上拥有三种不同高度的凸轮，而在凸轮间还设置了滑动轴套控制槽，通过凸轮轴桃片位置执行器中的挺柱来控制整个凸轮轴的滑动方向，让气门对应不同的凸轮高度，进而实现气门升程的改变。当凸轮轴滑动到最左侧时，由于2、3缸的进、排气门对应的是无升程凸轮，不会被顶开，故处于"闲置"的状态，从而达到闭缸的目的。当低速滑行或巡航时，闭缸模式就会开启以达到更为省油的目的。

DVVT-iW技术是进排气门相位广角度智能（连续）调节技术的缩写，D是进排气双向的缩写，VVT是气门的缩写，i是智能（连续）的缩写，W是广角度的缩写。DVVT-iW是在DVVT-i［进排气门相位智能（连续）调节］的基础之上，又增加了广角度调谐技术的含义，可以使发动机在奥托循环和阿特金森循环两种模式当中实现无缝切换。奥托循环模式可以保证发动机有足够的动力性，而阿特金森循环可以最大化地提高效率以获得最佳的节油效果。

2018年12月，全新英菲尼迪QX50搭载的VC-Turbo（图9-9）全球首款量产可变压缩比涡轮增压发动机荣获2019年度"沃德十佳发动机"称号。凭借"开创性"的可变压缩比技术，VC-Turbo发动机成功在34款动力总成中脱颖而出。

VC-Turbo发动机在传统的活塞结构上增加了一套多连杆机构和谐波传动装置，该机构取代了传统内燃机固定的曲轴连杆结构，其特有的可变执行机构，可以根据实际行驶情况动态调整连杆运转的状态，从而调整活塞行程的上止点范围，使得气缸运转时的压缩比可以根据实际使用需求，在8∶1到14∶1之间自由切换。

当驾驶人需要强劲性能以完成加速、爬坡或者高速行驶时，VC-Turbo发动机能够迅速切换到

图9-9 VC-Turbo结构示意图

低压缩比状态，可变连杆连接机构会驱动连杆收缩，降低活塞上止点位置，此时燃烧室容积增大，压缩比降低，在仅仅1600r/min时，就能输出380N·m的强大转矩。

而当驾驶人需要更高的燃烧效率与做功效率时，VC-Turbo发动机能够通过可变连杆连接机构，执行提升活塞行程上止点位置的动作，减小燃烧室容积，将发动机迅速转换到14∶1高压缩比状态。凭借可变压缩比连接机构，VC-Turbo实现了高性能与高效能的完美统一。

9.6 多种燃料发动机

1. 柴油/天然气双燃料发动机

天然气具有燃烧清洁、辛烷值高、资源丰富及价格低廉等优点，可作为发动机燃烧的理想替代燃料。天然气发动机的工作方式主要有两种：均质充量火花点火发动机和柴油引燃天然气发动机。采用第一种工作方式会导致未燃烧的HC排放高和热效率低等问题，为了解决这些问题，一般需要向天然气中添加H_2；采用柴油引燃天然气工作方式时，可以直接利用

压燃的柴油引燃天然气，从而改进燃烧过程，提高燃烧效率。大量研究表明：与传统柴油机相比，双燃料发动机的燃料消耗少，热效率高，CO 排放减少，并且当采用预混合燃烧方式时可减少 NO_x 和 PM 的排放。

2. F-T 柴油/生物柴油发动机

F-T 柴油是以煤炭为原料，通过费-托（Fische-Tropsch，F-T）法间接合成的烷烃类燃料。F-T 柴油的十六烷值高，几乎不含硫与芳香烃成分，燃烧热效率高，作为柴油机的清洁高效代用燃料具有广泛的应用前景，是实现煤炭在内燃机上清洁化利用的最佳载体。有研究表明，在不调整发动机结构的前提下，与传统柴油相比，燃用 F-T 柴油时，发动机燃烧柔和，能够减少污染物排放，而且发动机振动和噪声明显下降。但是，F-T 柴油也有明显的缺点，发动机使用 F-T 柴油时，动力性会有所下降，且 F-T 柴油的运动黏度较低，导致其润滑性能较差。生物柴油是优质的可再生能源，制取方式较多。生物柴油中含有较多的脂肪酸、极性分子团，可以改善低硫燃料的润滑性能。同时，生物柴油可以以任意比例与 F-T 柴油互溶。由于生物柴油含氧量高，有利于促进燃料在气缸内的氧化燃烧，可以有效降低发动机的碳烟、CO、HC 排放量，但会导致 NO_x 排放量的上升。无论是 F-T 柴油还是生物柴油，单独作为柴油机燃料使用均有一些弊端。因此，从燃料改性设计的角度出发，以 F-T 柴油为主燃料，生物柴油为改性辅助燃料配置多元混合燃料，可以实现燃料间的性能互补，从而优化 F-T 柴油在柴油机上的使用性能。

3. 甲醇预混合气 F-T 柴油引燃发动机

随着环保意识深入人心，一些新型燃料也随之出现，甲醇燃料就是其中的代表。甲醇是一种很有前途的燃料，可以抑制爆燃，以提高发动机压缩比。太原理工大学苏志伟等人为有效降低预混引燃双燃料发动机的压力振荡，对甲醇预混合气 F-T 柴油引燃发动机的爆燃和粗暴燃烧及循环变动进行了研究。甲醇的占能比对发动机的压力振荡具有明显的影响。当甲醇占能比为 0.62 时，在较大的压缩比下，发动机压力波动较小；随着甲醇占能比的增加或压缩比的降低，爆发压力循环变动会出现先升后降的趋势，供油推迟有利于降低爆发压力循环变动。协调甲醇占能比、供油提前角、压缩比，对有效降低预混引燃发动机的压力振荡具有重要意义。

化石能源短缺和环境污染是亟待解决的两大问题。发展清洁替代燃料如二甲醚、天然气、乙醇汽油等，受到越来越多的关注。其中无水乙醇已经成为替代化石燃料的成熟燃料，但生产体积分数为 99.2% 的无水乙醇需要进行蒸馏、脱水等一系列复杂的过程，脱水设备成本和脱水能耗都较高，增加了额外成本；另外无水乙醇容易吸收空气中的水分，导致分层。含水乙醇生产过程中能省略脱水过程，蒸馏后直接得到体积分数为 95% 左右的含水乙醇，可降低成本和减小对水分的敏感度。

对比体积分数为 10%、20%、30% 的含水乙醇（E10W，E20W 和 E30W）和纯汽油（E0）作为汽油发动机燃料的排气噪声，试验发现：相比于纯汽油，在低转速下燃用 E20W 产生的排气噪声要低于纯汽油，最大可降低 7.4%；在中、高转速时，二者产生的排气噪声相差不大；另外，燃用 E20W 的排气温度要高于纯汽油，平均增加 5.3%；汽油机燃用 E20W 可以大幅降低 HC 和 CO 排放，分别平均降低 10.4% 和 33.6%，但 NO_x 和 CO_2 排放升高。节气门全开下燃用混合燃料（E10W 和 E30W）的排气噪声要低于 E0，含水乙醇比例越高，噪声越低；转速为 3000r/min 以上时，E10W 和 E30W 的排气噪声与 E0 的排气噪声相差在3dB（A）以内；在台架上模拟整车在道路上运行时的噪声变化情况，部分负荷下E10W和E30W的噪声下降较大，最大达9dB（A）。

9.7 其他新技术

1. 发动机热效率

发动机热效率是用来衡量发动机燃油利用效率的标准，热效率越高，说明发动机越省油。目前市面上的发动机热效率大多在30%~35%之间，但有一些发动机的热效率值远远高出行业平均水平。例如奇瑞的1.5T发动机，它的热效率已经达到37.1%。第二款是大众最新的EA211系列1.5L自吸发动机，它的热效率达37.5%，而它所搭载的车型是高尔夫8。第三款是本田地球梦L15B系列的1.5T涡轮增压发动机，这一发动机的热效率为38%，这是目前热效率最高的涡轮增压发动机。目前全球热效率最高的发动机要数丰田凯美瑞的2.5L发动机了，这款发动机有汽油版本和混动版本，两者的热效率分别为40%和41%。丰田这款2.5L发动机通过采用高速燃烧技术、可变控制系统，并减少排气冷却机械运转等各类能量损失，在热效率提升、油耗降低的同时实现了高动力输出。该款发动机通过增大进排气门夹角、改变气缸的缸径行程、改变进气道角度、在气门座锥面采用激光熔覆加工技术等途径来强化滚流以提高燃烧速度，通过喷油孔非均匀分布改善喷雾形状。同时，将水泵、油泵等部件电子化有效减少了发动机的机械损失，并可以做到精确调控、按需供给。

2. 余热回收

汽车作为主要的交通工具，仍以消耗传统石油燃料为主。从目前的车用发动机能量利用平衡来看，燃料燃烧总热量的约1/3用于动力输出，除摩擦及机械等消耗小部分能量外，其余大约一半的能量主要通过排气及冷却水以余热的形式损失，所以回收这一部分余热并加以利用成为当前的热点。

在内燃机余热回收领域，有机朗肯循环技术得到了广泛应用。该系统由高温循环和低温循环两部分组成，高温循环用于回收柴油机排气能量，低温循环用于回收柴油机冷却系统能量和高温循环冷凝过程中有机工质释放的能量。国内外的很多学者对此都进行了相关的研究工作，且已设计了不同形式的有机朗肯循环系统方案，其中同时回收发动机排气余热能量和发动机冷却系统余热能量的双有机朗肯循环系统新方案已成为研究热点。

3. 地球梦科技

地球梦科技是日本汽车厂商本田发布的全新一代动力总成"Earth Dreams Technology"（地球梦科技），这是本田把低油耗高动力和驾驶乐趣完美融合的看家本领。地球梦科技是旨在保护地球环境、同时兼顾保证驾驶乐趣的全新技术，主要包括了5款汽油发动机、2款CVT变速器以及2款混合动力系统。其中，本田的2.4L直喷汽油发动机获得了"沃德十佳发动机"的奖项。

本田的i-VTEC可变气门升程系统（图9-10）通过三根摇臂的分离与结合一体，来实现高低角度凸轮轴的切换，从而改变气门的升程。这款2.4L发动机还是继承了本田先进的i-VTEC技术，包括可变气门正时以及可变气门升程技术，使得发动机在不同工况下都能保持最佳的进排气,从而有效提高发动机的效率。同时还加入缸内直喷技术,可以更精准地控制喷油,使混合气体燃烧得更加充分从而降低油耗,提高发动机的动力性能。

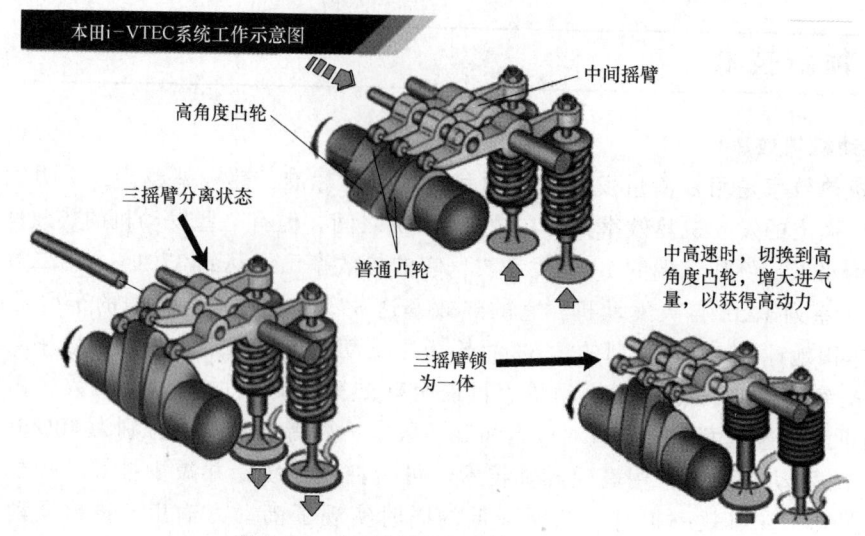

图 9-10　本田 i-VTEC 系统工作示意图

4. 创驰蓝天技术

创驰蓝天技术其实不只是关于发动机的技术,它是日本马自达汽车公司于 2010 年 10 月提出,并于 2015 年针对旗下车型汽油与柴油发动机、手动档与自动档变速器、底盘、车身结构等主要元件优化的技术。该技术以马自达技术开发的长期目标"Zoom-Zoom 可持续发展宣言 2030"为基石,力争将"驾驶乐趣"与"出色的环保,安全性能"和谐兼顾。

其中,创驰蓝天技术的发动机以高压缩比、4-2-1 排气系统、多孔喷油器、凹顶活塞、轻量化的结构和低的机械阻力而闻名。提高压缩比可以提高内燃机效率,马自达的创驰蓝天发动机压缩比最高可达到 14∶1,而国内发动机的压缩比只能达到 13∶1。不过过高的压缩比可能导致爆燃。为了解决爆燃问题,马自达制造了 4-2-1 排气系统,首先将四条独立排气歧管交汇成两条排气歧管,然后再汇集成一条排气总管的方式。该系统一方面增加了排气管的长度,另一方面将点火时刻相邻的两个气管相隔开来,基本上能够在全速范围内减少废气残留量,从而防止爆燃的发生。此外,采用高压喷射的多孔喷油器来改善喷雾特性,形成更均质的混合气,同时也能相应缩短混合气形成的时间。另外,采取凹顶的活塞,可以在火花塞周围形成较浓的混合气,即使推迟点火时间仍可保持燃烧稳定的性能。还有就是该发动机可以降低 30% 发动机的整体机械阻力,以及减重 10%。

5. 三缸发动机

在当今涡轮增压发动机受到推崇的时代,三缸发动机在以前是落后和低端的代名词,但车企为了满足日益严苛的排放法规纷纷推出了三缸发动机。其中,吉利推出的 1.0T 发动机集合了最先进的直喷技术,在燃油利用效率方面有着优秀的表现。它的最大功率高达 136 马力(1 马力 = 735.499W),比本田的地球梦科技 1.0T 发动机还要高出不少。福特推出了一款采用了缸内直喷、空间曲轴等技术,而且动力调校突出,曾经还获得"沃德十佳发动机"称号的 1.0T 三缸发动机。不过,更引人瞩目的是大众在 2017 年维也纳国际汽车研讨会上推出的1.0T天然气三缸发动机。此款发动机在排放方面下足功夫，采用了柴油机才会使用的微粒过滤器。这项技术就是在废气涡轮排气侧安装一个微粒过滤器，这个过滤器与三元催化器的性质相类似，特殊涂层将碳元素转化为二氧化碳、一氧化碳，氮氧化物和烃类将被转化为二氧化碳、氮气和水，在经过传统三元催化后，减少了95%颗粒物排放，同时也能满足更高的欧Ⅵ排放标准。但三缸发动机有先天的振动噪声缺陷，技术还不成熟，各大生产厂家都在积极应对。

参 考 文 献

[1] 周龙保. 内燃机学 [M]. 2版. 北京：机械工业出版社，2011.

[2] 林学东. 发动机原理 [M]. 2版. 北京：机械工业出版社，2015.

[3] 王建昕，帅石金. 汽车发动机原理 [M]. 北京：清华大学出版社，2011.

[4] 史文库，姚为民. 汽车构造 [M]. 6版. 北京：人民交通出版社，2013.

[5] 郭圣刚，毕凤荣，等. CEEMD在汽油机爆震特征诊断中的应用 [J]. 内燃机与动力装置，2018，35（3）：23-30.

[6] 工业与信息化部. "中国制造2025" 重点领域发展绿皮书 [R]. 北京：电子工业出版社，2015.

[7] 中国内燃机工业协会. 中国内燃机工业协会第六次全国会员大会代表大会暨六届一次理事会在北京召开 [OL]. （2018-1-23）[2018-10-10]. http：//www. opcf. org. cn/nd. jsp？id=220.

[8] 中国电动汽车百人会. 中国电动汽车百人会2018年年会在北京召开 [OL]. （2018-1-21）[2018-10-10]. https：//baijiahao. baidu. com/s？id=1590279208593032416&wfr=spider&for=pc.

[9] 工业4.0工作组. 德国工业4.0战略计划实施建议 [R]. 中国工程院咨询服务中心，译. 2013.

[10] 王常文，崔方方，宋宇. 生物柴油的研究现状及发展前景 [J]. 中国石油，2014，39（5）：44-48.

[11] 张文毓. 生物柴油的研究及应用进展 [J]. 化学与黏合，2016，38（2）：143-146.

[12] BETZ F，DAMM C，ARCHER D，et al. Biodiesel fueled engine generator with heat recovery [R]. Florid：ASME 2008 2nd International Conference on Energy Sustainability，2008.

[13] 董小瑞，杨富斌，张红光，等. 车用柴油机变工况下双有机朗肯循环系统的性能分析 [J]. 北京理工大学学报，2015，35（5）：471-476.

[14] 柴俊霖，田瑞，杨富斌，等. 车用柴油机余热回收有机朗肯循环系统方案热经济性对比分析 [J]. 化工学报，2017，68（8）：3258-3265.

[15] 佟少刚，焦光辉. 柴油机高压共轨电控系统开发方案设计 [J]. 内燃机与配件，2018（21）：8-9.

[16] 王兆文，张新华，成晓北，等. 内燃机微波协助点火研究发展综述 [J]. 车用发动机，2016（6）：1-7.

[17] 凌铭，黄中荣，张建文. 汽油内燃机激光点火技术进展 [J]. 内燃机，2013（3）：1-4.

[18] 高旭恒，郭宁，吴立志，等. 内燃机激光多点点火技术研究进展 [J]. 激光技术，2019（1）：1-16.

[19] 李国田，汪洋，徐帅卿，等. 多火花塞点火实现快速燃烧的试验研究 [J]. 内燃机工程，2017，38（5）：28-33.

[20] 张宁，刘杰，王俊乐. 油/天然气双燃料发动机燃烧过程数值模拟 [J]. 内燃机学报，2018，36（6）：499-506.

[21] 冯以卓，张瑞亮，杨甜甜，等. 压燃式发动机燃用F-T柴油/生物柴油混合燃料的燃烧及振动特性研究 [J]. 可再生能源，2018，36（3）：334-339.

[22] 李菲，陈振斌，邓小康，等. 发动机燃用含水乙醇汽油的排气噪声及排放特性试验研究 [J]. 车用发动机，2018（4）：40-44.

[23] 徐凯，黄华，陈振斌，等. 汽油机燃用含水乙醇汽油的排气噪声试验研究 [J]. 西部交通科技，2017（3）：98-101.

[24] 李钰怀，陈泓，冶麟，等. GDI汽油机多孔喷油器喷雾特性的试验研究 [J]. 汽车实用技术，2018（22）：43-45.

[25] 周广. 直喷汽油机冷启动壁面油膜对未燃碳氢和Soot排放的影响 [D]. 长春：吉林大学，2018.

[26] 陶友东. 喷油策略对GDI汽油机混合气形成及燃烧特性影响研究 [J]. 内燃机与配件，2018（16）：24-25.

[27] 李震震. 汽车发动机可变气门技术浅析 [J]. 内燃机与配件，2018（23）：37-38.

[28] 白卫星. 内燃机原理若干问题的分析研究 [J]. 内燃机与配件, 2018 (3): 43 44.

[29] 王小燕, 俞思豪, 崔兴龙, 等. 废气再循环对涡轮增压 GDI 汽油机性能影响的仿真研究 [J]. 农业装备与车辆工程, 2018 (11): 43-46.

[30] ARIZTEGUI J, GUTIERREZ J, FÜRHAPTER A, et al. 液化石油气缸内直喷在涡轮增压汽油机上的应用 [J]. 国外内燃机, 2016, 48 (3): 17-19.

[31] 官志明, 于晖. 一种柴油机使用的可变截面的涡轮增压系统 [J]. 内燃机与配件, 2018 (20): 60-61.

[32] 苏志伟, 朱建军, 安俏俏, 等. 甲醇预混合气 F-T 柴油引燃发动机压力振荡研究 [J]. 可再生能源, 2016, 34 (2): 279-284.

[33] 贾志超, 王志, 向守智, 等. 直喷增压汽油机扫气条件下喷油策略对超级爆震的影响 [J]. 内燃机工程, 2016, 37 (6): 138-143.

[34] 董立冬, 万滨, 张文韬, 等. 一种增压直喷汽油机超级爆震控制策略研究 [J]. 内燃机与配件, 2018 (18): 3-5.

[35] 张力, 郑仁蔚, 张青, 等. 移动窗口域的 VDO 爆震燃烧识别扩展算法 [J]. 重庆大学学报, 2017, 40 (8): 19-26.

[36] PENG Z, WANG T, HE Y, et al. Analysis of environmental and economic benefits of integrated Exhaust Energy Recovery (EER) for vehicles [J]. Appl Energy, 2013 (105): 238-243.

[37] SHEN R, GOU X, XU H, et al. Dynamic performance analysis of a cascaded thermoelectric generator [J]. Appl Energy, 2017 (203): 808-815.

[38] FINNEY C E A, KAUL B C, DAW C S, et al. A review of deterministic effects in cyclic variability of internal combustion engines [J]. Int J Engine Res, 2015 (16): 366-378.

[39] TRUFFIN K, ANGELBERGER C, RICHARD S, et al. Using large-eddy simulation and multivariate analysis to understand the sources of combustion cyclic variability in a spark-ignition engine [J]. Combust Flame, 2015 (162): 4371-4390.

[40] LAKSHMANAN T, NAGARAJAN G. Experimental investigation on dual fuel operation of acetylene in a DI diesel engine [J]. Fuel Process Technol, 2010 (91): 496-503.

[41] OLABI A G. Energy quadrilemma and the future of renewable energy [J]. Energy, 2016 (108): 1-6.

[42] MORGANTI K. A study of the knock limits of liquefied petroleum gas (LPG) in spark ignition engines [D]. Melbourne: The University of Melbourne, 2013.

[43] TABAR A, HAMIDI A, GHADAMIAN H. Experimental investigation of CNG and gasoline fuels combination on a 1.7 L bi-fuel turbocharged engine [J]. Int J Energy Environ Eng, 2017 (8): 37-45.

[44] CURLEY R. Fossil fuels [M]. Edinburgh: Britannica Educational Publishing, 2012.

[45] European Commission. White paper on transport [R]. Brussels: European Commission, 2011.

[46] PARK S, FURUKAWA T. Validation of Turbulent Combustion and Knocking Simulation in Spark Ignition Engines Using Reduced Chemical Kinetics [J]. SAE Technical Paper, 2015: 50-75.

[47] ELFASAKHANY A. Investigation on performance and emissions characteristics of an internal combustion engine fuelled with petroleum gasoline and a hybrid methanolegasoline fuel [J]. Int J Eng Tech, 2013 (13): 24-43.

[48] GOULA M A, CHARISIOU N D, SIAKAVELAS G, et al. Syngas production via the biogas dry reforming reaction over Ni supported on zirconia modified with CeO_2 or La_2O_3 catalysts [J]. Int J Hydrogen Energy, 2017, 42 (19): 13724-13740.

[49] GHADIKOLAEI M A, Effect of alcohol blend and fumigation on regulated and unregulated emissions of IC engines—a review, Renew [J]. Sustain. Energy Rev, 2016 (57): 1440-1495.

[50] YUSRI I M MAMAT R NAJAFI G, et al. Alcohol based automotive fuels from first four alcohol family in compression and spark ignition engine: a review on engine performance and exhaust emissions, Renew [J]. Sustain Energy Rev, 2017 (77): 169-181.

[51] THANGAVELU S K, AHMED A S, ANI F N. Review on bioethanol as alternative fuel for spark-ignition engines, Renew [J]. Sustain Energy Rev, 2016 (56): 820-835.

[52] ZHANG B, JI C, WANG S, et al. Investigation on the lean combustion performance of a hydrogen-enriched n-butanol engine [J]. Energy Convers Manage, 2017 (136): 36-43.

[53] BANERJEE R, KUMAR S. Numerical investigation of stratified air/fuel preparation in a GDI engine [J]. Appl Therm Eng, 2016 (104): 414-428.

[54] KIM D, BAE C. Application of double-injection strategy on gasoline compression ignition engine under low load condition [J]. Fuel, 2017 (203): 792-801.

[55] KHAN M I, YASMEEN T, SHAKOOR A, et al. Exploring the potential of compressed natural gas as a viable fuel option to sustainable transport: a bibliography [J]. J Nat Gas Sci Eng, 2016 (31): 351-381.

[56] ARKOUDEAS P, KARONIS D, ZANNILOS F, et al. Lubricity assessment of gasoline fuels [J]. Fuel Process Technol, 2014 (122): 107-119.

[57] JADHAO, THOMBARE. Review on exhaust gas heat recovery for I. C Engine [J]. Innovative Technol, 2013, 2 (12): 93-100.

[58] SAIDUR R. A review on electrical motors energy use and energy savings [J]. Renewable Sustainable Energy Rev, 2010 (14): 877-898.

[59] ŽAGLINSKIS J, LUKÁCS K, BERECZKY. Comparison of properties of a compression ignition engine operating on diesel-biodiesel blend with methanol additive [J]. Fuel, 2016 (170): 245-253.

[60] WINKELMANN R, et al. Combustion of available fossil fuel resources sufficient to eliminate the Antarctic Ice Sheet [J]. Sci. Adv, 2015 (1): 1-8.

[61] AMBROSIO S, FERRARI A. Effects of exhaust gas recirculation in diesel engines featuring late PCCI type combustion strategies [J]. Energy Convers Manage, 2015 (105): 1269-1280.

[62] SHARMA Y C, SINGH V. Microalgal biodiesel: a possible solution for India's energy security review [J]. Sust. Energ. Rev, 2017 (67): 72-88.

[63] CHEN R, NISHIDA K. Spray evaporation of ethanol-gasoline-like blend and combustion of ethanol-gasoline blend injected by hole-type nozzle for direct-injection spark ignition engines [J]. Fuel, 2014 (134): 263-273.

[64] CHEN SHI, JIANG ZHI-HONG, et al. Changes in temperature extremes over China under 1.5℃ and 2℃ global warming targets [J]. Adv Clim Change Res, 2018 (9): 120-129.

[65] GAMBHIR A, NAPP T A, EMMOTT C, et al. India's CO_2 emissions pathways to 2050: energy system, economic and fossil fuel impacts with and without carbon permit trading [J]. Energy, 2014 (77): 791-801.

[66] YUM K K, PEDERSEN E. Architecture of model libraries for modeling turbo-charged diesel engines [J]. Math Comp Model Dyn, 2016, 22 (6): 584-612.

[67] THOO W J, KEVRIC A, NG H K, et al. Characterisation of ignition delay period for a compression ignition engine operating on blended mixtures of diesel and gasoline [J]. Appl. Therm. Eng, 2014 (66): 55-64.

[68] KHAN M I, YASMEEN T, et al. Exploring the potential of compressed natural gas as a viable fuel option to sustainable transport: a bibliography [J]. J Nat Gas Sci Eng, 2016 (31): 351-381.

[69] LIU H, HU B, JIN C. Effects of different alcohols additives on solubility of hydrous ethanol/diesel fuel blends [J]. 2016 (184): 440-448.